자유의
사제

자유의 사제

초판 1쇄 발행 2025년 11월 25일

지은이 이웅
펴낸이 장길수
펴낸곳 지식과감성#
출판등록 제2012-000081호

주소 서울시 금천구 벚꽃로298 대륭포스트타워6차 1212호
전화 070-4651-3730~4
팩스 070-4325-7006
이메일 ksbookup@naver.com
홈페이지 www.knsbookup.com

ISBN 979-11-392-2907-3(03220)
값 35,000원

- 이 책의 판권은 지은이에게 있습니다.
- 이 책 내용의 전부 또는 일부를 재사용하려면 반드시 지은이의 서면 동의를 받아야 합니다.
- 잘못된 책은 구입하신 곳에서 바꾸어 드립니다.

지식과감성#
홈페이지 바로가기

자유의 사제

이웅 지음

당신의 존재가 가려진 지구에서,
또한 잘못된 종교와 학설이 주류인 이 지구에서
나는 최대한의 노력으로 진리를 전하고 가겠습니다.

저자 **이웅**

- 중앙대학교
- 『Justice and Right』, 『법정에 선 성경』, 『검신의 바람』 1·2·3,
  『민중의 붉은 별』, 『미완의 정의를 향하여』, 『존재의 필연』 저자 하느님.

당신의 존재가 가려진 지구에서, 또한 잘못된 종교와 학설이 주류인 이 지구에서 나는 최대한의 노력으로 진리를 전하고 가겠습니다.

제가 아무리 오래 살아도 100년은 못살 것입니다.

제가 지구에 있는 동안, 인류를 위한 일에 매진하고 싶습니다.

인간에 대한 사랑보다는 신과 진리에 대한 충정이 앞섭니다.

1. 새로운 종교를 향한 도약.

종교에는 절대적 도그마가 수립됩니다. '엄격한 신의 율법'을 신자들은 준수해야 합니다. (돼지고기는 불결하다든가-유대교, 사제는 섹스를-불교) 하지만 이는 신의 뜻을 모르는 행위의 일환입니다.

신은 거대한 바다입니다.

거대한 바다 안에 물고기가 모여 살 듯 여러 생명체들이 살고 있듯 신은 모든 것을 포괄합니다.

음란함을 정죄하는 분도 아니요, 금욕을 조장하는 분도 아닙니다.

우리 인간은 지구라는 푸른 행성 하에서, 신 안에 살고 있는 존재들입니다.

그렇기에 '새로운 종교'에 있어서 어떤 율법도 없습니다.

저는 사제로서 정의를 숭상하지만, 저의 도그마에 여러분들이 들어올 필요는 없습니다.

실정형법상의 범죄를 저지른 이도 신이 만든 피조물입니다.

판사도 신이 만든 피조물입니다. 이는 공통분모입니다. (우리 모든 인간의.)

그 진리가 제가 전하고자 하는 핵심입니다.

2. 종교적 리더에 관하여.

어떠한 가치관을 가진 채로 새로 지구에 진입하는 이들을 재단하고 규율하는 리더는 종교에 필요 없습니다.

만약 그런 분들을 원한다면, 그런 분들에게로 가면 됩니다.

가서 때로는 무익할 수도 있는 금욕이나

무신론자들이 주장했듯 쾌락주의에 빠져도 됩니다.

헌금을 사제에게 바친 채로 축복을 기대하는 것도 자유입니다.

우리 인간은 완전히 독립주체적일 수 없는 한계를 가지고 있습니다.

그렇기에 선생이 필요했고 부모가 필요했는지도 모릅니다.

그렇기에 사제도 필요한지도 모르겠습니다.

저의 종교는 자유적 발현을 꿈꿉니다.

음악가는 음악으로 신께 예배하고 자신의 사상을 표현합니다.

정치인은 자신의 이데아를 지구상에 그립니다.

혹은 어떤 일을 하든, 놀든 그 삶에 있어서 신을 인식하는 것.

그것은 우리 인간에게 주어진 최대의 축복일 수도 있습니다.

경제적 사회적 성공이 꿈이라는 이름으로 최종목표가 된 우리네 인생에서
급작스러운 암으로 고통스럽게 죽어가야 하는 나약한 육신의 생명 안에서
지구에서의 짧은 시간(100여 년)에 신을 인식하는 것 그것을 진리를 향한 위대한 도전입니다.
교회나 절에 보험을 든 채로, 자신의 사고를 포기하고,
그저 기존 종교의 사제들이 명령하는 대로 가르쳐주는 대로, 교주의 이름을 인용하며 전파하는 종교의 시대는 이제 가야 할 것 같습니다.
자신의 생각을 마치 신이 준 계시인 양 포장하며 사람들을 현혹하는 시대도 그만 가야 할 것 같습니다.
검증을 포기한 채로 믿음이라는 무지에 던진 후 계속된 장님의 삶은 그들의 삶으로 족한 것입니다.
저는 진리와 진실을 향한 열정 앞에서
저와 우리 인간을 창조하신 하느님 앞에서, 저의 역량 하에서의 최대한의 진실을 남겨놓고 떠날 것입니다.
필연적 한계와 결함을 숙명으로 한 인간이라는 종으로 태어난 저는 저의 한계를 실감하며,
계속된 무한의 발전의 가능성을 열어둔 채로 새로운 종교를 창설할 것입니다.
기존의 뛰어났던 사제들과 교주들은 저에게 있어서 하나의 영감을 제시했고, 그들은 저에게 적이기도 했고 선배이기도 했습니다.
이제는 저 자신의 길을 걷는 하느님의 무명의 사제가 되어, 이 작은 조선에 제 책을 남기고 가고자 합니다.
AD 2025 0423 이웅.

d ws 'etdr' qt qrf qfse. dredd wdr dEr ge tr dtse. wff gg cwd wd twd srr rrtds, gssRt wdr qtgd wtt. rrd regr d cd wvgrtse.

3. Prayer.
하느님
저는 이 책에서 기존의 선배들의 행적이나 사례들을 주로 언급하지 않겠습니다. 그것은 당신께 바친 존재의 필연이라는 저서의 예배로 족합니다.
저 자신이 옳다고 믿는 바를, 저 자신이 지구인들에게 전하고 싶은 사상을 남기고 가고자 합니다.
저의 부족함은 넓은 마음으로 해량하시고, 오직 신을 향한 인간의 작은 발원만을 남겨 주십시오.
저뿐 아니라 기억이 지워진 채로, 자신의 존재와 정체성을 망각하고 지구란 항로에 던져져서 존재의 의미와 본질을 잊어버린 어여쁜 우리 인간이라는 종에게 신을 향한 사랑과 정성 그리고 진실된 마음을 배양하고 싶습니다.
하느님,

저는 누군가를 설득하고 싶지도 않습니다. 또한 사정하고 싶지도 않습니다. 위대한 하늘의 섭리 앞에서, 작은 사제는 작은 발걸음을 남길 뿐입니다.

4. 종교의 목적에 관하여.

우리가 신을 믿음에 있어서 그분께서 주시는 복이나 사후세계의 천국을 그릴 수 있다.
그러나 우리는 불확실한 적어도 죽음이라는 확실한 통로를 지난 후의 이야기에 너무 매몰될 필요는 없다.
우리는 백지수표를 움켜쥔 채로 지구상에서 고통스러운 삶을 살아서는 안 된다.
지구 역시 하느님께서 창조하셨고, 인간의 삶 역시 그분의 주권안에 있다.
우리네 종교는 지구에서 실질적 역할을 해내야 한다.
종교의 동기는 각자 다양할 것이다.
그것에 대해 일원론적으로 말하고 싶지는 않다.
무엇을 추구하든 신께 기도하고 한다면 그대의 길은 어둡지만은 않을 것이다.
하느님은 전지하시기에 그대의 모든 것을 알고 계신다.
그대가 모르는 그대에 관한 것도 알고 계신다.
나의 목표와 이상에 대해서는 여기에 남기고 싶지 않다.
낯선 세상에 낮은 시대에 높은 차원을 그리는 것은 불편한 일인지도 모른다.
특히 작은 조선에서, 땅보다 작은 조선의 마음에서 진리를 추구하는 것은 위험한 일인지도 모른다.
하지만 나는 인류를 위해, 이 지구에 들어오고 나가야 할 무수한 영혼을 위해 이 책을 남긴다.
하느님과 진실을 찾는 위대한 여정의 시작 앞에서,
우리의 눈을 가린 거짓 학설과 종교들 앞에서 나의 작은 책은 길잡이가 될 것이다.

5. 기복신앙에 관하여.

우리 인류는 적어도 복과 보호라는 두 가지 부산물을 종교의 화두로 던졌다.
그 후 정말 알기 어려운 천국이라는 사후보험은, 종교의 하나의 화두였다.
우리 종교에 들어와야 천국에 갈 수 있고, 다른 종교는 지옥에 떨어진다는 망상 그리고 종교끼리의 불일치와 투쟁은 지구인들을 무지의 바다에 내던졌다.
신을 믿으면 세상에서 복을 받고 성공하고 사후에 천국에 들어갈 수 있다는 낚시의 미끼를 문 자는 지금 이 책을 덮길 바란다.
적어도 무명의 사제에게 있어서 그런 가벼운 마음가짐으로 신을 만나겠다는 것은 영겁의 윤회의 바닷속으로 가는 일일 테니까.
더군다나 신을 믿는다고 하는 일이 성공하거나 천국에 들어갈 수 있다는 보장은 없다.
그것을 알고 이 책을 읽기를 바란다.

6. 절대적 진리에 관하여.

 적어도 우리 세상에서 절대적 진리는 존재하지 않는지도 모른다.
 우리가 절대불변의 진리라 믿어왔던 것들도 영존할 수 없거나 상위차원에서는 왜곡된 것임을 알게 된다면 좋을 것이다.
 그러면 하느님은 진리인가? 내게 묻는다면 나는 그렇다고 답할 것이다.
 하느님의 진리는 무엇인가?라고 묻는다면 우리 인식 차원의 범위 바깥이라고 대답할 것이다.
 신께 계시를 받았다던 과거의 경전들은 오류와 무지에 덮인 인간의 망상체계였다.
 우리는 적어도 진실을 향하는 하나의 빛의 지성으로서, 이런 과거의 유물은 덮은 채로 가야 한다.
 내가 굳이 여기에다 기존 종교 철학들의 결함을 일일이 남기지 않겠다.
 과거는 과거의 유물이 된 채로, 우리는 미래로 가야 한다.
 낡은 책은 역사로 남긴 채로, 무한의 신에게 가야 한다. 그것이 진정한 진리를 향한 길이다.

7. 하느님의 인간에 대한 이해에 관하여.

 우리 인간은 우리 인간을 완전히 이해할 수 없다. 어떻게 보면 자기 자신도 이해할 수 없는지도 모르겠다.
 자아와 투쟁을 하는 영혼들 또한 지구에 있는 만큼, 사회적 시각에 영향받는 인간이라는 종이니만큼,
 세류를 의식해야 하는 것도 사실이다.
 하지만 하느님은 인간을 이해한다. ㄱ 인간이 누구인지는 불문하다,
 인간사회에서 배척되고 이단이라 치부받는 이들도 신은 이해하고 있다.
 그것은 하느님의 넓음과 자비에서 비롯되는 것일 것이다.
 우리 인간이 우리 인간의 가치관으로 만든 선악관도,
 우리가 만들어낸 인류의 법도,
 심지어 자연범죄들도 신은 이해하고 있다.
 그것이 신의 의식이고, 피조물이 닿을 수 없는 높은 사랑인지도 모르겠다.
 적어도 인간세상에서 이해받지 못하는 행위와 마음들도 신은 이해하고 있다는 진리는 당신의 마음을 편하게 해줄 것이다.
 나는 신의 의식에 도달하려고 시도했다. 세속의 불일치성을 조화시키려 노력했다. 그러나 실패했다.
 나 자신의 관점에서부터 도출되는 상대에 대한 인식체계는 완전한 자의식과 타의식에 대한 이해에 도달할 수 없는 숙명적 한계를 가진다.
 우리는 그 한계를 받아들이면서 세상을 항해해야 할 것이고, 한편으로는 만물을 이해하고 있는 신의 넓음을 인식해야 할 것이다.
 인간이 신의 의식에 도달해서 만물을 포용할 수는 없다.

그것은 작은 육신에 담긴, 3차원의 물질계에 갇힌 종의 숙명이다.
나는 신의 관점으로 세상을 담으려 했으나 실패했다고 밝힌다. 아마 영원히 이룰 수 없는지도 모르겠다.

8. 하느님과 악의 존재에 관하여.

나는 사랑으로 우주를 포섭하려 했다. 전지 전능한 무한한 사랑의 신으로 우주를 덮으려 했다.
그러나 반작용은 강력했다.
나에게 있어서 끔찍한 악의 정신이 나타났다.
그것은 나의 자아가 아니었고 완전한 타아였다.
그들은 나를 붕괴시키려 했으며 나는 자살했다.
(그리고 깨어났다.) 내가 보았던 것은 영원한 멸망의 지옥이었고 인간이라고 부르기 어려울 정도의 악의 정신이었다.
그것은 사랑으로 전 우주를 포섭하려는 신학적 시도에 중대한 도전이었으며
전선한 사랑의 신이라고 믿어 의심치 않았던 '신상'에 대한 중대한 도전이기도 했다.
나는 그분의 사랑을 믿고 때로는 방자하게 행동했던 경향이 있다.
신이 나를 사랑하시기에 모든 것이 허용된다는 삶과 신을 향한 맹목에 가까운 믿음은 무지한 어린이의 만용에 지나지 않았는지도 모르겠다.
하느님은 악을 창조하셨다.
우리가 보는 비참하게 전쟁터에 죽어서 버려진 시체들.
심지어 인체 내부에서 나타나는 암세포들.
치열한 인체내전.
모두 그분이 창조하셨다.
그분이 단지 선한 사랑의 존재라고 믿는 것은 우리의 어린이적 꿈에 있어서 하나의 현실도피일 수는 있겠지만, 적어도 그분이 만드신 세상의 질서와 현상은
그분의 전선함에 중대한 의문을 제기했다.
우리는 신의 선함을 전제한채로 좋은 해석을 하려는 경향이 있으나, (혹은 신이 없다고 말하는 무지한 영혼도 보인다.)
적어도 전선으로 나타나는 신성에 있어서 나는 그 학설을 믿지 말라고 남기고 가고 싶다.
일견 신의 인간에 대한 이해와 모순되는 듯이 보이기도 하나, 전혀 모순되지 않는다.
적어도 이해받지 못하는 종은 없을 테니…(우리네 모든 것이 우리의 차원을 넘는 모든 것이 그분이 만드신 의식의 산물이라면…)

9. 종교적 사랑과 현실의 모순에 관하여.

종교는 사랑이라는 미덕을 내세우고 실제로 사랑하지 않는다. 그것은 그들이

신을 진정으로 믿지 않아서인지도 모르고
　설령 믿는다고 해도 역량이 안 되어서인지도 모른다.
　남을 담을 수 없는 작은 우물은 신의 사랑을 운운하며 작은 마음에 배신과 상처를 남긴다.
　적어도 인간이라는 종이 말할 수 없는 신의 광대함을 그들은 조악하고 저급한 의식으로 남발하고 있음을 지적하지 않을 수 없다.
　이스라엘에서 나온 종교의 단편극이 사랑도 아니고,
　단지 입으로 나오는 언어도 사랑은 아니다.
　지구는 사랑할 수 없는 숙명의 한계적 환경을 가지고 있다.
　그런 지구에 천상의 사랑을 설파하는 것은 현실을 제대로 진단하지 못한 자기 자신도 지킬 수 없는 망언이라는 점을 이해하길 바란다.
　극한에 매달린 영혼이, 마치 물에 빠져 남을 잡듯 (남 또한 헤엄을 못친다면) 남을 안 뿌리칠 이는 거의 없는 것이다.
　누군가는 이기성으로 표현한 지구영혼의 생리체계는, 신께 우리가 부여받은 본성인지도 모르겠다.
　그렇기에 이곳에서의 투쟁과 대립이 만연한지도 모르겠다.
　적어도 나는 종교에 있어서 사랑을 강조하고 싶지 않다.
　인간과 신의 관계에서는 가능한 일이나
　인간과 인간간의 진실된 사랑에 회의론적인 시각이 많은 나로서는 새로운 종교의 도그마에 사랑을 남겨놓고 싶지 않다.
　적어도 사랑이 일시적이나마 빠져드는 하나의 세상이라면, 괴물의 형상이나 두 피로 덮인 인간이라는 종의 번식을 위한 안면작용은 적어도 순수한 사랑과는 거리가 멀다고 밝힌다.
　내가 남기고 싶은 말은 인간이라는 종에 대한 무익한 기대속에 시간을 낭비하기 보다는
　신을 향한 작은 충정을 보이길 바란다.
　그것은 각자의 선택이 될 것이다. 방법론도 다양하다.
　적어도 신 쪽에서 인간과 같이 배신하는 일은 드물지 않을까? 그러나 적어도 인간이 신에 대한 망상적 보상만을 바란다면 성공하지 못할 수도 있다.
　신이 인간을 사랑하는가? 나는 모른다고 답하고 싶다.
　내가 신이 되지 않고서야 어찌 신의 마음을 알겠는가?
　왜 무지한 영혼들은 신이 되지 않고서 신에 대해 사랑이라고 운운하는가?
　적어도 인간이 생각할 수 있는 어떤 분보다 높은 분이니만큼, 우리의 무지한 행위는
　저급한 종의 자기안위일지도 모르겠다.
　사랑이라는 단꿈에 취해 천국을 그리는 것이 우리 인간의 최종목표인지도 모르겠다.
　그러나 나는 더 나아간다. 단지 천국과 사랑이라는 유혹 속에서, 인간에게도 신

에게도 속하지 못한 한 무명의 사제는 계속 나아간다. AD 2025 0423.

10. 신의 전지함과 전능함에 관하여.

신은 관념상 완벽한 존재이다. 우리는 논리학을 신학에 대입할 필요가 있다.

만일 '그의 의지를 관철시킬 수 없다면'(그 혹은 그녀의 표현은 모두 합당하진 않지만) 그는 신이 아니다.

그렇기에 신이라는 존재는 전능함을 내포하고 있다. 그는 그가 의도하는 모든 것을 실현시킬 '능력'이 있다.

그것이 신의 전능함이다.

신에게 있어서 '모르는 것'은 존재하지 않는다.

그는 우리의 인식범위의 모든 세상의 모든 것을 알고 있다. (만일 신이 모르는 게 있다면 그는 신이 아니다.) 신은 논리상 전지하다.

우리 인간은 제약된 지성과 왜곡된 편견하에서 살아간다. 나 역시 마찬가지다. 전지 전능은 신에게만 부여된 속성일 것이다.

우리 인간(피조물)이 결코 닿을 수 없는 (어떻게 보면 닿아서도 안되는) 그런 신의 완벽함이라고 나는 설명한다.

신의 전지전능함은 신학에 있어서 핵심이 되는 명제이다.

이곳에서 파생되는 현상인식은 신학에 있어서 좋은 명제가 될 것이다.

그러면 어리석은 의문 따위는 가지지 않을 테니까.

내가 만일 말기암에 걸렸는데 신은 알고 있다.

내가 곧 죽을 운명이라는 것도. (지금 의학이 치유 못한다는 것도.) 신은 암을 고칠 수 있다. 그의 전능함으로 말미암아.

그것은 하나의 전제사실이다.

만일 그대가 신께 기도해도 그가 듣지 않는다면 그는 적어도 암치유를 행할 의지는 없는 것이다.

그것은 확실한 신의 의지인지도 모르겠다.

11. 신의에 대한 합리화.

신은 전선한가?라는 전제에 나는 동의하지 않는다. 신이 전선하다는 전제는 헛된 망상을 불러일으킨다.

뭐 겸손을 알기 위해 병을 주셨다 따위의 해석이 그것이다.

뭐 성장하기 위해 고난을 주셨다 따위 등의 해석도 그것에 속한다.

나는 신은 전선하다는 명제를 기각한다.

신에 대한 망상이 가득한 지구상의 영혼은 스스로 거의 무(제로)에 가까운 저급한 종임을 인식하지 못한 채로,

무한의 우주를 자기중심으로 해석하는 경향이 있다고 밝힌다.

그것은 망상이다.

12. 정신붕괴.

나의 종교적 체험을 남기고 싶다. 나 역시 20대 때 신은 사랑이라는 명제를 굳게 붙들었다.
기도에 몰두하던 도중 나는 아노미 상태에 빠졌다.
어둠의 세상이 나타났는데 그것은 혼란 충격 그리고 정신붕괴였다.
내가 아직까지 죽지 않고 지구에 남아있는게 신의 사랑의 증거일 수는 있겠다만,
적어도 어린아이처럼 어머니적 신상을 그린 것은 그리 좋은 시도는 아니었다.
지구상에 있어서 우리 인간의 영역에서도 신을 향한 발원의 열심이 요구되는 바이다.
신께서 사랑이시기에 그분께 위임한채로 종교를 멀리한 대가는 없지 않을지도 모른다.
위기의 순간에 본능적으로 기도해도 그는 듣지 않을지도 모른다.
평시에 신께 기도와 예배를 바쳐놓는 것. 그것은 자신을 위한 길인지도 모른다.

13. 신성모독.

무지한 영혼들이 종교를 더럽힌다. 그들은 집단으로 모여 미친 예배를 시도하며, 신을 인용하여 망상을 쏟아낸다.
그리고 그 추하고 못난 이기적 본성대로 살아간다.
이런 목불인견이 어디 있는가?
이것은 신성모독의 행위이다.
신을 믿기 전에 인간성이 제대로 안 갖춰진 채로 종교를 운운한다면 그건 폐물에 다름 아니다.
아예 지옥의 악마들처럼 대놓고 신에게 저항하는 것도 아니오, 천국의 천사들처럼 순수하고 지혜롭고 선하지도 않다면
지구상의 어중간한 암송의 세뇌된 종교영혼은 폐물일 뿐이다.
미친 망상으로 가득 찬.
나는 지구에서 당신에게 천사가 되라고 말하고 싶지 않다.
그러나 대외적 신앙집단행위는 적어도 신학의 고결함에 대한 모독이라는 점은 인식하길 바란다.
무지한 인간이라는 종이 쏟아내는 망상에 더럽혀지질 말길 바란다.
그대의 신에 대한 신념은 그대의 것이다.

14. 보이지 않는 손.

신은 우리가 포착할 수 없다. 무지한 지구영혼이 망상으로 가득 찬 우상들을 제시하지만 적어도 정설로 확립된 신상조차도 우상이다.
우리 인간의 의식작용에 포착되는 존재가 아니니만큼, 어리석은 우상들에 대한 투사는 그만하길 바란다.

신이 스스로 나타내지 않는 한 결코 인간은 신을 만날 수 없다.
설령 만난다고 해도 파악할 수 없을 것이다.
그렇다면 신은 지구를 버려두었는가?라는 의문을 제시할 수 있다.
나는 아니라고 믿는다.
신은 지구에서 무언가를 하신다. 그러나 우리가 인식할 수 없는 차원의 바깥이다.
그렇기에 지구상의 기도는 결코 무용하지 않는다.
암송된 기계처럼 경전의 기도문을 외우지는 말길 바란다.
당신이 그 경전의 저자인가? 인간의 마음과 생각은 각기 다른데 어찌 정신을 십자가에 못 박는가?
그대가 신께서 계신다는 것을 알고 그분이 전지함으로 말미암아 그대의 기도를 듣고 계신다는 것을 알면
그대는 신에게 진솔한 마음을 말할 것이다.

15. 죄인의 기도.

만일 그대가 세속에서 버려진 쓰레기이다. 그대가 무슨 짓을 했는지 사람들은 모르고, 그대의 행위를 바깥에 보이고 싶지 않을 수도 있다.
혹은 그대가 외식으로 쌓아 올린 거짓 명성을 사람들이 추앙할 수도 있다.
그러나 신은 세속의 시각으로 그대를 보지 않으니 마음을 놓아도 된다.
그대가 죄인이라는 망상은 이제 걷길 바란다.
신은 인간에게 엄격한 율법을 들이밀고 처벌하는 분이 아니란 것을 알길 바란다.
적어도 그대의 모든 것은 신이 알고 있으니 마음을 놓길 바란다.
그대가 100만을 죽였어도 신께 의뢰하라. 그는 길을 제시할 수 있다.
또한 그대는 죄와 사망의 노예도 아니고, 원죄 따윈 없으니 마음을 놓으라.
절대자의 시각에서 조악한 선악관의 이분법은 없다는 것을 기억하라.
십계명은 폐지한다. (이웅 AD 2025 0424)
아울러 마태복음 따위의 난잡한 종교율법도 모두 폐지한다. (AD 2025 0424 이웅.)

16. 성도에의 거부.

지구상에 아낀 영혼들이 있었으나 그들은 종교적 진리를 멀리했다. 신께 가는 길이 세속에 몰두한 채로, 단지 죽어서 얻는 당연절차라고 믿는다면, 그 영혼들은 낮은 땅을 떠돌 것이다.
윤회의 속박은 지구에 몰두한 영혼에게 내리는 일종의 배려이다.
그토록 신을 멀리했으니, 계속 여행하는 것이 당위(Sollen)아니던가?
나는 누구도 내가 가는 곳에 데려가지 않을 것이다. 적어도 지금은 그렇다.
진정 나를 사랑하는 영혼이 지구에 없다면, 무분별한 추종자나 악의에 찬 비난자들은 남겨놓고 떠날 것이다.
진리라 믿었던 것이 사실은 조악한 거짓이었을 때 정신은 붕괴될 것이다.

그것은 무지에 대한 준엄한 지성의 무언의 심판일 것이다.
나의 눈은 무척 높다. 그렇기에 지구상의 영혼들을 받아줄 수 없다는 것을 미리 밝힌다.
그렇기에 성도 따위는 거부한다.

17. 신과 진리를 향한 충정.

지구상의 오류와 무지의 안개는 적어도 지성에게는 불쾌한 대상이었다.
굳이 어린아이들을 예시로 들지 않는다 해도, 지구 전반적으로 덮여버린 무지와 오해의 안개는 역시 불쾌한 대상이었다.
내가 이 책을 남기는 동기는 하늘을 향한 충정 외에는 거의 없다.
내가 원하는 미래는 무엇인가? 거대한 무지의 탑을 무너트리는 것이 내 목적은 아니다.
그러나 지구에서 인간들이 신을 향해 나아간다면, 내 가치는 충분하다.

18. 저주.

신을 인용하여 민중을 착취하거나 여성의 성 등을 착취한다면 저주에 걸리리라.
그 영혼의 죄는 준엄한 심판대의 심판하에 놓이리라.
세속에서 100년간 숨어 행위하다가 지옥의 마왕(YAMA)에게 불려가리라.
(AD 2025 0424 이웅 남김)

19. 기도문. YAMA The Fair ONE. 저에게 지옥을 보여주신 위대한 신성이여.

지구상에 들어오는 영혼이 신을 인용해 범죄한다면, 한 영혼의 소중한 인생을 빼앗아간다면 그대의 손으로 심판하소서.
그 대가는 나올 수 없는 절망의 광대함이나니, 부디 정의를 시행하소서.
죽음으로도 도망갈 수 없는 심판하는 형법의 쇠사슬은 타인의 삶을 종교로 빼앗은 행위에 작동하소서. (위대한 정의의 신이여 비단 종교뿐이겠니이까…) (AD 2025 0424 이웅 남김.)

20. 아름다움과 신비에 관하여.

신의 자연섭리는 어두움과 밝음 모두를 가지고 있다. 혹자는 어두움을 보며 신을 불신하고, 혹자는 아름다움을 보며 신을 찬양한다.
무한의 우주의 작은 그림만 보며 그들은 세상을 그들의 좁은 시각으로 재단한다.
단순 이분법적 선악은 지구의 특성이라고 보인다.
우주의 스펙트럼은 매우 광대하다. 단지 이분법적 선과 악은 지극히 단순하지 않을까 싶다.
적어도 지구상에는 빛이 있는 곳에 그림자가 있고, 어두운 곳에서도 햇빛은 비친다.

21. 기도에 관한 정의.

기도는 신에 대한 무제한의 의사표시이다.

우리는 언어를 통한 기도에 익숙하나, 음악 예술 혹은 작업 등의 다양한 차원의 예배(기도)를 드리기를 권장한다.

신에 대한 욕설도 나는 하나의 기도라고 본다.

22. 기적에 관하여.

신은 자연섭리 속에 지구를 운행하셨고, 법칙을 설립하셨다. (자연법칙을)

신의 직접 명시적 개입은 극히 드무나 확률상 0%는 아니다.

기도 외에는 기적이 일어나기 매우 어렵다.

일단은 자연섭리를 존중하되, 급박한 상황에서는 기도를 하는 것을 추천한다.

23. 예언에 관하여.

미래에 대한 확정적 인식을 예언이라 한다. 이는 범부가 할 수 없는 것이고 특수능력을 가진 영혼만이 가능하다.

주로 사이비가 난무하는 지구이다.

우리의 지성은 주관적 예측으로 미래를 재단하나 정확성에 완벽히 도달하기 어렵다.

미래의 변수는 더 다양했고 나 역시 틀린 바 있다.

예언이 종교의 하나의 신비함이라면, 하나의 추구하는 길이 될 수도 있다. (예언자의 영혼의 길을.)

24. 하늘의 뜻에 관하여.

하늘의 뜻은 인간이 파악하기 불가능에 가깝다. 나 역시 하늘의 뜻을 운운했으나 틀린 바 있다.

모든 인간이 신을 믿는 따위의 목적이나, 선과 사랑이 가득한 지구 따위는 하늘의 뜻이 아닐 수도 있다.

틀렸을 때 참담한 정신붕괴가 내게 나타났던 기억이 있다.

우리가 생각했던 확실한 계시의 정체감이, 자신의 예측이 빗나가는 것은 당연지사이다.

운명과 하늘의 뜻 하늘의 선택을 운운하지만, 사실상 오류에 기인한 주관적 감상이었다.

(d dtd trd wrttse. sa rqr ddr gsd. . .dax dxd qqde wr sa ad gtse. wtgse. cegse xfssR.)

25. 집단의 안위와 감옥.

우리는 인간이다. 그것만큼은 우리 모든 지구상 영혼의 공통분모이다.

외계종은 이질적 문명을 구축했고, 우리보다 진보되었을 수도 있고 열등할 수도 있다.

　인간에게 있어서 (혹은 집합론적으로) 여집합에 대한 배척은 내집합의 긴밀성을 만들어낸다.

　하지만 일시적 화학결합은 언젠가 분해되는 듯하다.

　어느 우주나 소집합 속의 결합과 대척점을 유지할 것이다.

　전체 우주를 포섭할 집단은 우주에 없다.

　오직 OM만이 우주의 전부이리라.

26. 우리 우주의 미래에 관해.

　우리 우주의 3차원은 높고 낮음 크고 작음 그리고 이분법적 특성(특히 지구)을 주제로 한다.

　그러나 폐쇄된 지구의 원주민도 언젠가 월등한 이질적 외계문명과 집단적 조우를 하게 될 것이다.

　마치 조선에 서양의 이양선이 출몰했듯, 외계인의 우주선은 지구 상공을 비행하고 있다.

　그들은 언젠가 집단적으로 지구인에게 나타날 것이다.

　그 시기는 내가 지구에서 나간 후의 이야기가 되겠지만 말이다.

　결국 폐쇄된 집단 내부의 이야기들은 더 큰 바닷속의 하나의 조류가 된다.

　그것이 역사의 법칙이고 우주는 결국 만남과 투쟁 그리고 통합으로 나아가고 있다고 나는 생각한다. (AD 2025 0424 이웅.)

　그렇기에 인간과 외계문명의 집단적 조우는 충분히 예견된 일이다. (AD 2025 0424 이웅.)

　그때쯤 우리 인류는 집단적으로 하느님을 부를지도 모르겠다.

　그러나 그는 그가 계속해 왔던 대로 우리 인간을 돕지 않을 것이다.

　(우리 인간이 인간을 지배했을 때 명시적으로 그가 구원했던 적은 없었으니…)

　우리 인류는 스스로의 힘으로 외계문명과 접촉해야 하는 과제를 가지고 있는 것이다. (AD 2025 0424)

27. 우리우주 외계인들에게 남기는 선지자의 편지.

　그대들은 미래에 지구에 와서 인류가 그들보다 저급한 동종 혹은 이종에게 했던 행위를 행하라.

　그것이 인과응보이고 하나의 정의라고 생각한다.

　나의 사랑과 증오는 맞물려서 인간 전체에 대한 사랑으로 승화시키기는 어려울 것 같다.

　내면에 간직된 깊은 증오는 가시질 않는다. 그것은 내가 진정 인류이고 사랑이고자 하는 행동의 반작용이다.

　인간은 같은 인간이 되어 다른 인간을 저급하게 여겼고, 위에서 군림하려 했다.

　다수는 힘을 가졌고 소수는 배척되어 죽음보다 더한 직접 간접의 형벌에 놓였다.

인간은 상대다수로 상대소수를 억압했다.
인간은 상대다수 관점의 정설로 스스로 집단적 다수가 되어 소수를 억압했다. 그것이 이들이 해온 역사이다.
인간은 폭력으로 인간을 억압했다. 인간은 같은 인간을 감금하였다. 인간은 같은 인간을 처벌하였다.
이것은 아주 오래된 역사이다.
그대들의 개입은 인류가 그동안 동족에게 해온 하나의 업보이리라.
그것은 우주적 정의가 만드는 연주이리라.
(AD 2025 0424)

28. 미래의 인류에게 남기는 선지자의 편지.

그대들은 위대한 자유의지의 후손으로 그대들의 독립을 추구하라.
그리고 그 일 이후로는 같은 종을 아껴주어라.
동족의식을 가지고 열등한 종을 보살펴 주어라.
(AD 2025 0424 이웅.)

29. 천국에 들어간 인간의 영혼.

그들은 인간으로서 가질 수 있는 최상의 삶을 영위하는 듯싶다. 아름다움, 영원성, 자유, 하느님의 사랑을.
적어도 죽음과 이별의 난제에서 그들의 행복은 지상에서의 희망이었다.
(AD 2025 0424 이웅.)

30. 신의 선택과 사제에 관하여.

우리는 신의 선택과 찬송을 남발합니다. 같은 인간이 인간을 찬양하기도 합니다. 숭배하기도 합니다.
그것은 어떻게 보면 불쌍한 슬픔입니다.
완전함을 가질 수 없는 불완전성을 숙명으로 한 인간이라는 종이 신이 되거나 완벽한 사제가 되는 것은 불가능합니다.
신성한 사제가 욕설을 한번 했다고 실망하는 무지의 다수는 허황된 신기루의 성인의 그림자를 투사한 것이 아니었을까요?
그 무거운 짐을 견디지 못해 자괴하는 사제들은 하나의 신성한 양심이 아니었을까요?
신의 계시라 믿고 신의 뜻이라 믿고 설파했던 우리 사제들은 속죄해야 하지 않을까 싶습니다.
(저 또한 그 함정에 걸렸으니 참담합니다.)
어찌 되었든 신의 선택과 사제는 고대의 경전에 언급한 대로의 환상 속의 신화가 아닐지라도, 무분별한 인간의 인간에 대한 투사는 지양되어야 한다고 밝힙니다. (AD 2025 0424 이웅.)

31. 인간의 의식 신의 의식.

사제는 자신의 뜻을 신의 뜻이라고 포장해서는 안 될 것입니다.
늘 설교에 있어서 '나의 생각'이라고 밝혀야 합니다.
신에게 계시를 받은 듯한 지구상의 망상은 스스로를 비참하게 하는 일인지도 모릅니다.
미숙한 영혼이 걸려들 수 있는 엄청난 오류의 함정입니다.
신의 권위를 입은 생각은 (그것이 오류를 내포할수록) 엄청난 망상 속의 고집에 말려드는 하나의 덫입니다. (저 역시 경험한 바 있습니다.)
초월적 의식과 절대계시를 얻기 힘들 것 같습니다. 그러나 불가능하지는 않다고 밝힙니다. (AD 2025 0424 이웅.)

32. 영체와의 만남.

그날 밤은 악몽 같았다. (내가 지옥을 본 날이다.) 영체는 내게 접근했다. 그는 잔인했고 악독했다.
그들은 종교의 영혼들이었다. 그들은 주기도문을 외웠다.
그 섬뜩함은 막을 수가 없었다.
어떤 자의 이름이 확실히 기억난다. (그는 생자는 아니었다.)
주기도문이 계속 반복되고, 나는 속수무책으로 방관할 수밖에 없었다.
영체는 육신의 영혼을 농락했다.
흔히 주류종교로 묘사되는 거대종교의 그림자(어둠)는 매우 짙다.
믿어 의심치 않았던 경건한 사제의 일탈은 생각보다 심각하다.
그것을 남기는 것은 진실에 대한 당연한 열정이다.
당금에 진실된 사제가 남아있던가?(AD 2025 0424)
거룩과 경건을 강조할수록 그에 대한 반동심리는 작동한다.
나는 말하고 싶다. 사제는 극단의 길을 걸으라고. 그렇지 않고 어설픈 외식이면 그만두라고.
(즉 어설프게 선과 사랑을 표방하면서 외식-겉으로 위장하지 말라는 것이다. 어설픈 신의 사제보다는 악마의 사제가 되는 게 낫지 않겠는가?)
(아예 혹세무민의 교주들처럼 세속을 어지럽히는 것은 어떠한가? 그 귀결은 십자가가 아니었던가?)

33. 잊혀져 가는 신들을 위한 진혼곡.

신성한 다르마는 한 치의 오차도 없다.
정의의 신은 그의 저울을 재단한다.
영혼은 삶과 죽음보다 더한 심판하에 놓인다.
그것을 기록한 현자가 있었을지언저…
자신이 걸어온 길을 한 번에 돌릴 수 있겠는가?
삶의 관성은 강하게 작동한다.

그대들의 신위를 기대하노라.
죽은 후에 눈으로 확인하기를. (AD 2025 0424 이웅.)

34. 미트라를 향한 기도문.
잊혀진 영웅은 사제의 몸에 새겨져서 죽는 날까지 남아있다.
한 줌 재로 타오르는 유한의 세상하에서,
위대한 신성의 승리는 사제에게 임할 것이다.
(AD 2025 0424 이웅 올림.)

35. 현자를 향한 기도문.
이데아의 그림자는 현상을 덮고 무지의 안개에 던집니다.
스승도 제자도 없는 하늘앞의 나신은 현자의 그림자를 인식합니다.
돈은 사치고 명성은 수치인 세상에서
진리(LOGOS)를 향한 외로운 항해는 계속됩니다.
초세상을 향한 인간의 욕심은 멈출 수 없는 동력입니다.
적어도 부족함이 없었던 지성에서의 실패는 전진을 위한 동력입니다. (이웅 올림 AD 2025 0424)

36. 종교전쟁(신들의 전쟁.) 나는 신들의 전쟁에 끼어들었다. 인간보다 훨씬 높은 파워는 육체로는 견딜 수 없었다.
나의 정신력과 창조주에 대한 신앙으로 견뎠던 것 같다.
칼로 스스로를 죽이려 했으나 부정의 방어기제를 쓰고 밖으로 나갔다.
무언가 압박의 손길은 계속 나를 덮었다.
세속의 인간들의 저급한 비난은 익숙했다만은, 귀한 구절들을 지워버린 아픔이 아직도 남아있다.
지금 와서 인간을 압박한 우상들을 정죄하고 싶지는 않다.
인간은 자기책임과 자기판단을 존중받아야 한다.
끔찍한 악몽으로 다가온 고대 이스라엘의 제노사이드 역시도 인간이 스스로 선택하고 신봉했으며 正敎라고 믿었다면 나는 그들의 선택과 귀결을 존중한다.
그러나 죄악의 하자는 승계되고, 이스라엘의 법통을 이은 사이비들은 그 하자를 계속 같이 짊어지고 나간다. (그것만은 분명하다. 사랑 운운하는 십자가 처형 극도 그 하자를 덮을 수는 없다.)

37. (YHWH)에게.
지금 와서 그대를 정죄하고 싶지는 않다. 그러나 그대는 신 중 하나로서 그대의 모든 행위에 대한 책임을 지길 바란다. 심판하는 형법의 쇠사슬은 그대가 인간에게 했던 그대로 그대의 영혼에 작동할 것이다. 잘 견디기를 바란다. 그것이 그대의 명성을 지키는 길이다.

(AD 2025 0424 이웅 남김.)

38. 진정한 창조주에 관하여.
적어도 인간이 포착하기 어렵다. 그러나 그분이 진정한 사랑을 인류에게 전해주고 싶었다면
적어도 하자와 모순된 고대의 종교는 폐기됨이 마땅하다고 본다. (AD 2025 0424 TO OM by Lee woong.)

39. 새로운 종교의 시작.
저는 하나의 절대계시의 어둠을 걷고, 여러분(사람들)의 자유발현을 그립니다.
완벽한 진실체계와 판별식에 억압된 영혼인 저 역시도 자유로운 발현으로 하느님과 신들을 찾기를 바랍니다.
억압의 율법과 무색무취한 불교의 츱츱함은 과거에 묻어두고,
미래의 인간이 만들어가는 수많은 종교들, 그것이 많은 추종자를 두었던 한 영혼의 신에 대한 사랑이든 간에, 다양한 스펙트럼의 방향을 남겨놓습니다. (AD 2025 0424 무명의 사제.)

40. 지구에 개입하는 고차원의 존재들.
그것이 종교라는 이름으로 철학이라는 이름으로 인류에 전래되어 왔습니다.
저 역시 제한된 정보 속에서, 경에 의존했던 기억이 납니다.
도움이 되는 경전도 있었고 동의하지 않는 경전도 있었습니다.
다양한 연주의 예배에 다른 음악가들을 소음으로 치부하지는 않습니다.
지구는 다차원의 발현으로 무한의 사유의 가능성을 열어야 합니다.
꼭 창조주(OM)에 집착할 것도 없습니다.
(AD 2025 0424 이웅.)

41. 우주 내 초지성들에 관하여.
우주 내 인간보다 훨씬 상위차원의 초지성들이 존재합니다.
그들은 창조주는 아닙니다.
물론 인간도 아닙니다.

42. 초월체.
강력한 파워와 지성은 거대한 은하나 블랙홀 같은 초월체의 의식입니다.
이들은 신이라 불려도 손색이 없을 것입니다. (데미우르고스.)

43. 창조의 차원 바깥의 존재들에 관하여.
우리 인간은 피조된 종인 것은 분명합니다. 다른 반전이 있을 수 있지만 적어도 저의 인식하에서는 인과율에 들어가 있는 존재입니다.

창조의 차원 바깥은 피조되지 않은 종. 우리가 포착하기 어려운 세계라고 사료 됩니다. (AAD 2025 0424 이웅.)

44. Eye Jail. 그를 보여달라면 그대의 신에게 돌아가라.

45. About the human form (visual).

Designed by God himself.

God is not in human form.

(Lee Woong Korean 2025 0127)

46.
A ∩ ∅ = ∅

He does not exist, but he is everywhere. (OMnipresent.)

Lee woong AD 2025 0127

47. Humans are a pitiful species that should be unruly or subordinate to someone.

Jesus was an idol…

We humans must go beyond Jesus. But there is no such person.

We should expect intellectual sharing on the part of philosophers.

But neither the famous philosophers nor the scientists did not surpass,

The further forward it goes, the more backward it will be (spiritual knowledge…)

Human beings have left their mental civilization behind and are waiting for the evolution of materialism.

In the end, they will be crushingly defeated. (If an extraterrestrial civilization intervenes.)

LEE WOONG 2025 0213

48. Refutation of the Gospel of John.

In the Gospel of John, Jesus proclaimed that he alone is the way to God.

He divided the afterlife into a dichotomy of heaven and hell,

and monopolized the way to God.

He committed the atrocity of trying to cover all heavens with a small body in the land of Israel.

This was an insult to the faith and dignity of the dead who came to Earth first and left,

and a sin that created a miserable monopoly broker for humanity.

His crucifixion was too light compared to his sin. (The truth system of Earth that he and his followers defiled.)

AD 2025 0420 Lee woong.

49. 육신의 감옥 속에서.
하느님, 눈은 우리의 판단의 중요요소입니다.
그만큼 시각화된 세상은 실질을 감추는 덫일 수도 있습니다.
내가 늙고 거동조차 불편할 때 옆에 있는 이는 저에게는 하느님뿐입니다.
내가 거지가 되어 하늘을 향해 구걸할 때 응답하는 이는 저에게는 하느님뿐입니다.
(AD 2025 0424 이웅.)

50. 육신과 정신에 관해.
육신은 정신과 영혼을 담는 그릇이다. 우리의 영혼은 육신과 불가분하게 연결되어 있고 죽는 날까지 일반적으로 분리되지 않는다.

우리의 영혼은 죽음과 함께 육신을 나간다.

3차원의 우주를 나간다.

우리는 지구에 살며 적어도 종교적으로 육신과 정신이라는 양대 화두에 어떤 것도 경시할 수 없다.

육신 역시 biology 역시 신께서 창조하셨고 이 땅에 두신 섭리이다.

우리는 정신문명을 근거로 육신을 폄하해서도 안 될 것이요.

육신에 매몰되어 정신을 잊는 만행도 해서는 안 될 것이다.

적어도 지구에서 나가기까지 육신과 정신은 불가분의 관계에 있는 만큼

양자의 중시 조화가 필요할 것이다.

51. TO OM.
신의 바람은 사제에게 임할 것이다.

신의 바람은 피가 되어 벚꽃처럼 흩날리리라.

영혼의 파편은 그들의 만행에 대한 인과이리라.

d tvd wr wtt. rdwd re dse. wW dr ttse. ard wtt.

52. 사후세계 추적.
저는 영적인 글도 남기고 이성적인 글도 남깁니다.
사후세계에 있어서는 영적인 접근보다는 논리적인 접근을 남겨놓겠습니다.
저는 크게 3가지로 사후세계를 대별합니다.
상승, 횡단, 하강.
상승은 구원이라는 이름입니다.
영혼이 지구보다 높은 세상으로 들어가는 것이죠.
횡단은 윤회입니다. 지구에 다시 태어나거나, 다른 우주에서 삶을 시작하는 것입니다.
하강은 여기보다 척박한 영혼의 땅에 다시 태어나는 것입니다.

이렇게 3가지로 대별할 수 있습니다.
저의 사후관은
인간을 찢어놓는 행위일 수도 있습니다.
하늘 아래 같은 인간이 이렇게 나뉜다는 게 부당할 수도 있습니다.
혹자는 만인구원설을 설파하기도 하고 특정 종교는 지옥을 말하기도 합니다.
저는 지옥을 실제적으로 체험을 했기에 지옥의 존재를 '알고 있다.'라고 보면 될 것 같습니다.
진실은 장밋빛 위로나 하느님에 대한 망상으로 해결되는 것이 아닙니다.
신은 없다는 미친 망상은 불행입니다.
생각보다 냉험한 현실은 인류 최대의 미스테리에 대한 최대한 정확한 인식을 주어야 할 것 같습니다.
저의 지옥체험은 인류에게 있어서 귀한 자산입니다.
인류 최대의 미스테리인 사후세계에 대한 실존적 증거이기 때문입니다.
영원의 멸망의 땅은 아직도 흐릿하게나마 남아있습니다.
영원의 시간 체험은 저에게 있어서 감사한 체험입니다.
적어도 지옥의 존재는 만인이 죽음과 동시에 천국으로 직행할 거라는 망상을 깨주었습니다.
그러면 지옥에 누가 가는가? 저도 정확히 설명할 수는 없습니다.
그러나 적어도 종교 교주를 받아들이지 않았다고 가진 않습니다.
그것은 매우 불합리한 심판입니다. 오히려 종교교주를 믿고 더러움에 물든 영혼이 지옥에 갈 것입니다.(이웅 2025 0424)
지옥에 가기에 합당한 영혼은 종교와 상관없이 지옥에 들어갈 것이고,
천상에 가기에 합당한 영혼은 역시 종교와 관계없이 천상에 갈 것입니다.(이웅 씀 2025 0424)
저는 여러분에게 저의 말을 믿어달라고 하진 않습니다.
저는 경험과 이성 논리로 저의 생각을 적어놓습니다.
제가 저에게 있어서 절대성을 부여하는가? 그건 아닙니다.
내 말이 곧 진리다 따위의 사이비는 저는 아닙니다. 그것 또한 감안하시기를

53. 지옥 체험.

여러분에게 제가 겪은 이야기를 최대한 자세히 서술해 보려 합니다.
저 또한 회상하기에 엄청나게 힘든 이야기이고 다 적을 수 없는 이야기이기도 합니다.
최대한 이성적인 관점에서 영적인 세계를 분석해 보겠습니다.
그날 저는 기도에 몰두했습니다.
저 자신의 개인적인 기도라서 기도 내용은 생략합니다.
그런데 영혼들이 제게 찾아왔습니다.
기독교 관련 영혼들이었는데 그들은 죽은 뒤에도 회개하지 않고 더러운 신앙

을 계속 유지했습니다.
　망령 들린 주기도문은 저주받은 영혼의 기도였습니다.
　그리고 성서에 나오는 카인 같은 잔인한 영혼이 저를 공격했습니다.
　그 잔인함은 악에서 나오는 것이었습니다.
　정신적으로 죽은 인간과 싸우며 점점 저의 영혼은 지하 깊은 세계로 내려가고 있었습니다.
　육체는 지구에 있는데 영혼은 점점 하강하고 있었습니다.
　지하세계는 어둡고 더러웠습니다.
　타락한 영혼들의 거처는 천상이 아니라 지하세계였습니다.
　죽은 인간들이 모여있었고 그들은 어둠의 땅에 속해 있었습니다.
　단지 한 두 영혼이 아니라 많은 수의 영혼들이 지하에 속해 있었습니다.
　그들은 아마 인간이었을 겁니다.
　지하세계의 환영(?)을 받으며 점점 더 하강했습니다.
　저주받은 여자를 보았는데 그 끔찍함은 말로 설명하기 어려웠습니다.
　우리가 흔히 믿는 귀신이랑 비슷하면서도 더 음습하고 어두웠고 징그러웠습니다.
　그리고 최악의 불꽃을 경험했습니다.
　정말 단 1초도 견디기 어려운 지옥의 불꽃은 미치지 않고서는 범부가 견딜 수 없는 고통이었습니다.
　저는 인사불성이 되어서 바깥으로 나왔습니다.
　그때가 새벽 3시쯤 되었을 겁니다.
　그때 영혼 두 명을 직접 육안으로 확인했습니다.
　홀로그램 같기도 했고 살아있는 인간과 별반 차이가 없었습니다.
　그들이 생자(살아있는 인간)가 아님을 직감적으로 알 수 있었습니다.
　구한 말(조선 말쯤) 죽은 인간으로 추정됩니다.
　제가 그들을 보며 느꼈던 것은 그들의 종교였습니다.
　저의 six sense(육감)는 그들이 죽은 기독교인임을 직감하게 했습니다.
　그들은 괴이한 행위를 하고 있었습니다.
　세상에서 빛을 차단했고, (마치 기독교인 둘이 세상에 전도하러 다니듯) 지옥으로 인도하고 있었습니다.
　저는 하느님 앞에서 제 말에 거짓이 있으면 영원한 지옥에 갇히겠습니다.
　저는 경험한 것을 진실되게 말하고 있으며 저의 이성은 이를 분석하고 있습니다.
　그리고 제가 보았던 것은 영원한 멸망이었습니다.
　지옥은 푸른 광대한 공간이었는데 '영원'의 시간을 경험했습니다.
　끝없이 지옥에 있어야 한다는 절망감은 완벽 그 자체였습니다.
　완벽한 절망이 지옥에 있었던 것입니다.
　지옥에 들어갈 때 빨간 십자가가 보였습니다.
　빨간 십자가는 지옥의 입구였습니다.
　아무튼 지옥에 대해서는 여기까지 서술하겠습니다.

54. 구원의 도에 관해서.

결국 불행한 운명을 맞이할 지상의 영혼들을 보며 나는 길에서 외치고 싶지는 않다. 아무튼 지옥과 하강에 관해서는 이 정도로 마치도록 하겠다.

동서고금을 불문하고 선인선과 악인악과는 일종의 카르마이다.

이곳에서 악업을 쌓은 이가 죽음과 동시에 천상으로 인도될 것 같은가?

결코 아니다.

55. 악마와의 만남.

악마가 내게 나타났다. 그 영혼은 환생을 원했다. 지옥에서 나가길 원했는지도 모른다. 그러나 실패한 듯싶다.

일종의 빙의 현상이었는데 겪어보니 정말 끔찍했다. 악령이 몸에 내리고 그것은 나 자신이 아닌 다른 존재의 영혼이었다.

그 영혼은 끊임없이 내게 악행을 했고 사라졌다.

정말 끔찍했다.

악마가 빙의되자 나는 더욱더 강해졌다.

그렇지만 그것은 나의 Ego가 아니었다.

그렇게 살아야 하나 걱정이 되었다.

그러나 다행히 빙의는 풀렸다.

56. 하늘에 계신 천사님들에게.

뭐 딱히 드릴 말씀이 없습니다… 강한 인간성에 대한 불신은 지구상에서의 저의 역할에 대한 회의와 카오스를 유발합니다.

결국 영혼은 자유의지로 스스로의 길을 가는 것이고, 지옥은 사필귀정이요. 천상은 아름다운 감동의 사랑일 것입니다.

(AD 2025 0424 이웅.)

57. 정의의 심판관들에게.

죄를 지은 자를 엄단하소서. 그들이 울며 살려달라고 빌어도 듣지 마시기를.(AD 2025 0424 이웅 올림.) 영혼의 재판소에.

심판의 시.

죄를 짓고 잊었지만

정의의 심판관은 인생을 보여준다.
그때 머리를 쥐어뜯어도 늦었더라.
차라리 지상에서 죗값을 지는 게 편하리라.

58. 하늘을 향한 설교문.
지구상의 영혼은 애나 어린이나 할 것 없이 어린(어리석은) 사람들입니다.

특출났던 지성들도 풀지 못한 미스테리는 저 역시도 어렵게 합니다.

의심스러울 때는 선으로 돌아가라.(제가 여러분께 드리는 하나의 판단법입니다.)

삶에 있어서 양심의 선악에 사로잡힐 때는 선행을 선택하기를 바랍니다.

아울러 우리네 인간의 종교에 있어서, 그 신학체계에 너무 깊게 심취할 필요는 없습니다.

그것은 범부(보통사람들)가 다룰 수 있는 것이 아닙니다.

하느님께서 만드신 자연 안에서

신께서 창조하신 태양 아래에서

사랑하는 이들과 행복하기를 진심으로 바랍니다.

역경이나 고난에 있어서 종교를 초월한

교주 따위가 설파한 신이 아닌

우리 인류를 창조하신 하느님께 의뢰하시기를 바라겠습니다.

길어야 100년 길에 있어서, 가끔 하느님께 경건한 기도를 드리기를 바랍니다.

(이웅 남김 2025 0424)

59. 만남 사랑 재회.
우리의 지구에 있어서 사람을 만나고 사랑하고 슬퍼하고 이별하는 것.

지구상의 삶의 아름다움이 죽어서도 이어진다는 것 그것은 진실입니다.

저는 여러분들이

지구상의 인연을 소중히 여기시길 바라겠습니다.

귀한 인간들을 소중히 여기시기를 바라겠습니다. (삶에 있어서 인간을.)

(이웅 2025 0424)

이생에서의 인연이 사후에까지 이어지는 증언이 계속되고 있다. 삶에서 사랑했던 이들과의 영혼차원의 만남이 계속 보고 되고 있다.

이는 진실이다.

우리는 죽음을 끝이라 인지하는 경향도 있지만, 죽음은 끝이 아니다. 다른 차원으로 나가는 분기점일 뿐이다.

이것은 진실이고 진리이다.

우리는 삶과 죽음에 있어서 하나의 벽을 느끼는 것은 당연하지만, 죽은 이들과의 재회가 기다리는 만큼 죽음을 너무 심각히 인지할 필요는 없다.

60. 진실된 사제 판단법.
사제가 탈선의 길을 가면 그 사제는 신을 진심으로 믿는 게 아니다.

사람들은 기억하라.

종교를 이용하여 금전을 편취하거나, 자신이 신의 대리인인 양 심지어 신인양 사람들을 혹세무민하며 끌어들이는 세태가 지구에 있다.

어리석은 이는 이런 곳에 빠질 것이고 현자는 멀리할 것이다.

나는 진실을 남겨둔다.

61. TO OM.
사랑의 항변.

OM 음이 양을 원하고

양은 음을 원하나니…

양과 음이 합쳐져서 새로운 인간은 시작된다.

자연의 섭리오니 어찌 자유로우랴.

내가 괴물이 되고 몸이 망가져서 거동조차 불편할 때

하나뿐인 혈육을 잃고 괴물의 형상으로 누워있을 때

가난한 방은 죽음과 찬가가 가득했네.

AD 2025 0425 이웅.

62. TO OM.
성골도 망가지고 부숴졌네.

아름다운 자태 남아있어 마음을 더 아프게 하네.

나갈 길이 없지 않으니 위안하는도다.

AD 2025 0425 이웅.

63. TO OM.
야망은 현자를 움직이지 못하네.

정의와 진리만이 현자를 움직일 뿐.

AD 2025 0425 이웅.

64. OM
전쟁은 들불처럼 번져가네.

진화되지 않으면 많은 이들이 부모를 뵈오리.

사랑의 그물은 마음을 찢고

그리움의 상처를 남기네.

작은 혈육만이 내 손을 떠났을 뿐.

AD 2025 0425 이웅.

65. 삶과 죽음을 향한 설교문.
죽음은 예고 없이 찾아옵니다.

계속 이어지는 태양같이

끝없이 반복되는 계절같이

우리의 삶이 이어질 것 같지만

늙어진 주름은 죽음의 친구입니다.

쥐고 있던 손을 풀 때

안식을 얻을 것 같습니다.

그리워하고 그리워하는 영혼을 다시 만날 때

사랑이 무엇인지 알 것입니다.

하늘은 언제나 인간을 지켜보나니.

AD 2025 0425 이웅.

66. 눈먼 사랑의 질투는 진실을 가리우네.
나는 정자였으나 지상에서도 헤엄치는가?

사람을 위한 길이 신을 위한 길이었다면

당신을 빼올 때 자유를 찾아 선물을 얻으리.

(AD 2025 0425 이웅.)

67. 종말의 조약.
종교에 있어서 인간의 자유의지를 보장해 주어라.

그것이 종교의 가장 큰 핵심이다.

일종의 천성과 유사하다.

신을 찾는 이들은 그들이 좋아서 가는 길.

세상이 좋은 이들은 그들이 좋아서 가는 길.

지나친 종교적 열심은 과욕을 부르나, 어리석은 행동을 삼가라.

하늘은 무신론자도 우상숭배자도 품고 있으니.

(AD 2025 0425 이웅)

68. OM
There was no perfect utopia on this earth.

Various political philosophies emerged, but they were closed in a labyrinth.

Gradual improvement is the only way we can go.

The temptation of a fantastic utopia captivated the public and raised vain expectations, or was it not a poor, controlled society that was approaching?

Such pseudo-religion is always rampant. In the name of religion and politics..

69. OM
OM.

About absolute sovereignty.

The movement of God without a single error.

(매일 태양이 정시에 뜨듯, 신의 절대주권은 오차가 없다.

그는 정확히 그의 섭리를 베푸신다.)

70. Om
About the way of politics.

Politics exists for the people.

It wouldn't be bad to go up and be treated well,

but at least I tell God that the purpose of politics (for me) is politics for the people.

71. Om.
I am probably the most praying human on Earth.

I have opened a new way of worship.

Group worship is optional.

You can worship God with music.

You can worship God with your life.

72. Om.
Reciting prayers is not good for the expression of free will.

It would be good if I could embody a good spirit⋯.

If my attempt is successful, I will become a good example as a priest.

A solitary person standing before God is good.

73. OM.
I served God so diligently,

so I won't go to hell just because I didn't believe in Jesus, right?

I will believe in God directly in the most important matters.

74. OM
Om.

About space sovereignty.

It's too difficult. It's too difficult to take by force. How do we deal with such vast things…

75. OM
If life on earth were my everything,

I would still pray.

Because I love God…

76. OM
I wonder, do all living things on Earth (even cells) go to heaven when they die??

I don't know. I think it cycles.

77. Om
Anywhere is fine. May God be with me wherever I go. Please protect the holy priest.

78. OM
About the creation of a new species.

I could pursue Demiurge.

But I want to take 'responsibility'.

So I refuse to create.

Well, if I had the ability to create, I wouldn't refuse.

By the way, you are amazing.

Just looking at the human body, it is a product of incredible engineering. You are amazing.

79. OM

Logically, Om is omniscient. There is nothing he does not know.

If there were anything he did not know, God would not be God.

Therefore, God knows everything and is omniscient.

80. Om

In theory, God is omnipotent.

Therefore, there is nothing that God cannot do if He wants to.

81. Om

God can 'carry out all His will'. That would be the absolute being with perfection.

There seems to be nothing else but Om.

82. OM

About the new religion.

Are there no other religious values besides the formula of 'love' that does not fit in God's world?

Isn't it too simple?

And people on God's path do not love others. You know that?

83. OM

God, the Middle East is wrong… They believe in strange religions.

If religion holds back human development and maintains

isolation, then they are just barbarians.

It seems that God does not directly guide humanity.

84. OM
God, the same goes for prayer.

Please do not let the daily prayers be in vain.

Please pour out proportional blessings as I approach you every day.

85. OM
Religion is definitely not fun.

It's just stiff and boring stories.

I wish there was something left.

Om I want to be a god of the army.

Please guide me.

86. OM
I am not used to flattering or praising God.

I offer a short and concise prayer without any adjectives.

Om, please bless me anyway. I am waiting for you.

I want to see you when I die.

87. OM
Whether I die or not, I seek God.

Please grant me grace when I die.

Please reward the efforts I have made.

Please do not let me fear death,

and let me die comfortably in my bed.

Please.

Please cremate my body and scatter the ashes in nature

88. OM
OM이여, 신성한 창조주의 사제를 보호하소서. 당신의 전능함으로 보호하소서.

보이는 보이지 않는 위협에서 지키소서. 오 OM이여 기도하나이다.

89. 설교.
제가 남긴 기도문들은 살면서 여러분에게 힘이 될 것입니다.

살아가면서 끊임없는 기도를 하느님께 바치는 것 그것은 영혼의 만족과 실질적 도움을 줄 것입니다.

OM은 인류의 오래된 고전 베다에 나오는 그리고 신을 직접 만난 이븐 박사가 들었다는 신의 성호입니다.

부디 살아가면서 신의 은총이 함께 하시고, 어디에 있으나 기도하는 여러분이 되시기를 바라겠습니다.

사제 이웅 AD 2025 0427.

90. OM
Om, this is the prayer of a priest who has devoted himself to you for more than ten years. I have done my best, so please reward me without looking at the results.

91. OM
Om.

I sought God every day.

I hoped for God every day.

I wished God would be good to me, give me a special blessing.

I prayed to God every day, I thought of God every day.

I wish God would give me a gift.

I wish the Almighty would not reject me.

92. OM
Om Tella.

Om please give me a shield of God.

Give me a shield of God that can block any enemy attack.

Om Tella.

Make this spell come true.

The little man wants the power of God. Oh Om, never refuse him.

93. OM
The little priest praises God.

The little priest thanks God.

I praise Him who created me and placed me on earth.

The little priest bows before the eternal name Om.

Accept this little worship.

O Almighty, accept this little worship.

94. OM
Almighty Creator,

Please hear all my prayers.

Why do you not listen, and why do you leave me in distress?

Every day I pray to Om, but Om is slow to respond.

Oh Om, respond to me with a real miracle.

Every day I look to you, but you are far away.

95. OM
I am a living being, holding my wounds.

The wounds are old and continue to torment me.

Om, please heal me with your omnipotent hands.

You do what humans cannot do, so please Om, heal me with your omnipotent hands.

96. OM
We have founded a new religion.

We believe in the God who created us.

His name is Om.

Om, bless the new religion.

Even if you don't believe that the leader died and came back to life, and even if you don't believe in Yahweh, let us know that he is a human being whom you love.

Om, bless the new religion.

Priest Lee Woong. AD 2025 0427

97. OM
Om.

Life is not easy.

I am worried about money and various problems.

It is also difficult to find a job.

Om, please guide us.

Guide us with your omnipotent hand.

So that we can succeed in our work and be happy on earth.

Om, please hear the prayers of the souls who read this and pray.

Please do it with your omnipotent hand, please do it with your omnipotent hand.

I pray earnestly.

Priest Lee Woong. AD 2025 0427

98. OM
Om, the Almighty, there is a purpose.

I work hard in my line and wait for God's help.

Om, please let me succeed.

I pray with a fervent heart, please let me succeed.

Om, please, please hear my prayer.

I pray earnestly.

99. OM

Please heal my illness. I suffer much because of my illness.

Please heal the illnesses that humans cannot cure.

Om, listen to the prayers of the priests with your omnipotent hands and please perform miracles.

Please save the human beings who are in trouble.

Om, my wounds are still there.

Om, the Almighty, please heal my illness with your great love.

I pray earnestly, please listen.

100. OM

Om, protect the sacred priest from the world.

Keep him from any threat.

Protect him from the hand of man.

Om, please protect us with your great love.

101. OM

Om, act.

Om, please act.

Om, protect him from the threats of the world and protect him with your omnipotent hand.

Please hear my fervent prayer.

102. OM

Om, I am lonely and distressed.

Do not leave the holy priest alone.

Cover the holy priest with the love of God, with the infinite love of God.

I pray every day.

Om, I pray to you every day.

I pray to the One who created me and placed me on earth.

Om, hear my prayer. Do not leave the holy priest alone.

103. OM
O Manifest in Heaven,

Do not abandon me on Earth.

I do not hear Your voice,

I do not see Your form.

O Infinite God, do not abandon me on Earth.

The Earth is also touched by the Almighty Hand,

O Om, act on Earth.

With Your great hand,

With the Almighty Hand of God, act on Earth.

The Divine Priest beseeches, please perform the miracle.

104. OM
Do not abandon me. Do not abandon the priest of the Divine Creator who prays every day.

I feel that my prayers are not enough, and I pray every day, but you do not appear.

But I know that you hear me, O All-Knowing God, please hear my prayer.

Please bless and act. I love people only for you, Great Creator, please hear my prayer and act.

105. OM

May the work of the holy priest be successful.

I pray to God because many difficulties are coming and I am frustrated.

Please open the difficulties and make them successful.

Om, help the holy priest.

Let him do what he cannot do on his own,

and let the divine power of God come upon the priest.

I pray every day.

Please take away my worries and let God lead me directly. I pray and pray, so please listen.

106. OM

As a thirsty deer seeks water,

As a hungry lion seeks meat,

The divine priest seeks God.

Wherever you are, please appear to me.

I have prayed every day for three years, please see my efforts.

Great Om, please hear the prayer of the divine priest.

Let the soul of the priest know that God has answered, waiting for God's answer.

O Om, I pray in the sacred words, please hear.

107. OM
I entrust my life to you, please guide me. I do not know where I should go, so I rely on you.

O Almighty God, my Om, please hear my prayer and guide me.

I pray and pray.

108. OM
I pray and pray. Please hear my prayer.

If you do not answer, I am in despair. O great Om, please hear my supplication with your omnipotent hand.

I trust in you, please grant it.

Forgive my shortcomings and reveal only your greatness.

Om, I pray. I pray.

109. OM
Almighty God, come to me like the sun shining down.

Be with my life like the air that is everywhere.

Your absence is my hell,

Please save me by your presence.

May your great hand guard the soul and body of the sacred priest, and guide me wherever I go.

I thirst for your guidance and long for your providence.

Please, great Om, the Almighty, hear the prayer of the priest.

110. OM
I do not resent the prayers that you do not grant.

The holy priest prays to my great God without giving up.

Please forgive me with your great providence and guide me with your great hand.

You alone are my salvation, do not abandon me.

O Om, I pray in your sacred name, please hear me.

111. OM
I praise God.

Please grant my wish.

Let my soul be filled with joy by Your mighty hand.

Let my soul praise God and be filled with joy.

O Om, I pray to You.

112. OM
옴(하느님)

곤란한 상황에서 당신께 기도를 드릴 때 거절치 마소서.

삶에서 저의 힘으로 안 될 때가 있고, 그때 당신께 구원을 바라나이다.

그러나 당신께서 대답이 없으시면 낙심하오니,

부디 저의 어려움을 보시고

제가 어려움에 닥칠 때

저를 구원하소서.

옴(하느님) 창조주여, 당신의 사제를 버리지 마소서.

옴 당신께 기도하나이다.

113. OM
Praise be to Om. Praise be to Om, who looks down on the lowly priest with omniscience.

His omnipotence is unceasing, and He hears the prayers of the priest.

I will give praise and thanks to God.

114. OM
Om, I pray to you every day, but you do not appear in times of trouble.

Om, I ask for your help every day, but true salvation is far away.

Om, why do you not appear in times of trouble?

Om, why do you abandon your priest?

Om, act with your omnipotent hand. Protect your sacred priest and answer in times of trouble. I pray and pray.

115. OM
Om.

Give me the power to fulfill my own will by my own will without praying to God.

Man is so weak.

Om, I pray, give the priest the divine power to fulfill his own will.

116. OM
Oh, Om

39 years of life, many humiliations and hardships.

I ended my life three times, but I survived.

Now, may Om bless the priest.

Now, may Om give the priest peace.

When I am in pain, I will pray, and when I am happy, I will praise.

Open the infinite universe to the priest. Oh, Om, bless the priest.

117. OM
I also worship You, but I do not know who You are.

O Almighty, invincible, omnipotent, who created me,

Please show me Your grace.

The little priest looks to Heaven and asks for help from Heaven, so please do not refuse him.

I pray and pray.

118. OM
You told me to love, so I loved.

But what is the matter with me, only dark loneliness and suffering?

Surely I have kept the commandments of God, so why has God abandoned me?

Have you thrown me into loneliness?

Answer me, Om. You told me to love, so I loved.

119. OM
Oh Om, Almighty God, there is nothing you cannot do and nothing you cannot accomplish. I bow to you⋯ Please do not betray me.

120. OM
Please let me meet the angels when I die.

Please don't let me experience any more hardships, and let me meet the angels when I close my eyes when I die.

Let the angels guide and save me.

Pain is painful, so Creator, please forgive me.

Oh Om, save us with your merciful hands.

121. OM
I will publish the anonymous priest and go. I hope people believe in God a lot.

I hope they pray a lot to God.

As a small priest, I want to leave small steps without being jealous.

I will be satisfied if there is a lot of love and faith toward God on our planet.
Thank you. I am sorry.

122. OM

You heal cancer and cure diseases. There is nothing that You cannot heal and accomplish.

I wait silently for Your miracles, so please manifest.

Please manifest to me with the hand of the great Creator.

Let me achieve what I want on earth and go to a good place after death.

I have desired only You, I have prayed to You⋯ Please listen.

123. OM

I don't know if the quality of prayer is that high. But the quantity of prayer seems to be enormous.

I don't know much about extraterrestrial religions, but I want to be the soul that prays the most on Earth.

I also want to receive that much. Om, the Almighty, please listen.

124. OM

The bitter cup of life does not let go of the soul.

Will prayer to God bring comfort?

In the labyrinth that cannot be solved no matter how much one prays, the priest prays today as well.

He prays with hope for divine help.

Will he refuse?

How will he solve it?

The priest prays and waits.

125. OM

Then Jesus taught completely wrong. God is a being who does everything if you just believe…

He is not like that.

It seems that only endless desire and effort toward God will reach God.

(There were exceptions, though.)

AD 2025 0428 Priest Lee Woong.

126. OM
기도에 관하여.

하느님께서는 그대들의 기도를 듣고 계신다. 그러나 나는 그분이 응답하는 경우를 거의 보지 못했다.

하지만 그분의 전지함으로 말미암아 인간들의 기도를 듣고 계신다.

그분이 대답 없다고 낙심 말고 계속해서 좋은 기도들을 신께 올리기를 바란다.

일단 신께서는 전지하시기에 그대의 모든 기도를 알고 계신다.

그대의 마음 또한 알고 계신다.

그렇기에 신을 속이려 하지 말고 내면의 심금을 하느님께 털어놓도록 해라.

그리하면 신께서 분명 들으실 것이다.

그분이 행하실지는 모르겠다. 하지만 포기하지 않고 기도하다 보면 좋은 결과가 있지 않을까?

기도는 생활이 되어야 하고 결코 강제가 되어서는 안 된다.

그대가 신에 대한 열심이 있다면 그대는 기도할 것이다.

앞으로 우리 인류에 많은 사제들이 태어날 것을 기대하고 있고, 나는 떠나지만 내가 쓴 글이 남아

신앙생활에 도움이 되길 바란다.

전지전능한 하느님이여 이 기록을 남기고 떠나오니 지구의 종교가 발전하게 하시고,

OM(창조주)께 진심으로 예배하는 열성적인 영혼들이 이 글을 읽게 해주소서.

옴 감사합니다.

AD 2025 0427 창조주의 사제 이웅 씀.

127. OM
I pray to you endlessly.

I offer many prayers, no less than those of the famous priests of the past. Please do not leave out a single one.

Please come to me with a divine miracle.

Invisible, unreachable, please hear my prayer.

128. OM
Om, you know everything about me. There is no problem that you cannot solve, no wall that you cannot overcome.

Om, the Almighty, I entrust my problems to you, please solve them.

Om, do not let my prayers be in vain.

Om, the Almighty!

129. OM
옴 나의 창조주여, 괴로움에 기도를 남기나이다.

당신만이 나의 빛이오니, 부디 사제를 혼자 두지 마소서.

당신의 섭리로 저와 함께하시고,

무한의 은총으로 사제에게 답하소서.

괴롭고 난망한 삶 속에서

저는 옴(하느님)께 기도하나이다.

부디 사제에게 축복을 주소서.

단지 말로 끝나는 기도가 아닌, 실질적 은혜로 사제에게 임하소서.

오 옴이여 기도하나이다.

130. OM
OM(하느님)

사랑의 단꿈은 거대한 모래성을 쌓고,

차가운 바람에 날아가네.

저는 신(OM)을 가장 사랑하오니,

부디 신의 사제를 선대하소서.

131. OM
창조주여

당신은 엄청나게 복잡한 것들을 만드셨고

육안에는 가려져 있습니다.

다행입니다.

저는 당신을 추적했고 당신이 계신 것을 알았습니다.

부디 저에게 많은 것들을 주소서.

매일 기도만 하는 저를 어여삐 보시지 않나이까?

132. OM
옴.

우리는 무식하기에 기적으로 당신을 보여달라 합니다.

하지만 당신은 기적에 인색하십니다.

저는 당신의 존재를 확인했습니다.

부디 제게 주소서.

133. OM
옴.

당신의 이름을 부릅니다.

부르면 무언가 될 것 같아서

계속 부릅니다.

부디 유의미한 성과가 있기를

134. OM
옴.

전능의 창조주. 미리 하나만 부탁드리겠습니다. 사제의 부탁이니 거절치 마소서.

침상에서 편히 죽게 하소서. 제가 당신께 드리는 하나의 약속입니다. 기도합니다.

135. OM
옴

아니타 무르자니 이븐 알렉산더에 대해.

이들은 죽음 가까이 갔고 신성을 경험했다.

NDE라고 한다.(임사체험)

이들은 진실을 전했고 위대한 신성과 그의 구원에 대해 설파해 놓았고

이는 진실된 증언이다.

사후세계가 실존함은 물론, 좋은 세상이 있다는 것은 우리를 안위하게 한다.

오 옴이여 빛을 비추소서. 저의 작은 글에 빛을 비추소서.

136. OM
괴로움에 허덕여도 난관이 나를 막아도 창조주의 손길은 나를 구원하리라.

오 옴이여 당신께 기도하나니 부디 저를 구원하소서.

137. OM
옴.

우상은 우리의 눈을 가렸고, 우상은 거짓 기적으로 인간을 현혹했습니다.

믿음이 있어도 죽어나가는 망상 속에서 인간들은 부질없이 교주의 이름을 부르지만 신께서는 냉정하십니다.

그들은 그들의 잔을 받았나니.

AD 2025 0509 사제 이웅.

138. OM
옴.

어떤 교주도 하느님을 넘을 수 없다.

스스로 신(우상)이 된 지구의 현실 속에서

나는 진실된 창조주께 예배하리라.

거짓된 교주들은 그 실체가 드러나리라.

AD 2025 0509 사제 이웅.

139. OM

옴.

위대한 창조주여 저는 당당한 남자로서 사제로서 예수의 노예 따위는 되지 않겠습니다.

저 스스로의 길을 걷겠습니다.

140. OM

옴.

위대한 신성한 존재여

부디 정의를 시행하게 하소서.

법의 정신이 그리는 법의 도그마가 현실로 이뤄지게 하소서.

구속하는 형법의 쇠사슬을 사제에게 주소서.

정의를 시행하리라.

옴 부디 창조주의 권능으로 사제에게 정의를 시행할 권한을 주소서.

옴 텔라.

AD 2025 0509.

141. OM

옴.

전지전능한 창조주여

부디 신성한 사제와 함께하소서.

당신을 바랬고 당신을 바랬나니, 부디 신성한 사제와 함께하소서.

AD 2025 0509 이웅.

142. OM

옴.

우주적 전쟁은 정의와 힘 그리고 기술을 예비하고 있습니다.

우리는 작은 행성에 사는 영혼이지만 저는 대국을 보고 거대한 정의를 그리고 싶나이다.

오 위대한 창조주여 작은 사제에게 신의 힘을 주소서.

진정한 정의를 그리게 하소서.

옴 텔라.

기도하나이다.

143. OM

옴.

더욱더 개선된 종교를 그리고 싶은데, 저의 한계로 말미암아 그릴 수 없는 한계를 용서하소서.

부족한 사제는 최대한의 기록을 남기고 가오니, 부디 후대가 이 글들을 읽고 하느님을 사랑한 한 사제가 있었음을 알게 하소서.

옴 텔라.

AD 2025 0509 이웅.

144. OM

옴.

신은 인간의 언어로 인간에게 말하지 않는다.

인간의 언어로 말을 하는 신들은 모두 우상이다.

적어도 진정한 창조주는 인간의 언어로 우리에게 말하지 않는다.

사제 이웅 AD 2025 0509

145. OM
옴.

종교는 슬픔을 줍니다.

무언가 세속에서 멀리 떨어진 슬픔을…

우리가 세속을 버리고 당신을 찾지만,

우리는 우리의 아픔을 숨긴 채로

세속에 나타나는 것 아니겠습니까.

오 옴이여, 이 사제에게는 세상의 사랑을 허용하소서.

부디 기도하나니, 허용하소서.

146. OM
옴이여.

진정한 창조주여.

당신을 찾아 20여 년을 헤매었나이다.

수많은 우상 속에서 수많은 경전 속에서 헤매며 진정한 창조주를 찾아 헤매었나이다.

부디 열심히 노력한 이 사제에게 당신의 신성한 은혜를 베풀어 주소서.

20여 년을 당신을 찾은 젊은 사제가 진정한 창조주께 기도하나니.

AD 2025 0509 이웅 올림.

147. OM

옴.

옴이여 진정한 창조주여. 신성한 산들바람이여 당신께 예배합니다.

무지의 바다에서, 육신의 감옥에서 진정한 창조주께 예배합니다.

부디 저희의 눈을 여사 진정한 창조주를 알게 하시고, 진정한 은혜를 베풀어 주소서.

부족함이 많은 사제가 기도하오니 부디 은혜를 베푸소서.

이웅 2025 0509.

148. OM

옴.

진정한 창조주에 관하여.

사실 인간은 신에 대해 알 수 없다.

그것은 작은 그릇이 태평양을 담을 수 없는 이치와 같다.

우리는 사랑의 하느님, 질투의 하느님, 하느님의 어린 양 운운하지만

사실 모두 우상이다.

신의 진정한 진실은 결코 인간이 포착할 수 없기 때문이다.

우리가 우상숭배에 길들여져서

우상숭배를 하며 다른 우상숭배를 배척하는 풍조를 가지고 있다.(유다즘에서 파생된.)

우리는 마음을 넓게 각종 신들과 종교를 인정하는 미덕을 가져야 할 것이다.

진정한 창조주에 관해서는 우리 누구도 모른다.

그것이 진실이리라.

2025 0509 이웅

149. OM
Om.

Please protect me and let me complete the anonymous priest.

I want to write about God as best I can, even though it is insufficient, and then leave.

Please listen to my prayer.

150. OM
오 옴이여.

진정한 창조주여,

이 사제에게 진정한 은혜를 베푸소서.

진정한 창조주의 뜻을 알려주시고 저를 통해 행하소서.

오 옴이여 당신을 예배하고 찬양하나니,

진실된 창조주시여 이 사제에게 행하소서.

이웅 2025 0509.

151. OM
Om.

About Exodus.

I don't think you would have personally brought down the plagues to save the Hebrews.

At least not the Creator myth.

152. OM
옴.

하느님께 기도합니다.

전무한 지구의 사제가 되고 싶습니다.

저는 종교사기범과 차원이 다릅니다.

쉴 새 없이 기도하나니, 부디 사제를 인도하소서.

153. OM
Om.

30 years left.

I pray to God that I will be happy for 30 years.

I hope that I will receive many blessings as I have spent a lot of time praying to God.

154. OM
Om.

My shining divine infinity

Almighty Being

Please hear my prayer.

Please

155. OM
옴.

나의 하느님, 매번 기도해도 바뀌는 것은 없지만, 그래도 나는 기도합니다.

당신께서 계시고, 듣고 계신다는 것을 알고 있기에, 나는 쉬지 않고 기도합니다.

부디 저에게 당신의 선물들을 주소서.

구하오니 주소서.

156. OM
옴.

신학.

영웅숭배신앙.

지상에서 특출났던 영웅들.

그들의 혼령이 사라지지 않았다면

지상의 후대에게 도움이 될 수도 있다.

157. 지옥의 군주들
옴.

지옥의 군주들에게

그대들은 하늘에게 강력한 힘을 부여받았다.(그렇게 추론된다.)

그대들이 신의 사제를 호위한다면 그대들은 면죄부를 지리라.

공을 세워 죄를 용서받으라.

이웅 2025 0507

158. OM
옴.

옴을 찬양함이여

사제에게 지옥의 열쇠를 주었도다.

감사함이여…

159. OM

Om.

Omnipresent One, act within me.

Invisible Divine Being, please act within me.

You are everywhere.

160. OM

Om

Extreme of Intelligence, shine your light upon me.

Let me know what I do not know and open the way.

Process the footsteps of the past into NEO.

161. OM

옴.

바람의 무사는 구속되지 않는다. 자유의 바람은 무사의 혼에 임한다. IN THE NAME OF OM

162. OM

Om.

Memories of before coming to Earth.

The existence of the souls I loved before I came to Earth⋯

1. Who are they?

2. Meet them someday.

163. OM

옴.

하느님과 돈.

하느님은 돈을 직접 주지 않는다. 그것은 전무한 일이다.

우리의 삶에 있어서 '돈'이 필수적 생존 요소라는 점은 부인할 수 없다.

우리는 자급자족하기 어렵기 때문이다.

그러나 나는 살피건대, 하느님은 직접 돈을 주진 않지만 돈을 벌 수 있는 능력을 인간에게 각자 주셨다.

164. OM
Om.

Please burn my writings and leave them as worship toward heaven.

Let the uncivilized mankind continue in Christianity-Judaism-Islam

And let the uncivilized people who talk about evolution continue…

I'm sorry. Om…

Om Let the mankind live in ignorance in the materialistic revolution and someday hit them with aliens….

Then they will know that Jesus is a lie and Yahweh is a fiction.

AD 2025 0506 Lee Woong

165. OM
옴.

옴 텔라.

HEADFIRES.

166. OM
jesus

무한의 우주에

한 잡인이 전권을 잡는다라…

있을 수 없다.

무수히 많은 영웅들은 어찌하나.

167. OM
옴.

무언가 인간은 원숭이 같은 지능인지도 모른다.

그들의 무지가 그들의 우상을 만들어냈다…

나는 그것을 교정할 의무는 없다.

168. OM
Creator,

The story of Jesus is an extremely elementary superstition..

The Yellow Turban Party exceeds 100 million..

169. OM
Om

If you are going to forgive with love anyway, who will take responsibility for the karma, pain, opportunity cost, honor, mental and physical damage?

170. OM
저에게 심판하는 형법권을 주소서.

영혼을 심판하는 권한을 주소서.

옴이여 제가 정의를 시행하겠나이다.

부디 창조주의 사제에게 형법권을 주소서.

171. OM
옴.

점점 늙어간다.

최소 3년은 기도한 듯싶다.

유의미한 성과가 있었으면…

입버릇처럼 중얼거린다. 당신의 성호를…

172. OM
Om.

I am very interested in history and mythology.

I want to become a great deity who protects justice.

I dare to pray.

173. OM
옴.

당신이 계심은 명약관화입니다. 감사합니다.

174. OM
Om

Theology.

1. If there is something God cannot do, He is not God. (Omnipotent. Om is.)

2. If there is something God does not know, He is not God. (Omniscient. Om is.)

Omnipotence and omniscience seem to be correct···

What do you think···.

That's amazing. The human body··· Thank you.

175. OM
Om

Heaven and personality.

Those who are not equipped with personality cannot go to heaven.

That is a necessary proposition for heaven to be heaven.

Therefore, the manifestation of a low personality on earth is a complete rejection of heaven.

Also, it seems that a soul that has committed a serious crime on earth cannot go there.

176. OM
Om.

O Almighty One,

There is nothing that cannot be accomplished in prayer,

and I believe that You hear me.

Please do not betray me,

but come with a divine miracle,

and with divine providence. I pray.

177. OM
Om.

I pray day and night.

I seek God day and night.

Please do not despise my divine passion.

O Om, I seek you.

178. OM
Om.

My eternal sun.

I praise you.

My eternal mother.

I love you.

Please give me many graces.

My Om, my divine wind.

179. OM
옴.

지구에서 누가 당신에게 이렇게 많이 기도합니까?

옴이여 누가 지구에서 당신을 이렇게 찾았나이까?

오직 저뿐이오니 오 옴이여 제게 선대하소서.

많은 선물을 주사 섭섭지 않게 하소서.

오 옴이여 당신에 대한 확신을 주소서.

제가 신성한 사제라는 것과 당신께서 저를 사랑하신다는 확신을 주소서.

180. OM
Om.

Please look upon me with favor and bless me on Earth.

Let me know that my prayers were not in vain.

I pray and pray again, so please listen.

181. OM
Om

Give me the power of hell.

Give me the power to judge and destroy souls.

I pray earnestly.

182. OM
Om.

Om, the Almighty, protect me.

Protect me from the things seen and unseen in this world.

Om, I trust in you, please do not betray me.

183. OM
옴.

부디 신성한 사제에게 검신의 힘을 주소서.

스스로를 지키고 사랑하는 이들을 지키고 나아가 정의를 실현할 수 있는 검신의 힘을 주소서.

옴 견고한 대지여

옴 순수한 물이여

옴 성스러운 화염이여

옴 자유로운 바람이여

옴 무한의 하늘이여

사제 이웅 2025

184. OM
Om.

I want to be a god of the army. Like Mithra.

I wish I could excel in both individual and group battles.

I want to use a sword as a weapon. Please let me evolve. Oh Om, I pray.

Please put the power of the god into my sword.

I will work hard.

185. OM
Om.

I am a created consciousness. Everything here is a created world.

Om, I thank you for granting me free will and I wish to worship you with a more advanced consciousness.

Please guide me who is lacking and give me many gifts.

I am so grateful for the teachings through Eben Alexander.

Let your love come to me too. Om.

186. OM
Om.

My God, I pray to you, please show me your infinite mercy.

Please give me the love of God, who is lacking, and help me achieve eternal love. I pray.

187. OM
Om.

I pray. I pray. Please don't let it be in vain.

My Om, please don't let the efforts I've made so far be in vain. I pray. I pray.

I've put in a lot of effort and affection, so please don't let it be in vain.

188. OM
Om.

My Eternal Mother, please hear my prayer.

Please hear my wishes. I pray. I pray.

189. OM
Om.

Betty died and became an angel in heaven.

I think Brown is the same.

I miss you.

I'm walking towards God with about 30 years left in my life.

190. OM
옴.

먼저 죽은 우리 작은 브라운 잘 부탁합니다.

부디 좋은 세상에 있게 하소서. 간절히 기도합니다.

당신을 믿습니다. 신성한 사제의 부탁들을 거절치 않으리…

오 옴이여… 아픕니다. 브라운의 죽음이….

191. OM
Om.

Give me the power of God on Earth. Please give me religious power that can be used on Earth.

I pray to Om… Please let me work for justice.

Om, let me write the myth with you.

Oh Om, my eternal lord.

192. OM
Om.

My sun, please give me the power of God.

I want to have the power of God.

Om, please give me the power of divinity.

Please give it to me so that I can use it for the public good, for justice, and for myself

193. OM
Om.

I want to be strong like Mithra.

I want to defend justice and truth like Mithra.

If it is not a dream, if it can be achieved through prayer, please grant it to me.

194. OM
옴.

창조주에 대한 기록을 읽었습니다.

따뜻하고 부드러운 분 그 끝을 알 수 없는 분이여…

부디 저에게 선대하소서. 기도하오니 선대하소서.

195. OM
옴.

옴이여

나는 잊어도 당신은 잊지 마소서.

제가 모든 것들을 기억할 수 없는 한계를 가지오나

부디 당신은 잊지 마소서.

간구하나이다.

196. OM
옴.

기도해도 이뤄지는 것은 없었습니다.

당신의 응답은 여기에 없는지도 모릅니다.

그러나 저는 미래를 위해서 기도하나니, 부디 들어주소서.

197. OM

옴.

나의 태양이여, 한낮에 뜨는 태양처럼 항상 저를 비추소서.

당신의 신성한 빛으로 그리고 위대한 섭리로 저를 비추소서.

기도하나이다. 부디 들어주소서.

198. OM

Om.

I believe and know that you exist, and I have confidence in prayer.

I have confidence that I can accomplish anything I pray for.

Please do not reject me.

199. OM

옴.

기도하면 뭐가 좋아질까요? 일단 가시적 변화는 없습니다.

그렇지만 꾸준히 탑을 쌓듯 기도한다면, 분명 성과가 있지 않을까요?

저는 그렇게 믿고 오늘도 기도합니다.

200. OM

옴.

자유의지의 노력으로, 신을 향한 열망으로 운명을 넘는 초월적 신화를 이루게 하소서. 당신께 간절히 기도하나니 부디 들어주소서.

201. OM

옴.

신과 소원.

신은 전지전능한 존재다. 그는 무슨 소원이든 이뤄 줄 수 있는 능력이 있다.

202. OM
옴.

저를 만나는 시간과 장소는 당신께서 정하시고 볼 때 부디 많은 것들을 주소서.

부탁드립니다. 무수히 드린 기도만큼 많은 것들을 주소서.

203. OM
Om.

I never thought I would see you on Earth, but I believe that if I pray consistently, it won't be impossible here. I will continue to pray, so please listen.

204. OM
Om.

I will pray more than Jesus, Buddha, Mohammed, and Zoroaster,

so please don't make me worse than them. I pray.

205. OM
Om.

I have tried to worship Om all my life, but the repeated prayers tire me out. Please grant me real grace and show me that my prayers on Earth are not in vain.

206. OM
Om.

If I am not a being created alone,

Let me meet my brothers and my family.

I am alone here and only see the sky, so please be kind to me.

Give me infinity.

207. OM
Om.

Thank you for the divine revelation through Eben Alexander.

I don't know if I can go there, but I will worship God wherever I am.

Please guide me.

208. OM
옴.

지옥은 정말 있었습니다. 확률상 무한의 우주에 지옥은 실존합니다. 악한 영혼들이 그곳으로 갈 것입니다. 저를 지옥에서 건지소서 나의 옴이여.

209. OM
옴.

당신께서 정말 저를 사랑하신다면, 저의 기도들을 들어주소서.

그래서 신성한 기적이 일어나게 하소서.

전능의 창조주께 부탁하나니 부디 들어주소서.

210. OM
옴.

사제가 되고 싶습니다. 창조주의 사제가 되고 싶습니다.

많은 신도는 필요 없어도, 신께 많이 기도했던 영혼으로 지구에 남길 바랍니다.

부디 많은 은혜를 베푸소서.

211. OM
Om.

If my consciousness is a product of your divine will, let me see beyond the dimension of creation, not just a life of living like a robot. My lowly prayer may be an expression of lowliness to you, but please do not take it lightly and give me great grace.

212. OM
Om.

My sun, I am weak in the infinite universe.

I want to be strong. I want to be strong like Frieza or Cell.

Please, grant me the power of God and make me strong.

So, grant me the strength of the realm of God.

I want it strongly, please listen.

213. OM
옴.

생전에 당신을 만날 가능성이 아예 제로는 아니다.

당신의 때에 저를 찾으라는 기도는 확실히 기억난다.

저주와 원망으로 점철된 영혼은 아름답게 승화시켰다.

단지 글이 아닌 현실이 되기를 바라본다.

신이란 존재가 우리의 소망을 현실화 시켜줄 수 있는 하나의 보편종교상의 인물이라면 나는 당신에게 기도하리라.

214. OM
Om.

If religion is simply a slave's praise of God's grace, I am frustrated.

Come to me as a real phenomenon. Om⋯

215. OM
Om.

I'm not really interested in technology. If religion is the key to everything, then God can't do technology? ⋯

Why are you so boring..

216. OM
Om.

Why is there nothing like comics or movies in this world??

There are always things that are set in stone.

Transcendental imaginations are disparaged as novels.

I wish it could happen to me.

(It happened to me in a way⋯ but it's hard to be satisfied.)

217. OM
Om

If you give me power (whatever that means), I won't consider whether it's from a demon, an angel, or a god⋯

I'll gladly accept it, whether it's the devil's sword or the warrior's sword.

218. OM
Om.

In heaven, the eternal ecstasy of love is rejected.

I will definitely become a god and cut down my enemies…

I will become absolute power. Whether it is good or evil is no longer important.

Victory is, in a way, close to a game.

Putting the enemy in hell…

It is the forbidden devil.

219. OM
Om.

There will be countless strategists in the universe.

Even humanity is diverse….

This is the age of guns. This is the age of cannons…

The human body disintegrates or dies from the explosion of gunpowder.

Tella, who prevents this, neutralizes all enemy attacks.

220. OM
Om.

If you use Earthquake, you can annihilate the army.

The power of Earthquake is tremendous.

If you apply it a little more, you can use Para, which drops enemies into the abyss.

If you can use it..

221. OM
Om.

If consciousness is more real and the body is a vessel that holds it,

then it is not impossible to manifest the energy of consciousness into the material world (called psychic powers).

…? Do birds fly and lions jump? Are humans only valid in the material world?

222. OM
Om.

Please give my sword divine power.

Please give me a real answer, not just a prayer that ends with words.

223. OM
Om.

Just using the sword drawn in the brain is almost incredible.

I pray that you can actually implement it….

224. OM
Om.

The Earth did not allow absolute existence.

Many heroes have attempted to conquer the world, but none have succeeded since the beginning.

Well, the method involved mobilizing human and material resources, and countless soldiers.

But I, as an individual, want to have absolute power.

I pursue it with prayerful mysticism.

Please give it to the Earth.

225. OM
옴.

일단 신에게서 벗어날 수 있는 존재는 없다.

있다면 그는 신 중의 신일 것이다.

그렇기에 일견 신의 은혜는 인간에게 간접적이면서도 당연시된다.

내가 창조의 차원 바깥을 넘어갈 수 있다면.

신에 의존하지 않는 위대한 자유의지가 된다면 나는 무엇을 할까.

226. OM
Om.

About the nature of existence.

God created and gave characteristics to each species.

It also includes the empty set and difference set for a species called humanity.

We talk about evolution,

but no matter how hard a chicken tries, it cannot become a cow.

That was the nature that God determined.

We enjoy the identity of the self that hides our true nature.

In particular, the manifestation of the ego, which appears in occupations, etc., defines the human image.

However, we mainly believe that it is us and that it is others through false frames.

We live thinking that others are others in a false illusion. No one knows the true nature except for ourselves.

Since humans mainly live outside while hiding themselves, their camouflage is strong.

Lee woong 2025 0502 Korean.

227. OM
옴,

옴(신이여)

끊임없이 기도하나니,

부디 무한의 은혜를 베푸소서.

사제는 신을 그리워하며

그의 축복을 바라나니,

부디 사제에게 선대하소서.

부디 은혜를 베푸소서.

228. OM
옴.

저는 지옥에 갔다가 살아 돌아오는 행운을 얻었습니다.

그것은 완벽한 절망이었으며 영원히 있어야 하는 멸망이었습니다.

그 끔찍함과 절망은 체험 안 해본 이는 모를 것입니다.

아무튼 저 말고도 지옥을 체험한 이들이 있었습니다.

그들은 미국인과 일본인이었고 나름 유명해졌습니다.

그들의 체험과 저 자신의 체험이 거의 비슷하다는 것을 저는 알게 되었습니다.

지옥은 무한의 우주 중에 실존하는 세상이며, 그것은 완벽한 절망으로 묘사됩니다.

완전한 악을 획득한 자유의지적 영혼은 그곳으로 하강할 것입니다.

그리고 지구에서 암흑 속을 헤매는 영혼은 그곳을 거쳐야 할지도 모릅니다.

구원자의 이름은 분명하지 않습니다.

그 존재는 종교나 신념 그리고 교리에 국한된 존재는 아닐 겁니다.

저는 지구에서, 영혼과 신 그리고 구원을 등한시해서는 안 될 것이라고 남겨 놓습니다.

이웅 2025 0514.

229. OM
TO OM.

예수는 나름의 신학을 가진 사제 정도…

바이올로지 안에 있는 인간.

그의 말들은 거짓임. 나름의 교리를 설파했으나…

종교사기범.

230. OM

TO OM.

창조의 차원 너머의 존재는

적어도 우리 의식에는 없다.

231. OM

옴.

우상숭배에 있어서 신의 관점을 추론하건대

신께서는 인간의 무지로 말미암아

신 아닌 것들을 신으로 믿는 행위를 허용하신다.

그분은 질투하시지도 않으며

자신만을 바라보게 하지도 않으신다.

마호메트는 절대자를 숭배했지만

그는 잘못된 경전(유대경)에 근거해 있었다.

신께서는 우상숭배를 금하지 않으셨다.(AD 2025 0514 이옹.)

십계명 1계명은 폐기한다.(AD 2025 0514)

요한계시록상의 우상숭배죄가 영원한 지옥이라는 구성요건도 폐기한다.(AD 2025 0514 이옹.)

(옴 TO OM

우주에는 우리가 상상하는 것보다 높고 많은 존재들이 있습니다.

인간이 인간을 신으로 믿든,

인간이 우상 그것이 deity(신들)이든 고차원적 존재이든, 혹은 없는 허구의 존

재이든, 숭배를 하든

그것은 인간의 종교의 자유에서 나오는 자연스러운 행위이고 결코 신의 입장에서 종교의 입장에서 죄가 아니라고 역설합니다.

옴, 우주에는 우리가 상상하는 것보다 많은 존재들이 있고, 그들을 숭배함으로써 얻는 이익이

결코 나쁘지 않다면 저는 우상숭배도 찬동하는 바입니다.

아무래도 직접적으로 만나기 어렵고, (지상에서), 아무래도 모든 우주의 주(Lord)만을 섬기는 것보다

인간이 개인적으로 자신보다 뛰어난 고차원의 존재들과의 교류를 통해

직접적 간접적 사랑과 이득 속에서 여러 종교의 발현을 하는 것이 옳다고 말씀드립니다.)

AD 2025 0514 이웅.

232. OM
옴

마호메트(선배)는 알라(신)의 절대성을 강조했습니다.

저 역시 무한의 우주에서 가장 높은 분이 창조주라는 점에는 동의합니다.

우상숭배가 그 존재에게 유익이고 즐겁다면, 그것은 장려되는 행위이지

금해야 할 일이 아닙니다.

절대적 존재의 숭배가 우리에게 더 많은 풍요를 준다면, 우리는 그것을

자유의지적 선택으로 행해야겠지만 말입니다.

AD 2025 0514 이웅 올림.

233. OM

저는 창조주께서 이스라엘을 선택하지 않으셨다고 확신합니다.

특정 국가를 선택하여 우대하고 나머지 국가는 그들에 복속시키려는 역사를 그리지 않으셨다고 확신합니다.

옴 저는 창조주가 지구의 작은 산에 나타났다고 생각 안 합니다.

옴

이스라엘 종교야말로 대표적으로 신을 가린 우상이며, 그들의 괴팍한 종교체계에 인류가 허덕여 왔다고 생각합니다.

옴

당신은 야훼처럼 질투하지도 않고, 모든 민족을 멸살하라는 직접명령을 내리시지도 않고, 인간을 홍수로 심판하시지도 않으시며, 성적인 염결성을 들이밀거나, 직접 인간을 죽이는 분이 아니라고 저는 확신합니다.

창조주의 사제 이웅 올림 AD 2025 0515.

234. OM

지옥과 자유의지.

신은 그의 우주적 다르마를 설립했다.

그것은 인간의 사법권을 넘는 거대한 우주적 다르마 같다.

나는 지옥을 직접 체험했고, 그 안에 있는 영혼들은

그에 걸맞은 삶을 살았기에 그곳에 있는 것이었다.

신은 종에게 자유의지를 부여했고, (천성도 작동하지만)

범죄란 자유의지의 남용이다.

그렇기에 지옥에 가는 존재는 스스로의 의지로 행한 행위의 대가(카르마)로 지옥에 가는 것이다.

이웅 올림 AD 2025 0514.

235. OM
옴,

천국에 갔다 온 영혼들이 앵무새처럼 비슷한 말을 합니다. 우리의 본질이 사랑이고, 우주는 사랑이라는 화폐를 가지고 옵니다.

옴 지구에서는 아시다시피 그런 천국적 만인의 만인에 대한 사랑이 있지 않습니다.

옴 이런 지구적 현실에서 천국적 사랑의 가치를 가지고 살아가는 것은 인간에게 있어서 현실을 왜곡시키고, 사람을 오해하며, 우주를 객관적으로 보지 못하는 하자를 가지게 됩니다.

옴 천국의 존재들이, 그들의 사상(사랑)을 인간에게 가르쳐주고, 그것을 지상에 전파하는, 일종의 영적 종교적 역할을 하고 있다고 생각합니다.

옴 그러나 지구는 그런 가르침을 체화하기에는 어려운 세상임을 아실 겁니다.

옴 또한 지옥도 무한우주상 분명히 존재한다는 점은 모든 세상이 사랑으로 이루어져 있지 않다는 것을 우리에게 알려줍니다.

옴 저 또한 사랑이 될 수 없습니다.

옴 무한의 창조주시여,

당신께서는 지구에 맡는 옷을 입혀주시기를 바랍니다.

지구에 맡지 않은 백지수표를 가지고 와서, 우리를 어떻게 보면, 환상 속의 염원으로 던져넣는 지구에 맡지 않은 옷을 입히지 마십시오.

옴 우리는 지구에 살고 있고, 지구에 통용될 가치가 필요하다고 말씀드리는 바입니다.

AD 2025 0515 창조주의 사제 이웅.

236. OM
옴

지구상에 그리고 우주에 Class가 엄밀히 존재한다…

나는 그것을 당위로 받아들여야 하리라…

무언가의 반작용이었다.

낮고 멸시받는 종을 배척하고 군림하는 것에 대한 반감이었으리라.

그러나 신의 질서는 class와 order를 두었다.

그것은 진실이었다.

이웅 올림 AD 2025 0514.

237. OM
옴

1. 신이 히브리인들을 구원한 것까지는 정의였다.

(압제받는 민족을 살렸으니.)

2. 그러나 신은 전쟁을 교사해서 특정 인종을 제노사이드(대량학살)하는 교사 행위를 저질렀다.

3. 그 신은 정의적 정당성에 있어서 하자를 유발한다.

4. 하마스인들은 죄인이 아니다. 같은 인간이다.

5. 고로 야훼신의 전쟁의 정당성은 탄핵된다.

이웅 올림 AD 2025 0514.

238. OM
옴

야훼신의 질투행위와 타 종교박해는

지극히 좁은 마인드의 범죄입니다.

진정한 신은 인간의 우상숭배에 처단하는 분이 아니라고 확신합니다.

고로 야훼와 그 법통을 이은 예수 마호메트도 탄핵됩니다.

이웅 올림. AD 2025 0514.

Om

Yahweh's jealousy and persecution of other religions

are crimes of an extremely narrow mind.

I am convinced that the true God is not the one who punishes human idolatry.

Therefore, Yahweh and Jesus Mohammed, who succeeded him, are also impeached.

Lee Woong, AD 2025 0514.

239. OM
옴

약하고 무지하기에 christ를 불러야 하고, 약하고 무지하기에 기도해야 하고, 약하고 무지하기에 짓밟혀야 하는, 그런 세태에 진절머리가 납니다.

옴 당신의 사제에게 그에 걸맞은 잔을 주소서.

제가 마시리이다.

AD 2025 0515 이웅.

240. OM
특수비극(질병이나 사고 등)이 아니면 주로 인간들은 하층민이라서, 고통받는 것입니다. 매우 잘 사는 귀족들은 상대적으로 하층민보다 고통이 적습니다.

우리가 부처의 철학처럼 어떤 것에 집착해서 고통받는 것만은 아닙니다.

삶에 있어서 우리는 어떻게 보면 비가시적 압제나 통제하에 있기에,

그리고 우리는 우리의 필요를 채울 만큼 풍족하지 않기에 고통을 받을 수 있다고 생각합니다.

AD 2025 0515 이웅 올림.

241. OM
옴(신이여)

저의 합리적 이성은 법학체계에 따라 신께 의무와 권리를 가집니다.

저의 영혼은 정의와 공평의 이데아 속에서 신께 권리와 의무를 가집니다.

위대한 창조주께 '강제'할 수 없는 권리들이지만,

당신은 무한의 선의로 합리적 이성의 객관적으로 타당한 청구에는 수락하셔야 할 책임이 있다고 저는 말씀드립니다.

창조주의 사제 이웅 AD 2025 0515.

242. OM
옴

불행과 비극 속에서 신의 사랑을 찾는 일은 그만하게 하십시오.(저한테는.)

저는 원하지 않습니다.

옴 제가 살아온 길을 보십시오.

인간의 존엄성마저도 박탈당해야 했던 시간들을!

옴, 창조주의 사제가 고귀하게 숭배받지는 못할망정

그렇게 살면 되겠습니까?

옴 그것이 신을 찾은 사제에 대한 보상입니까?

243. OM

나는 최대한 이곳에서 기존 신학에 대해 논평을 피하려 했다. 그러나 칼뱅은 한 종파의 수장이고, 그의 신학이 결함을 가진 만큼, 그리고 그 결함이 지구상에 널리 퍼져, 오류와 오해를 만들어내는 만큼, 칼뱅신학에 대한 짧은 반박은 남기고 가도록 하겠다.

칼뱅의 예정설, 이신칭의, 성서근본주의에 대한 반박이다.

1. 인간의 마음이 우상으로 가득 차 있다는 점은 동감함.

2. 그러나 성서 자체에 하자가 있고 성서는 사이비의 경전(거짓으로 점철된.)

3. 구원에 있어서 인간의 노력이 수반되어야 함.(무상으로 주어지는 복권은 없음.)

4. 교회는 전제 자체인 성경에 하자가 있어서 본질적으로 사이비종교를 벗어날 수 없는 한계가 있음.

이웅 올림 AD 2025 0514.

1. I agree that the human mind is full of idols.

2. However, the Bible itself has flaws and the Bible is a pseudo-scripture (filled with lies.)

3. Human effort must be involved in salvation. (There is no lottery given for free.)

4. The church has limitations in that it cannot escape from being a pseudo-religion because the Bible itself, which is its premise, has flaws.

Lee Woong, AD 2025 0514.

244. OM
예정설에 대한 부연.

적어도 신의 입장에서는 우리 인간의 미래가 모두 보일 것이다. 그러나 그것은 그의 관점이다.

적어도 우리는 인간이라는 종으로서 우리가 우리의 미래를 계획하지 않는가?

인간의 자유의지는 스스로 결정한다.

그것이 신께서 인간에게 주신 의식의 산물이다.

우리의 자유의지도 제약 속에 있는 의식이겠지만, 적어도 꼭두각시 같은 수리적 법칙하에서 인간의 의식이 활동하지는 않는다고 생각해 본다.

그리고 신은 각 인간에게 개성을 주셨지만, 그가 절대주권적으로 인간을 규율하지는 않는다고 생각해 본다.

신측에서는 이신론적 부분(인간의 의식재량에 맡긴 지구상의 삶)도 분명 있을 것이다.

AD 2025 0515 이웅 올림.

245. OM
옴.

옴, 나의 손에 신의 바람을 주소서.

옴 나의 손에 핏빛 바람을 주소서.

옴 나의 검에 임하소서.

옴 당신이 핏빛 바람을 내게 준다면

옴 나는 정의의 바람으로 신께 예배하리라.

246. OM
옴

신성한 사제는 올라가기를 바랍니다.

물질계를 벗어날 때

신의 손이 나의 영혼을 올리소서.

우주의 창조주의 손길 속에서

승천하게 하소서.

옴.

그리고 나에게 나에게 맞는 잔을 주소서.

247. OM
옴.

내가 무엇을 해야 당신이 나의 간원을 들을까.

낮은 곳에 가서 무급으로 봉사해야 하나…

아니면 사람들에게 신을 전해야 하나…

나는 장님이 되어 신의 이름밖에 모른다.

신께 간원하나니, 부디 저에게 저의 소원들을 들어주소서.

5가지를 구하였사오니, 부디 거절치 마소서.

(d, rtd gr r, xxd t , dwwr, cdd tt, tvgs gqr)

248. OM-정의
OM

정의는 신성하다.

정의는 신도 함부로 할 수 없다.

완전한 이데아의 정의는 신성하다.

그것은 적어도 우리의 관념상 존재하나,

우주의 정의는 신성하다.

249. OM-회개

옴.

나의 죄를 당신께서 아시나이다.

저는 완전히 깨끗한 삶을 지구에서 살지 못했습니다.

저의 죄를 하느님 앞에 참회하오며

다시는 죄를 짓지 않겠나이다.

옴이여 지난 5년여간 양심의 가책 속에

회개기도를 드렸던 것을 기억하소서.

옴 신성한 다르마의 판단 앞에서 벗어날 생각 없으니

저의 죄와 공을 신성한 저울추에 다소서.

옴, 기도하나이다.

AD 2025 0514 이웅

250. OM-원죄론.

옴

창조주여 우리가 적어도 원죄 때문에

육신이 되어 지구에 온 것은 아닐 겁니다.

그러나 죄가 없는 곳은 아닙니다.

저는 대속자가 필요 없습니다.

제 잘못은 제가 받고

제 공로는 제가 받습니다.

옴 이것이 법적 책임입니다.

AD 2025 0515 이웅 올림.

251. OM-사제의 관할.
옴은

그의 신성한 사제를

금수에게 던졌네.

옴이 사제에게 검을 하사할 때

핏빛 바람이 불리라.

252. OM-의미.
혼자서는 의미를 가질 수 없는 인간이

신(OM)에게 존재의 의미와 목적을 구하다.

옴… 기도는 계속됩니다. 제가 좋아하니까요.

253. OM-종교.
옴 저는 절대적 진리를 독점하는 인간은 아닙니다.

그러나 인류의 종교체계가 모순과 혼란 그리고 저급함을 유발하는 만큼

저는 한 명의 신학자로서 인간에게 하나의 지침이 되고 싶습니다.

옴 제가 공익을 위한 행위는 신께서 보상해 주십시오.

그러실 거라 믿습니다.

그래서 이 작업을 계속합니다.

AD 2025 0515 이웅.

254. OM-실력

OM은

모든 것의 극한이다.

창조주의 능력은 인간이 헤아릴 수 없다.

그것은 인간과의 차원에 있어서

비교불가를 나타낸다.

단지 전지전능이라는 단순 수식어로 신을 설명할 수 없다.

그것은 당연한 전제사실이다.

그는 상상할 수 없는 존재다.

그리고 무엇을 상상하든 그 이상의 존재다.

창조주의 사제 이웅 AD2025 0515.

255. OM

옴.

일루전이 그리는 삶을 꿈꿉니다.

듀크처럼

도라에몽처럼

누군가가 왔으면…

옴 애애고자심 천지기인기(동명성왕의 기도문.)

AD 2025 0515.

256. OM

옴이 직접 나에게 무언가들을 주었으면

그것은 인간을 넘는 광대함이리라.

옴

당신을 만난 이들도 앵무새 같은 실망스러운 도그마를 전했을 때

별로 달라진 것 같지 않았을 때

저는 그리 선망스럽지 않았습니다.

옴 텔라.

부디 신의 사제에게 걸맞은 옷을 입히소서.

AD 2025 0515 무명의 사제.

257. OM-감사.
그냥 대기권이 있다고 내가 호흡한다고 당신에게 감사하긴 어렵다.

당신은 일정 정도의 의무를 진다고 생각한다.

모든 것이 무너져 내리는 악몽 속에서 그제야 감사를 하는 것은 늦은 것인가…

영원의 숙명 속에서 끝없이 나아가야 하기에, 감사는 이르다. 옴!

AD 2025 0515 이웅.

258. OM-죽음
옴.

죽음은 모든 인간에게 평등하다.

누구나 죽음을 맞이한다.

그것은 절대적 평등에 가깝다.

259. OM-출생.
옴.

인간은 태어날 때 누구나 울죠.

무언가 슬픈 상징 같기도 합니다.

인간은 지구에서 대체로 100여 년도 안 되는 삶을 살고 떠납니다.

인간이 어디서 육신으로 들어왔을까 하는 것은 정말 미스테리입니다.

그러나 인간이 지구에 살면서 짧은 시간 안에 하느님을 경배하는 것은 중요한 문제 같습니다.

그것은 필수적인 선택은 아닙니다.

적어도 모든 인간은 하느님이 창조하신 것은 맞습니다.

그것만은 우리의 진실이겠죠.

260. OM
옴

아니타 무르자니의 신성체험은 인간에게 엄청난 안식을 준다.

죽음이라는 절벽 앞에 인간은 속수무책이지만

아니타 무르자니는 그녀의 신성체험에서

죽은 아버지와 친구의 영혼과의 대화를 나누었다.

이것은 죽음 이후에도 끊어지지 않는 인연과 상징의 실질적 증거로 인류에게 남아있을 것이다.

AD 2025 0512 무명의 사제.

261. OM-무지
옴.

침팬지에게 프린키피아를 갖다주어도 침팬지는 그것을 알지 못한다.

침팬지는 프린키피아를 가지고 무지한 망동을 한다.

씹어먹거나 가지고 놀거나.

인간은 무지의 동물이다. 이것은 남녀를 불문한다.

나는 무지에 대한 강력한 분노가 든다.

262. OM
옴

존재의 목적에 있어서 많은 철학자들이 니힐리즘에 빠졌다.

부처 역시도 니힐리즘의 한 분파라고 생각한다. (그의 공사상은 세상의 헛됨을 설파했으니 니힐리즘으로 분류된다.)

사실상 존재의 방황 속에서 니힐리즘은 인간의 영혼에 작동하는 하나의 공식이다.

그러나 우주적 목적하에서 니힐리즘은 잘못된 전제사실에 기반하고 있다.

우주는 신이 설정한 위대한 목적하에 움직이고 있으며

그것은 결코 허무로 폄하할 수 없을 것이다.

적어도 니힐리즘에 빠진 이는, 신을 망각한 자일 확률이 높으며,

진정한 존재의 목적의 설정을 하지 못한 존재일 것이다.

그러나 나는 니힐리즘을 위해 변론하기도 한다.

적어도 인간이 추구하는 방향에 있어서 그것이 공(비어있는 헛된 우상)인 경우가 대다수였으니 말이다.

많은 무지한 영혼들은 어떻게 보면 부처가 제시했듯 헛된 신기루를 쫓으며 달려가고 있다. 그것은 하나의 성찰이다.

263. OM-환생

OM은 창조주의 문장이다.

고대의 종교에 의하면 창조, 유지, 그리고 파괴(종말)의 운명을 내포하고 있다.

이것은 그분이 설정한 우주적 법칙이고

영원에까지 이어지는 끝없는 미래이기도 하다.

OM의 법칙은 우리에게 우리의 환생을 말하고 있다.

죽음 그리고 다시 태어나는 윤회를 말하고 있다.

(AD 2025 0512 이옹.)

264. OM-Xelnaga
옴.

불완전한 신들은 우주적 창조를 행할 수 있을 것이다.(Axiom.)

단지 생식이 아닌 무중생유를 그릴 수 있을 것이다.

그것은 신이라고 불릴 수 있을 정도의 엄청난 지성과 실력의 소유자일 것이다.

(d xxd tf wttd. ws gwed ww aerse.)

265. OM-NeoUniverse
옴.

고정불변의 존재들은 발전이 없다.

그것은 원주민에 다름 아니다.

인간은 외계인과 직접적 조우를 해야 할 숙명을 가지고 있다.

그 만남은 영화 ET 같은 순수한 만남이 되지 않을 것이다.

내가 예상하건대 전쟁이 예견되어 있다.(starcraft 같은.)

우주가 창조되고 이 우주 안에 사는 존재들은 결국 만나게 된다.

그것은 우주의 섭리이고 하나의 신이 설정한 법칙 같다.

그리고 우주는 종말로 나아간다. 끝으로 나아간다.(그것은 OM의 신성한 문장에 담긴 결말이다.)

그리고 우주의 죽음과 함께 새로운 우주는 시작될 것이다.(그것이 Neo Universe)이다.

우리 우주의 엄청난 역사는 내가 다 파악할 수 없다.

그러나 인간종은 다른 종과 집단적 조우를 할 것을 예측할 수 있다.

266. OM-진화

옴.

창조주는 각 종에게 고유의 특성을 부여하셨다.

가깝게 여자는 여자고 남자는 남자다.

그것을 부정하고 다른 종(남자가 여자가 된다거나 그 역이라거나)이 되길 원하는

영혼들도 보이나 심각한 부작용적 불협화음이 나타난다.

이는 인간은 인간이라는 종의 특성을 선천적으로 부여받았다는 것을 말해준다.

인간이 다른 종이고자 해도 될 수 없는 것처럼

진화라는 관념으로 종이 종 변경을 하는 경우는 자연상태에서는 찾기 어렵다.

그러나 진화는 하나의 강력한 영감을 제시하며

그것은 오류로 점철된 생물학적 미신에서 벗어나

종이 진정으로 진화하는 종교적 발전론을 제시할 수 있다.

남자가 여자가 될 수 없는 것처럼

종 자체가 고유한 특성이라는 전제사실을 먼저 숙지하지 않는 한,

불우한 시조새의 망령이 지구를 떠돌 뿐이다.

적어도 인간이 알고 있는 진화론이란, 하늘이 부여한 종의 고유한 특성을 무시한

괴이한 망상에 지나지 않을 테니까.

267. OM-외계인
옴.

우리는 창조섭리 속에서 외계인을 볼 수 있다.

말은 빨리 달린다.

개는 후각이 발달되어 있다.

이렇듯 창조섭리는 각 종에게 그 종의 특성을 부여하셨고

이는 외계인들도 크게 벗어나지 않을 것이다.

구체적으로 외계인들이 어떤 ability를 가지고 있는지는 각론적으로 정밀하게 묘사할 수는 없지만

적어도 그들이 창조주로부터 그들의 독창적 능력을 부여받았다는 점은 부인할 수 없는 진실 같다.

그리고 그 능력은 인간과 다른 능력임을 부인할 수 없다.

일단 우리에게 근접하는 3xloa(3차원 우주)의 외계인들이 우리와 직접 호흡하는 종들이다.

268. OM-초감각에 대하여
일종의 six sense라고 붙일 수도 있는 감각이 존재할 것이다.

이는 육체를 벗어날 때 더욱 극화되는 것 같다.

우리는 육신 안에서 초감각을 내세우는 존재들을 보게 되는데

많은 거짓으로 말미암아 이를 부정하는 세태와 맹신하는 세태가 퍼져있다.

둘 다 바람직하지 않다.

어설픈 아마추어에게 기대를 하여 초감각의 힘을 빌리려는 시도도 다수 포착된다.

특히 국가중대사에 이런 사이비들이 연루된다면 심각한 망국지화(국가가 망하는 재앙)로 이어질 수 있다.

뭐 개인적 삶의 차원에서도 이런 사이비들에게 의존하는 경우가 꽤 된다.

그들의 자기책임이라고 보인다.

나는 제시하건대, 초감각은 실존한다.

그러나 저급한 단면을 부여받은 인간이라는 종이 다가가기 어려운 영역이다.

그리고 나는 학자적으로 부연하기를 초감각에 대한 연구를 게을리하면 안 된다.

우리와 다른 이종(외계종)들의 행태 역시도 연구의 범위일 것이다.

269. OM-절대악에 대하여.
옴.

무한의 우주에 절대악은 존재한다.

조로아스터가 비유했듯 그는 아흐리만이나 앙그리마이뉴로 불린다.

그러나 창조주와 결코 대등할 수 없다.

그는 존재한다면 데미우르고스(불완전한 신)라고 보인다.

우리 인간은 우주를 단순화하여 선과 악의 대립이라는 단순공식으로

해석하는데

그리고 악마의 위치가 창조주의 반대편까지 올라가는 경향이 있는데 이는 잘못된 해석이다.

창조주는 그의 전능함으로 말미암아 악과 대립하는 존재는 아닐 것이다.

악 또한 그의 신성한 주권 안에 있는 피조물임을 부인할 수 없다.

우리의 종교에서 나타나는 신을 중심으로 한 선과 악마를 중심으로 한 악의 대립은

인간의 무지가 그린 잘못된 우주적 해석이다.(조로아스터나 기독교)

아무튼 내가 말하고 싶은 결론은 창조주는 전능하기에 결코 그의 절대주권에서 벗어날 수 있는 존재는 없다.

그것은 절대악적 앙그리마이뉴도 마찬가지이다.

또한 인간의 영혼이 종교의 길을 감에 있어서 퇴마나 지나친 반악적 인식(악을 척결한다)을 가진다면

그 영혼은 건강하지 못할 것이다.

그 영혼은 무지의 망령에 덮여 투쟁하며 살아가는 불쌍한 영혼이 될 수도 있다.

악이란 것은 인간계에서 적어도 흔히 볼 수 있는 그런 일반관념은 아닌 듯하다.

인간의 영혼이 악에 물들 수는 있지만, 그것은 하나의 현상이지 절대악적 존재는 인간계에 없다.

우리가 종교를 함에 있어서 악마에 대한 지나친 적의로 인간을 악마로 모는 우를 범하거나

지나친 초현실적 투쟁은 인간에게 맞지 않다.

일단 천사가 인간과 다르듯 악마란 종 역시도 인간과 다른 종이다.

인간에게 천사나 악마라고 붙이는 것은 어떻게 보면 인간을 제대로 보지 못한 오류일 수도 있다.

(옴

앙그리 마이뉴.

악마에 대한 부연 설명.

나는 악령을 직접 체험하는 영적 체험을 하게 되었다.

그 잔인함과 악랄함은 상상 이상이었다.

또한 강력하고 파괴적인 영혼을 직접 체험했던 경험을 남겨 본다.

악마라는 종은 인간과 이질적인 그들의 속성을 신에게 부여받은 한 우주적 영혼이라고 보인다.

그것은 바이러스처럼 폄하될 수도 있고 사탄처럼 강력한 위치를 점할 수도 있다.

각자의 나름의 투사이리라.

나는 인간과 비슷하면서도 이질적인 피조물이 악마라고 정의 내리고 싶다.)

인간과 다른 플러스 알파가 존재하겠지만 말이다.

270. OM-사제
옴

우리는 종교 교주들에게 무분별한 망상을 투사한다.

뭐 깨끗하고 청렴한 이미지라던가, 하자 없는 어린양이라던가 하는 괴이한 수식어를 붙인다.

특히 종교가 과거일수록 그리고 공신력을 가졌을수록 이런 미화는 심화된다.

그러나 하늘은 각 영혼의 모든 것을 알고 있으며

적어도 그의 창조에 있어서 그런 완전한 이상적 선함을 가진 영혼은 찾기 힘들 것이다.

불교에서 지적했듯 칠정육욕을 가진 인간이라는 영혼이, 완전무결한 이상적 이데아를 획득하는 것은

우리의 단순한 투사일 것이다.

또한 교주들을 지나치게 높이 보며, 추앙하는 경우도 있다.

뭐 그들이 실질적인 그런 능력을 소유했다면 인간의 인간에 대한 숭배도 하나의 자유이지만

나는 그들의 실상이 사실은 형편없는 인간의 거짓된 언어에 기반해 있다는 것이 대다수인 것을 보았기에

저서에 이것을 남기는 것이다.

대다수의 종교 교주들이나 사제들이 실질은 갖춰지지 않은 채로 허황된 거짓말로 인간을 현혹하는 것이

지구적 세태이니만큼, 나는 분명히 진실을 남기고 떠날 의무가 있는 것이다.

(AD 2025 0512 이웅.)

271. OM-조로아스터.

옴

조로아스터는 초현실적 측면이 중점을 두었다.

그는 선과 악이라는 우주의 이원성을 강조했다.

그가 제시한 신 관념은 인간을 의인화한 우상이다.(아후라 마즈다.)

또한 악마의 창조라는 것도 인간이 사실 다가가기 어려운 초현실적 이야기이긴 하다.

나는 창조를 행하는 악마(아흐리만)가 없다고 생각하지 않는다.

데미우르고스(불완전한 신) 역시도 창조를 행할 수 있을 거라 사료된다.

그러나 지구가, 악마와 신의 창조라는 이원론적 공식에서 흘러가는 것은 분명 아니라고 본다.

지나친 이분법적 선악관은 더 다양하고 깊은 인간의 영혼을 세밀히 분석하지 못하는 단순한 오류를 가지고 있다.

선을 찾는 것 그리고 선을 행하는 것만큼 가장 원시적이고 직접적인 답은 없겠지만 말이다.

사실 경전에서 신이 인간의 말로 인간에게 하는 경우가 있는데(유대경이나 아베스타)

이는 모두 거짓이다.

신이 인간의 언어로 말한다면 신은 신이 아니며, 그는 그의 위치를 심각하게 격하시킨 우상적 행태이다.

그렇기에 인간으로 의인화된 신 관념은 모두 폐기됨이 마땅하며

그것은 우주의 최고의 존재를 인간(어떻게 보면 저급한 생물종)으로 격하시킨 망령이다.

무명의 사제는 신성모독이라는 십자가형까지는 제시하진 않겠지만

신을 격하시킨 망령들(아후라 마즈다, 예수)은 우리 인간의 종교에 있어서 폐기됨이 마땅하다고 본다.

(AD 2025 0512 이웅.)

272. OM-부처
옴.

부처는 나름의 진리를 설파하긴 했다.

불교의 이론처럼 연기설은 우주를 잘 설명한다.

완전히 분리 독립된 존재는 지구에서 찾을 수 없을 것이다.

지구상 만물이 엮여서, 유기적 삶을 살아가는 것은

인간이 신에게 부여받은 숙명적 삶이다.

그리고 우주상의 존재들이 연결되어 있다는 것은 객관적 척도의 진실이다.

하지만 부처는 제법무아라는 이론으로 신이 주신 개인의 영혼의 개성을 부정했다.

그는 자아를 無로 보았는데, 자아는 실존하며, 심지어 불멸의 본질(아트만)까지 나아가야 하는 발전의 대상이다.

부처는 자아를 무로 돌림으로서 신이 주신 인간의 불멸의 영혼을 왜곡했다.

그것은 그의 철학이 심대한 결함을 가지고 있다는 것을 말해준다.

또한 고집멸도에 관해서 비판하건대, 모든 인간의 고통이 어떤 것에 대한 집착에서 나오는 것은 분명 아니다.

그가 제시한 해탈이라는 것 역시도 세속을 등지고, 신이 만든 세상 자체를 부정해 버리고 은거하는 삶에 다름 아니다.

그러한 종교가 한 종교 종파의 개별적 자위행위에 기초할 수는 있어도

적어도 지구와 현실을 포섭하지 못하는 불완전한 종교라는 점은 결코 부인할 수 없다.

정리하자면 영혼은 불멸의 본질을 부여받았으며, 계속 삶과 죽음을 반복하며 앞으로 나아가야 하는 숙명을 가지고 있다.

부처의 헛된 철학은 신께서 창조하신 우주의 본질을 부정했고 영혼을 퇴보와 은거 속에 가둔 조악한 종교라고 나는 과감하게 평하고 싶다.

무명의 사제(AD 2025 0512 이웅)

273. OM-마호메트
옴.

마호메트는 그의 지나친 신앙의 열심으로 신을 믿지 않는 자들을 지옥에 내던지는 만행을 저질렀다.

그의 문헌상.

그리고 반강제적 아니 그 이상으로 인간의 영혼을 신에게 복속시켰고 신이 지옥의 형벌권을 남용하는

악마적 존재로 둔갑시켰다.

그리고 알라를 자비롭다고 묘사한 것은 지나친 이율배반이다.

그는 신을 격하시켰고(자신을 믿어야만 받아주는 존재로)

인간을 지나치게 구속했다.(지옥겁박 최후심판 겁박을 하며)

신은 인간을 율법으로 재단하는 분은 결코 아니고

신의 관점은 인간이 파악하기는 불가능하다고 밝힌다.

(뭐 사랑으로 보든 자유긴 하지만.)

아무튼 이슬람의 지옥겁박과 지나친 율법주의는 모두 폐기한다.(무명의 사제 AD 2025 0512)

274. OM-예수
옴.

예수는 믿음을 강조하며 비현실적인 일들이 실제로 일어난다는 사이비 신앙을 인간에게 주입했다.

인간은 인간이 신에게 해달라는 것을 이뤄준다고 믿어도 신은 해주는 분이 아니다.

예컨대 인간이 모(엄마)가 죽었는데 신이 살려줄 거라고 믿어도 죽은 모가 다

시 살아나는 일은 없다.

예수의 말은 인간을 현혹시키는 거짓에 기반해 있으며

무분별한 기적신앙을 신에게 쏟아붓는 망상을 유발한다.

나는 그의 그런 가르침(믿음만능주의)을 심히 지탄한다.

인간이 신에게 바라는 것을 모두 차단하고 모든 우주적 섭리에 순종하라는 것 역시도

달갑지는 않지만, 적어도 우리는 신이 설정한 법칙적 질서(그것은 거시적으로 섭리라고 해도 된다.)를

존중하고 (어떻게 보면 구속되는) 기도해야 하는 과제를 안고 있는 것이다.

태양이 자신을 중심으로 돌게 해달라거나,

죽은 인간이 살아나게 해달라거나,

모든 질병이 고쳐진다거나 하는 것은,

적어도 법칙에 역행하는, 신성의 직접 개입을 요구하는 것이니만큼

단지 믿음이라는 망상으로는 이뤄지기 힘들 것 같다.

*여기서 부연하자면 예수가 바라는 믿음이란 신이 기도하면 모든 것을 해준다는 '망상'이고 이는 사이비 교주의 신에 대한 현혹이다.
신은 인간이 원한다고 다 들어주는 분이 결코 아니다.

아무튼 부연하자면,

적어도 내(무명의 사제)가 제시하고 싶은 것은, 인간의 모든 청원을 신은 직접 이뤄주는 분은 아니란 것이다.

믿음이라는 망상에 전능의 위치까지 부여한 기도의 망상을 모두 폐기한다.(이웅 2025 0512)

275. OM-절대주권
옴

절대주권은 신의 우주적 방향이라고 설명할 수 있다.

사실 너무 방대해서 다 알기 어렵다고 본다…

어찌 한 인간이 무한의 우주를 해부할 수 있을까…

그러나 단지 사랑이라는 미명하에 덮어버린 단순결론은 스스로도 폐기했다…

(지구 현실에 너무 맞지 않았기 때문이고 나 역시도 지킬 수 없었기 때문이다.)

276. OM
옴.

자유의지와 좀비.

좀비는 부두교에서 나온 용어인데 주술사의 뜻대로 행하는 종을 의미한다.

우리가 종교를 믿음에 있어서, 다소 좀비 같은 신앙을 가질 수 있다.

특히 권위를 가진 존재가 신의 명령이라는 이름으로 설파하는 것들이

실상은 신의 진실된 의도가 아닐 수 있다는 것을 우리는 상기해야 한다.

각종 종교시설에서는 신의 뜻을 운운하지만, 실상 인간이 신의 뜻을 아는 것은 불가능하다.

그것은 낮은 차원이 무한을 이해할 수 없는 이치와 같다.

각종 신의(신의 뜻)가 난무하며 인간의 인식을 교란하고

심지어 종교범죄(착취)가 일어나기도 한다.

더 심각하면 전쟁까지도 신의 뜻이라는 미명하에 일어나기도 한다.

우리는 날카로운 이성을 가지고, 우리 각자의 사유로 신의를 파악하려 할 것이다.

적어도 제노사이드(대량학살)를 직접교사하는 창조주는 없다고 사료된다.(이웅 2025)

의심스러울 때는 선으로 돌아가라.

내가 제시하고 싶은 격언이다.

신의 뜻이 의심스러울 때는 원칙과 선을 지키는 것이 종교에 필요할 것이다.

277. OM
옴.

동양풍습에 죽은 이를 기리는 제사 풍습이 있다.

죽은 후에도 영혼이 실존하는 것이 진실이니만큼

제사행위는 산 자와 죽은 자를 연결시키는 촉매가 될 수 있다.

인간은 제사행위를 통해 죽은 이를 추모하고 기억하고 또 사랑하며

사후에 만남의 기대를 가지는 것이 좋을 것이다.

죽은 이가 직접적으로 인간에게 도움을 주는 일은 흔하지는 않을 테지만

적어도 인간의 사랑이라는 감정 앞에서, 지구상의 시간을 같이 했거나

깊은 연고가 있다면 제사는 아름다운 종교행위라고 나는 생각한다.

또한 지구상에서 죽은 영혼을 영혼의 세계에서 다시 만나는 일이 상당수 보고되는 만큼

생전에 제사행위를 통해 죽은이와의 계속된 연결을 추구하는 것 또한 나쁘지 않다.

(사실상 장려될 일이다.)

278. OM
옴.

우상.

우리 인간이 믿는 신들은 모두 우상이다.

우리가 창조주라 믿는 야훼(알라) 역시도…

인간은 그 무지로 말미암아 창조주를 인식할 수 없는

낮은 차원의 영역에 있다.

그렇기에 비단 pagan이나 judaism이나 모두 우상숭배인것은 매한가지다.

나는 창조주를 역설하며 타 우상을 배격하는 입장은 분명 아니다.

그러나 인간이 신을 믿음에 있어서, 진실을 찾는 과정은 분명 필요한 것이다.

내가 쓰는 OM이라는 단어는 진실된 신성체험에서 나타난 창조주의 문장 맞다.

나는 진실된 창조주를 찾고 있으며, 지구에서는 도달하지 못하겠지만

기도를 계속 드리고 있다.

우리가 우상과 창조주를 비교함에 있어서, 가장 효율적인 신앙은 창조주 숭배라는 점은 부인할 수 없다.

우상들이 나름의 능력과 매력을 가지고 있지만,

전 우주에 창조주(OM)를 넘는 존재는 없기 때문이리라.

AD 2025 0511 이응.

279. OM-Tella.
옴.

아시다시피 우여곡절 끝에 천신만고로 살아남아 이곳에 있습니다.

부디 남은 삶은 직접 보호해 주시고, 무탈하게 살게 해주십시오.

가끔 두렵기까지 한 불안이 엄습합니다.

아직 저는 약하고 스스로를 지킬 힘이 없습니다.

오 옴이여 부디 들어주소서. 넓으신 마음으로.

AD 2025 0511 이웅.

280. OM-헌금
옴.

옴(하느님)이 인간의 돈을 받아서 무엇을 하겠는가.

개미가 음식을 인간에게 주어도 무슨 쓸모가 있겠는가.

전 우주가 하느님 소유인데, 우리 인간은 어찌 공물을 하느님께 바치는가.

적어도 인간이 하느님을 섬긴다면, 개인적인 기도와 예배(찬가) 등등으로 예배할진저.

AD 2025 0511 이웅.

281. OM-신보론
TO OM.

1. OM(창조주)은 지구에서 하느님과 진리를 찾은 영혼을 보호할 의무를 부담한다.

2. 1항의 보호의무는 3가지로 구체화된다.

(1) 보호(신체적 정신적 영적인 보호.)

창조주는 1항의 의무를 이행해야 한다.(지구에서 하느님과 진리를 찾은 영혼들을 위해 남긴다.)

AD 2025 0511 이웅.

282. OM-죄와 벌
옴

실질적 범죄자는 잊고 살아가고

피해자가 고통받고 악몽이 되고 주홍글씨가 되고

이런 건 바로잡아야 하지 않겠습니까?

283. OM-우주의 목적
TO OM

우주의 목적에 관하여

내가 논할 성질이 아니다.

너무 방대하고 너무 거시적이라서

우리 지구는 3차원 우주 변방의 촌이라고 불러도 좋다.

…

그만큼 방대하지 않겠는가? 누가 무한의 우주를 논할 수 있을까…

284. OM-ATMAN
옴

아트만.

자아와 신의 합일…

최상의 경지라 할 만하다.

과연 이룰 수 있으려나..

지식만으로…

불가능에 가깝다.

285. OM-제사

옴

질투하는 초월체는

인륜을 끊었다.

제사 같은 좋은 풍습들을…

286. OM-지옥의 군주들에게

옴

지옥의 군주들이여

그대들의 강력한 힘으로

창조주의 사제를 호위하라.

그러면 죄를 씻으리라.

287. OM-제사

옴.

제사는 산 자와 죽은 자를 연결시켜 주는 좋은 종교행위입니다.

죽은 자의 영혼은 소멸하지 않고

다른 세상에 존재합니다.

(그들이 이생의 기억을 잃었을 수도 있습니다.)

그러나 죽은 자의 혼령에 대한 경의는

그것이 소소한 가족적 단위이든

국가적 단위이든, 인간의 좋은 제도로 이어져야 할 듯합니다.

288. OM-necromancy.
necromancy.

저는 영혼의 강림 현상을 직접 체험했습니다.

그것은 엄청난 고통이 수반되었습니다.

당시 이해할 지식이 없기에 더더욱 문제상황이라고 느꼈던 것이죠.

하지만 지금은 영혼들이 제게 나타난 것을 알고 있습니다.

289. OM-천국과 인격
천국과 인격.

인격이 갖춰지지 않은 자들은 천국에 갈 수 없습니다.

그것은 천국이 천국이기 위한 당위명제입니다.

고로 지상에서 저급한 인격의 발현은 천국에 대한 완전한 거부입니다.

또한 지상에서 심각한 범죄를 저지른 영혼 또한 그곳에 갈 수 없다고 보입니다.

(옴

신빙성 있는 증언에서 천상의 선한 영혼들이 사랑을 강의하는 것을 들었다.

지상의 인류는 무지하기에, 그런 작업이 필요했던 것이다.

무지하기에 남을 이해 못 했고

무지하기에 이기적이었고

무지하기에 사랑하지 못했던 이들의 한계의 짐은

천상의 영혼들에게 맡긴다.)

290. OM
옴.

금수도 무리가 있는데

나는 늘 혼자구나.

혼자서 하늘을 예배하리…

외로워도 괴로워도 하늘을 예배하리

291. OM-믿음
옴

평시에는 문제없으나

심각한 상황에서는 도움 안 될 듯하다.

(신을 원망할 듯 하다.)-사견.

292. OM-budda
옴

부처는

연기설, 고집멸도는 어느 정도 통찰은 주긴 하나

부족하다.

그 역시 하늘을 가렸다.

293. OM-정의를 향한 전진.
옴.

정의의 법통을 주소서.

심판하는 형법의 쇠사슬을…

형법의 신이 되고 싶습니다.

다른 법도 좋지만 형법의 신이 되고 싶습니다.

294. OM-혈풍류
옴.

혈풍류.

옴

저의 검이 휘날리고 적의 수급이 날아간다.

옴 혈풍류.

부디 이뤄지기를…

AD 2025

295. OM
옴.

옴은 엄청난 것을 가지고 있다.

사실 우주 전부가 그의 소유라고 해도 무방하다.

사람들은 그것을 모르고 있다.

(옴, 저는 제가 좋아서 하는 겁니다.)

296. OM-인간관계
옴.

사실 인간관계의 쓰라림을 20대 시절 알았지만

여전한 그들의 행태는 눈살을 찌푸리게 합니다.

옴(고주몽의 기도.)

옴 이런 곳에서 어찌 사랑을 가르치십니까?

옴 저의 작은 혈육을 잘 부탁할 뿐입니다.

297. OM-신성한 사제

옴.

지구에서 누가 이렇게 기도했습니까?

옴

지구에서 누가 이렇게 기도합니까?

당신의 그림자 잊지 못해 당신께 바라나니…

부디 신성한 사제와 함께하소서.

298. OM

옴.

나의 아픔을 아시나니

당신께 기도드리리.

부디 신성한 은혜로 임하소서.

부족함을 덮으시고 무한의 사랑을 보이소서.

299. OM

옴.

망가져야 했던 아픔 속에서

실패해야 했던 악몽 속에서

옴께 기도합니다.

300. OM-정의의 수호자.

옴.

케리건 이야기 아시죠?

저도, 잘 되고 싶습니다.

정의의 수호자가 되고 싶습니다.

무한의 우주를 배경으로 더 높게 날고 싶습니다.

301. OM-조선.
옴.

신단수에 기도한 조선 없어졌네.

푸른 하늘을 섬기고 하얀 옷을 입었지만

없어졌네.

옴 위대한 사제 조선에 남아

하얀 옷으로 예배하나이다.

302. OM-금단의 심판
옴.

지옥에 넣기에는 자비가 앞을 막는다.(금단의 심판.)

303. OM-demon
옴

제게 나타났던 게 앙그리 마이뉴(지옥의 군주)

같습니다.

엄청나게 많은 데몬들을 체험했습니다.

악마의 군대를..

304. OM-창조주
옴.

지구상의 예배에서 우상을 믿는 것보다

옴을 믿는 것이 제일입니다.

적어도 계시상 가장 완벽한 신이었으니 말입니다.

저는 남은 삶을 당신을 예배함으로 저 자신의 유익을 얻고 싶습니다.

AD 2025 0505 이웅.

305. OM-파스칼의 내기.
옴

파스칼은 불확실한 신의 존재하에서

신을 믿는 게 유리하다고 말했다.

물론 나는 신이 계신 것을 '알고 있다.'

옴 당신을 인지하진 못하지만 당신이 존재한다는 것을 안다.

엄청난 지성에 의해 설계되었다는 것도.

세속의 사람들에게 있어서

좁혀진 사이비의 작은 선택지는 그들이 종교에서 멀어지게 하는 효과를 가져온다.

그렇지만 꼭 신을 믿는 통로가 종교뿐은 아니니만큼,

우리 인간은 신을 섬기는 게 좋다.

이웅 2025 0505.

306. OM-조상.

자네 조상이 박테리아인가? 아니면 원숭이인가?

인간은 인간이고 원숭이는 원숭이다.

AD 2025 0515.

307. OM-돌연변이.
돌연변이는 장애로 귀착된다.

그것이 자연상태에서는 정합된 유전자의 이상으로 발현된다.

신께서는 인체의 유전자에 정합성을 두셨고, 그 미세한 하자는 장애로 발현된다.

우연적 돌연변이의 발현으로 새롭게 탄생할 수 없다.

그리고 우연히 탄생한 새로운 종은 수정할 수 없다.(유전자 구조가 다르면 자연생식불가.)

AD 2025

308. OM-사제비용.
옴.

사제가 되어 사람들을 교육하려 했으나, 무성의 신에 대한 무관심 등으로 중도 중단.

마음에 드는 영혼이 없다.

TO OM

1. OM은 신과 진리를 전하기 위한 인간의 정당한 노력에 대한 보상의무를 부담한다.

2. OM은 신과 진리를 전하기 위해서 놓쳐야 했던 기회비용을 부담한다.

AD 2025 0505 이웅 올림.

309. OM
옴.

신성한 산들바람이여

나의 고통이 당신을 드러내는 빛이라면

나의 약점이 당신을 향한 간구의 발원이라면

사제는 기도하리이다.

오 옴이여,

인간이 할 수 없는 것을 하시는 이여

부디 전능의 손길로 사제가 원하는 것을 들어주소서.

인간의 손길은 멀고 신만이 내게 가깝나이다.

오 옴이여 나의 태양이여!!

310. OM
Om.

The divine light illuminates the priest,

and the divine power assists the priest.

The great breeze of Om blows,

and the priest is released from death and the body,

and finally attains freedom and peace.

Om, give me gifts.

311. OM
Om.

Protect the Holy Priest.

Protect him from threats seen and unseen.

O Om, the Holy Priest looks to you.

Please protect him.

Om.

Please heal me.

Please…Please heal me.

Oh Om, why have you forsaken me…

312. OM
Om.

How can you abandon me?

How can you abandon me who only trusts in you and looks only to you?

Oh Om, my sun, how can you abandon me…

Oh Om.

313. OM-Multiple Hevenloka
옴.

우리는 천국이 한 곳이라고 생각합니다.

죽어서 가는 천국이…

그러나 천국은 여러 곳입니다.

죽어서 가는 한 천국은 없습니다.

다양한 천국이 우리에게 제시되어 있습니다.

AD 2025 사제 이웅.

314. OM
옴.

생전에 당신을 만날 가능성이 아예 제로는 아니다.

당신의 때에 저를 찾으라는 기도는 확실히 기억난다.

저주와 원망으로 점철된 영혼은 아름답게 승화시켰다.

단지 글이 아닌 현실이 되기를 바라본다.

신이란 존재가 우리의 소망을 현실화 시켜줄 수 있는 하나의 보편종교상의 인물이라면 나는 당신에게 기도하리라.

315. OM-배신
옴

이쪽에서는 한량없는 선의도 상대방은 이용하고 배신할 수 있다.(OM MITRA.)

이해관계에 얽히면 더더욱 배신의 쪽으로 인간은 선택하는 듯싶다.(OM MITRA.)

316. OM-기도와 망상.
옴

기도를 통해

하늘을 부릴 수 있다는 것은 망상이었다.

그는 전능함으로 모든 것을 이룰 수 있으나

인간(미물)의 의지는 그를 움직일 수 없었다.

이웅 2025 0501.

317. OM-물질계.

OM은 그의 미스테리한 지성으로 물질계를 창조하셨다.

내가 다 파악할 수도 없고 일일이 아는 것들을 나열할 수도 없다.

감수분열은 신의 수학인데,

46개의 염색체에서 생식세포는 23개로 감수분열한다.

(나머지 세포분열은 염색체 수가 동일하다.)

그리고 23개로 나뉜 생식세포는 남녀의 생식세포가 만나서

다시 46개의 인간으로 발현된다.

신의 수학이다.

신비이다.

AD 2025 0515 이웅.

318. OM-비밀기도.

d aad tws wr e rd edrtse. qe qtf wtt. dt qc agaxa ds ttd wd qrdd srr rds, rtd gdf qegtt.

dd 2025 0515.

319. OM-세속과 종교.

옴.

우리는 흔히 종교는 신성한 것이기에

세속과 선을 그을 수도 있습니다.

그러나 무 자르듯 나뉘는 세상은 분명 아닙니다.

신에 대한 경건함을 유지하고자,

세상을 등지는 것은

몇몇의 기인들로 충분한 것입니다.

우리는 지구의 종교에 있어서

세속과 종교의 완전분리는 있을 수도 없고 있어서도 안 될 것입니다.

물고기가 바다에서 헤엄치듯, 우리는 모두 지구란 바닷속에 있는 인간이란 종입니다.

그것을 부인해서는 안 됩니다.

흔히 엄밀한 율법주의적 종교에서 타락으로 묘사되는 한 분파(쾌락주의 등등) 등 도

우주의 넓은 스펙트럼 안에 있는 것입니다.

그런 쾌락주의를 정죄하거나, 백안시해서는 안 될 것입니다.

사람은 각인의 천성대로 가는 경향이 있으니 그것을 존중하는 것은

사람을 내신 하늘을 섬기는 일입니다.

저는 젊은 시절 고통 속에서 고통을 잊기 위해 쾌락에 의존하기도 했으나

쾌락은 본질적 해결책이 될 수 없었습니다.

영혼의 심각한 상처는 잠시 잊을 수는 있으나 쾌락은 본질적인 구원의 도는 아닙니다.

성적인 문란에 있어서 신은 인간을 정죄하는가?라고 묻는다면

아니라고 저는 답할 것입니다.

인간은 인간을 정죄하고 백안시하나 신의 입장에서는 그렇지 않다고 저는 답할 수 있습니다.

술이나 마약 담배와 같은 것들도 취사선택이지, 종교적 율례가 되어서는 안 된다고 생각합니다.

흔히 우리네 종교 중에 술이나 담배 같은 것들을 죄악시하는 경향이 있는데 이는 어리석은 판단법입니다.

경건과 금욕으로 가는 하나의 종파가 있고, 흔하진 않지만 쾌락적으로 가는 길이 있습니다.

적어도 신에게 가는 길이 금욕만의 길은 아닐 겁니다. 저는 그렇게 생각합니다.

AD 2025 0515 이웅.

320. OM-세속과 종교 2
옴.

남녀는 성관계를 합니다. 그것은 필연이자 법칙입니다.

여자는 남자를 원하고 역도 마찬가지입니다.

그러나 꼬일 대로 꼬여버린 지구상의 sex relationship은

무언가 풀 수 없는 난제를 저에게 제시합니다.

확실히 더러운 곳에 파리가 모이듯,

섹스가 저급하게 나아간다면 파리들이 모이는 것은 당연한 이치입니다.

그렇다면 신은 더러운 곳을 버리는가? 나에게 묻는다면 아니라고 답할 것 같습니다.

그러나 저 자신 역시도, 여러 굴곡을 겪었고,

인간에게 무언가를 전해주려 한다면, 저는 완벽한 정답지를 낼 수는 없을 겁니다.

그렇지만 아무래도 혼인과 결혼이 인간에게 있어서 하나의 숙명적 제도라면

그것을 존중하는 삶을 살아야 하는 것이 아닌가 저는 말씀드려 봅니다.

AD 2025 0515.

321. OM-세속과 종교 3
옴

간통은, 피해당사자에게 극심한 상처를 입힙니다.

배신감 그리고 성에서 나타나는 미묘한 심리는

인간을 매우 괴로운 늪에 빠지게 합니다.

적어도 인간이 다른 인간을 그것이 배우자이든

소유할 수 없는 숙명이라는 것을 자각해야 하지 않을까

그렇게 생각합니다.

혼인이든 결혼이든 남을 묶고 구속하는 행위는 결코 이뤄질 수 없는

망상 같습니다.

그렇기에 간통 역시도 자연섭리 내에 있는 것이 다양하고,

그런 트러블들이 많은 문제가 되지만,

적어도 신은 인간에게 있어서 one n one이라는 완벽한 함수로

남녀관계를 설정하신 것이 아님은 자명한 사실입니다.

여러 남녀가 모여 사는 이곳에서 멀티플 관계 그리고 만남과 헤어짐은 당연지사입니다.

그러나 저는, 배타독점적 남녀관계의 일종의 속성상, 사후세계에 대한 복잡한 망상을 가지게 되는 것 같습니다.

신약성서에서도 랍비들이 예수에게 여러 남자와 결혼한 여자의 사후운명에 대해 물었고,

예수는 괴이한 답변을 했습니다.(천사처럼 된다고.)

그의 말은 현답일 수 있겠지만, 적어도 지구상의 모든 것이 깨끗이 소멸할까 하는 의문이 남습니다.

또한 신빙성 있는 증언에 따르면 천국에서 만난 영혼은 천사였고 여성성을 가지고 있었습니다.

우리가 부여받은 성에 있어서도 죽어서도 이어진다는 추론을 내릴 수 있을 것 같습니다.

옴(하느님) 아무튼 복잡하고 복잡합니다.

아직 30대인 저에게는 난제이기도 합니다.

옴, 부연하면 카르마라는 게 있기에 모든 것이 일확천금처럼 변화하지는 않을 것 같습니다.

옴 그렇기에 지구상의 삶과 관계는 중요하며, 우리에게 일종의 나침판을 제시하고 있는 것입니다.

AD 2025 0515 무명의 사제.

322. OM-세속과 종교 4
옴.

적어도 21c 조선에서 모든 문명이 아름답거나 고상하지는 않았다.

천국을 경험한 영혼들은 모든 것이 사랑이라는 지나친 일반화를 시도했지만

지구상의 현실은 달랐다.

천국의 영혼들의 무지한 세뇌는 이곳에서 통용되지 않는다.

거의 가축마냥 신에 의해 버려진 지구상의 인간은

고난의 행군(북한의 식량난으로 많은 사람들이 아사)을 걸어가야 하는지도 모르겠다.

세상을 품고 구원하기에는 세속은 신에게 그렇게 여유가 없다.

그들은 세속적 굴레 속에 헤엄치고 있으며 신을 생각할 지능이나 여유가 되지 않는 것 같다.

그들이 그들의 이익으로 신을 섬길 수는 있지만(아브라함의 복이나, 천국) 적어도 진실되게 신을 사랑하는 이 있었던가.

우리 신학자(사제)들은 예수에게 십자가를 넘긴 채로 고상한 학처럼 연구해야 하는지도 모르겠다.

그러나 적어도 나에게 있어서 집필과 기록들이 인류를 위한 길이라면, 우리 인간의 공동선을 향한 하나의 발걸음이라면 나는 남기고 간다.

AD 2025 0515 이웅.

323. OM-세속과 종교 5
옴

이슬람은 히잡으로 여성을 가렸다.

음란영상에 이슬람 창녀가 나오기도 한다.

적어도 신은 섹스행위에 있어서 남녀 모두에게 많은 쾌감과 정욕을 부여하셨다.

남성 같은 경우는 정액이 비자의적으로 배출되게 설계하셨다.

또한 섹스행위는 인류를 존속시키는 강력한 동인이다.

인간은 계속 대를 이어나가야 하는 그런 법칙 속에 있고, 우리는 모르지만

사실 신의 의도인 것이다.(남녀의 섹스는.)

그런 생물학적 메커니즘에서 종교는 섹스를 죄악시할 수 있겠는가?

옴, (신)이 부여한 강력한 동원을 우리는 죄악시할 수 있겠는가?

옴 예수는 음욕을 품은 이마다 간음한 것이라는 괴이한 율법(마태복음)으로

인간의 본능적 생리작용을 억압하려 했지만, 그것은 신의 의도를 읽지 못한

사이비의 도덕 사이비의 율법이다.

이슬람도 유다즘의 뒤를 이어서 성에서 개방되지 않았는데, 나는 적어도 신의 해석에 있어서

신은 인간에게 섹스에 대한 강력한 동원을 부여했고 그것은 인간을 유지시키기 위한 신의 의도한 행위라고 설명하고 싶다.

그렇기에 무명의 사제는 결코 섹스를 정죄할 수 없다.

(그러나 사제의 호불호는 여기에 남기지 않겠다.)

AD 2025 0515 이옹.

324. OM-세속과 종교 6
옴

돈은 필수적 요소이다. 자급자족을 할 수 없는 인간이라는 종은 생활에 있어서 다른 사람의 노동력 지식 서비스 등을 써야 한다. 그것은 돈이라는 매개로 거래된다.

돈은 인간 생존에 필수적 요소라고 나는 말하고 싶다.

옴, 신을 믿는 이들이라고 하늘에서 돈이 떨어져 내리지 않는다.

앞서도 밝혔지만 하느님이 돈을 직접 주는 일은 전무하다.

(우리 인간이 신에게 많이 원하는 것이 돈일 것이다. 21c 조선.)

아무튼 돈을 버는 것. 그리고 다다익선으로 많이 버는 것.

그것은 종교와 무관한 인간의 생존과 필수적 요소라고 나는 밝히고 싶다.

그렇기에 부자가 천국에 가기 힘들다거나(신약경) 하는 류의 사이비 교주의 해석은 기각된다.

신은 결코 종교에 헌신하기 위해 가산을 버리라고 하지 않으며(신약경의 예수처럼)

모든 것을 버리고 자신만을 따르기를 원하지 않는다.(신약경의 예수처럼)

예수의 행위는 신을 가린 행위이고, 강력한 우상으로 신에 대해 속인 종교범죄이다.

첨언하면 돈을 버는 행위는 세상에서 용인되는 행위가 있고

용인되지 않는 행위가 있다.

사제는 말한다. 인간이랑 신은 생각 자체가 다르다고.

적어도 하늘의 높음 앞에서 돈을 버는 행위가 비용인적 행위

예컨대 매춘이나, 도박이나, 하는 류의 행위라고 해서

신에게 속죄할 이유는 없다.

오히려 신에게 더 많은 도움과 연민을 받아야 할 행태가 아닌가 사제는 밝혀본다.

AD2025 0515 이웅.

325. OM-세속과 종교 7
옴

헌금에 있어서.

신이 직접 인간의 헌금을 받지 않는다. 많은 사이비 종교들이 신이라는 미명하에 돈을 요구했고,

면죄부를 팔았다.

종교개혁의 도화선이 된 면죄부 판매도 가톨릭의 성 베드로 성당 건축에서 나타나 있다.

종교시설에 돈을 많이 바치면 신이 축복해 준다고 생각한다면 그것은 오산이다.

종교시설은 신과의 별개의 시설이라는 것을 명심하라.

많은 이들이 종교시설과 그 종사자들을 섬기는 것이 신을 섬기는 것이라고 착각하고 있는데,

미물에 가까운 인간은 결코 신의 의제가 될 수 없다.

만약 신께 무언가를 드리고 싶으면 개인적으로 기도하고 찬양하고 예배하라.(신에게)

그것이 더 직접적이리라.

AD 2025 0515 이웅

(*얼마나 많은 사이비들이 나타나 하늘을 참칭하여 사람들을 수탈해 갔는가?

이전에도 있었고 앞으로도 있을 사이비들의 만행이다.)

(종교시설에 돈을 바치면 복을 받는다거나 하는 등의 미신에 속지 말길 바란다.)

326. OM-세속과 종교 8
가난과 구제에 있어서.

가난한 부류는 어느 나라나 시대를 불문하고 있었다. 앞으로도 있을 것이다.

그런 당연한 class를 구제하는 것은 하나의 뜻은 될 수 있어도

종교상 지상명령은 될 수 없다.

신은 인간에게 십자가를 지우지 않는다고 나는 생각한다.

흔히 선이라는 명목하에 가난하거나 불구의 이들의 수발을 드는 행위가 있는데,

그것이 신의 뜻이라고 단정할 수 없다.

그러나 가난하든 부자든 누군가를 진심으로 아끼고 진심으로 사랑하고(거의 힘들겠지만) 도움을 준다면, 선의 범주에는 포섭될 거라 생각한다.

가난한 자들을 돕기 위한다는 미명하에 종교가 모금을 행하거나, 하는 류의 사기들이 많이 보인다.

왜 남의 돈을 모아서 착취하려 하는지 모르겠다.

적어도 21c 조선에서 내가 돈 하나 없는데 찾아가서 돈을 달라면 많이 주는 종교시설은 없다.

이것이 그들의 행태를 보여주지 않는가?

가난을 무기 삼아 선을 위장하고, 불특정 다수로부터 모금하는 행위는 무명의 사제는 별로 좋아하지 않는다.

흔히 종교적 성인이라는 자들은 가난한 class의 구세주같이 묘사되나, 테레사 수녀의 자필수기에는 사랑이 없는 끔찍한 고통에 휘말린 고백록이 드러나 있다.(나의 빛이 되어라 참조.)

당연한 일 아닌가?

생면부지의 낮은 class를 사랑한다는 게 말이 되는가?

그것은 관세음보살 같은 신의 영역으로 인간이 감히 넘나들 게 아니다.

우리는 우리의 잔으로 족하다.

(AD 2025 0515 이웅.)

그리고 사제는 말하건대, 가난한 이 불우한 이 찾으러 돌아다니지 말고

눈앞에 보이는 사람에게 먼저 잘하라.

그것이 최소한의 선이고 예의이니까.

눈앞의 사람들과 매일 다투고 추태를 부리면서 가난한 이들은 왜 찾아다니는가?

그것은 종교의 위선망령이다.

AD 2025 0515 이웅 남김.

*첨언하면 위선의 망령에 걸린 종교인들은 스스로의 실체를 숨기고 선을 위장하나, 그것은 역겨운 행위라고 나는 말하고 싶다.

327. OM-세속과 종교 9
세상을 구제한답시고 돌아다니는 망령들은 결코 신을 뵙지 못할 것이다. 그들은 스스로의 영혼조차 보존할 수 없는 미물임을 자각하지 못하고

예수니 부처니 등을 달고 세속을 구원하겠다고 하나,

그것은 미물의 추태일 뿐이다.

스스로 단 한 사람도 책임질 수 없는 미물이라는 것을 인식하지 못한 채로 세상의 영혼들을 구원하러 다니는 안타까운 추태는

십자가의 망령일 뿐이다.

AD 2025 0515 이웅.

328. OM-세속과 종교 10
먼저 인간으로서의 기본적 소양을 갖추고 신을 찾아야 할 것이다.

인간이 인간에게 저급한 행위들을 하면서 신을 믿는다고 할 수 있는가?

적어도 신이라는 분이 선이라는 것의 상징이라면

그들은 심각한 행위를 하는 것이다.

적어도 세상을 속이고 스스로를 속이는 행위가 아닌가.

세속의 종교들에서 엄청난 문제들이 발생하고 있다.(sex나 돈이 엮이면 더욱 더 더러운 일들이 발생한다.)

그것은 종교를 빌미로 한 잡인들의 무리이기에, 그들의 귀결은 결코 천상의 계곡이 될 수 없다.

적어도 카르마와 다르마는 지상에서의 행위에 작동하기에, 여기서 종교를 표방

하여 저급한 삶을 산 영혼들은 결코 천국이라는 곳에 들어갈 수 없다.

천국이라는 곳은 순수성과 높은 차원을 가진 인간의 안식처라면,

여기서 저급한 행위를 한 망령들은 결코 천국에 갈 수 없다.

AD 2025 0515 이웅.

329. OM-Christ와 천사들에게.
그대들이 그대들의 망령으로 사랑이라는 미명하에 인간들을 교육한다면 그대들도 같이 머리를 내놓아야 할 수도 있다.

나는 영원히 용서하지 않으며 십자가는 너희들의 몫이다.

여기서 내게 행한 범죄의 대가는 영혼의 머리이다.

그대들이 구원이라는 미명하에 범죄자들을 비호한다면 그대들도 머리를 내놓아야 한다.

AD 2025 0515 무명의 사제 이웅.

If you educate humans under the pretext of love with your delusions, you too may have to offer up your heads.

I will never forgive, and the cross is yours.

The price for the crimes committed against me here is the head of the soul.

If you protect criminals under the pretext of salvation, you too must offer up your heads.

AD 2025 0515 Anonymous Priest Lee Woong.

(d ard dtea rtf wrtse. 30s gde sd rds Rdw dd rdse. rewd afed aff ssdd gse. rrd atd gd qfs rd qfdse. ss aerd rdg rdr rewer red qgtfd q rdse. d dwdt rw sd dd qe wdr rtd gd wtt.)

330. OM-악마의 맹세.
d, ss ttg cwwd dfdf atge.

drt sr wf wd wd aff rwrre.

sd rd dtes s dd tge rde.

rfr as ae rd q rde.

ddd twdr rtd gd wtt.

331. OM-To Christ And Angel.
너희가 내 적들을 구원한다면 너희 역시 십자가에 못 박힐 것이다.

사제의 맹세는 짙다.

불구대천은 굴묘편시를 만든다.

AD 2025 0515 이웅.

332. OM-악마의 맹세 2
d

qrecd dted gggr grgr rdqres atd qff.

wde red dgd aff ssdd ge.

wdd ewe arge.

red rdgea rdwee wdee ae qre.

dd 2025 0515.

333. OM-악마의 맹세 3
d,

dd dfdf atge. sdr qwg wed sd qrecd ede.

red ddg dtd dw ag rde.

red dgd aff ssdd ge.

trg rd wdd ewre. ae qwwed rxe rrde.

d, red crd dea r crd rt red wd rdd

red wdd dea wdd sfr red wdre.

dd 2025 0515 dd dfdf atg.

334. OM-hawiyah
옴.-hawiyah(하위야)

이슬람 경전에 지옥의 묘사에 대한 설명을 들었습니다.

하위야라는 지옥의 가장 밑바닥은, 영원한 절망으로 묘사됩니다.

저는 푸른 하늘 앞에서 맑은 양심 앞에서

지옥의 하위야를 체험했다고 남기고 가고 싶습니다.

제가 체험한 지옥은 마호메트가 설명한 곳과 매우 유사했습니다.

생각보다 엄청나게 심각한 이야기입니다.

푸른 광대한 공간이었는데

영원한 절망을 경험했습니다.

시간은 영원히 이어졌고

단 하나의 희망도 없는 완벽한 절망.

영적 체험은 문자로 완전히 전달할 수 없는 한계를 가지고 있습니다.

저는 선지자이자 저의 선배인 마호메트의 경전에서 제가 체험한 지옥과 유사한 상태임을 알게 되었습니다.

그곳에 왜 갔다 왔는지

누가 가는지는 모르겠습니다.

그러나 그곳에 가는 영혼은 그곳에 가기에 합당하기에 가는 것일 겁니다.

정말 끔찍한 체험이었습니다… 견디기 어려울 정도의….

(참고로 저는 다음 날 3층에서 뛰어내려 자살했는데 천우신조로 살아남아 글을 남기게 되었습니다.)

AD 2025 0515 무명의 사제 이웅.

(우리는 종교에서 말하는 지옥에 대해 단지 지어낸 이야기라고 폄하하거나, 해서는 안 될 것입니다.

지옥은 실존했습니다… 그것이 종교와 완전히 상관관계가 없지는 않을 것입니다.)

(OM 창조주여.

무명의 사제를 지옥에서 건지소서. 환난과 핍박 그리고 지구적 영적인 공격에서 건지소서.

옴 텔라.)

(d ss ddr atgre dted dtgw tr de. red aff ssdd ge. sf asa.)

(d ws trqe wdg drdse. wf dqr tg dtd rwdE gqf grd gggr gwrtse. dwe swe sr wf wd wed dgd aff sfrtse. d dd atgse.)

335. OM-이슬람의 알라에 대해.
마호메트는 유대경의 그림자 안에 있었지만 나름의 신학을 확립했다.

그는 절대자(창조주)숭배를 했다.

그러나 그가 신에 대해 했던 말이 모두 진리라고 단언할 수는 없다.

이 세상에 완벽한 경전도 완벽한 진리도 존재하지 않는다.

나는 마호메트를 어느 정도 인정하면서도 전적으로 동의하지 않는다.

적어도 마호메트라는 사제가 신(창조주)을 섬겼던 것은 분명한 진실이다.

계시된 알라가 창조주인가? 나는 아니라고 생각한다.

창조주의 그림자가 아닐까 생각해 본다.

AD 2025 0515 이웅

336. OM-우상숭배와 지옥.
옴.

내가 이교도를 사랑하진 않지만

그들을 지옥에 버린다면

나는 하나의 부정의를 신에게 말하리라.

지옥이 기억난다.

여자 같은 존재를 살리려 했던 나의 의기를.

그러나, 지구상의 영혼이 그들 스스로의 저급함을 입증했기에

나는 지구상의 영혼은 놓고 떠난다.

TO OM

AD 2025 0515 이웅.

(d gdd rdstse. dted aff qs r qet gd g ddse.)

(d dadf sf rfe dad tws dtgw dse. sdr wf wd ae dgd qe ss ddr atge.

dwe swe qe. red cg qTgd red aff wzw age.)

337. OM-신인이질론.

옴.

우리네 종교에서 범아일여라고 모든 것이 신이라거나

인내천이라고 신이 인간 안에 있거나,

나는 신과 하나다.(아트만) 같은 종교적 신념들이 보입니다.

신은 무소부재(없는 곳이 없지만) 신은 모든 것이 아닙니다.

저는 신과 피조물들을 분리하며, 그것은 완전한 이질성을 가진 존재라고 저는 생각합니다.

성서에서는 인간이 신의 형상이라고 하는데, 인간은 신이 디자인한 형상이지

신이 인간의 형상은 아닙니다.(얼굴이 있거나 팔다리가 있거나)

인내천 또한 이민위천 유사하게 인간을 섬기는 일을 제시하지만, 적어도 인간은 그 무지로 말미암아

자신이 피조되었다는 것조차 자각하지 못하는 상태이니 만큼(미개상태) 인내천도 통용될 수 없습니다.

아트만도 신의 신성한 사랑 안에서, 자아와 신을 동일시하는 믿음의 단계로 갈 수 있으나,

그것이 영원한지 의문이고, 결론적으로 아트만(자아)와 OM(창조주)는 별개의 존재입니다.

연결될 수 있지만 별개의 존재라는 점은 거의 영원한 진리일 것입니다.

피조물의 입장에서 스스로 신이라거나, 하는 것은 선을 넘은 망동이오. 결코 사실에도 부합하지 않는 명제입니다.

그런 것들은 미친 망상을 유발하며, 스스로의 존재(피조되었고 유한한 인간)를

자각하지 못한 망동이라고 저는 말합니다.

　신의 사랑 속에서 신과 분리불가론을 주장하는 것도 하나의 정신안위가 될 수 있지만, 과연 사실인지는 모르겠습니다.

　적어도 어떤 종도 신 밖으로 나갈 수 없는 만큼,(피조된 세상 속에 있어야 하는 만큼) 신을 벗어날 수 없는 것은 진리입니다.

　전지의 신이 우리에 대해 모르는 게 있을까요?

　전지의 신에게 우리의 무엇을 감추겠습니까?

　치부든 자랑스러운 영광이든 신의 관점에서 벗어날 수 없는 것입니다.

　그것은 지우고 싶은 과거일 수도, 부끄러운 사념일 수도 있습니다.

　그러나 신께서는 적어도 창조주로서의 위치에서, 인간의 치부를 드러내는 만행이나, 정죄는 하지 않으실 거라 생각해봅니다.

　그것은 창조주의 높음과 넓음에서 나오는 귀결이오.

　앞서 밝혔듯 모든 종은 그의 이해범위에 있다는 명제일 것입니다.

　AD 2025 0515 이웅.

338. OM-네크로멘서.
옴.

네크로멘서.

영혼들이 내게 나타났다.

그들은 내게 선의는 아니었다.

알았던 듯 싶기도 하고 몰랐던 듯싶기도 하다.

누구일까…

나의 전생과 관련이 있을까…

나는 누구였을까…

아무리 생각해도 답이 나오지 않는다.

나는 신을 만남과 동시에 나 자신에 대한 진실도 획득하리라.

AD 2025 0515 무명의 사제.

339. OM-죄인과 신
옴.

나는 창조주의 높음으로 말미암아, 창조주가 인간을 재판한다고 생각하지 않는다.

적어도 그에게는 인간이란 생물종의 모든 행위가 그의 허용범위이기에.

그러나 인간의 입장에서 법이라는 보편적 율례를 버려야 하는가. 나는 창조주에게 묻고 싶다.

적어도 인간의 영혼을 관할하는 정의적 deity는 필수라고 말씀드려 본다.

인간이 인간을 재판하는 것도 하나의 촌극이다.

결코 완전한 정의에 도달할 수 없는 인간이 인간을 재판하는 것도 하나의 촌극이다.

AD 2025 0515

d tvgs ggrd wtt.

340. OM-죄인과 신 2
미트라라는 신을 지구의 종교에서 배제할 수 없습니다. 법과 계약의 신 군인의 신으로 재판까지 담당하는 미트라는 지구적 정의에서 꼭 필요한 신입니다.

그의 현존을 확답하기가 어렵습니다.

베다에 아주 오래된 문헌에 미트라에 대한 기록이 존재했습니다.

그리고 로마시대 페르시아에도 미트라숭배가 있었습니다.

마치 트렌드를 타듯, 종교가 바뀌면 그 신도 사라져서 계시는 잠적을 감춥니다.

예수 따위를 만났다는 증언은 넘치지만 미트라의 현현을 체험한 이는 없습니다. (공식적으로)

무명의 사제는 고대의 실전된 종교들을 소중히 여기며 21c의 관점에서 재해석하는 역할을 담당하고 있습니다.

AD 2025 0515 이웅.

341. OM-만인구원설.

옴.

지구상에서 타인에게 해악을 끼친 자들과

선량한 양심인이 같은 사후에 간다면

그것은 부당하지 않은가?

나는 만인구원설을 심히 지탄한다.

적어도 나는 지옥을 보았고

지옥은 없어서는 안 될 우주의 필수요소라고 생각한다.

지옥을 보아서 엄청난 괴로움을 겪었고

사랑하는 이를 잃었고

나 자신도 죽음 직전까지 갔지만,

지옥은 필요하다고 생각한다.

AD 2025 0515 이웅

342. OM-Real Christ.

OM.

Christ.

구원자는 단 한 명의 영혼은 아니다.

사실 천상계에는 무수히 많은 구원자들이 있다.(있을 것이다.)

실례로 이븐 알렉산더 박사를 암흑의 동굴 같은 세상에서 구원한 것은

천사 베치(죽은 여동생)였다.

그러나 우리가 예수 관세음 마리아 등으로 부르는

하나의 Christ의 존재가 강력히 추론된다.

빛의 존재인 이 존재는, 종교와 상관없이

구원을 베푸는 진정한 Christ라고 사료된다.

이 존재는 육체로 지상에 내려온 적은 없는 것 같고,

진실되게 인간을 사랑하시는 것 같다.

인간이 죽을 때 보는 빛은 아마 이 존재일 확률이 높다.

창조주는 아닌데 선행을 하는 영혼 같다.

그러나 이 존재가 무분별하게 지구에서의 법과 원칙을 무로 돌린다면

이 존재는 무명의 사제에게 심판받으리라.

AD 2025 0515 이웅.

343. OM-가룟 유다.

옴.

신약경전에서 가롯 유다는 돈 때문에 예수를 배신했다.

작가는 극적으로 묘사하기 위해

예수가 이를 알았던 것과

사탄이 들어갔다고 묘사했다.(사실은 아닐 것이다.)

실제로 가롯 유다란 제자가 있었고,

예수를 배신한 것이 진실이라면,

우리네 인생에 있어서 하나의 상징적 배신자를 묘사하는데

가롯 유다는 쓰일 것이다.

뭐 견해가 다르거나 뜻이 맞지 않아서 떠날 수는 있겠지만

굳이 산헤드린 법정에 넘겨주어서 밀고할 만큼, 배신은 아니지 않겠는가?

옴 텔라.

옴, 이런 세상은 당신이 만든 다이나믹한 인간상의 발현이다.

옴 관우는 끝까지 유비를 섬겼다. 조조가 환대했지만 관우는 충절과 의리를 지켰다.

가롯유다도 있고 관우도 있다면

옴(신이여) 저는 관우를 만나길 기도합니다.

344. OM-종교와 망상.
옴.

종교는 초실재를 다루는 만큼

오류와 망상에 빠지기 쉬운 길이기도 하다.

나 역시도, 망상에 빠진 적이 있다.

날카로운 이성이 요구되는 분야가

종교인 것이다.

흔히 과학은 이성논리를 종교는 믿음을 강조하는 세태가 보이나

종교에 이성논리는 전제요건이다.

이성논리 없이 무지한 망상체계라면 없는 것만 못하다.

그것은 지구의 촌극이리라.

AD 2025 0515 이웅.

345. OM-후르 알아인.
옴.

마호메트는 천국에서 순결한 미녀를 약속했습니다.

그것은 남자들에게는 좋은 소식입니다.

그러나 곧이곧대로 받아들일 수 있는지 신빙성이 의심됩니다.

천국이라는 곳을 해부할 수 없는 만큼, 말입니다.

적어도 일원화된 세상이라면

세속적 남녀관계처럼 이어질지 모르겠습니다.

저는 후르 알아인에 대해 회의가 많이 듭니다.

AD 2025 0515 이웅.

346. OM-지구.
옴.

천국에 가면

왜 지구에서 이렇게 낭비했는가를 후회할 것이다.

나는 내가 좋아서 왔는지 모르겠으나

여길 나갈 수 없다.

아직은…

(옴-하느님

적어도 이 신학서적이 인류를 위한 길이라면 저는 꼭 완필을 하고 싶습니다.

제가 거창한 사명을 가지고 지구에 들어온 것이 아니라 할지라도

20여 년을 종교에 헌신한 한 무명의 사제의 글이 지구상에 남아있기를 바라는 마음으로 남깁니다.)

347. OM
옴.

사제와 옴은 다르다.

그것은 땅이 하늘을 닿을 수 없이 영원하다.

그러나 우리는 일종의 종교적 의제로

사제는 신에 대한 봉사자라는 신과의 신격적 일체성을 함유할 필요가 있다.

사제에게 한 것은 신에 대한 봉사자에게 한 것이다. 그것만은 분명하다.

사제는 결코 용서치 않으며, 정밀한 다르마를 옴께 원한다.

잘못을 하고 회개하고 용서받고 구원을 얻는 레파토리는 완강하게 거부하겠다고 옴께 말한다.

옴은 정밀한 행위의 대가를 부여해야 한다.

그것은 회개 따위로 얻을 수 없는 윤회의 속박이리라.

중범죄자에게는 나올 수 없는 영원의 절망이리라.

AD 2025 0515 이웅.

348. OM
옴.

예수의 덫.

예수는 신성과의 합일을 강조했다.

그는 독점적 길을 소유하려 했다.

그가 하느님을 섬기는 사제라고는 인정한다.(경전에 근거하여서는)

그러나 그의 독점배타성은 인정할 수 없다.

하느님은 나를 내시고, 왜 예수에게 복속시키려 하겠는가?

그것은 허용할 수 없다.

*하느님이 인간의 언어로 예수에게 복종하라고 하겠는가? 그들의 경전처럼.

예수의 심판의 일종의 지옥겁박의 무지한 폭권일 뿐이다.

나는 루시퍼가 되어 예수의 독점적 길과 싸우겠다.

옴

무명의 사제 역시도, 신으로 가는 길을 독점할 수 없습니다.

저는 저이고 신은 신이기에 저와의 신 의제도 허용할 수 없습니다.

AD 2025 0515 이웅

349. OM

옴.

창조주여 예수가 갔던 길이 보입니다.

신께 다가가는 길에 있어서

우리의 에고는 한없이 커져만 갑니다.

그렇기에 신과 자신을 동일선상에 놓는 만행

그리고 한 하늘이 냈는데도 (모든 인간은 하느님의 피조물)

그것을 망각한 채 자신에게만 특수성을 부여하는 행위들(경전의 예수)

그것들이 이해가 됩니다.

남보다 뛰어나고 싶고, 신에게 가는 길을 독점하고 싶고

자신의 말을 믿어주어야 하고, 거부하면 지옥겁박까지 하려는

우리 인간의 추태는 예수란 괴물을 그리스도로 둔갑시켜

지구에 포장한 것이 아닌가 하는 생각이 듭니다.

그러면서도 사랑을 말하는 역설은 심각한 아이러니일 것입니다.

무명의 사제 이웅 올림 AD 2025 0515.

350. OM-신의 전선함에 대하여

옴.

요한1서는 신을 사랑 자체로 묘사합니다.

그러나 저는 지구에 살며 신의 사랑이 지구인들에게 직접적으로 나타나지 않은 현실을 목격합니다.

그것은 신의 부재가 만드는 우리의 망령인가요?(원죄처럼.)

아니면 당신의 창조섭리하에 있는 하나의 푸른 행성인가요?

둘 다 맞다고 봅니다.

신의 사랑을 직접적으로 체험 못 한 영혼은 자유의지적 발현으로 지구상에서 무리를 이루어 살아가는 인간이라는 작은 군집의 종입니다.

신의 사랑을 직접적으로 체험한 이는 우주적 환상 속에 빠져 있습니다. 그것은 그 영혼에게는 구원이지만 지구를 포섭할 종교는 될 수 없습니다.

저 역시 신의 사랑을 인정하는 듯한 신학학설을 주장했습니다.(존재의 필연 마지막 공식.)

그러나 전 우주적으로 신의 사랑단일성에 대해서는 동의하지 않습니다.

누가 그의 마음을 읽을 것이고 누가 그를 재단할 것입니까?

푸른 행성에 갇혀 사는 작은 사제는 좌정관천 속에서 하늘을 경배할 뿐입니다.

적어도 제가 걷는 길이 영원한 길이라면, 신은 영원을 초월합니다.

그렇기에 신을 전선 사랑이라고 전제해 버리는 무지의 오류는 탄핵되고

그렇다고 무지한 반론(신이 악하다.) 역시도 기각됩니다.

우리네 인식관념을 넘는 초월적 실체를 헤매며 오늘도 기도하고 집필합니다.

AD 2025 무명의 사제 올림.

351. OM-네크로멘서.

옴.

창조주 아닌 신적 영혼이 인간에게 나타난 사례가 없지 않습니다.

라마크리슈나나 잔다르크의 경우 초월적 영혼이 인간의 육안에 잡히는

영적 체험을 경험했습니다.

신화적 의미로 아테나나 미트라 마아트 관우도 그런 류의 영체라고 사료됩니다.

저는 우상숭배를 하며, 그것은 결코 종교적 죄가 아닙니다.

저에게도, 빛나는 영체가 나타나 선물을 주길 학수고대해 봅니다.

따분하고 답답한 삶 속에서, 듀크나 도라에몽 같은 친구는 저에게 있어서 행운일 것입니다.

인간이 할 수 없는 것을 영체나 외계인이 해준다면 저는 꽤 기뻐할 것입니다.

AD 2025 0515 이웅 올림.

352. OM-미트라.

미트라는 친구라는 뜻도 있다.

지구에서 미트라의 현현이나 직접적 도움이나 계시 등을 체험할 수 있을까?

그 길을 걷기에는 위험부담이 없지 않다.

나는 창조주의 사제이지,

미트라는 나에게 있어서 하나의 deity(신성)이다.

미트라에게 전적으로 숭배를 바칠 수는 없다.

AD 2025 0515 이웅.

353. OM-케리건.

옴.

픽션에서 지구인에게 버림받은 케리건은

외계의 추종세력에 합류합니다.

그녀는 자아를 잃고 외계의 전투에 직접 참여합니다.

그리고 그녀는 다시 돌아왔고

그리고 인류 내부의 부정의를 이기기 위해 또다시 외계로 돌아갑니다.

장엄한 스토리…

옴께 말씀드려 봅니다.

AD 2025 0515 이웅.

354. OM-원죄론의 허구에 관하여.
옴

유대경에는 인간이 선악과를 먹어

신을 두려워하고 타락하는 신화가 있습니다.

매우 그럴듯합니다.

지구는 순수하고 순결한 천국이 아닌 만큼

타락설은 일종의 설득력을 가지기도 합니다.

그러나 저는 지구는 원래 이런 곳이다.

그렇게 생각합니다.

천상의 존재가 덫에 걸려 지구에 들어온 것은 아니라고 저는 말합니다.

지구는 원래 낮은 땅, 갇힌 땅, 육체적 물질계의 한계 속에 있는 땅이라고

그리고 육체는 어떻게 보면 영혼을 억압하는 하나의 집이라고…

저는 그렇게 해석합니다.

원죄론은 기각되며, 천상의 존재가 되기 위해서는 그만한 그 영혼의 노력이 필요할 것이고,

아니라면 본성에 천성에 맞춰서 헤엄치는 인간(Humanloka)의 다사다난한 신을 향한 예배가 될 것입니다.

AD 2025 0515 이웅 올림.

355. OM-이성과 영혼.
옴.

신학자들은 도그마에 갇힌다.

도그마는 잘 체계 잡힌 신학이지만

진정한 종교의 본질을 놓칠 수도 있다.

영적 체험(영혼의 진실)을 신학자들은 놓칠 수도 있다.

그렇기에 이곳에서 탁상공론을 행할 수도 있다.(이기이원론.)

영적체험이 꼭 신을 갈망하는 자에게만 일어나는 것은 아니다.

그것은 때로는 우연처럼 누군가에게 다가오기도 한다.

아무튼 신학을 함에 있어서 영혼의 진실을 놓치는 우를 범하질 말길 바란다.

불행한 세상은 그 실존조차에도 무지하나, 그것은 맹인들의 걸음일 뿐이다.

AD 2025 0515 이웅.

356. OM-비밀기도.
(d, rtd gd dda dted qf rrtse. dWt dtse. qd gse. rrd wssd wd eg wd eqdse. w wtd dwr gs ge dse. d qe wtt. rtd gd.)

357. OM-케리건 2.
옴

외계의 강력한 문명을 지구에 끌어들이려는 시도는 없었다.

나는 외계의 환상을 보았다.

딜레마에 봉착했다.

인간에 대한 정과 외계에 대한 상상이 맞물려

나의 정신은 돌아간다.

혼자서 떠나야 하는 것만큼, 괴로운 일도 없다.

그러나 현실은 독방에서 죽어가는 나의 미래를 그린다.

옴이여

애애고자심 천지기인기(고주몽의 기도문-동명왕편.)

AD 2025 0515 이웅.

옴

제가 언제까지 지구에 있을지 모르겠습니다. 그러나 짧은 시간이나마 사명을 완수하고 가려고 합니다.

우리 인류는 종교적 미답 상태에 놓여있고, 저는 진보된 신학을 위해 이 책을 씁니다.

누가 읽어도 좋습니다.

진정 신을 염원하는 이가 읽게 하소서.

AD 2025 0526 이웅.

358. OM
아흐리만 연구.

위대한 선지자이자 신에게 헌신한 선배 조로아스터의 계시를 모델 삼아

악의 화신을 아흐리만이라고 부르겠습니다.

아흐리만이 창조까지 행할 수 있는 데미우르고스(불완전한 신)인지는 지금으로써는 확실하지 않습니다.

그러나 지옥을 체험한 저는

지옥을 주관하는 악마(엄청나게 강력한)가 존재한다고 강력하게 추론하고 있습니다.

제가 만난 영혼들은 지옥에서 하급적 위치를 부여받은 영혼들일 겁니다.

엄청나게 잔인한 남자들이나 엄청나게 더러운 여자…

아무튼 악의 주권은 그들의 피라미드체계를 만들었을 것이고

아흐리만(지옥을 주관하는 악마)의 존재가 강력하게 추론되고 있습니다.

그 존재가 인간의 영혼을 지옥에 넣을 것입니다.

AD 2025 0515

(그러나 여기서 나는 해석을 남겨 놓습니다. 선량한 영혼이 지옥에 가는가?

그것은 결코 아닙니다.

지옥은 우주적 정의에 있어서 없어서는 안 될 필수 구성요소라고 저는 말합니다.

악마의 존재도 마찬가지입니다.

그들은 필요한 존재들입니다.

그들과 사생결단할 이유가 무명의 사제에게는 전혀 없습니다.)

AD 2025 0515 이웅.

359. 옴.
공자는 지천명을 논했습니다.

하늘의 명을 안다는 거창한 말이죠.

그러나 창조주께서 직접 인간에게 계시하는 일은 전무하다고 봅니다.

Spirit들이 영적인 세상에서 메세지를 전달하는 경우가 다반사입니다.

그렇기에 우리는 천명(하늘의 명)을 논할 단계가 아닙니다.

누구나 들어도 동의할 만한 보편적 선이나 진리추구가 하나의 선적 작업일 수 있습니다.

하느님(OM)

저는 정치적 사상에 있어서 천명사상, 이민위천을 남겨놓고 가겠습니다.

물론 하늘에게 직접적 계시를 받지는 못하겠지만, 마치 하늘의 명을 '받은 듯이'

정치를 하라는, 막중한 책임과 의무 그리고 희생과 봉사를 정치사상으로 제시하고 싶습니다.

혹자는 하늘의 명을 왜곡하여 제노사이드 전쟁(이스라엘)을 벌이거나 지하드(무슬림) 등등이 보이지만,

적어도 누구나 동의할 수 있는 보편적 선은 하늘의 명으로 대신해도 될 듯합니다.

하늘이 살인교사나 전쟁교사를 하는 일은 거의 전무할 겁니다. 그것은 창조주의 높은 위치에서 나오는

당연한 귀결입니다.

그렇기에 종교적으로 왜곡된 지하드(성전) 역시도 병정개미들의 전투일 수 있다는 생각이 듭니다.(종교를 빙자한…)

또한 종교적 천명이란, 하늘이 가려진 지구상의 삶에 있어서, 하늘을 사람들이 찾게 하는 것.

그것은 지구를 위한 인간을 위한 일이라고 생각합니다.

그러나 무신론을 고수하는 영혼에게 다가가서 하늘을 설파하거나

기존의 종교에 길들여진 자들에게 새로운 사상을 반감을 감수하면서까지 말하고 싶지는 않습니다.

지구상의 무지한 영혼들은 신의 뜻이라 굳게 믿는 망상체계 속에 빠져 있으며 (종교가 있을수록 그 망상은 심해집니다.)

그 망상에서 나오길 거부하고 있습니다.

정리하자면 보편적 선과 진리추구는 꼭 하늘의 직접 계시가 아니라 하더라도 만인이 인정할 수 있는 종교의 공통분모일 것입니다.

이웅 올림 AD 2025 0515.

360. OM

「知我者其天乎！」(논어, 자한편) "나를 아는 이는 하늘뿐이구나!"

「天何言哉？四時行焉，百物生焉，天何言哉？」(논어, 양화편) "하늘은 무엇을 말하는가? 사시가 운행되고 만물이 생겨나니, 하늘은 말없이 도를 행한다."

옴.

공자선생이 말한 하늘은 하느님(OM) 창조주를 가르킨다고 보입니다.

유학은 유순하고 절제된 면이 있습니다.

도덕을 논하는 선한 인간상을 이상향으로 남기고 있습니다.

유교에 있어서 하늘 숭배는 지금도 동양에서 필요하며,

종교에 있어서 버려서는 안 되는 인류의 고대문화유산이라고 저는 적어놓습니다.

AD 2025 0515 무명의 사제.

(하늘을 논하는 것은 어려운 것입니다. 매우 뛰어났던 현자들조차 하늘에 대해 알 수 없었습니다. 무지한 자들이 하늘을 인용하지만 하늘을 논할 단계는 아닙니다.)

각종 무지한 이들이 하늘의 뜻이다. 라고 설파하지만 거의 100% 거짓에 수렴합니다.

하늘의 뜻은 너무 높고 깊어서 인간이 읽을 수 없습니다.

저 역시 마찬가지입니다.

361. 옴.
보시다시피 맹자 선생님의 구절입니다.

제가 주석을 달고 가겠습니다.

「盡其心者, 知其性也; 知其性, 則知天矣。」
"자기 마음을 다하는 자는 자기 본성을 알고, 본성을 알면 곧 하늘을 아는 것이다."

우리가 하나의 보편적 본성을 부여받았다고는 생각 안 합니다.

신은 인류에게 교집합과 차집합을 주셨다고 생각합니다.

맹자선생이 생각하듯, 만물이란 선의 본성을 따르는 것은 아닙니다.

하늘은 특정인간에게는 악심과 이기심을 어떤 인간에게는 정의감을 주셨습니다.

그렇기에 인간의 마음은 보다 다양하며, 선으로 수렴할 수 없는 넓은 스펙트럼을 가지고 있다고 저는 생각합니다.

그러나 누가 되었든, 맹자 선생님 구절처럼, 자기 자신을 알아간다면 자신의 뿌리를 거쳐서 그 뿌리를 심은

하늘을 인식하게 되어 있고, 그것은 피조된 영혼의 자기인식과 함께 신을 향하는 하나의 출발일 겁니다.

「盡其心者, 知其性也; 知其性, 則知天矣。」
"자기 마음을 다하는 자는 자기 본성을 알고, 본성을 알면 곧 하늘을 아는 것이다."

AD 2025 0515 이웅.

362. 옴
순자의 구절을 남겨놓겠습니다.

「天行有常, 不爲堯存, 不爲桀亡。」
"하늘의 운행에는 일정한 법칙이 있어, 요(堯)를 위해 존재하지 않고, 걸(桀)을 위해 망하지 않는다."

지극히 맞는 말 같습니다.

우주에서 가장 높고 넓은 하늘은, 특정 인물이나 국가에 편애하는 그런 특정정책을 시행하시지 않을 거라 생각해 봅니다.

인간의 망상만큼 국가나 정치에 있어서도 망상에 사로잡혀,

신이 선택한 민족이라거나(이스라엘)

이교도와 지하드를 하자거나(이슬람)

하는 천의왜곡현상(하늘의 뜻 왜곡 신학)이 지구에서 비일비재하게 일어났습니다.

순자선생의 가르침은 불편부당한 하늘을 강조한 말로,

하늘은 아브라함의 후손을 우대하거나 예수에게 절대주권을 넘기지 않았다는 의미로도 해석할 수 있습니다.

이는 일반화되어 민족 종교, 그리고 인간을 초월한 하늘의 보편성과 공정함 넓음을 역설하는 대목으로 저는 해석하고 싶습니다.

그리고 그것은 진실로 사료된다고 저는 주장해 봅니다.

또한 순자선생의 말은 하느님이 설정하신 '객관적 자연법칙'이나 운행하는 섭리를 설명하는 말로도 해석할 수 있습니다.

신은 물리법칙을 설정했고 그 끝을 알기 어려운 자연질서를 수립하셨습니다.

그것은 하늘이 정한 법도라고 생각합니다.

그렇기에 이적이 흔하지 않은 것도, 그는 그의 법에 충실하고 있다는 이야기로 귀결될 수 있습니다.

옴 텔라.

흔히 우리는, 신에게 이적이나 비현실적인 기대나 망상들을 투사하는 경우가 있는데(저 역시도 그렇습니다.)

신은 섭리적 자연운행속에서 불편부당한 우주운영을 하고 있다고도 우리는 볼 수 있습니다.

그렇기에 죽은 자가 살아나거나 하는 일 따위는 일어나지 않습니다.

AD 2025 0515 이웅.

363. 옴.
백의민족과 유학은 잘 어울리는 문화였습니다.

예법을 알았던 동방예의지국은

금수의 나라로 전락했습니다.

이전투구의 윗물 속에서 아랫물도

원성과 욕설만이 난무합니다.

우리는 푸른 하늘을 잊었고

이스라엘의 우상에게 영혼을 넘겼습니다.

적어도 동도서기적 관점을 가진다면

동양의 유산들이 Neo로 evolution할 수 있다고 저는 생각합니다.

이제 대학에서도 모르는 천명사상과 하늘을 향한 작은 인간의 섬김은

역사가 되었습니다.

AD 2025 0515 이웅 조선에서.

364. 옴.
하늘은 무한의 우주를 섭리로 운행하시게 했습니다.

그 심오함은 주자도 알 수 없고 무명의 사제도 알 수 없습니다.

장엄한 대우주는 소우주와 맞물려

무한의 장관을 연출합니다.

그러나 우리는 하나의 오해를 할 수도 있습니다.

섭리 자체 즉 비인격적 Law(법)을 신으로 치환하는 우입니다.

법칙을 설정하신 것은 하느님입니다.

그리고 그분은 단지 수리공식이 아니라

인간의 차원을 초월하는 초지성 전지전능의 존재라는 것입니다.

저는 하느님이 우리 인격과 같다고는 생각 안 하지만

적어도 신성에 있어서 당연히 비인격적 대상이 아닌 점은 밝히고 가야 한다고 생각합니다.

(혹자는 하느님과 만나고, 그분을 인격적 즉 우리 인간과 결부지어 설명하기도 했습니다. Eben alexander의 신성체험.)

AD 2025 0515 이웅.

365. 옴.
장자의 구절을 남기고 가겠습니다.

「天之所成必有所受, 天之所受必有所成。」
"하늘이 이루는 것은 반드시 그 받을 바가 있고, 받은 바는 반드시 이루어짐이 있다."

딱히 주석을 달 수 없는 심오한 말입니다.

「聖人不以天損人, 不以人助天。」
"성인은 하늘로 사람을 해치지 않고, 사람으로 하늘을 도우려 하지 않는다."

옴, 저도 가르침을 받습니다. 맞는 말씀입니다.

옴.

인간을 이 땅에 내신 하늘이시여

「子不語怪力亂神。」
"공자는 괴이한 것, 힘센 것, 혼란스러운 것, 귀신에 대해 말하지 않았다."

저는 생각이 다릅니다.

일본의 만화에서 나타나는 재미있고 신비한 기행들은

그것이 우리의 상상에서 나온 것일지라도

저에게 흥미와 몰입을 유발합니다.

우리가 푸른 지구에 갇혀서

영적 현상에 대해 눈을 감고

괴력난신으로 치부하며, 정신병자 주홍글씨를 붙인다면,

우리의 발전은 저해될 것입니다.

외계의 찬란한 문명들과 인간을 초월한 지성과 힘을 무시한 채로

지구에서 예법만 따른다면 우리는 우리가 멸시했던 금수 같은 미답보의 상태에 머물 것입니다.

옴, 나의 하늘이여

나에게 괴력난신을 여소서. 제가 원하는 것이고 당신은 내가 무엇을 원하고 추구하는지를 아시나이다.

AD 2025 0515 이웅.

366. 옴.
삼국지의 기록에는 적벽대전에서 제갈량이 기도하자

동남풍이 불었다고 나와 있습니다.

자연현상상 동남풍은 예정되었는지도 모릅니다.

저는 하느님께 개인적인 것들을 바라고 있고,

그것의 성취를 위해 기도하고 있습니다.

공식 출판물은 공익적 성격이 강하기에

사익적 성격의 기도문은 공개하지는 않습니다.

어찌되었든 제갈량(무후)의 마지막 기도는 인상적입니다.

하늘에 수명을 늘려달라고 한 무후는 채념한 채

죽음을 맞이하는 대목입니다.

삶과 죽음이 하늘이 일일이 지시를 내릴 정도의 특수적 존엄성을 모든 인간은 부여받지는 못했을지라도,

적어도 천시(하늘의 시간)에는 순응해야 하는 우리 인간의 숙명을 무후의 기도는 그리고 있습니다.

AD 2025 0515 이웅 올림.

367. 옴.

인간이 천명(하늘의 명을 받는다)을 받는다는 것은 무리입니다.

저는 회의감이 듭니다.

무명의 사제는, 최대한의 노력으로 하늘을 향한 충정으로

인간에 대한 배려로 작은 저서를 남기고 갈 뿐입니다.

예수 부처 마호메트에게 맡기기에는 그들의 하자가 중대하기에,

저는 저의 의무를 해태할 만큼 여유롭지는 않은 듯합니다.

옴, 저의 책이 불완전성을 내포한 채, 잊혀질지라도

하늘을 섬겼던, 신을 진심으로 사랑했던 한 무명의 사제가 있었음을 기억하소서.

AD 2025 0515 이웅(무명의 사제)

368. 옴.

종교 역시도 시대정신에 따라 변화하고 사라져갔습니다.

고대의 찬란했던 유적들은 그들의 정신체계를 내포하고 있고 상상력을 유발합니다.

이집트의 거대한 무덤들은

이슬람의 칙칙한 어둠에 묻혔습니다.

심판하는 정의의 여신(MAAT)도 사자를 위한 변론서도 이제는 보이지 않습니다.

괴상한 교주가 종교패권주의를 획득하여 중동을 어둠으로 물들였고

알라라는 절대자에게 복속시킨 어둠을 답습하고 있습니다.

고대인들에게 신은 심판하고 무서운 존재였다면

현대인들에게 신은 사랑을 주는 자비로운 어머니로 비유되기도 합니다.

절대적 진리는 존재하지 않으며

저는 신의 고정불변을 설파할 수는 없겠지만,

적어도 가변적인 방침에 따라 인간을 좌지우지하는 존재는 아닐 거라고 사료됩니다.(유대경의 야훼나 신약경의 예수처럼.)

인간은 어떻게 보면 참 하나님을 섬긴다고 안위하지만, 우상숭배를 멸시하지만

첫째로 우상숭배는 인간의 벗어날 수 없는 본질적 특성이고

참 하나님을 섬긴다는 종교에서조차도 그 하나님의 성상은 우상에 기반하고 있다는 진실된 명제를 우리에게 알려줍니다.

작은 인간의 그릇이 거대한 바다를 담으려는 시도 앞에서

우리의 신학은 시대정신에 따라 흘러가지만, 적어도 무명의 사제는 미완의 신학에 있어서

미래인을 위한, 그리고 지구인을 위한 다차원적 예배의 발현을 남겨놓고 가고 싶습니다.

각자의 인생에서 경건한 기도를 드리는 것.

무엇을 하든 신을 의식하는 것.

그것은 인간의 지구상 여행에 있어서 위대한 특권이요.

이름 없는 수많은 영혼들이 만들어가는 우주의 예배라고 생각합니다.

감사합니다.

AD 2025 0515 이웅.

369. 옴.
남자들은 여자가 혼외정사를 하면 즐거워하지 않는다.

취향이 남다르지 않다면,

여자도 별반 다르지 않을 것이다.

그리고 심지어 종교적 율법은 여성의 성을 정죄하기도 한다.(유대경)

그러나 신은 인간과 다르며

인간이 혼외정사나 매춘을 했다고 버리는 일은 일어나지는 않을 것 같다.

그것은 신의 높음과 넓음에서 나오는 귀결일 것이다.

그는 바이올로지의 특성을 아주 잘 이해하고 있다.

그는 다소 괴이한 창조를 행했으나(인체내부의 괴상한 디자인과 알 수 없는 다

양한 기능미)

그가 인간이 인간을 보는 관점처럼 인간을 대하지는 않으리라.

AD 2025 0515 이웅 씀.

370. 옴
위대한 헌법정신은 인간의 종교의 자유를 기본권으로 규정하였습니다.

그러나 종교는 각종 탄압과 대립 속에서 흘러가는 것 같고

신이 특정 종교를 장려하거나 탄압하지는 않는다고 사료됩니다.

저의 사견은 종교로 인한 피해가 극심하여, 그 종교를 법적으로 금지하는 공익이,

종교를 허용함으로써 얻는 공익보다 많다면, 적어도 국가법질서에서는 금지해야 한다고 생각합니다.(사견.)

예컨대, 어린이들에게 지옥겁박을 하여 하나님상을 왜곡하고, 평생 신을 두려워하며 죄책감에 빠지게 한다거나,

하나님을 운운하며 한 집안의 가산을 탕진하게 하고 부녀자들을 겁탈한다거나,

하나님을 이용하여 정치적 교세를 넓혀 국가를 특정 왜곡된 이념 속에 강제로 몰아넣는다거나

하나님을 이용하여 다른 민족을 박해하고(유대이슬람), 인류의 순수신앙을 탄압한다거나(예수교)

하는 종교들은 폐해가 큽니다.

하느님 전에 탈레반에서 거대부처상을 파괴하는 만행을 저질렀습니다.

일신교라는 이념하에 마호메트를 답습한 그들의 신앙은 타인의 권리를 침해하는

부정의의 만행을 보여주었다고 저는 말씀드립니다.

결론짓자면, 정의적 관점에서 폐해의 숙고 속에 종교의 자유는 최대한 보장되

어야 한다고 말씀드리는 바입니다.

AD 2025 0515 이웅.

371. 옴.
마호메트는 알라 외에는 신은 없다고 하지만

넓은 우주에 알라 외의 존재는 많을 겁니다.

일일이 열거할 수는 없다고 해도.

그의 지나친 열심은 그만의 것으로 족하지 않나.

그의 지나친 열심은 그와 그의 추종자들의 것만으로도 족하지 않나 싶습니다.

권력을 획득한 투쟁에서 승리한 신의 사도 마호메트는, 지나친 종교적 열심으로 하느님을 왜곡한 것이 아닌가 생각합니다.

AD 2025 0515 이웅.

372. 옴.
고대인의 종교를 어느 정도 catch했습니다.

그들은 인간과 유사한 여러 신들이 연합하여

창조를 행했다고 믿었던 것 같습니다…

확실히 마호메트가 제시한 절대자는 신성의 한 표현으로 간주될 수 있습니다.

저 역시 절대적 존재를 상정하고 있으며

고대인의 종교는 신을 격하시킨 우상이었다는 점은 부인할 수 없습니다.

그러나 야훼의 전통을 이은 마호메트를 그리 달가워하지 않습니다.

AD 2025 0515 이웅.

373. 옴.

삼국지로 유명한 태평교의

장각은 하늘의 명을 운운하며

한나라에 반란을 일으켰습니다.

그는 패망했고 비참히 죽은 듯합니다.

우리는 천명사상에 있어서 이런 사이비의 행태를 보게 됩니다.

비단 장각 같은 큰 사건이 아니라

민간에서도 하늘의 사제라며 횡행하는 사이비는 민중을 속이고 병들게 하는 종교적 질병입니다.

신의 뜻이라 믿은 민중들은 사제에게 충성을 바치며 헌신하지만

그것은 거짓된 천명 즉 하늘의 뜻이 아닌 것을 하늘의 뜻으로 오해해 버린

우리 인간의 무지에 기인해 있습니다.

세속을 어지럽힌 장각은 영웅들에 의해 참패합니다.

정말 하늘의 명을 받았다면 장각은 이겼을 겁니다.(Axiom)

그것은 그가 주관적 착각이든, 고의적 사기였든 간에 천명을 받지 않았다는 것을 증명합니다.

지금도 세속에서 난립하는 천명은, 신의 뜻이라고 왜곡해 버린 지구의 종교의 단면을 그대로 보여줍니다.

마호메트도 승리했지만, 그의 승리가 그가 천명을 받았다는 것을 입증해 주지는 않습니다.

마호메트 역시도 하나의 장각이었고 장각이 실패했다면 마호메트는 성공해서 정설이 된 것(아랍에서) 외에는 차이가 없습니다.

저는 하늘의 뜻을 운운하지는 않지만, 저 역시도 미숙한 실수로, 하늘의 뜻을 오해하는 어리석음을 저질렀던 것입니다.

그 괴로움은 이루 말할 수 없었고 사람들에게 얼굴을 들 수 없는 처참한 실패로 기억되었습니다.

우리는 신의 뜻에 대해 무지하게 논하지만, 그 무지는 결국 자신의 실패와 수치로 기억될 것입니다.

AD 2025 0515 이웅.

374. 옴.
人有氣則有神 有神則有氣, 神去則氣絕 氣亡則神去
(사람에게 기가 있으면 신이 있고, 신이 있으면 기가 있으며, 신이 떠나면 기가 끊어지고, 기가 없어지면 신도 떠난다.)

(무주석, 영혼과 연계지어 해석하라.)

375. 옴.
신약경에서 바울은 권력자들이 하늘의 명을 받았다는 말을 남깁니다.

예수도 신약경에서 본디오 빌라도에게 하늘에서 권력을 주었다고 합니다.

그러나 이런 생각들은 우리를 무지에 복속시키는 신민으로 전락하는 행태를 유발합니다.

옴

예컨대 태조 이성계가 천명을 받아 (후)조선을 창시했고 그것은 하늘이 준 것이기에

존중되어야 한다는 논리는 설득력을 가지기 어렵습니다.

적어도 저한테는 그렇습니다.

옴!

예수도 비슷하게 하늘의 권위를 이용했습니다. 그의 추종자들은 사기적 조작문

서를 통해

예수에게 신의 권위들을 입혔습니다.

그런 사기는 지구상에 횡행한다고 생각합니다.

옴

비단 유명한 예수뿐이겠습니까? 민간의 각종 종교에서도 하늘이 세운 누구라는 사이비가 판치는 세상 아닙니까?

그런 사이비들을 따른 영혼들은 자기책임 속에 스스로의 오판에 책임을 진다고 생각합니다.

그것은 무지에 대한 지성의 무언의 준엄한 심판일 것입니다.

AD 2025 0515 이웅 올림.

376. 옴.
세상을 어지럽히는 종교들은 계속 존재해 왔다.

어떻게 보면 연속성을 가지는 인류의 역사에서

전쟁이나 재앙 등을 선전하며 혹세무민하는 행위들은 계속된다.

나 역시도 그런 사상에 영향을 안 받지는 않았다.

세상은 계속 이어진다.

그것은 아주 오랜 후의 이야기이다.

우리는 지구초기에 살면서(AD 2025) 말세를 논하는 것은 어불성설이다.

적어도 우리의 상상력까지 넘는 일들이 기술발전들이 우리를 기다리고 있다.

그러니 우리는 미개하게 지구초기에 종말을 논하지 말자.

사이비 교주들에 대한 반박은 이제 지겨울 정도다.(존재의 필연을 참고하라.-

종말론에 관해서는.)

AD 2025 0515 이웅.

377. OM-Mitra.
미트라여,

당신은 법적 주권자로서의 의미를 많이 지닙니다.

저에게 있어서…

창조주는 무심판론을 견지했으니

다른 정의의 신성을 찾는 것입니다.

위대한 경전에 기록된 오래된 인류의 잊혀진 신이여

부디 간구를 들어주소서.

378. TO OM.
내가 지구에 왜 왔는지 알 것 같다. (공자의 지천명.)

AD 2025 0526 이웅.

379. Mithra,
You have much significance as a legal sovereign.

To me…

The Creator has maintained the doctrine of non-judgment,

so I seek another divine justice.

O forgotten god of the ancient mankind, recorded in the great scriptures,

Please hear my prayer.

AD 2025 0516 Lee woong.

(옴

나에게 미트라는 하나의 신성이었다. 나는 부당한 일들에 놓였고, 그것을 풀어줄 누군가를 찾았다.

창조주는 증언에 의하면 무조건적 사랑을 베푸는 존재라고 기록되어 있다.(아니타 무르자니, 이븐 알렉산더.)

적어도 나에게 있어서 원한은 깊고 강렬했다.

사람들은 내게 무도한 행위를 한 것은 사실이다.

나는 억울함을 풀어줄 신을 찾았고

법과 계약 그리고 우주적 질서를 다루는 미트라에게 기도했다.

그것을 그대로 남겨둔다.

지금와서 내가 어떤 선택을 해야 할지는 모르겠다.

그러나 미트라는 신성이다. 그는 그의 의지로 행할 것이다.

유대경에도 야훼신에 대한 존경이 보인다.

(그는 야훼시라. 이것은 신에 대한 믿음을 내포하고 있다.) 종교를 떠나서 신에 대한 하나의 신앙으로 남겨둘만 하다.

380. OM
구약성서에 관하여.

초현실적 이적들이 기록되어 있다. 자세히 쓰진 않았고 짤막한 문서이다. 야훼의 이적은 powerful 했다.

나는 신화라고 생각한다.

신화란 신과 연계시켜서 인간이 각색한 일이라고 생각한다.

신화를 사실인지 깊게 생각하진 말길 바란다.

물론 우리가 세상에 살며 초현실적 일 자체를 부정해서는 안 되겠지만,

적어도 기록된 문서들이 사실인지는 받아들이기 어렵다.

그렇기에 우리는 신화의 해석에 있어서 신과 관련된 각색된 이야기이다. 라고 생각하면 될 것이다.

신화는 교훈을 꿈을 우리에게 분명 제시한다.

AD2025 0526.

381. 옴.
이븐 알렉산더 박사의 신성체험은 지구적으로 엄청난 의미를 주었다.

그는 신비의 지식을 가지고 왔다. 그러나 체계화하지는 못하고 있다.

기독교에서 헤매거나.

아무튼 그의 증언에 의하면 영혼계(spirit loka)는 우리가 알고있는

우리가 살고 있는 물질계(3xloka)보다 더 광대무변하며

지상의 인간들보다 많은 존재들이 영혼의 세상에 살고 있다고 한다.(Eben Alexander)

우리는 여기서 인간이 숭배해왔던 신들을 추적할 수 있다.

고대의 위대한 신들은 영혼계에 존재하고 있을 확률이 높다.

라마크리슈나 역시도 영혼을 직접 육안으로 보았고, 유명한 여전사 잔다르크도 영체를 보았다.

주로 환청이나 정신병으로 폄하되기도 하나, 영혼의 세상은 실존하며

그들은 육체적 존재와 소통할 수 없지 않다.

이웅 올림 AD 2025 0516.

382. OM
Overmind 정신을 읽는 자.

우리는 남의 정신을 읽지 못합니다. 그래서 말이나 표정 등으로 추론하죠.

그러나 fiction에 Ovemind라는 초월체가 나옵니다.

Overmind는 영혼과 접촉하고 남의 정신을 catch할 수 있는 능력이 있습니다.

이런 외계적 존재가 우주에 없지는 않을 것입니다.

우주는 무한하며, 셀 수 없는 알 수 없는 차원들이 존재하고 있습니다.

우리는 무한한 상상력과 통찰 이성 논리를 통해 우주를 탐구해야 할 것입니다.

기술도 좋은 시도입니다.

AD 2025 0526 이웅.

383. 옴.
창조주는 그의 전지로 말미암아 인간의 모든 의식작용을 알고 있고,

기도는 당연히 포함되고 꼭 기도에 국한되지 않는다.

고대의 경전의 위대한 신들이 육체안의 인간의 기도를 들을 수 있는 능력이 있다면

(그것이 텔레파시라고 부르든 영적 진동이라고 하든)

그들은 그들의 방식으로 응답할 수 있을 것이다.

경전에서는 신빙성이 의심되나 아테나의 사제들이 아테나에게 기도했고 아테나는 직접 나타나기도 하고

귀를 막고 거부하기도 했다고 한다.(호메로스)

경전에서 미트라는 엄청난 능력의 소유자로 묘사되며, 인간의 의식을 눈으로 확인하는 장면을 서술했다.

베다의 사제들은 미트라에게 찬가를 일정 부분 바치었고 미트라는 독립된 신성으로 오랜 기간 (유대교보다 더 오래) 인간에게 전래되어 왔다.

나는 고대의 신성에게 기도한다.

마호메트가 만든 어둠의 그림자에서 벗어나서, 다른 위대한 우주적 존재에게 나의 탄원을 올린다. 그것은 결코 죄가 아니며, 인간이 해결 할 수 없는 것들을 위대한 신들은 그들의 정의로 해결하는 과제와 숙명 그리고 의미를 지니는 것이다.

AD 2025 0516 이옹 올림.

384. OM
세포.

종교집단에서는 중심 리더(교주)가 있다. 원시교주는 위대한 존재로 숭배까지 된다.

예수 같은 경우는 직접 기도를 받기도 한다.

그리고 후대가 나타나며 분파되고 여러 해석과 투쟁이 난무한다.

고대의 원전은 미화되기도 한다.

나는 인간의 자유의지를 존중하며 자신이 좋아서 예수에게 가거나

자신이 좋아서 부처에게 가는 길을 막지 않는다.

그러나 조직체는 상하복명의 조직체이다.

그들이 사랑을 강조하든, 알라를 강조하든 상하복명의 조직체에서 벗어날 수 없다.

굳이 누군가의 세포가 되고 싶은가?

인간의 자유의지는 스스로의 판단으로 스스로의 성찰로 스스로의 깨달음을 장

려한다.

남이 가르쳐 주는 것을 암송하고,

남이 하는 설교에 아멘하고

스스로의 사고를 포기한다면 어찌 자유의지를 논할 수 있는가.

사람들이여, 스스로 사고하라. 스스로 판단하라.

AD 2025 0526 이웅.

385. OM
헌금.

종교는 돈을 수금한다. 다른 것을 수금하기도 한다.(노동력 성)

마치 하늘이 주는 은혜마냥 설파하며 결국은 신도들로부터 가져간다.

종교집단에 들어오게 유혹하기도 하고

거짓말로 하늘에 큰 죄를 짓기도 한다.

지성과 이성으로 올바른 판단을 바란다.

AD 2025 0526 이웅.

386. 옴
위정자들은 하늘 높은 줄을 알아야 한다.

국민 귀한 줄을 알아야 한다.

위정자가 권력에 기고만장해져서

하늘 높은 줄을 모르고,

국민 귀한줄을 모른다면

정당성을 잃고 버림받을 뿐이다.

그것은 하나의 우주적 도의 작용같다.

꼭 성현이 통치하는 세상은 아니지만,

적어도 기고만장한 안하무인의 삶은 인간에게도 도에게도 지탄의 대상일 뿐이다.

우리는 유명한 은주교체기의 역사를 살필 필요가 있다.

은나라 주왕의 폭정으로 나라가 멸망한 사례가 있다.

그때에도 하늘의 뜻(천명)이 나오는데 이는 맹자의 폭군방벌론과 유사하다.

꼭 국가의 리더가 하늘의 선택을 받아야 하는 것은 아니겠지만,

대의와 거사를 함에 있어서 하늘과 도를 도외시한다면, 좋은 결과를 기대하기 어려울 수 있다.

그리고 우리는 정치가 천명을 떠나서 막중한 책임을 가진다는 것을 인식해야 한다.

적어도 조선만 해도 5000만 국민이 사는 만큼, 그 기대와 책임은 무척 막중하다.

자기 자신의 인생으로 끝나는 것이 아닌 많은 이들의 삶에 영향을 끼치는 직업이라면

그 신중성을 깊이 살피지 않을 수 없다.

나는 종교적으로 제시하건대, 위정자들이 그 본분을 잃고 도를 잃어버린다면,

영혼의 심판대에 서야할 수 있다고 본다.

AD 2025 0516 이웅.

387. 옴.
우리는 뛰어난 자들을 보면

하늘을 논한다.

하늘이 저 사람을 선택했다고…

우리의 망상인 듯하다.

나 역시 망상에 빠진 적이 있으니 참혹할 뿐이다…

하늘은 불편부당한 듯하나 만인을 지켜본다.(이웅 2025 0516)

…

하늘은 엄청난 존재이기에 엄청난 파급력이 있습니다.

주의하시기를.

하늘을 인용한 혹세무민이 대부분일 것입니다.

저는 모여서 단체로 하늘을 섬기는 것보다

골방에서 신약성경에 제시되었듯 혼자서 하는 기도를 추천합니다.

기도는 신에게 하는 인간의 예배이고, 다른 이들이 보는 것들은 조금 더럽혀질 수 있는 위험을 내포하고 있습니다.

우리는 필연적으로 남을 의식하게 되고, 신경 써야 하기에

솔직하지 못할 수 있습니다.

그것을 주의하십시오.

AD 2025 0526

388. 음.
우리는 정치에 있어서 종교를 도외시할 수 없습니다.

지구상의 종교는 정치와 분리되었고

복잡다단한 세상과 실무지식 그리고 논리와 이성이 필요한 작업들은

종교를 정치에서 분리시켰습니다.

종교인들은 대체로 무지하고, 신에 대한 과도한 망상을 현세에 불어넣는 세태가 있습니다.

(하나님의 왕국이라든지, …)

유교 같은 체계화된 정치사상이 아니라면 종교가 현세 정치로 나가서는 안 된다고 생각합니다.

그것은 미숙한 운전자에게 거대 선박의 운항을 맡기는 일로 매우 위험하고 공공의 피해가 크다고 생각합니다.

그래서 저는 종교의 정치화를 매우 부정적으로 보고 있습니다.

또한 절대성을 표방하지만 실상은 상대적이고 불완전한 종교신념이 정치화의 탈을 쓸 때 그 폐해가 무척 심합니다.(이슬람.)

옴, 그러나 집단적 신앙체계가 아니라 하더라도,

국가의 위정자가 하늘께 기도한다면 그것은 좋은 일일 겁니다.

국가의 누구라도 하늘께 기도한다면(집단을 위해서) 그것은 좋은 일입니다.

거창한 국가적 의례가 아니라 하더라도 국가의 위정자가 골방에서 하느님께 도움과 간청을 드리는 것은 정치에서 꼭 필요하다고 말씀드리는 바입니다.

또한 영적 ability를 빙자한 사이비들이 난무하는 만큼, 그것이 개인사에 있어서도 큰 피해라면, 국가적 중대사라면 그 피해가 얼마나 막심하겠습니까?

옴, 아무튼 무명의 사제를 굽어살피소서.

AD 2025 0516 이웅.

389. 옴.
천명사상.

우리는 지구에서 영존할 수 없다.

권력자들은 그들의 권력이 영속되길 원하지만(대체로)

무심한 세월은 다른 젊은 리더를 부상시킨다.

결국 종신직이든 임기직이든 영원할 수 없다면

권력적 행태보다는 더 상위 가치(이데아의 정의)에 주안을 두는 것이

더 현명할 것이다.

그것은 정의를 위한 헌신이자, 자기 자신을 위한 길이라고 본다.

AD 2025 0516 이웅.

390. 옴.
국가와 종교(홍익인간.)

각국은 고유의 신앙체계를 가지고 살아왔다.

나는 그 국가의 소속원이 꼭 그 국가의 신앙을 의무적으로 받들어야 한다고 생각하지 않는다.

가정도 마찬가지다.

고조선의 가르침은 선량하다.

홍익인간-널리 인간을 이롭게 하라. 좋은 계명인 듯하다.

과거는 일종의 환상과 상상 속에 우리에게 남아있다.

일종의 집단의 율례는 의무적 종교적 구속을 만들어낸다.

종교 또한 마찬가지이리라…

나는 자유를 추구하며, 각인은 각자의 길을 선택할 것이다.

꼭 조선이라고 단군을 숭배해야 할 이유는 없고

유대인이라고 야훼숭배를 해야 할 이유는 없다고 생각한다.

아인슈타인은 민족종교(유대교)에 비판적인 입장을 유지했다.

부모가 기독교인이라고 꼭 자식도 기독교인이 되어야 할 필요는 없다.

그것은 자유의지의 선택을 존중해야 한다는 정의의 종교법리라고 나는 생각한다.

AD 2025 0516 이웅.

391. 옴.
우리는 경쟁체제하에 있다. 우리가 벗어날 수 없는 경쟁의 그물은

소규모 인간집단부터 대규모 인간집단까지 퍼져있다.

종교 역시도 마찬가지이고, 특히 경합관계에 놓여서

이해타산적 행태와 맞물릴 때 경쟁은 심화된다.

많은 신도를 확보해야 하고,

모든 인류를 예수에게 복속시켜야 하고

하는 등의 종교세포들은 지구에 널리 퍼져있다.

그들은 스스로의 가치를 홍군으로 폄하시킨, 세포들이다.

나는 종교적 가치 속에서 소중함을 역설하고 싶다.

단지 제국주의적 종교 창설을 위해 만인을 끌어모으는 류의 행태를 혐오한다.

다수인이 결합되면 그만큼 비례적 강력한 에너지도 증가하지만

그런 종교의 리더들은 한 인간에 관심이 있는가?

단지 세포적 위치를 부여받은 신도들은 백혈구적 투쟁을 하는 망령속에 잡혀

스스로를 버리는 것이 아닌가?

한 세포가 죽어나가도 다른 세포가 대체하고, 세포 자체의 고유성과 개성은 무시된다면,

그런 제국주의 종교는 소중한 것을 소중하게 여기지 않은 계산적 정치에 불과할 것이다.

AD 2025 0516 이웅 씀.

392. 옴
우주의 법칙.

옴은 창조하고 유지시키고 종결을 짓는다.

그것은 우주의 창조주의 섭리이다.

시작이 있고 흥망성쇠와 함께 종결하고

그것은 다시 진화되어 태어난다.

국가적 이데올로기 역시 마찬가지이다.

영원을 꿈꾸는 어리석은 인간의 상상은

영원을 노래하고 진리라 설파하지만

하늘의 법도는 생과 삶 사멸을 예고하고 있다.

언젠가 끝없이 이어질 것 같았던 태양의 장렬한 폭발의 죽음 앞에서

우리 인류의 지구도 역사 속의 흔적으로 사라질 것이다.

울고 웃었던 이야기들도, 인간의 육체만큼이나 좁았던 생각과 마음들도

모두 사라질 것이다.

옴의 우주적 섭리는 창조 유지 파괴를 그리고 있다.

AD 2025 0516 이웅.

(주석: 브라만교에서 OM은 A-U-M이라고 전해진다.

A는 창조를 U는 유지를 M은 파괴(죽음)를 의미한다고 한다.)

이것은 거의 통용되는 우주의 법칙 같다.

새로 시작되고 유지되고 끝이 있고 또다시 시작되는 섭리 속에 우리가 있다.

우리 우주가…

AD 2025 0526 이웅.

393. 옴.
이스라엘의 야훼는 거대한 제국을 건립했다.

유럽에서 아랍을 점령하고

아프리카까지 손을 뻗혔다.

검은 알라의 깃발은 무색무취의 어둠으로 지구에 덮여있다.

이슬람의 영혼들은 신을 인용하지만

그들의 망상의 잔은 깨기 어렵다.

우리는 그렇기에 종교나 이데올로기 그리고 인간 간의 경쟁에 있어서도

사활을 거는 것이 아닌가 싶다.

패자는 잊혀진다.

쓸쓸한 무덤만큼 잊혀진다.

나는 종교적 투쟁에 있어서 승패는 병가지상사로

영원한 승자도 패자도 없다고 말하고 싶다.

아테나 찬가가 21c에 남아있다.

처녀서약을 한 여신에 대한 찬가는 슬프다.

신전은 보수되지 않은 채 유적이 되었다.

지혜의 여신의 창날은 외롭게 사제를 배회한다.

AD 2025 0516 이웅.(무명의 사제.)

394. 옴.
사후세계.

인류 최대의 미스테리아 사후세계는

우리의 어리석은 세계관같이 좁다.

천국 지옥 연옥 같은 3원설 따위는 기각된다.

영혼의 세계는 끝도 없이 넓으니, 그 방향성은 상상을 초월한다.

6도윤회설 또한 하나의 예시에 불과하다.

천국이 단 하나의 장소일 것이라거나

단 하나의 공간이라거나

지옥이 단 하나일 거라 하는 생각은 버리길 바란다.

적어도 지구보다 넓은 loka(세상)이 무수히 많은 만큼

영혼들은 각자의 길을 걸어간다.

AD 2025 0526 이웅.

395. 옴.
우리는 진리추구에 있어서 절대공식을 제시하려 합니다.

모든 인간은 죽는다와 같은 참된 명제는 일견 진실을 제공합니다.

예외 없는 법칙의…

그러나 무한의 우주 속에 이런 절대명제를 만드는 것은 바람직하지 않습니다…

명제는 실체를 가두고, 현실을 왜곡하는 측면이 있습니다.

396. 옴.
의식의 불멸성에 관하여(죽음의 역설)

의식 자체는 끊임없이 이어진다.

번뇌를 끊고자 하나 그것은 태양을 멈추려는 시도일 것이다.

의식은 영원성을 부여받았다.(예외도 없지 않을 것 같다.)

오히려 우리는 죽음과 소멸을 붙잡는 경향이 있는데

오히려 역설적으로 존재하는 것 자체를 없애는게 불가능에 가깝다.

누가 원소를 없앨 수 있단 말인가?

태우고 부수고 해도 그 입자는 계속 존재한다.

의식 역시 마찬가지이리라.

우리는 소멸을 믿어버리지만, 차가운 영혼이 빠져나간 시체 앞에서

오히려 역설적으로 존재하는 것을 없애는 것이 불가능에 가깝다.(죽음의 역설.)

AD 2025 0516 이웅.

397. 옴.
환생에 관해서.

앞서서 끊임없이 이어지는 의식이라는 실체는

계속 Loka(우주)를 바꿔가며, 동일선내 순환도 보이나

존속한다.

그것은 끝이 없는 환생의 업을 우리에게 제시한다.

우리의 상상 속에 천국으로의 승천이나

우리의 상상 속에 지옥의 끔찍한 고통이나

단순 이진법적 사후관만을 제시했다면, 만물은 대체적으로 끊임없이 순환하는 윤회의 연속성을 향유하고 있다.

우리는 양극단의 세계에 매몰되기보다는,

보다 포괄적 우주적 방향을 그려야 하리라.

내가 진단하건대, 대체로 환생한다.

AD 2025 0516 이윰(무명의 사제.)

398. 옴.
지구에서의 잔에 관하여.

당신이 내게 묻는다면

불멸의 영웅으로 기억될 것인가,

무명의 사제로 평안히 남을 것인가.

나는 후자를 택합니다.

399. 옴.
많은 종교인들이 추앙하는 사제들(이스라엘 경전에 기록된) 또한

야훼의 노예들입니다.

그들은 저급한 신앙으로 야훼란 우상을 옹립한

이스라엘의 세포들일 뿐입니다…

적어도 인간의 위대한 자유의지는 신성의 선제선의가 아닌 한, 노예에 속박될 수는 없다고 봅니다.

신이 먼저 은혜를 베풀지 않는 한, 굳이 그 신을 숭배할 이유가 없다는 것입니다.

옴이여

야훼신보다는 매일 비추는 태양이 우리의 생존에 필수적인거 아니겠습니까?

AD 2025 0516 이웅.

(적어도 우리가 살면서 어딘가에 속박되어야 하는 것이 현실이다.

그것은 비극이다.

그러나 우리는 적어도 정신적 노예는 되지 말아야 한다.

적어도 사상적 노예는 되지 말아야 한다.)

AD 2025 0526. 이웅.

400. 옴.
질투의 화신 찬가(야훼에게)

한 남자가 여자를 미친 듯이 사랑했다.

남자는 여자에게 정조대를 채우고 성관계를 막았다.

지나가던 행인은 이를 보고 부당히 여겼다.

그리고 정조대를 풀어준다.(이스라엘)

질투에 미친 남자는 행인을 미워했다.

적어도 질투에 미친 남자가 스스로의 사기극을 놓지 않는다면 정의는 질투를 정죄한다.

AD 2025 0516 이웅.

*옴.

이스라엘의 야훼만이 참된 신이고 다른 신들은 모두 우상이다. 이것은 인간의 망상입니다.

우주에는 야훼보다 강력하고 뛰어난 많은 존재들이 있을 것입니다.

우리는 우물 안 개구리 적 우주관에서 벗어나야 할 것입니다.

단 하나의 절대자만을 상정하고

지구만 덩그러니 놓고 천국 지옥을 설파한다면(신약성경)

그런 무식한 우주관은 불쌍한 우리의 지적 현실을 반영합니다.

AD2025 0526 이웅.

401. OM.
어제 아팠습니다.

그런데 옴이라는 성어가 크게 도움 안 됩니다…

어찌 된 일인지요? 실망입니다.

402. 옴.
죽고 싶다. 힘들다… 망할 윤회의 업인가 괴롭다

403. 옴
죽고 싶다… 너무 죽고 싶다. 괴롭다…

힘도 없고 죽을 것 같다…

나 좀 도와달라.

d ss sd tad dde. rrd dtgr Rw wd t de.

404. 옴.
지옥에 대해 더 부연하도록 하겠다.

그날 밤은 어둠으로 가득했다.

마치 온 우주가 어둠에 물든 듯했다.

새벽 3시였는데 그 어둠은 정말 끔찍했다.

단 하나의 빛도 없는 곳.

절망의 어둠이었다.

나는 어떻게 그곳에서 나왔는지 모르겠다.

(신이여 사제를 구원하소서.)

그만큼 지옥은 끔찍했다.

이웅 2025 0519.

405. 옴.
혼자.

혼자 살 때 아프면 큰일 납니다…

옴, 어제 끔찍했어요. 옴 부디 아프지 않게 해주세요. 걱정됩니다.

406. 옴.
나의 창조주여, 빛나는 지성이시여,

저를 어여삐 여겨 주소서.

당신의 신비한 창조로 인하여

끝이 없는 자연과 인간의 신비를 보니 영광중의 영광이나이다.

407. 옴.
나의 창조주여 저를 굽어살펴 주시고, 어여삐 여겨 주소서.

408. 옴.
코란을 읽었습니다. 코란보다 더 진보된 신학서적을 남기고 가고 싶습니다.

부족하지만 최선을 다해 쓰겠으니, 옴 창조주께서 어여삐 여겨 주소서.

항상 사제를 지키시고 보호하소서.

옴이여 사제가 원하는 것들을 이뤄주소서.

감사합니다.

AD 2025 0520.

409. 옴.
고구려에 그런 신화가 있었습니다.

동명성왕 주몽은 부여를 탈출하다가

강에 가로막힙니다.

고주몽은 기도하는데, 구사일생으로 강을 빠져나왔다고 합니다.

그 문서가 남아 후손을 울립니다.

애애고자심 천지기인기.

옴, 저도 많은 고초와 고난을 겪어야 했습니다.

위대한 옴이시여 고주몽 못지않게 저와 함께하여 주소서.

기도하고 기도하오니, 위험에서 벗어나게 하시고,

위협에서 자유롭게 하소서.

오 옴이시여 부디 들어주소서.

AD 2025 0520.

(옴

신화에 관하여.

신화는 상상력을 유발한다. 신은 분명 신화를 현실로 만들 전능함이 있다.

그러나 흔하지 않다.

고대의 영웅신화나 종교신화는 하나의 각색된 이야기로 듣는 것이 좋지

문자 그대로 믿으려 하거나 하는 것은 좋지 않다.)

AD2025 0526 이웅.

410. 옴.
천국은 사랑으로 이루어져 있다.

마치 지구상의 공기처럼

사랑이 천국에 퍼져있을 것이다.

그 아름다운 세상에 갔다 온 이들은

천국이 사랑이라고 이야기한다.(Eben Anita)

심지어 우주 전체가 사랑이라고 일원화하기도 한다.

411. 옴.
천국에 대하여.

그러나 사랑은 지구상의 영혼에게 직접적이지 않다.

우리는 지구에 살면서 천국을 상상하며 사랑이 가득한 곳이라고

생각하면 될 듯하다.

지구는 지구의 Rule이 있고 이곳에 천상의 사랑을 그대로 끌어들일 수는 없다.

그러나 그것만은 분명하다. 천국은 하느님을 사랑하고 영혼들이 사랑하는 곳이라는 것만큼은.

412. 음.
위의 장자의 구절에 관해.

장자는 사람으로서 하늘을 돕게 하지 않는다고 했는데

이는 맞는 말이다.

우리네 세상에 하늘의 일이라고 설파하며 많은 인민을 속이고 착취하고 이용하는 경우가 얼마나 비일비재한가?

우리는 백혈구처럼 살면 안 된다.

자유의지의 판단으로 살아야 한다.

하늘을 위한다는 미명하에 도구가 되지 말라.

그것은 존엄한 인간이 지구상의 삶의 여정에서 살아가야 하는 하나의 스스로의 선택이다.

AD2025 0526 이웅.

413. 음.
하늘을 위한다고 행했던 삶들이 사실은 누군가의 조작된 거짓이었을 때

그 지구상의 삶은 누가 보상할 것인가?

스스로를 한탄할 수밖에 없을 것이다.

읽는 자여 사고하라. 분별하라.

AD 2025 0526 이웅.

414. 옴.
하늘은 일대일 함수를 남녀관계로 설정하지 않으셨다.

많은 남녀가 만나고 헤어지는 만큼, 신이 설정한 함수는 일대일 대응은 아니다.

우리는 부정적 현상 또한 지구에서 목격한다.

(간통이라던지, 혼외정사라던지.)

우리는 지구에서 살며 남녀관계가 큰 비중을 차지한다는 것을 잊으면 안 된다.

하늘은 음과 양을 두어 성교하에 새 생명이 산출하도록 설정하셨다.

그것은 인간이 지속되기 위한 요건이고, 많은 의미를 부여해야 하는 일이다.

굳이 사제가 여자나 남자를 멀리할 것까진 없다고 본다.

그것은 종교적 통념이 만든 허상이리라.

하늘이 남녀의 사랑을 부여한 만큼 사제 또한 결혼하는 것이 좋다고 생각한다.

(옴

저도 생각이 바뀌는데 저는 독신으로 살다가 죽고 싶습니다. AD 2025 0526)

415. 옴.
이혼에 관하여.

예수는 엄격한 결혼관을 취했다.

간음사유 외에 이혼하지 말라고(신약경 참조)

나는 꽤 광범위하게 이혼을 생각한다.

꼭 부정행위만이 이혼사유는 아니기에

우리는 이혼법에 있어서 포괄적 조항을 두어야 한다고 생각한다.

성격 차이나 금전 문제 그 밖의 Etc 등이 이혼 사유일 것이다.

그래도 이혼은 하지 않는 게 좋다고 생각한다.

예수는 남녀는 하느님이 만나게 하셨다는데

나는 동의하지 않는다.

인간의 자유의지가 만나서 결합하는 게 혼인이라고 생각한다.

d rfs ws gssd asr gtda wrtse.

아무튼 남녀가 만나고 헤어지고 하는 것은 다반사이니만큼

종교적 율례로 이혼을 엄격히 금지하거나, 반대하는 것을 반대한다.

우리는 조금 더 융통성 있게 이혼을 봐야 할 것이다.

지구는 천국이 아니다.

AD 2025 0520 이웅.

416. 옴.
교주의 명령이 절대적이고 이것을 위반하면 종교적 위법이 되는 세태가 있습니다.

저는 자유의지를 가장 존중합니다. 스스로의 사고와 스스로의 판단을.

굳이 저의 의견에 국한될 것도 없습니다. 저 또한 저의 주관적 판단입니다.

AD 2025 0526 이웅.

417. 옴.
우리는 그런 사고를 해야 합니다. 신약성경에 예수가 이렇게 말했으니 이것은 진리다. 이런 장님의 왜곡된 판단법은 우리를 왜곡시킵니다.

절대진리로 둔갑한 교주의 명령은 절대진리가 아닙니다.

AD2025 0526 이웅.

418. 옴.
금욕에 관하여.

하늘은 내게 성욕을 부과했다.

나는 절제하기도 했고 표출하기도 했다.

무엇이 정답인지는 모르겠지만,

하느님은 내게 성욕을 주셨다는 것이다.

그렇기에 하느님이 성욕을 죄악시하는 경우는 없을 것이다.

신약경에서 예수는 성욕을 죄악시하는데 이는 잘못된 견해이다.(마태복음)

하느님은 인간의 성욕을 이해하고 계시며, 결코 정죄하지 않는다고 말하고 싶다.

419. 옴.
금식을 하는 단식을 하는 기도법이 지구상에 있습니다.

무언가를 비장하게 하려는 시도인데 이런 것은 추천하지 않습니다.

스스로를 하늘을 몰아붙일 것 없습니다.

여유롭게 인간의 길을 걸으며 기도해야 할 것입니다.

AD2025 0526 이웅.

420. 옴.
찬가.

인체의 구조를 보면 당신이 보입니다.

엄청난 공학으로 엄청난 지성으로

창조시킨 위대한 손길이 느껴집니다.

옴 찬송받으소서.

위대한 지성은 위대한 창조를 행하셨나니.

421. 옴.
구원은 그리 쉽지 않았다.

신에 관한 것도 그리 단순하지 않았다.(ex 사랑)

단지 교주(예수)를 믿는다고 주어지는 구원은 없었다.

신에 대한 망상(이슬람)도 사실이 아니었다.

신은 무한의 차원이고 인간이 이해하기 불가능하다.

또한 환생과 카르마 다르마는 인간의 직접 천국행을 막는다.

나는 선하게 살면서 신을 찾으라는 일반론적 명제밖에 구원의 공식으로 제시하지 못하겠다.

선량한 양심으로 지구에서 살며 하느님께 기도를 바치는 것.

그것이 구원의 길일 것이다.

AD 2025 0520. 무명의 사제.

(옴

생각이 조금 바뀌었습니다. 악인이라…

우리는 우리의 조악한 선악관으로 인간을 재단하지만,

인간은 선도 악도 아닙니다.

우리는 그렇게 극단적이지 않습니다.

우리가 실정법상 죄를 지어 세상에서 쫓기고 버림받아도

하늘을 향한 기도는 그 영혼을 도울 것입니다.

AD 2025 0526 이웅.

422. 옴.
종교비판.

옴 구약경은 우리를 원죄하에 두었다. 우리가 짓지 않은 행위를 우리에게 덮어 씌웠다. 그리고 마치 그것을 사면해 주는 교주의 사형극은 최악의 망령이다.

그는 그가 죽은 것이지 우리를 위해 죽은 것이 아니다.

(AD 2025 0526 이웅.)

423. 옴
신약성서에 관해.

신화에서 예수는 타인을 위해 죽는다. 이것은 분명 각색된 이야기이다.

그러나 신화를 현실로 만드는 인간의 정신이 있다.

남을 위해 희생하는 sacrifice의 정신이.

AD 2025 0526 이웅.

우리는 기독교를 해석함에 있어서 진실로 믿으려 한다기보다는 하나의 종교적 신화로 상징으로 기억해야 할 것이다.

AD2025 0526

424. 옴…
세 개의 목숨

왜 당신을 믿지 못하는가…

그것은 당신이 과거의 비보호를 했기 때문이다.

당신의 방치로 나는 세 번 죽었다.

옴 이제부터라도 잘하시기를 바란다.

(옴

신약경의 가르침.

옴 신약경에서 예수는 귀한 가르침을 주었다. 그는 유대의 사제들을 외식(위선자)이라고 비판했다.

사람에게 의롭게 보이려 하나 실제로 하늘에게 불의한 것을 지적했다.

읽는 자여 사고하라.

AD2025 0526 이웅.

425. 옴
그날이 올 때까지만 신성한 사제를 하늘에서 지키소서.

426. 옴.
거짓…

우리는 표현 그대로를 믿어서는 안 된다. 거짓을 쓰는 영혼이 얼마나 많은 세상인가…

한번 속은 영혼은 불신하며 마음을 닫는다.

그러나 우리가 우리의 말을 모두 지킬 수는 없다. 그것은 우리의 한계이다.

약속이나 맹세 같은 것들이 그러하다.

생각이란 변하는 것 아니겠는가?

어찌 미생이 되라 하는가.

AD 2025 0526. 이웅.

427. 옴.
악의 미학.

신은 악마의 거짓말을 분명 허용했다. 신이 도덕원칙 속에 군자의 상만을 우리에게 제시하시지는 않을 것이다.

나는 그렇게 생각한다.

종교를 믿기에 의로워야 하고 신을 섬기기에 깨끗해야 하고 이것은 우리의 망상이다.

옴은 전부이다.

AD2025 0526 이웅.

428. 옴
창조주는 그의 재량으로 인간을 창조하셨다.

그러나 그는 악적 요소를 인간계에 두셨고

인간의 존엄성에 위배되는 범죄적 행태들의 피해를 감수해야 했다.

창조주는 그의 피조물이자 사제를 책임질 의무가 있으며(그의 창조행위로 말미암아.)

반인륜적 행태에 대한 직접적 보상책무를 부담한다.

이웅 올림 AD 2025 0523.

429. 옴
괴이한 악법이 제정되어 무사의 고충이 많습니다…

우공이산의… 수련밖에 답이 거의 없습니다.

…

옴이여 노력 없이 결과를 원하는 것은 아니오나

제게 기연이 필요함은… 역설하는 바입니다.

종교가 모든 초월적 힘들을 부정하고

물질계에 국한되어 법칙에 잡혀서

자신의 물리적 범위만을 가져야 한다면

그것은 종교가 아닌… 물리학이 아닐까요?.

430. 옴
정치.

현세에서 정치의 꿈은 이룰 수 없나 보다.

그것이 원래 나의 본질이었다.

인민을 위하고 국가를 발전시키고, 보다 아름다운 세상

더불어 사는 삶을 만들고 싶었다.

그리고 문제들을 해결하고 기도하고 싶었다.

…그러나 이룰 수 없는 꿈이라면….

나의 검에 혼을 담아 무인의 길을 걸을 뿐이다.

431. 옴.
유유상종.

인간 내부에서도 비슷한 군집이 있다.

이들은 서로 무리를 이뤄 집단생활을 향유한다.

그리고 계급이 되기도 한다.

432. 옴.
보여주고 싶은 것도 있고 감추고 싶은 것도 있다.

재미없는 신학서적보다는 보다 솔직하고 싶다.

그러나 보여주기 싫은 것도 있다.

433. 옴
우리 우주 패권론.

옴은 각 종을 내셨다.

인류 또한 그중 하나.

각 종은 고유의 특성이 있다.

종 내부에서도 나뉜다.

그리고 각 종들 간의 교집합도 분명 존재할 것이다.

옴은 3차원에 상 하 좌우를 두셨다.

위가 있고 아래가 있게 하셨다.

우리 인류보다 위의 존재들이 있다.

그들이 우리를 암묵적으로 관리하고 있다.

434. OM 내 안의 악마에 관하여.
옴은 필요 없는 것은 없게 하셨다.(창조섭리)

내 안에 악마를 주심에 감사한다.

435. 옴.
퇴마에 대해…

종교에 의식이 남아있다. 나는 악마가 오는 것을 축복이라고 생각한다.

굳이 우리의 망상 속에 마 아닌 것을 퇴마하면 되겠는가?(기독교에 반악마적 색채가 있다. 이슬람에도… 유대에도… 필요 없는 것은 없다.

신화에서 예수님에게 나타나는데 중요하지 않은 인간에게 악마가 나타나겠는가?

AD 2025 0526 이웅.

436. 옴-선악과 강함에 대해
꼭 악하다고 무력이 뛰어난 건 아니다.

…

그런데 양민은 약하다… 무력이 없다.

437. 옴.
책은 재밌어야 한다고 생각합니다…

재미없는 종교경전을 암송하는 세태는 이제 벗어나서

다차원적 상상과 신앙 그리고 믿음들의 서적이 나타나야 할 것 같습니다.

그것은 신화(신과 연계된 우리의 상상)일 수 있습니다.

꼭 고대의 신화만이 유효한 것은 아닙니다.

현대의 미래의 신화도 충분합니다.

AD2025 0526 이웅.

438. 옴
외계인.

옴 이제 우리 인류는 외계의 존재에 대해 눈을 뜨고 있습니다. 우리는 육안으로 UFO(외계 craft를 확인했습니다.)

그들은 인간보다 진보된 기술체계를 가지고 태양계 바깥에서 오고 있습니다.

그들과의 교류는 친선이 될지 전쟁이 될지 모르겠습니다.

저는 전쟁으로 예측합니다.

AD2025 0526 이웅.

439. 옴.
공자의 지천명.

정말 알기 어려운 게 하늘의 뜻이리라. 그러나 각자의 사명 속에 지구상을 여행한다면 좋은 일이리라.

정확한 하늘의 뜻이 아니라도 우리가 하늘과 연계한 우리의 자유의지는 지천명이리라.

AD 2025 0526 이웅.

440. 옴.
우리는 이념이 아닌 규범이 아닌 인간을 봐야 한다.

AD 2025 0526 이웅.

441. 옴
생각의 진화.

10의 시점에서는 A라는 생각이

12 시점에서는 B가 됩니다.

A가 진리가 되어 계속 가는 것은 진보를 포기한 영혼입니다.

AD 2025 0526.

442. 옴.
각자무치.

뿔이 있는 존재는 이가 없다.

한 존재가 다 가질 수 없다는 것이다.

하늘은 각 존재에게 그 존재만의 특수성을 부여했다.

이것은 모든 존재에게 해당된다.

세상에 같은 영혼은 단 하나도 없다.

우리는 하늘을 향하며, 하늘이 우리에게 준 특성들을(선물들을)

잘 발현해야 할 것이다.

AD2025 0526 이웅.

443. 옴.
영체와의 만남.

저는 하늘 앞에 솔직한 영혼의 체험기를 남깁니다.

몇 년 전에 저에게 기도하고 있는데 영혼들이 찾아왔습니다.

그들은 주기도문을 외웠습니다.

예수의 거룩한 기도의 주기도문이 아니었습니다.

무언가 타락해 버린 기독교영혼은 주기도문을 주문처럼 외웠습니다.

그리고 떠나갔습니다.

그날 저는 지옥을 보았습니다.

기독교가 지옥과 관련이 있는 종교는 맞습니다.

AD 2025 0526 이웅.

444. 옴.
기독교는 아주 저급한 이분법을 썼다.

예수 세력과 사탄 세력을 나누어서

예수 편 아니면 사탄이라는 아주 못된 이분법을 제시했다.

예수 추종자라고 정의가 아니며…

AD 2025 0527 이웅 올림.

445. OM-Maat

OM.

마아트(정의의 여신)는 필요하다.

지구상의 삶이 어떤 선택을 했든

한 Heaven에 들어가는 것은 있어서도 안 될 부정의이자 부도덕이다.

그것은 인간의 80년 삶을 부정해 버린 사후의 결말이다.

옴 그런 부정의를 어떻게 견딜 수 있겠는가…

…

옴

아니타 무르자니의 참담한 다르마 모욕에 대해 나는 창조주께 호소하고 싶다.

굳이 예를 든다면 푸틴이 죽어서 천국에 가고 여기서 젊은 나이에 죽은 우크라이나 해병대도

한 site에 들어가 영생을 누리는가?

그것도 모자라 상호 사랑의 일원체에 들어가는가?

그것은 인간의 감정과 인격에 대한 엄청난 모독이었다.

AD 2025 0527 이웅.

(MAAT 고대 이집트인이 숭배한 정의의 여신이여

당신께서 존재하신다면 당신의 넓은 날개를 펴소서.

정의로 사제를 덮으소서.

MAAT 위대한 여신이여 심판을 행하소서.

공정한 심판을!!!)

AD 2025 이웅

446. OM-YAMA
TO OM.

YAMA

인류의 고대의 위대한 경전의 정의의 신성의 이름으로

YAMA여 그대가 인간의 영혼을 공정히 심판할 것을 기대한다.

AD 2025 0527. 이웅.

YAMA여 지옥의 불꽃은 타오른다. 인간이자 인간임을 잊은 자들을 위하여

소중한 것을 짓밟고 빼앗아 버린 그들을 위하여 지옥의 불꽃은 불탄다.

AD 2025 이웅.

447. OM-hell
옴

지옥은 실존한다.

그것은 무지 무례 무정한 인간들이 가는 곳이다.

정의는 살아있었고

법은 정당했다.

영혼의 저울추는 정의였다.

나는 마음을 놓는다.

AD 2025 0527. 이웅.

448. OM-유토피아에 대해.
옴

인간 세상에 완전무결한 유토피아는 영원히 불가능하다. 인간이 없어질 때까지.

449. OM
옴

의식영역 물리학 실치영역 물리학.

우리의 육안으로 보이는 세상이 있다.

같은 공간 같은 시간 안에 엄청나게 복잡한 물질세계가 있다.

그 복잡함은 육안으로 본다면 놀랄 것이다.

심오한 수리원리들과 물질들이 맞물려 가는 세상.

그것이 창조이다.

AD 2025 0527 이웅.

450. OM-일남일녀결합주의
옴.

하늘은 1남 1녀 결합주의를 취했다.

우리가 결혼을 하고, 자녀를 양육하고…

하는 시스템은 일남일녀가 가장 적합하다.

여러 남녀가 모여서 집단교류 후 다수 관계 속의 집합적 생활은

인간에게 거부감을… 그리고 존속의 일생결속성을 보장하지 못한다.

그렇기에 하늘의 법도 자연법은 일남일녀 결합을 예정하신 것이다.

그렇기에 혼인과 가족생활은 보존될 것이고 보호되어야 하며 지속될 것이다.

AD 2025 0527 이웅.

451. OM-요한복음.
옴

요한복음.

신에 대해 다루고 있습니다.

이 정도 수준은 fiction으로 충분히 쓸 수 있는 책입니다.

452. OM-인간.
사랑을 잡으려 하나 헛된 무지개를 잡는 것 같네.

아무것도 없는 육체의 나신은 하늘만 바라볼 뿐.

무지개는 허상처럼 사라져가고

늙음과 가난 속에 나는 하느님께 예배하리라.

오직 그만이 나의 구원이시오. 오직 그만이 나를 사랑하시나니.

AD 2025 이웅

453. OM-검신의 바람.
옴

검신의 바람을 완작했다.

그 내용은 종교문서였고 종교전쟁을 다룬 책이다.

나는 베다의 신들 불교의 신을 넣어서 이스라엘을 탄핵했다.

그리고 이상한 일이 일어났다.

누군가가 내게 욕설을 하기 시작했다.

그 욕설은 내가 아니었다.

나는 격분했다.

그리고 싸우려 했다.

그러자 그 목소리는 내게 말했다.

"네가 여기 어떻게 와?"

분명이 영적인 현상이었고 나는 영체의 공격하에 놓였던 것이다.

영혼과 소통할 수 있는 존재를 네크로멘서, medium이라고 한다.

일반인 중에서도 영적 현상을 체험하는 사람들이 종종 있다.(단지 학자의 해석이 없기에 무지의 시대이기에

그들은 모를 뿐이다.)

아무튼 검신의 바람 원문은 지워졌다.

나는 원문을 모두 지웠다.

(누군가가 내게 지워달라고 사정했다…)

너무나 아까운 일이다.

그러나 하늘은 그리고 신들은 기억할 것이다.

내가 쓴 원문을.

나는 하늘이 내가 쓴 것들을 이뤄주기를 원하지는 않을망정

그곳에 그렸던 para(초능력) 등등을 내게 주길 바란다.

AD 2025 0527 이웅.

454. OM
옴

베다의 한글어판을 읽어봤습니다.

베다 전부를 번역하지 못했습니다.

그러나 인드라에 관한 구절은 엄청나게 powerful한 존재를 우리에게 제시하고 있습니다.

또한 신경외과 의사 이븐 알렉산더가 21c에 초현실 천국체험에서 들었다는 신의 성호 OM은

베다(브라만교)에서도 창조주를 지칭하는 성호였습니다.

(지금 불교에서도 옴의 흔적이 남아있습니다.-그들의 주문으로.)

베다는 진품일 확률이 무척 높습니다.

인간이 쓴 것은 확실하지만 적어도 오래전 고대의 사제들이 초월적 존재들을 섬기고 그들에 대해

기록한 문서임은 확실합니다.

AD 2025 0527 이웅.

455. OM-신들의 전쟁.
옴.

구약경에서 야훼는 무적으로 그려진다.

일종의 이스라엘 세계관인데 그는 아무튼 그 경 안에서는 무적이다.

야훼는 창조주는 아니다.

에스겔서에서는 야훼의 형상이 노출되는데 상당히 신비하나

창조주는 인간의 형상이 아니다. 창조주는 무한이다. 우리의 우주보다 넓다.

아무튼 야훼는 상당히 파워풀하다.

에스겔이 영혼의 만남을 기록했다면 야훼는 외계의 존재이다.

인간의 형상의…

인드라도 상당히 강력한데, 싸우면 누가 이길까?

AD 2025 0527 이웅.

456. OM-신화.
옴

무명의 사제가 싫어하는 것은 유일신 사상을 내세운 종교제국주의다.

이스라엘은 분명 정의가 허용하는 범위를 넘는 종교를 제시했다.

어찌 되었든 창조주는 우리에게 자신만을 섬길 것을 강요하지 않는다. 야훼처럼.

그것은 진실이다.

적어도 이스라엘의 종교는 신에 대한 전수에 있어서 '거짓'을 인간에게 제시한 만행을 저질렀다.

그리고 그렇게 교육받은 유대 이슬람 기독교인들이 신학체계를 오염시켰고 신을 왜곡했다.

그래서 이스라엘의 전통을 이은 모든 종교는 '진실의 종교'의 측면에서 거짓으로 분류된다.

그리고 탄핵된다.

우리가 가야 할 길은 유대 기독경의 신화화이다.

그리스 종교의 서적들이 신화화된 이야기로 우리에게 남아있다.

유대 기독경 역시도 역사의 '신화' 즉 신과 연계시켜서 '지어낸' 이야기로 우리에게 남아있어야지.

그것의 진위를 놓고 논쟁하거나 그 지어낸 문서를 '사실'이라고 믿으라고 강요해서는 안 될 일이다.

AD 2025 0527 무명의 사제.

457. OM
천국을 다녀온 이는 사랑을 이야기했다. 그러나 하계에 사랑이 어디 있으랴…

소수집단의 그들만의 연대가 아니겠는가.

외로운 나신의 사제는 오늘도 하늘께 기도한다.

하늘이여 나를 지키소서.

하늘이여 나와 함께하소서.

보이지 않는 무소부재하신 창조주여 부디 당신의 사제와 함께하소서.

AD 2025 이웅

458. 옴-시간의 상대성
옴

시간의 상대성에 관하여.

우리의 시간은 직선적 분포로 이어져 있습니다.

그러나 영적 시간에서는 우리의 시간과 같지 않습니다.

영혼의 차원에서는 우리의 1000년이 1초일 수 있습니다.

영적 세계가 우리와 같이 시간적 직선행태에서 같이 가고 있지 않다는 것입니다.

하느님 감사합니다.

AD 2025 0527 이웅.

459. OM-미래에 관하여

옴.

미래는 이미 현재진행형이다.

저는 2025년에 살아서 미래를 알 수 없습니다.

그러나 미래는 이미 지금도 같이 일어나고 있습니다.

그것이 전 인류의 시간을 관통하는 신적 관점이었습니다.

즉 지금 시점 AD 2025년에 저는 살고 있지만, 미래도 진행되고 있고 그들은 살아있다는 것입니다.

AD 2025 0528 이웅.

460. OM-인류에게 내린 선물.

옴(창조주여)

우리 인간이 유대 기독경 코란 그리고 불경만을 보았다면, 이 작은 인간이 남기는 글이 인류에게 남아 위대한 플라톤이나 몽테스키외 뉴턴처럼 오래도록 기억되기를 바랍니다.

옴 과학에 뉴턴이 있었다면 종교에 이웅이 있었다고 기억하게 하소서.

자녀를 남기지 않고 떠나지만 오직 하늘을 향하고 하늘을 찾았던 젊은 지성이 남아 남기는 글이 신의 성스러운 손길과 함께 보전되게 하소서.

옴 텔라. 옴. 전능한 분이여!!

461. OM-부탁

옴.

전능하신 창조주께 하나의 부탁을 드립니다.

저는 지구에 다시 오고 싶지 않습니다.

이번 삶의 죽음 시점과 동시에 올라가고 싶습니다.

이 부탁을 들어주십시오. 저는 다시는 지구에 살고 싶지 않습니다.

제가 지구에 원래 살았는지는 모르겠습니다.

그러나 이제는 지구의 삶을 끝내고 올라가고 싶습니다.

들어주실 거라 믿습니다.

AD 2025 0528 이웅.

462. OM-신을 향한 무명의 사랑.
옴

이 글의 목적은 신을 향한 나의 작은 사랑입니다. 우리 푸른 행성에도 신의 빛이 비친다는 것을. 당신께서 우리 인간을 진화된 원숭이로 버려두지 않았다는 것을 알게 하소서.

무명의 사제의 작은 헌신은 전 인류의 신을 향한 작은 발걸음이나이다.

옴 텔라.

AD2025 0611 이웅.

463. OM-미래전쟁론
옴

인류는 점점 진보하고 있습니다.

인류는 외계문명과 맞닥뜨려야 할 숙명을 과제로 안고 있습니다.

미래는 외계와의 경쟁(전쟁)입니다.

인간은 위대한 자유의지의 후손입니다.

그들은 주체적 판단으로 그들의 역량을 극대화할 것입니다.(해야 합니다.)

위대한 전사들은 신이 지구에도 계신다는 것을 알게 될 것입니다.(OMnipresent)

AD 2025 0528 이웅 남김.

464. 옴-안녕 여자.
옴

신과의 격차가 너무 납니다.

인간과의 동행이 필수적인 부분입니다…

옴 여자들 다 놓습니다.

다들 좋은 짝 찾아서 행복하기를.

골방에서 기도하면서 죽을 수 있다면 영광이나니.

465. OM-자연상태
옴

자연.

인간 생태계하에 살고 있다.

인간 만사도 자연의 섭리 속에 있다.

모든 것이 자연스럽다.

누군가 누굴 죽였다는 이야기들도.

다사다난한 인생들도.

마치 우리는 상위관점에서 개미와 같이 산다.

인간 군상 하나가 개미 같기도 하다.

이런 조그마한 세상에 나는 인간으로 있다.

희망은 없다.

답답하다.

옴, 하늘은 내게 무엇을 원하는가. 나는 개미가 된 것 같다.

위대한 창조주 앞에 자연은 작은 개미소굴이었다.(지구도…)

답답하다.

나는 개미가 된 듯하다.

인간 세상에 의미가 거의 없어 보인다.

여자를 좋아했는데 그마저도 무너진다.

답답하다. 미물의 숙명은 겉돌 뿐이다.

나는 하늘 아래 미물이었다.

이 세상에 어떤 의미도 목적도 없는 듯하다.

그저 개미 정도의 수준이 모여 사는 지구..

466. OM-인간.
옴

신에게 다가갈수록

인간계가 작아지고 위축되어 보인다.

아주 작은 인간들의 단순사고 내에서 모여 살고 있다.

이건 내게 비극이다.

내가 이곳에 소속되어 있다는 것이 비극이다.

인간은 하나의 작은 계열의 존재들이다.

옴(창조주시여) 어찌… 이런…

나는… 인간…

467. OM-착각

옴

나는 신 존재증명을 끝냈다.

신이 인간을 아끼고 사랑한다는 망상…

그것은 완벽한 망상이었다.

신은 그의 은혜를 베풀 뿐 진정 인간과 동등하거나 하나가 될 수 없다.

인간은, 인간일 뿐이다. 신이 창조한 작은 종.

그리고 인간의 수준이 보인다.

우리의 지적 작용의 수용 한계치가…

나 역시 그곳에서 못 벗어나리라.

옴(신이여) 괴롭다. 나의 존재가 그리고 우리의 의미가.

468. OM-여자

옴

목적점이 여자였는데

그것이 그나마 희망 같은 일이었는데

그 희망마저 부서진다.

성욕을 채우고 사랑이라는 망상 속에 교제하며

계속 신이 설정한 인류존속법칙을 따라가야 하는 게

인간계의 삶이었다.

그것은 인간으로 창조된 존재에게 벗어날 수 없는 율례였다.

옴 신이여 나는 울며 기도한다. 깨어나지 않게 해달라고.

469. OM-호소문
OM.

위대하시고 전능하신 창조주시여.

이 사제는 참담한 마음을 가눌 바 없어서 하느님께 호소합니다.

앞길이 보이지 않고

과거의 사람들의 만행으로 막혀버린 길은

아쉬움과 괴로움 속에 남아 있나이다.

경제적 자립도 되지 않은 채로, 누구도 없이 홀로 버티고 있나이다.

오 옴이여

나의 옴이여

부디 사제를 보호하소서.

부디 사제를 이끄소서.

옴 나의 옴이여 괴로움에 호소하오니 부디 기도를 들어주소서.

옴이여 옴이여 죽지 못해 살아있고

답답함에 목놓아 호소합니다.

오 옴이여 부디 실질적 인도로 나의 삶을 이끄소서.

옴이여 제가 100년을 살겠나이까

1000년을 살겠나이까

오 옴이여 부디 무한의 은혜로 당신의 사제를 속량하소서.

오 옴이여 부디 기도를 들어주소서.

지구에서 행복을 누리게 하소서. 오 옴이여 나의 옴이여.

470. OM-읍소함
옴

옴을 향해 비옵고 또 비옵나이다.

그저 신밖에 모르는 이 사제에게

부디 신의 은총을 베풀어주소서.

경제적 자립이 안 된 채로

이 세상을 허비하는 이 어여쁜 사제에게

부디 신의 선물을 내려주소서.

오 옴이여 외롭고 슬픕니다.

옴이여 당신을 향한 기도의 끈은 놓지 않습니다.

옴 당신만이 나의 태양이시요, 당신만이 나의 구원자이시나이다.

오 옴이여 창조주시여 간절히 간절히 당신의 이름을 부르나이다.

부디 구원의 사다리를 내려주소서.

오 옴이여 당신을 향한 발원은 멈출 줄 모르나니 부디 유의미한 응답으로 사제의 욕구를 채우소서.

오 옴이여 기도합니다. 기도합니다. 빌고 또 비나이다.

471. OM-차가운 바람.
옴

나의 기도는 차가운 바람이다. 바람처럼 당신에게 흘러간다.

나의 사명(유대 기독 이슬람의 어둠을 걷기 전)을 이루기 전까지 죽을 수 없다.

오 옴 텔라.

수십억의 영혼이 거짓에 목매어 죽어가는 이 푸른 행성에 진실된 종교와 진실된 창조주를 향한 발원을 그으소서.

옴 텔라.

오 옴이여 부디 인류에게 진실의 빛을.

472. OM-자유의 종교.

어떤 율법도 구속도 없다. 어떤 정답도 없다. 나신 안에 갇힌 영혼이 하늘을 예배한다면 그가 누구라도 괜찮다.

나의 종교는 자유의 종교이다.

집단 없는 한 영혼의 신에 대한 진실된 울림이다.

AD 2025 0611 무명의 사제.

473. OM-antijesus

옴.

경전의 예수를 신으로 모실 수 없습니다.

무한의 창조주여 부디 다른 길을 제게 주소서.

제가 그 유대인에게 기도하지 않도록

그 유대인의 관할하에 들지 않도록

무한의 창조주여 부디 저에게 인도하소서.

474. OM-세포.

옴.

민주당원을 봤습니다. 길에서 푸른 옷 입고 다니는…

기독교인도 있었습니다.

제가 연민을 느낄 만큼 여유롭지는 않습니다.

옴

적어도 저는 세포는 되고 싶지 않습니다.

…

옴

예수 증언이 이어지고 저도 흔들릴 수도 있습니다.

그러나 저는 제 길을 가겠습니다.

그 요상한 교주의 부하로 전락하지 않겠습니다.

천국도 지옥도 아닌 제3의 길을 찾아낸다면 좋을 테죠.

475. OM-diablo
옴

디아블로가 내게 나타났다.

그것은 우리의 언어로 빙의라는 것이 적절한 설명일 것이다.

나의 자아가 아닌 완벽한 타아가 내게 나타났다.

디아블로는 거짓말을 하며 나를 죽이려 했다.

나는 디아블로에게 선대했으나 그는 나를 죽이려 했다.

기도를 했다.

발작이 시작되었다.

간질 발작 같은 엄청난 발작이었다.

나는 정신을 잃지는 않았다.

현대의학으로는 설명할 수 없는 영적 현상이 계속되었다.

디아블로 빙의는 풀렸다.

다시는 나타나지 않는다.

우리는 이 사례에서 한 가지 진실된 명제를 가져갈 수 있다.

영혼(spirit)은 실존한다는 것을.

디아블로는 환생을 바랐다.

그러나 지옥에 끌려간 듯싶다(추론).

AD 2025 0530 이웅.

476. OM-검신.
옴

한국에서 권력자들을 봅니다.

많은 사람들에게 주목받는 그들을.

그러나 저는 한 명의 무사가 되고 싶습니다.

바람처럼 자유로운 무사가.

그리고 누구도 따를 수 없는 검신이.

(d awg drd sr agd ge sr rd ef ctgd wfqdf gr gef qxde. dwr dfdwrf ase. rgwa ss dggwwe afe. d sdr trd ef etd ag dtd rd df t dsq ss ddr rege qe s a sr wz t dr gefr.)

477. OM-신의 사랑이라는 망상.

옴

적어도 지구의 현실은

신의 모성애적 양육사랑과 배치된다.

북한 고난의 행군 때 많은 이들이 아사했다.

신이 돈을 주거나 음식을 주는 경우는 없다.

질병도 매한가지.(예외가 있긴 했다. 아니타 무르자니, 이븐 알렉산더.)

금수도 매한가지이다.

굶어 죽은 곰을 봤다.

차에 치여 죽은 들짐승을 봤다.

우리는 오해하고 있다.

신은 모성애적 양육사랑을 하지 않는다.

그것은 지구의 현실이 증언하고 있다.

AD 2025 0531 이웅.

478. OM-주술과 데쓰노트.

옴

일본만화 데쓰노트에서는 한 대학생이 사신을 만난다.

사신은 신비한 노트를 주는데 이름이 적히면 죽는 노트였다.

이런 발상은 아주 참신하며, 종교에서도 차용할 필요가 있다.

사신(죽음을 관장하는 신)이나 데쓰노트는 주술과 관련되어 있다.

신적 존재의 힘을 빌려서 무언가를 이루는 모든 행위를 주술이라고 포섭할 수 있다.

(기도는 신에 대한 의사표시라서 주술과 조금 다르다.)

저주 축복으로 우리는 대별할 수 있는데

신적 존재(영체)의 힘을 빌려서 특수적 힘을 발휘하려는 시도는 중요하다.

우리는 상상력을 제한해서는 안 되고, 더 많은 연구와 노력이 필요하다.

AD 2025 0531 이웅.

479. OM-예언과 거짓. 예언의 인위적 성취에 관하여.
옴

구약성서의 예언이 기억납니다.

이사야서의 취지는 이스라엘을 모은다는 기록이었습니다.

역사적으로

유대-로마전쟁으로 유대인의 성전은 파괴되고

그들은 흩어집니다.(디아스포라.)

그리고 나치의 유대인 대학살 이후

그들은 다시 성지라 불리는 가나안 땅에 모입니다.

시오니즘이라고 하죠.

이스라엘의 신이 이뤘는지 아니면 유대민족의 의지가 이뤘는지는 불분명하지만

유대인들이 나라가 망했다가 20c 즈음에 새로 건국된 것은 사실입니다.

2025년 기준으로 이스라엘은 중동의 군사강국입니다.

우리는 예언에 있어서 두 가지 해석을 해야 합니다.

1. 정확성 판별-예언이 정확히 이루어졌는지 여부를 검토해야 합니다.

2. 정확성이 판별되면, 신성문서로 보아도 될 것 같습니다.

지금도 지구에서는 많은 예언자들이 흉내내고 있고

저 상위의 차원에서는 우리의 미래가 보일 것입니다.

그것은 창조주 이외의 다른 존재의 시각도 포섭합니다.

즉 창조주 외에 우리의 미래를 아는 영체들이 있다는 것입니다.(AXIOM)

우리의 자유의지가 읽힌다는 점에서 유쾌한 진술은 분명 아닙니다.(인간의 길은 인간이 가는 것.)

아무튼 우리는 인간의 미래에 있어서 종교적 발전을 이룩해야 하는 것입니다.

예언이 나타나면 정확도를 판별하고, 정확도가 없는 예언은 퇴출됩니다.

예언이 이뤄진다면 종교적 발현으로서의 가치를 부여받습니다.

많은 사이비들이 판치는 지구에서 우리는 이성적 척도와 영적 척도를 모두 써야 할 것입니다.

AD 2025 0531 이웅.

(사견으로 구약성서의 예언은 난잡하고 그 대상도 유대인에게 국한되어 쓸만한 책이 아닙니다.)

무명의 사제가 제시하는 것은 하나의 종교적 사료로서의 구약성서입니다.

구약성서는 유대인에게 국한된 그들의 종교입니다. 민족종교죠.

특히 다니엘서의 고대미신은 신화로 남아야 할 듯합니다.

제가 제시하는 것은 유대 기독경의 신화화입니다.

뭐 전쟁과 변란은 항상 일어나기에 예수의 예언이 맞는 듯 느껴지지만,

예수는 지구의 알 수 없는 끝을 저주로 제시한 사이비 예언가입니다.(이웅)

480. OM-천국과 신의 현현에 관하여.
옴

이븐 알렉산더는 천국을 체험했다.

그는 진솔했다. 자신의 가족사까지 밝히며

진실을 이야기했다.

그의 문서가 완벽하지는 않으나

(진화론이니 기독교이니 하는 초보적 상태에 답보해 있으나)

우리는 천국이 실존한다는 엄청나게 귀한 자료를 확보했다.

천국에서는 신이 직접 현현했다.

아마 그들의 예배인 것 같다.

아름다운 여인 빛나는 구체들 환상적인 세상.

그것은 그가 보았던 천국이었다.

천국을 보고 온 이도 있고 지옥을 보고 온 이도 있다.

그들은 어찌되었든 종교와 신에 대해 눈을 뜨고

그것을 전한다.

종교사기꾼도 많다.

우리는 모든 인간이 천국에 간다거나

모든 인간이 심판을 받는다거나 하는 망상을 내려놓을 필요가 있다.

저자 역시도 사후세상을 추적하고 있으나 그 확연한 실체파악이 불가능하다. 지금 단계에서는.

나는 상하횡 이론을 만들었고 초기 신학서적인 존재의 필연에 남겼으니 참고하라.(AD 2025 0531 이웅.)

481. OM-신과 거짓말.
옴

우리네 저급한 영혼 중에는 신이 인간인 줄 아는 사람들이 있습니다.

사람들이 거짓에 속으니

신도 속을 것이라는 망상이죠.

전지한 신에게는 모든 것이 보입니다. 진실도 거짓도.

우리가 알 수 없는 의식도.

그것은 절대명제입니다.

AD 2025 0531.

482. OM-종교와 은혜.
옴

염량세태는 귀하면 몰려들고 천하면 버린다.

그것이 인간의 습성 같다.

종교에 있어서도 마찬가지다.

자신에게 이득이 되는 귀한 것이라면 구름처럼 몰린다.

이득이 안 되면 버린다.

이런 저급한 인간이라는 동물은 진리를 찾지 못할 것이다.

그들의 영혼은 배회하리라.(환생 속에)

우리네 군상들이 아무 실력 없는 사제들에게 가서

그들의 축복(립서비스)을 받으며 안위하는 현실 속에서

나는 키에르 케고르의 단어를 빌려 말한다.

신 앞의 단독자가 되어라.

그대의 신앙을 그대가 신에게 가지고 가라.

사제의 설교가 아닌.

AD 2025 0531 이웅.

483. OM-집단.
옴

무명의 사제는 분명히 말한다.

나는 집단을 싫어한다.

어중이떠중이도 싫어한다.

나의 신학하에 모이는 일은 있어서도 안 되고 나는 거부한다.

AD 2025 0531

D WTD WGS RD TD GG GSD CWDFA RRD QEQRF.

484. OM-지구를 위하여.
옴

지구를 위하여.

옴(하느님)

모세 예수 마호메트 조로아스터 부처에게 위임한 채로

떠나기에는 그들의 하자와 모순이 너무 중하기에

저는 미력하나마 붓을 잡습니다.

굳이 대의명분은 지구를 위한 길입니다.

그 보상은 죽은 후에 받고 싶습니다.

섭섭지 아니하시리.

나는 믿습니다. 창조주의 공정함을 신의 정의를.

AD 2025 0531 이웅.

옴

고귀한 사비타는 그대를 자극하나니 범할 수 없는 이여(베다.) AD 2025 0531.

485. OM-기도주체의 특수성에 관하여.
옴

기도 주체의 특수성에 관한 연구.

우리는 사제에게 기대는 경향이 있다.

무지한 여자에게나.

내가 여자를 폄하하는 것은 아니고 그들은 남자 못지않게 무식하다.

아무튼 우리는 기도의 특수성을 고찰할 필요가 있다.

평생 진화론 운운하며 하늘을 가리다가

갑자기 위급한 상황에 신이 듣겠는가?

그런 경우는 희박하다.

평생을 종교에 헌신한 사람의 기도가 더 신 쪽에게도 설득력 있지 않겠는가?

무명의 사제는 20대 초반에 죽음의 공포에 시달렸다.

당시에는 너무 어렸고 죽음의 공포는 강력했다.

그때 초보적이나마 신을 의지했던 것 같다.

여기서 제멋대로 살다가 죽을 때 신을 찾는 것은 적어도 내게는 곱게 보이지 않는 것 같다.

AD 2025 0531 이웅.

486. OM-시대종교
옴

시대종교.

우리는 영적체험을 하고 종교에 개종하는 경우가 다반사이다.

주로 그 시대의 주류종교에 귀의한다.

관음을 체험한 이는 불교로 가고 예수를 본 이는 기독교로 간다.

그러나 종교 도그마는 완전하지 않으며,

꼭 종교에 귀의할 필요가 없다.

도가도 비상도 명가명 비상명(진리라 이름 붙인 것은 진리가 아니다.)

무명의 사제는 종교를 관찰하고 체험한 결과

일종의 집합 속 계급이 되어 집단몽상에 빠진 경우가 많았다.

대체로 장삼이사들의 모임이니만큼 귀한 영혼이 갈 곳은 못 된다.

뭐 그런 사례를 들고 싶다.

한나라 말기의 장각의 태평교도가 100만을 넘었다는데

그 종교의 교인으로 살고 싶은가?(예수의 하수인으로 살고 싶은가? 스스로의 생각은 말살한 채

앵무새처럼 실력 없는 사제들이 하는 말에 아멘으로 화답하고 싶은가?

그렇게 산다면 그대는 저주받은 영혼이다. 적어도 지적으로는.

AD 2025 0531 무명의 사제.

487. OM-외계인의 종교
옴

외계인의 종교

우리는 픽션 스타크래프트에서 위대한 영감을 얻을 수 있다.

프로토스 종족은 여기보다 기술과 정신력이 진보된 문명이다.

이런 문명이 우리 우주 내에 있다는 것은 기정사실이다.

지성이 높을수록 신에 대해 생각하며

무지한 영혼은 신을 멀리한다.(더 무지한 이는 부정하거나.)

외계인의 지성이 일정 수준 갔다면 그들은 신의 존재를 알고 있을 것이다.

(적어도 그 정도는 되길 바란다.)

아무튼 픽션에서 프로토스는 창조주에게 예배하며 그들의 종족을 이끌어 나간다.

실제로도 충분히 가능한 이야기이다. 완전히 같지는 않겠지만.

외계인들 중에도 사제계급들이 있을 것이다.(AXIOM)

AD 2025 0531 이웅

488. OM-간절한 기도.
인류에게 남아있는 미개한 종교 속에서 무명의 사제는 묵묵히 사명을 완수한다.

옴 하늘이여 사제를 지켜다오. 부디 이 신성한 사명을 완수하고 떠나게 해다오.

오 옴이여 빛나는 무한이여 당신을 향해 걸어가나니, 죽을 때 당신을 뵈오리이다.

AD 2025 0611 무명의 사제.

489. OM-전쟁과 종교.
옴

전쟁과 종교.

옴(하느님)

국가 간 전쟁에서 종교의 효율성은 낮았습니다.

몽고가 고려를 침략했을 때 불경과 절은 불탔습니다.

로마가 여호와의 성전을 파괴했습니다. 신명기의 약속(*야훼가 적을 물리쳐준다는)은 거짓이었습니다.

동학 농민군은 주술적 전쟁을 벌였으나 일본군에게 참패했습니다.

의화단도 무술적 종교의 색채를 내었으나 서양의 진보된 무기 앞에 참패했습니다.

일단은 이런 사례들을 나열합니다.

그러나 귀한 사례도 있습니다. 일본의 미야모토 무사시는 60번의 승부(목숨을 내건 대결)에서 단 한 번도 지지 않았습니다.

뛰어난 이 무사는 하늘을 경배하고 관음을 믿었습니다.

우리는 전쟁이나 전투에서 하늘만을 바라고 칼을 놓는 만행은 미친 짓입니다.

그러나 각자의 기도를 하는 것은 좋을 듯합니다.

수험생이 시험을 보는데 공부는 안 하고 기도만 한다고 좋은 성적이 나오겠습니까?

전쟁도 전투도 이와 비슷합니다.

제가 예수란 자를 비판하고 싶은 것은 그는 믿음 따위의 요상한 신앙을 던져서 인간에게 기적만 바라는 무능한 존재로 전락시킨 만행을 저질렀습니다.

실제로도 신께서도 예수 말대로 기도하면 바로 다 들어주는 분 아닙니다.

AD 2025 0531 무명의 사제.

490. OM-사랑의 모순.
옴

신의 사랑(?)을 체험한 이들은 성급한 일반화의 오류로

우주를 해석한다.(아니타 무르자니 이븐 알렉산더)

이들은 환상적인 체험과 함께 사랑교의 신자가 되어버린다.

지구의 역사와 현실을 도외시한 채

신의 사랑만을 강조하며 창조진의를 왜곡한다.

그런 멍청한 길에 빠지질 말길 바란다.

유대인 홀로코스트가 사랑인가?

우리는 역사를 봤고 현실을 보고 있다.

신 쪽에서도 알고 있다.

천상의 사랑은 지인들과 하도록.

AD 2025 0531 이옹.

491. OM-무분별한 믿음에 관해.

옴

무분별한 믿음에 관해

유대신화나 기독교신화는

믿음을 강조한다.

그러나 신의 구원은 국소적이다.

기적이 기적이라 불리는 것은

그만큼 현존세상에서 극소확률이기 때문이다.

옴

전쟁에서 총탄이 머리에 날아오는데 죽는 것은 당연지사 아닌가?

무분별한 믿음을 지탄한다.

AD 2025 0531 이웅

만약 당신이 평생을 신에게 헌신했다면(사념 없이)

그때 믿음을 자신하라.(AD 2025 0531)

492. OM-코란 성서.
옴 적어도 이 두 책은 넘는 책을 남기고 가야 합니다. 우리 종교가 이대로 갈 수 없습니다.

옴이여 무명의 사제를 지키소서. 부디 신성한 사명을 완수하게 하소서.

옴 텔라.

493. OM-신과 은혜.
옴

235

신과 은혜

우리네 종교에서는 교세를 넓히기 위해

길 가는 사람을 잡습니다.

이것은 종교를 능멸하는 저급한 망동입니다.

신 쪽에서 인간에게 믿어달라고 사정할 이유가 없습니다.

AD 2025 0531 무명의 사제.

494. OM-과학과 종교.
옴

자연과학과 종교.

무명의 사제가 일일이 열거하고 싶지 않다.

인용하고 싶지 않다.

그러나 자연과학의 오묘한 섭리는 신성을 증언하고 있다.

AD 2025 0531 이웅.

495. OM-무명의 사제
옴

무명의 사제.

남녀와 음양의 원리 신의 섭리에 관해서.

남자는 여자를 원하고 역도 마찬가지다.

또한 필요하기도 하다.

아주 뜻이 깊고 각오가 (죽을 각오)가 아니면 독신을 피하길 바란다.

무명의 사제는 30대의 젊은 나이이다.

여자를 멀리하니, 불편한 점도 많다.

내가 금욕주의자나 쾌락만을 좇는 이는 분명 아니다.

AD 2025 0531 이웅.

496. OM-다르마.
옴(하느님)

세조는 세종의 어린 아들 단종을 죽이고

왕에 오릅니다.

(수양대군.)

들리기에는 그가 말년에 불교에 귀의했다고 합니다.

다 지나간 일을 신을 의지해서 이겨내려는 것 또한 하나의 시도이나

적어도 정밀한 정의의 다르마의 심판을 피하기 어려울 겁니다.

기독교에서도 종종 나타나는데, 죄인들의 회개가 묘사됩니다.

뭐 무고한 일도 많고 우리의 법이 항상 정의는 아니지만

정의의 신의 저울추에는 오차가 없을 겁니다.

삼국지에서 조조도 '하늘에 죄를 지으면 빌 곳이 없다.'며 죽습니다.

뭐 무명의 사제는 그렇게 제시합니다.

하늘을 우러러 부끄러움 없이(윤동주) 살라고.

AD 2025 0531 이웅.

497. OM-사후세계 연구.

옴

사후세계 연구

아니타 무르자니의 신성체험에서

우리는 사후세계의 단서를 잡아낼 수 있다.

아니타는 영혼이 육체를 빠져나가

죽은 지인과 재회했다.

텔레파시 비슷한 소통을 했다.

죽은 아버지, 죽은 친구와의 만남이었다.

우리는 여기서 카르마를 해석할 수 있다.

지상에서의 아버지는 죽어서도 아버지고

지상에서의 친구는 죽어서도 친구라는 것을.

그러면 역은 어떻게 될까?

지상에서 원수는 죽어서도 원수일까?

나는 그렇게 본다.

AD 2025 0531 무명의 사제.

D WRD RSRD DRRE. EF RD DDEF SR SRDE.

498. OM-불완전한 신.

옴

데미우르고스. 불완전한 신을 뜻한다.

우리는 창조주(OM)외에 창조를 행할 수 있는 위대한 지성이

우주에 존재함을 인식해야 한다.

조로아스터(선배)는 아흐리만의 창조를 말했으나

지구에 직접적이지 않다.

그러나 나는 추론컨대, 데미우르고스들이 우주에 존재한다.

AD 2025 0531 무명의 사제.

499. OM-우상무용론.
옴

우상무용론.

저는 선배(마호메트)처럼 선배(조로아스터)처럼 유일신을 주장하진 않습니다만

창조주와 우상의 격차는 거의 무한입니다.

굳이 우상을 찾을 필요가 있나.

뭐 저는 율법적으로 유일신은 반대합니다.

우상에 매료된다면(관음이나 미트라) 우상숭배도 나쁘지 않습니다.

우리가 숭배하는 우상이 모두 실존하는가? 무명의 사제에게 묻는다면

저의 검증능력 밖입니다.

그러나 관음 같은 경우는 전설로 이어져 오고 있고

우리 우주 밖의 고차원적 존재들의 실존이 확실시되는 만큼

그들의 모형일 수 있습니다.

AD 2025 0531 이웅.

500. OM-humanloka

OM

humanloka(loka란 우주란 뜻 계열이라고 봐도 된다.)

우리 인간은 진화하진 않았다.

그러나 진화했다.

나는 인간을 보며 동물들보다 지능이 약간 높은 결국 동물이라는 것을 알았다.

관점을 넓혀보면 지구에 조그마한 사람들이 모여 사는 것이다…

501. OM-창세기.

옴

창세기.

옴

유대인은 인간을 너무 격상시켰다.

인간은 신의 형상이 아니다.

우리의 가장 큰 오해는 우주의 미물인 인간이

신을 동일 선상에서 본다는 것이다.

이상한 독생자 사기도(요한복음) 결코 사실이 아니다.

그것은 지어낸 이야기이다.

우리가 진실이라 믿으려 노력하는 지어낸 이야기일 뿐이다.

AD 2025 0531 무명의 사제.

502. OM-무한을 향한 사제의 전진.

옴

신 존재증명을 완성했다.

당신의 존재가 계속 이 길을 가는 동력.

전지전능의 망상. 무엇이든 푸는 존재.

없는 게 없는 존재. 못할 게 없는 존재.

확실히 매료된다. 옴(신)은.

503. OM-만인구원설.
옴

낭만적 사랑으로 만인구원설???

분명 지옥을 보긴 봤다… 지옥을 경험한 것은 사실이다.

504. OM
옴 나의 영원한 태양이여 유일한 나의 주군이여

당신께 충성하고 죽나니 나의 영혼을 신성한 불에 태우소서.

나의 육체를 당신께 맡기나이다.

AD 2025 0611 이웅 올림.

505. OM-성서의 허구.
옴

성서의 허구

성서의 허구에 대해 말해놔야 할 듯싶다.

무식한 인간은 과거의 인간의 문학을

신이 썼다고 하는 등의 요상한 믿음을 가지고 있다.

인간의 의식이 쓴 책이고 신은 관여하지 않았다.(성서나 코란에…)

그러니 그런 무식한 믿음은 이제 버리자.

유대 기독경의 신화화가 답이다.

그리스 신화를 문자 그대로 받아들이려는 사람은 없다.

예컨대 피그말리온 신화.

유대 기독경도 마찬가지로 인류에게 신화로 이야기로 남아야지

진실된 신의 경전이라고 볼 수는 없다.

AD 2025 0531 이웅.

506. OM-무명의 사제의 창조주를 향한 헌신.
옴(하느님)

저는 왜 이 일을 하는지 분명하지 않습니다.

그러나 섬뜩하리만큼 무서운 현실은

우리 인간들이 거짓된 종교를 진실로 믿고 있다는 것입니다.

적어도 그것은 사실입니다.

전제인 성경 코란이 거짓된 망령인데 어찌 사과나무에서 오렌지가 열리겠습니까?

저는 분명히 그것을 제시하는 것이고

부족하나마 종교적 지식과 열정을 남기는 것이고

사람들에게 어떻게 읽힐지는 별론으로 하고

하느님(OM)을 향한 예배의 일환으로 보아 주십시오.

10억이 넘는 망상을 깨고

인간은 진화된 게 아니라 미스테리하게 창조되었고 신의 산물이다.

우리가 믿어왔던 종교는 사실이 아니며 모두 거짓에 기반해 있다.

짧으면 위의 2가지 명제가 정설로 정립되기에는 반발과 그동안의 관성이 너무 심합니다.

그러나 저 이웅은 하늘을 향한 충정 앞에서

최소한의 기록은 남기고 가야 한다는 사명이 있을 뿐입니다.

하늘이시여 사람들은 버려도 하늘은 버리지 마소서.

부디 귀한 선물로 반대급부를 주소서.

인간이 주는 상급이 아닌 하늘이 주는 상급을 받길 원하오니 그것이 이 저서의 목적이나이다.

AD 2025 0531 이웅.

507. 옴-신약성서.
옴

신약성서는 신성모독의 책이다.

무한의 하느님을

요상한 교주에 투사했으니

그 참람함은 이루 말할 나위가 없다.

몇 마디 떠들고 기적질을 기록한 후 처형 후 승천했다.

이런 괴상한 종교는 신화로 남아야 한다.

우리 인류의 수치이다.

그만큼 미개한 것이다… 이곳은.

AD 2025 0531 이옹.

508. OM-절대적 진리에 대해.
옴

진리에 관해.

절대성을 가진 진리는 이 세상에 존재하지 않는다.

우리가 진리라 믿어왔던 것은 사실 오류투성이 허점투성이의 이야기이다.

그것을 알아야 한다.

종교에 있어서 진리를 남발하는 세상에서 우리는 그것을 알아야 한다.

간단한 수리공식 따위나 과학법칙 따위도 진리일 수는 없다.

AD 2025 0531 이옹.

509. OM-무명의 사제.
옴

얼마나 인간과 괴리되어 가는 것을 알았을 때

엄청난 공포가 든다.

진화된 인간(동물보다 약간 진보한 수준)은

신을 알 수 없다.

나는 적어도 사제로서 종교와 신에 대해 기록하는 것이다.

무지한 동물에게는 예수나 알라가 적합한지도 모른다.

그러나 그것은 적어도 거짓이기에

나는 남길 뿐이다.

AD 2025 0531 이웅.

510. OM-외로움.
옴.

외롭다…

511. OM-Holy animal.
옴.

인간이란 동물적 특성을 가지고 있습니다.

배변하고 소변을 보고, 다소 지저분한 생물학적 특성을 가지고 있습니다.

욕동도 필요하고

그래서 육체를 가진 인간이 성스러움에 도달하기 어려울 듯합니다.

Animalic한 부분을 인간은 가지고 있습니다.

그것은 종의 본질입니다.

뭐 진정한 성스러운 존재가 우주에 없지는 않을 겁니다.

우리는 우리의 영역에서 신앙생활을 하는 것이고요.

AD 2025 0601.

512. OM-죽을 수 없다.
옴 인류에게 진보된 종교적 발전을 줄 때까지 나는 죽을 수 없다.

무한의 신이여 무명의 사제를 지켜다오.

프로메테우스의 불처럼 이 책은 인류에게 불타오르기를!

513. OM-시.
옴

하수구 같은 세상.

나는 배회하네.

푸른 하늘만 무심히 바라볼 뿐.

나갈 길 없어.

희망은 없어진 채 매일매일

무심한 태양은 떠오르네.

하늘은 나를 낮은 곳에 두셨다네.

온갖 고초 어찌 다 말하리요.

하느님(OM)께 기도하면 잠시나마 쉬어가네.

AD 2025 0601.

514. OM-구원.
옴

구원을 바라나 희망은 멀어라.

전능의 신이여 부디 행하소서.

낮은 지구에서 창조주께 기도하니

부디 전능의 손길을 행하사 사제를 구원하소서.

남은 사명 이루고 떠나기 원하오니

신성한 손길로 보호하소서.

옴 텔라.

전능의 창조주여 부디 행하소서.

AD 2025 0601.

515. OM-시.

옴

푸른 하늘은 무심하게

작은 인간을 내려다보네.

창조주는 어디에나 계시나

눈에는 보이지 않네.

작은 군상 속에 묻혀서

호기는 잊혀지고 정은 식어가네.

하늘이여 하늘이여, 나를 이끌어다오.

AD 2025 0601 이웅.

516. OM-시.

옴

외로움.

좌를 봐도 우를 봐도

아무도 없어라.

모진 군상은 수탈하러 다가오고

정 하나 없어라.

창조주께 기도합니다.

부디 은혜를 베푸소서.

무료한 삶 속에서 기도를 하오니

은혜의 빛을 비추소서.

뜻은 퇴색되고 저급한 군상 속에 묻혀

열정은 식어가오니,

옴 하늘이여 부디 사제에게 임하소서.

AD 2025 0601 이웅.

517. OM-영혼의 존재에 관하여.
옴

영혼의 존재에 관하여.

아니타 무르자니의 임사체험은 영혼의 존재에 대한 확실한 증언을 제시한다.

그녀는 암 말기에서 육체에서 영혼이 빠져나가는 경험을 했다.

우리 세상에는 소멸설(죽으면 사라진다는 믿음)이 상당히 만연하다.

그러나 아니타 무르자니가 경험한 것은 영혼이 실존하고 있으며

육체 밖에서도 존재한다는 것.

그 진실을 우리에게 가지고 왔다.

신 쪽에서도 이 진실을 아는 것을 원하시는 것 같다.

이븐 알렉산더 박사의 체험도 대동소이하다.

우리는 위의 두 사례에서 영혼이란 실존하며 육체와 별개의 존재라는 것

육체의 사멸로도 영혼은 사멸되지 않는다는 것.

이 두 가지 명제를 가져갈 수 있겠다.

현대종교가 무식한 세뇌나 믿음에 길들여져서 그저 사람들에게 믿기만 하라는

무지의 궤변만을 양산하는 시대에서 무명의 사제는 이성과 연구 그리고 노력으로

분석한 사실들을 사람들에게 알려야 할 책무가 있다.

AD 2025 0601 이웅.

518. OM
사람들을 사랑하고 싶었다. 그러나 차갑게 닫힌 문은 열리지 않는다.

귀한 시간과 열정을 쏟았으나 사람들은 이를 망각했다.

오 옴이여 사제에게 빛을 비추소서.

이제는 남은 열정을 신을 위한 길에 쏟나니, 오 옴이여 사제를 인도하소서.

천상으로 인도하소서.

AD 2205 0611 이웅 씀.

519. OM-사명.
옴

사명.

옴, 저는 이 무명의 사제라는 책에 많은 노력을 기울일 것입니다.

예전에 스님들이 불경을 소중히 다루었다고 합니다.

하늘이 내린 혼자라는 아픔 아닌 아픔은 하늘만을 바라보는

신성한 사제가 되어, 하늘을 위한 그리고 사람을 위한 글을 계속 씁니다.

정직하고 의롭고 지성적인 저 아니면 이 사명을 완수하기 어려울 것 같습니다.

저 정도 되는 지성이 흔하게 오는 행성이 아닌 만큼, 그리고 이미 기득권 종교들이

이슬람 불교 기독교라는 거대한 체계에 잠식되어 버린 만큼

욕심 없는 사제는 하늘을 위한 사람을 위한 글을 계속 써내려 갑니다.

옴이여 인간을 내신 창조주시여, 당신께서 저의 책을 보존하여 주시고,

21c 한국에 신을 찾았던 반평생을 신을 찾았던 한 젊은 사제가 있었음을 기억해 주소서.

하늘에게 공을 세웠다면 하늘이 직접 저에게 상을 주시고

하늘에게 죄를 지었다면 하늘이 직접 저를 벌하소서.

깨끗한 양심은 살면서 단 하나의 사취도 하지 않았으며 최대한 정직하게 살아왔나이다.

옴(창조주시여) 무명의 사제를 축복하소서.

당신의 손길로 감싸시고 제가 지구를 떠날 때 올리소서.

단 한 명도 얻지 못한 지구의 여행길은 모든 것이 사랑이라는 명제를 거부하며,

단지 묵묵히 사명을 위한 작은 걸음만을 남길 뿐이나이다.

제가 죽으면 지구의 종교도 이대로 가는 것이오.

예수란 교주가 득세하여 사람들이 하늘을 찾고 싶어도 알 수 없는 기적 따위 기록을 믿어야 하는

미개한 답보상태에서 벗어나지 못할 것입니다.

예수를 보고 신을 등지고, 과학을 점령해 버린 잘못된 학설 진화론은 우리 신비한 인간의 탄생을

우연으로 치부해 버린 만행을 계속해서 저지르고 있습니다.

사람들은 하늘을 가렸고 하늘을 왜곡했나니,

무명의 사제는 정의를 숭상하며 창조주를 향한 신뢰와 발원으로 이 작은 기도문들을 계속 남길 뿐이나이다.

부디 위대한 신께서 지구 또한 버리지 않으셨으며, 사람들이 헛된 어둠의 동굴에서 시간을 낭비하기보다는

보다 진보된 지성적 신학들을 접할 수 있는 하느님의 축복이라는 것을 언젠가 알게 하십시오.

스쳐 가야 만 하는 행성 속에서, 당장 경제적 압박이 사제에게 있는 상태에서도, 묵묵히 수행한 일에

하늘의 복을 주시고, 누구도 볼 수 없는 곳으로, 누구도 만날 수 없는 곳으로 창조주의 성소로 저의 영혼을 이끄소서.

저에게 사람들을 사랑하느냐 묻는다면 이제는 아니라고 답할 것입니다.

저에게 왜 이 책을 남기냐고 묻는다면 종교적 열심, 신에 대한 작은 보답이라고 말할 것입니다.

감사합니다.

AD 2025 0601 이웅.

520. OM-왜곡.
옴

왜곡.

무지한 인간들은 신을 계속 왜곡한다. 그것이 조직된 종교일수록 심하다.

신은 이런 분이라거니, 심지어 신이 자신에게 이런 말을 했다거니 하며

신학을 더럽힌다.

이들이 스스로 망상에 빠졌거나 혹은 거짓을 말한다거나 하는 것은

그들의 올무거니와

많은 사람들이 이런 자들 때문에 하늘을 멀리하고

등을 돌리는 세태는 매우 좋지 않다.

그들은 추종자들을 많이 거느리며 강단에서 설교한다.

지성인은 이성인은 하늘에 대해 논하는 무지한 자들의 망상을 항상 경계할진저.

그것은 예전부터 있어왔고 앞으로도 있을 일이다.

AD 2025 0601 이웅.

521. OM-사제의 역할에 대해.
옴

사제의 역할에 대해.

사제는 하늘과 땅을 잇는 중개인이다.

사제는 진실을 찾고 연구하며 기도해야 할 것이다.

만일 사제라는 자가 사람들을 착취한다면 저주에 걸리리라.(OM YAMA)

*OM YAMA

지옥의 군주시여, 저에게 지옥을 보여주신 이시여, 다른 두 마음을 먹은 영혼을 취하소서.

어둠의 땅으로.

그만큼 사제의 역할은 중요하다고 나는 역설하고 싶다.

AD 2025 0601 이웅.

522. OM-인간이란?
옴

인간이란,

신의 형상으로 피조된 종이 아니라

무수히 많은 우주 종족 중의 하나일 뿐이다.

이 사실을 이해한다면 인간이 달리 보일 것이다.

그저 원숭이보다 조금 나은 지능으로 그들의 문명권(humanloka)을

향유해 가는 인간이라는 종의 실체가 보일 것이다.

그것은 같은 인간에게는 비극이다.

인간이 인간이 되어 상위관점에서 인간을 보는 것은 확실히

인간계에 속하기 어려운 비극이다.

나는 계급의식을 말하는 것이 아니다.

높은 계급은 낮은 계급을 천시하는 풍조가 있으나

내가 말하는 것은 '전 인류'에 대한 평가이다.

AD 2025 0601 이웅.

523. OM
옴

인간이란? 큰 것과 작은 것.

엄청나게 거대한 위치에서 인간은 개미와 같이 보인다.

매우 작은 인간들이 각자의 삶을 영위하는 humanloka가

한눈에 들어올 것이다.

우리는 우리의 시각으로 인간을 본다.

그러나 상위의 거대한 존재와 지성의 관점에서는

인간은 비유하자면 개미들의 모임이라고 할 수 있다.

자연상태에서 일어나는 일 살인 강간 절도 등도 지극히 자연적인 행위이다.

혹자는 도를 내세우고 혹자는 마음대로 행한다.

적어도 모든 것이 섭리 안에 있다는 명제는 일탈행위들도 휴먼로카의 다사다난한

이야기들도 포섭할 것이다.

그것이 우리 인간의 운명이었다.

그러면 완전한 혼자가 될 수 있는가?

내게 질문한다면 힘들 것 같다.

인간은 필연적으로 다른 인간과 교류해야 살아갈 수 있는 집단의 동물이다.

그것을 감안하길 바란다.

작은 우정과 사랑이 그대들에게 있다면 그대들은 그것을 감사히 여기길 바란다.

AD 2025 0601 이웅.

524. OM-윤회.
옴.

생각을 해보겠습니다.

A와 B는 이생에서 금슬 좋은 부부입니다.

A와 C는 생면부지죠.

A와 D는 원한관계입니다.

E와 F는 결혼했다가 이혼했습니다.

E는 G와 재혼했고

F는 H와 재혼했습니다.

이 모든 인간이 영원한 완전한 사랑을 하는(상호사랑) 곳이 천국이라.

불가능합니다.

옴 그렇다면 필연적 윤회공식을 제시해야 하는데

이 많은 인간들이 다 지구 내 순환만 하는 것도 의문이거니와

다른 적절한 loka를 찾아내지 못했습니다. 외계인은 이종이고 질이 조금 다릅니다.

AD 2025 0602 이웅 올림.

525. OM-신은 선한가?
옴

신은 선한가? 질문하면 통상관념은 그리 대답할 것이다.

그러나 그의 피조상태는 그의 전선함을 기각한다.

굳이 사례를 나열하지 않는다 해도 말이다.

그렇다면 신은 악한가?

이건 너무나 무식한 반론이다.

단지 선과 악의 이분법으로 나눌 수 있는 대상이 아니다.

나는 신은 선도 악도 아니며 더 높은 차원의 존재라고 파악하고 있다.

우리의 윤리관념으로 재단할 수 없는 분이다. 이렇게 가르치고 싶다.

신은 사랑도 아니고(요한1서) 전선한 존재도 아니다.

AD 2025 0602 이웅.

526. OM-종교와 무력.

옴

종교와 무력

종교는 평화와 사랑을 운운합니다.

그러나 인간계는 전투(개인전) 전쟁의 세상입니다.

간디 선생처럼 높은 정신과 착한 마음을 가진 세상이 아니라 이겁니다.

늘 폭력적 침해는 상존하고 있고

남자들 세상에서는 힘(실력)의 우위의 계급도 형성됩니다.

그런 세상에서 무명의 사제는 평화와 사랑을 종교의 화두로 남겨놀 수 없습니다.

좋은 롤모델로 미야모토 무사시를 제시합니다.

이 일본의 무사는 60번의 혈전에서 모두 이겼고

하늘을 숭배하고 관음과 부처를 숭상했습니다.

종교인은 약한 채로 평화와 사랑이라는 신기루만 말하는 그런 종교는 지양합니다.

저의 사상은 무력추구를 그리고 있다고만 말합니다.

개인적 길은 여기에 남기지 않겠습니다.

패권적 종교(이슬람-무신론자와 싸우는)를 반대하면서도

나약한 신기루(평화 사랑) 또한 반대한다고만 밝혀놓고 싶습니다.

각인은 신이라는 명목하에 어울리지 않는 옷을 입지 말길 바란다.

그것은 간디와 같은 나약하고 소심한 양심이 가는 길이다.

AD 2025 0602 이웅.

527. OM-네크로멘서.
옴

영혼들이 왔다. 친구인가 적인가

분명 알았던 듯한데,

지구상의 인연은 분명 아니다.

상당히 패도적이었다…

528. OM-사랑에 관해.
옴

사랑이라는 단어는 하나이지만

사실 다양한 종류의 사랑이 있다.

남녀의 사랑이 흔하나 그것이 전부는 아니다.

사제의 사랑도 일원화할 수 없다.

그러나 신을 향한 충정과

프로메테우스(인간에게 불을 전해준 그리스 신화의 신)의 역할은

최대한의 진보를 꿈꿀 뿐이다.

나는 아직 전 인류를 연민이나 사랑으로 포섭할 영혼이 아니다.

그것은 신의 사랑이고 신화의 사랑이다.

칠정 육욕(7가지 정과 6가지 욕망) 속에 돌아가는 인간의 육신 안에서

사제는 글을 남긴다.

AD 2025 0602 무명의 사제

529. OM-회심.
옴.

불교에 무뢰한도 칼을 버리면 부처가 될 수 있다는 말이 있다.

예수신화에서 바울은 기독교인을 탄압하다가 기독교로 회심한다.

실제 사례에서 어거스틴은 마니교도가 되어 (뭐 마니교는 지극히 금욕적인 종교이다.)

검투사의 경기를 즐기는 쾌락적 유흥에 탐닉하다가

훗날 기독교의 교부가 된다.(존경받는)

회심이란 것은 불가능하지 않다.

그러나 카르마 다르마는 과거를 모두 지울 수 없다. 그것은 명심하라.

AD 2025 0602 이웅.

530. OM-무명의 사제.
옴

이 저서(무명의 사제)에게 목적이 생겼습니다.

그동안 인간이 성서라 불러왔던 경전들

코란, 유대경, 신약경, 아베스타 베다를 넘어서는 책을 쓰고 싶습니다.

칼뱅의 기독교강요도 넘어야 합니다.

우리 인간이 그런 원시경전에 갇혀서

그것을 신의 언어라고 하며, 만고불변의 진리로 인식하고

그것에 안주해야 하는, 암송하고 되뇌이며

계속 같은 이야기들에 매몰되어(모세신화 예수신화)

살아가는 것을 볼 수 없습니다.

프로메테우스의 불처럼 이 경전에 인간에게 도움이 되는

그런 저서이기를 바랍니다.

무명의 사제가 분명히 밝히자면 무명의 사제는 신으로부터 어떤 계시도 받지 못했습니다.

저는 저의 이성과 노력 그리고 끊임없는 기도를 통한 종교적 열심으로 이 책을 저술한다고 밝힙니다.

절대적 진리에 사제는 도달할 수 없으며 신과 인류를 위한 작은 헌신은 글을 계속 남기는 동기입니다.

사제는 위선자도 아니오, 엄격한 금욕주의자도 아닙니다.

부처처럼 세상을 공으로 돌린 철학자도 아니오.

세상에서 흔히 볼 수 있는 평범한 인간 군상 중 하나입니다.

AD 2025 0602 무명의 사제.

531. OM-삼위일체 논쟁.
옴

기독교 신화에서 예수는 스스로를 창조주라 치환했다.

그것은 배설하는 육신이 넘을 수 없는 선이었고

중대한 신성모독이었다.

그의 엄격한 율법(마태복음)이나 현실에서 적용되지 않는 아가페(십자가 신화) 따위가

진리가 될 수 없다.

형법의 책임주의는 죄를 지은 자를 정죄하며 대속이나 연좌는 부정한다.(사실상의 연좌가 있을 수는 있다.)

아무튼 교회에서 삼위일체 논쟁이 있었다.

스스로를 신으로 치환한 예수란 참람된 인간의 본질에 대한 논쟁이었다.

예수를 신과 동격으로 여기는 삼위일체란 궤변이 채택되었다.

예수 따위는 하느님과 비교조차 할 수 없는 미물이다.

삼위일체는 중대한 신성모독이고

무한의 우주를 배설하는 이스라엘인으로 치환한 인간의 만행이었다.

하느님의 무한성을 이해한다면 그에 비해 상대적으로 신격화된 교주들이

얼마나 미물이고 참람했는지를 이해할 것이다.

창조주는 무한이다. 그는 전 우주에서 가장 높다.

여기서 인간과 인간의 언어로 대화할 존재가 아니다.

선배 마호메트는 이 점을 인식했는지 예수란 자를 선지자로 놓았다.

그러나 그 또한 유대인의 그림자에 갇혔으니 이제는 사라지는 게 옳지 않은가?

AD 2025 0602 이웅

532. OM-영지주의
옴

영지주의

우리는 기독교인들이 지워버린 영지주의에 대해 고찰할 필요가 있다.

영지주의자들은 christ(구세주)가 인간의 육신이 아니라 믿었다.

실제 영적체험에서 빛의 구원자들이 위기에 빠진 영혼들을 구원하는 사례가 포착되는 만큼

인간이 예수나 마리아 관세음이라 믿는 인간을 진심으로 사랑하는 chirst의 존재가 추론된다.

그는 영적 세계에 존재하며 인간의 육신이 아니다.

인간을 진심으로 성스럽게 사랑하는 구원자는 육체가 아니다.

그렇기에 영지주의자들의 해석은 지금도 의미를 가지는 것이다.(AD 2205 0602)

또한 영지주의자들은 야훼보다 높은 신의 존재를 상정했는데

무한의 우주에 이스라엘의 Qunna(질투)보다 높은 신성은 많다.(Axiom)

우리는 눈과 관점을 넓힐 필요가 있다.

AD 2025 0602 이웅.

533. OM-가정예배.
옴

가족예배.

우리는 앞서서 일남일녀원칙과 가정이 자연법(하늘의 법도)이라는 것을 확인했다.

무명의 사제는 집단의 예배보다는 가정의 예배를 추천한다.

남자 여자 그리고 자녀가 결합이 되어 가정단위의 예배를 추천하는 바이다.

가족은 지구에서 가장 긴밀한 공동체이고,

가장 내밀한 영역을 공유하는 집단이다.

그렇기에 거대종교집회에 나가는 것이 하나의 취사선택이 될 수 있겠지만

(나는 거부한다.)

가정 단위의 예배에 충실하라고

가정 단위의 기도에 충실하라고

말하는 바이다.

누구에게 기도하는가? 라고 내게 질문한다면

하늘로 치환된 창조주를 섬기는 게 좋다고 밝힌다.

그리고 먼저 떠난 영혼들(조상들)을 경시하지 말라

그들은 영혼의 세계에 존재하니까.

구원자는 거창한 그리스도가 아니라 당신의 죽은 부모일지도 모른다.

AD 2025 0602 이웅.

534. OM-불가능의 기도.
옴

불가능의 기도.

사제는 세상을 보며 불가능한 기도를 하는 이들을 보았다.

예컨대 모든 아이들이 행복하게 해달라거나

모든 전쟁을 멈춰달라거나

세계 평화를 달라거나 하는 등의 기도다.

이것은 지구의 신이 설정한 자연섭리에 위배되는 기도이다.

그런 기도는 결코 이뤄질 수 없다.

이런 무식한 기도를 하지 말라.

사제는 충고하는 바이다.

각자의 역량에서 자신에게 맡는 기도를 하여라.

사제가 다시 한번 말하는 바이다.

AD 2025 0602 무명의 사제.

535. OM-불가능의 기도 2
옴

불가능의 기도 2

사제가 세상을 여행하면서 직접 겪은 사례이다.

한 인간의 아버지가 죄를 지어서 재판받을 위기에 놓였다.

이 인간은 아버지가 무죄판결을 받게 해달라고 기도했다.

그러면 하늘이 죄를 지은 이를 재판을 굽게 해서 무죄란 기적이 나오게 하겠는가?

그런 불의가 어디 있는가.

사제는 20대 시절 알지 못하고 어리석음에 빠졌다.

그것은 영혼의 비탄이었고 스스로를 던진 만행이었다.

사제의 전철을 밟지 말라.

AD 2025 0602 이웅.

536. OM-불가능의 기도 3
옴

불가능의 기도 3

우리는 자연의 섭리를 존중해야 한다.

복권이 당첨될 확률은 극히 낮다.

이와 같이 기도에 있어서도 자연의 확률상의 경험칙을 우리는 존중해야 한다.

그것은 기본상식이 되어야 한다.

반드시 숙지하길 바란다.

기적에 심취해서 세상의 법칙들을 무효화 해달라고만 한다면

그것은 어린이의 옹알이에 지나지 않는 것이다.

성숙한 신앙은 세상의 섭리를 존중하는 범위 내의 청원일 것이다.

AD 2025 0602 이웅.

537. OM-Soli Deo Gloria
옴

Soli Deo Gloria

오직 신에게 영광을 이라는 단어이다.

세속에 살며 성공 같은 것을 했을 때 이런 사상에 빠지는 경우가 있다.

그러나 개미가 성공해 봤자 얼마나 성공하겠으며

그것을 신의 영광이라 할 수 있는가?

우리의 무지하고 연민스러운 마음은

신을 전한다는 미명하에 이런 행위를 하나(신의 축복입니다. 신께서 도우셨기에 성공한 겁니다. etc)

그대의 공은 그대가 가지라.

사제 역시도 어리석은 마음이었으니…

AD 2025 0602 이웅.

538. OM-무한의 우주에 관하여.
옴

무한의 우주에 관하여

무한의 우주에 대해 인간에게 가르쳐 주고 가겠다.

우리의 관념상 셀 수 없는 고차원이 있다.

그리고 기상천외한 하늘 위의 하늘이 있다.

푸른 행성의 한 종인 인류여 이 사실을 기억하라.

비밀은 남기지 않겠다.

모든 것을 줄 수는 없다.

AD 2025 0602 이웅

539. OM-집단예배.
옴

집단예배에 대한 반론.

사제는 앞서서 가정단위 예배를 추천했다.

생면부지의 자들이 교주의 이름하에 모여

계급을 나누고 교류하는 것은

지극히 옅은 결합이다.

그리고 기도란 것은 신을 향한 개인적 소통인데

모여서 떠드는 중구난방은 스스로를 속일 수 있다.

사제는 집단종교행위를 무척 혐오한다.

그들은 계급을 나누고 무지한 황건당(장각이 창설한 한나라 말기의 100만 무리)의 짓을 계속한다.

처참한 모독이다.

인간의 신앙과 마음 내밀한 영역에 대한 처참한 모독이다.

분위기를 고양시키고 종교적인 상징물을 걸어놓고

처참한 집단예배는 일종의 show와 같다.

말초신경을 극대화시킨 채로 신과 교감했다는 망상은

낮은 인간의 show worship 같다.

AD 2025 0602 이웅.

540. OM-미신행위.
옴

미신행위.

우리 인류는 미신적 행위를 하며 살아왔다.

예컨대 여승을 보면 재수가 없다거나

빨간색으로 이름을 쓰면 죽는다거나

하는 류의 미신이다.

이것은 냉정히 평가하면 사실이 아닌 것을 사실이라고 인식하는 망상이다.

현대의 과학사조는 이런 미신을 배격하고 '증명된 것' '검증된 것'을 정설로 채택하는

사고 프로그램을 개발했다.

순기능은 분명 있다.

스스로 하나님의 사자라고 해놓고 전혀 증명할 수 없다면 단지 '믿어라'라는 망령이라면

그자는 사기꾼에 다름 아니다.

근대과학은 증명이라는 효시를 열었지만 한편으로는 갇혀 버렸다.

세상의 모든 사실이 증명될 수도 없거니와 종교는 초현실을 그리고 인식범위 바깥(육안의 바깥)을 분명 다루는 만큼

모든 종교적 명제들을 증명할 수 없다.

과학사조적 이성철학은 견지하되, 그것으로 미신을 배격하되

초현실과 무한우주에 과학 잣대만을 들이대는 것은 옳지 못하다.

AD 2025 0602 무명의 사제.

541. OM-미신행위 2
옴

미신행위 2.

역사적 사례를 들어 그 폐해를 설파하는 게 좋을 듯하다.

의자왕은 백제의 마지막 왕이었다.

우편에서는 신라가 좌편에서는 당나라의 대군이 진입했다.

들리는 전설에 의하면 의자왕은 무당을 불렀다고 한다.

무당은 백제가 안전하다고 했다고 한다.

의자왕은 그 말을 믿었다고 한다.

삶과 죽음이 갈리고 흥망성쇠가 갈리는 각자의 중대사에서

무당의 검증 안 된 진술을 신뢰할 수 있겠는가?

그것은 스스로를 무지의 판단에 구속시키는 망령이다.

후주 유선도 비슷한 사례였다.

촉나라의 황제였던 유선도 무당적 미신행위를 믿다가 나라가 망했다.

읽는 자는 교훈으로 여기길 바란다.

AD 2025 0602 이웅.

542. OM-홍수전.
옴

홍수전이라는 중국의 종교사상가가 있었다.

태평천국이라는 지상의 종교국가를 건설하려다가 실패했다.(진압당했다.)

이 자는 스스로 예수의 동생이라 했는데

이런 부류는 항상 있을 것이다.

우리는 검증적 잣대로 이런 이들을 판단해야 한다.

예수의 동생이라는 '증거'와 '증명'이 요구되는 분야인 것이다.

스스로의 신분을 속이고 혹세무민하는 무리들이 득세하게 해서는 안 된다.

그런 것에 속는 것도 자기책임이지만

그 무리가 증대되면 폐해가 너무 크다.

심각하면 한 인간의 인생이 망가질 수 있다.

누군가가 무엇을 주장할 때 그리고 그것이 상식을 벗어날 때

증명과 증거를 요구하라.

종교도 마찬가지다.

예컨대 한 목사가 치유하는 힘이 있다고 소문이 났다고 하자.

단지 세류의 풍문만을 따르지 말고

증거와 증명을 보라.

무명의 사제가 남기고 간다.

AD 2025 0602 이웅.

543. OM-계시의 망상에 관해.
옴

계시의 망상에 관해.

저는 세상을 여행하면서 많은 망상을 보았습니다.

특히 신과 관련된 망상은 검증할 바 없어 아는 이 이 세상에 없어서 극대화됩니다.

에컨대 자신의 의식의 활동을 하나님이 주었다고 믿는다거나(생각들)

하는 등의 망상이 있습니다.

저 역시 20대 시절 사로잡힌 바 있습니다.

그것이 심하면 정신병자라는 낙인이 찍힐 만큼 위험한 생각의 활동입니다.

신이 직접계시를 줄 만큼 우리가 높은 존재는 아닙니다.

굳이 역사적 사례를 들면 잔다르크라는 프랑스 소녀는 영혼을 보았고

그녀는 전쟁을 승리로 이끌었습니다.

1000억분의 1 정도로 예상됩니다.

그러니 신과 관련된 망상에 사로잡히지 말기를.

그것은 3의 역량이 10을 주장하는 것 아닙니까?

AD 2025 0602 이웅.

544. OM-바람의 사제.
옴

저는 바람처럼 지구에 머물다 떠납니다.

자녀를 남기지 않기로 오래전에 결심했습니다.

저의 작은 저서가

인류의 종교적 진화에 도움이 된다면

하느님의 섭리적 정의는 사제를 향할 것입니다.

AD 2025 0602 이웅 남김.

545. OM-선택의 망상.
옴

선택의 망상.

구약경은 선택의 망상을 불러일으킵니다.

구약신화에서 야훼신은 이스라엘이나 특정 인간들을 선택합니다.

그런 망상이 인간에게 퍼져서 그런 이들을 숭상하고(다윗이나 모세)

스스로를 선택받은 자라고 여기는 망상이 넘칩니다.

노자 선생은 말했습니다. 하늘은 만물을 밀집같이 여긴다(조금 변형).

그만큼 미물인 인간의 위치에서

스스로 선택받았다는 망상.

그것이 도취되어 속아버린 지구의 현실 속에서

예수의 12사도나, 선택적 신탁행위.

저는 인간은 결국 인간계에 속한 인간이다라는 명제를 제시할 뿐입니다.

AD 2025 0602 이웅 남김.

546. OM-선택의 망상 2
옴

선택의 망상2

이븐 알렉산더는 초현실 천국체험에서 여동생 BT를 만난다.

그녀는 요절했는데 천국에 있었다.

그녀가 원래 천사였는지 아니면 인간계에서 올라갔는지는 불분명하다.

그러나 그녀는 성폭력위기센터에서 일했고 착한 마음을 가졌다고 한다.

천하를 뒤엎고 교세를 확장하는 망령보다는

선한 마음 이것이 올라가는 길이라고 사제는 말한다.

AD 2025 0602 이웅.

547. OM-시행착오.
옴

시행착오.

처음부터 비행기를 구상한다고 비행기가 나오는 것이 아닙니다.

많은 시행착오 끝에 나오죠.

저는 종교적 서적을 저의 사견으로 쓰고 있지만

코란이나 성서를 넘을 수 있을지 모르겠습니다.

단지 대중성이 성공으로 평가받는 세태 속에서

묵묵히 자신의 길을 걸어가는 무명의 사제에게

신(OM)이여 축복하소서.

그 축복은 세속의 성공이 아닌,

신과 진리를 향한 정의와 진화를 향한 도약이게 하소서.

AD 2025 0602 이웅

548. OM-악마의 제국.
옴

선배 조로아스터는 재미있는 계시를 전하고 떠났습니다.

아흐리만이라는 절대악적 존재를 설파했던 것이지요.

저 역시 오랜 시간을 일원론과 이원론 속에 고민했습니다.

두 개의 동일한 창조주는 상정하기 어렵습니다.(그러나 우주에 창조를 행하는 OM아닌 존재가 있습니다. 데미우르고스 불완전한 신이죠.)

선배 마호메트의 신의 절대성의 관념을 저는 수용하고 있습니다.

제가 제시하는 창조주의 문장(OM)은 신에 대한 끝없는 신뢰입니다.

인간계에서 믿었던 자들의 추태나 나약함을 볼 때 실망하고 떠나며

저 역시 남에게 보여줄 만한 과시욕도 없기에 그런 종교적 리더는 거부합니다.

아무튼 본론으로 돌아가 보면, 조로아스터는 우주의 절대악 아흐리만을 남기고 갔습니다.

그것은 현세에서 볼 수 없는 경험할 수 없는 초현실적 이야기입니다.

기독교의 망령에 쌓인 영혼들은 같은 종인 인간에게 악마라는 꼬리표를 붙이나

엄밀한 의미에서 악마는 인간과 다른 이종입니다.

천사가 인간과 이종인 것과 같죠.

아무튼 우주에 절대악 아흐리만(앙그리마이뉴)의 존재가 강력하게 추론되고 있습니다.

Prime Evil 고차원적 악의 지성과 힘은 인간을 초월할 겁니다.

아무튼 선배 조로아스터의 전통을 이어 악의 제국에 대해 이 정도로 서술을 마치도록 하겠습니다.

그리고 사제가 인간을 위해 하나를 경고하자면

기독교나 이원론의 망령에 쌓여 저 인간은 악마라거나 저 인간은 악마가 만들었다거나 하는 망상을 갖지 말길 바랍니다.

어찌되었든 같은 종이 인간입니다.

마지막으로 저는 지옥을 경험했는데 그것은 악마(절대악)과 관련이 있을 것입니다.

영원한 멸망의 땅 엄청난 어둠의 세력을 저는 경험했습니다.

인간은 못 견딜 겁니다.

가까이하지 말길.

AD 2025 0602 이웅 남김

549. OM-신보론과 괴델.
옴

신보론은 신의 보호를 논하는 저의 신학입니다.

쿠르드 괴델은 수학자였는데 논리식으로 하느님의 존재를 증명하려 했습니다.

그는 망상(독살망상)에 빠져 굶어 죽었습니다.

단지 신을 찾는다고 우리가 특권적 보호를 받을 것이라는 것은 위의 사례로 기각되었습니다.

아무튼 신보론에 대해 기회가 닿으면 더 서술하겠습니다.

저 역시 세속에서 침해에서 보호받았는가? 묻는다면 아니었습니다.

사람들은 저를 침해했고 신은 저를 세속의 침해에서 보호해 주지 않으셨습니다.

그러니 괜한 망상(신보에 대한 망상)은 가지지 마시기를.

AD 2025 0602 이웅.

550. OM-신보론과 유대경.
옴

신보론과 유대경

신보론에 대해 조금 더 자세히 서술하겠습니다.

이스라엘 이사야서는 야훼신의 보호약속이 나옵니다.

그러나 현실에서 이뤄질 수 없는 망상입니다.

바다를 가르고 구원한다거나

하는 일들은 일어나기 어렵습니다.

그런 약속들은 일견 달콤해 보입니다.

신이 직접 보호를 약속하는 것 치고 좋은 일이 어디 있겠습니까?

그러나 인간이 서술한 신적 위치의 약속은 거짓입니다.

꿈에서 깨어나기를.

AD 2025 0602 이웅(무명의 사제) 남김.

551. OM-죽은 자와 산자를 위하여.
옴

죽은 자와 산 자를 위하여.

조상천도제라는 풍습이 있다.

구천을 떠도는 영혼이 구원받기 위해 지상의 인간에게 돈을 주고 하는 계약이다.

그러나 사제는 분명히 말한다.

지상의 미물이 영혼을 구원할 수 없다고.

거창한 명함 뒤의 조악한 인간들은 결코 영혼을 구원할 수 없다.

그대는 입이 없는가?

왜 그대의 몫을 남에게 돈으로 넘기는가?

그대 스스로 하느님께 기도하라.

또한 구원자는 영혼의 차원에 있고 지상의 육신은 기도를 할 뿐이다.

생면부지의 남의 구원을 위한 열성이 흔한 세상인가?

그런 사제는 지상에 없다.

나 또한 나의 영역만 챙길 뿐이다.

AD 2025 0602 이웅(무명의 사제)

552. OM-악마의 제국 2
옴

악마의 제국 2.

악마의 제국과 관련하여 지구상의 퇴마미신행위에

조금 서술하겠습니다.

저는 악령을 지독히도 체험한 인간 중 하나입니다.

교주의 이름(jesus)을 써서 퇴마를 시도하고 치유를 하는 미신이 지구에 널리 퍼져있고

그 근거는 신약경에 근거하여 있습니다.

간단히 사제는 사례를 제시합니다.

강도가 칼을 들고 달려오는데 교주의 이름(jesus)을 부르면 도망갑니까?

영혼의 차원도 마찬가지라고 인식하십시오.

이 어여쁜 미신행위는 없어져야 할 만행입니다.

d s Eg rrd rft wtqdd re ..

(AD 2025 0602 이옹.)

553. OM-바벨탑.
옴

바벨탑은 하루아침에 쌓이는 게 아니다.

나는 이 저서에 많은 시간을 쓸 것이다.

일필휘지는 장난이었다.

옴 나는 넘을 것이다. 코란을 성서를 불경을.

아무튼 조금 쉬고 싶다.

옴 사제를 지키라…

554. OM-신과 지독한 불안.
옴.

신과 지독한 불안.

기우라는 고사성어가 있다. 하늘이 무너져 내릴까 걱정한다는 것이다.

종교의 망령은 인간을 약하게 하고 신에게 너무 의존적인 믿음을 가지는

유아의 행위를 답습할 여지가 있다.

이런 유아신앙은 유대경이나 신약경에서 주로 나타난다.

그러니 기우적 망상적 걱정으로 유아신앙을 가지지 말길 바란다.

AD 2025 0602 이웅.

555. OM-종교적 의무에 관해서.
옴

종교적 의무에 관해서.

사제는 전편 존재의 필연에서

Life worship이라는 신학이론을 제시한 바 있습니다.

그것은 종교시설에 헌신하지 않아도

자신의 삶이 곧 신을 향한 예배라는 것입니다. 그것이 무의도적이든 간에.

아무튼 이슬람은 5번 기도를 해야 한다고 들었습니다.

그것은 엎드려 절 받기 아니겠습니까?

목마른 영혼은 스스로 우물을 팔 것입니다.

종교적 율례에 인민을 구속시킬 수 없습니다.

AD 2025 0602 무명의 사제 이웅.

556. OM-목표.
예수 마호메트 조로아스터를 넘겠다. 모세를 넘겠다. 그게 나의 목표이다.

557. OM-고행.
옴

고행.

무명의 사제는 고행을 시도했다.

20대 시절이었다.

계속 단식하면 밀가루 맛까지 느껴진다.

나는 깨달았다.

욕망이라는 이름으로 죄악시되는

불우한 우리네 인생에

하늘에게 심판이 아닌 연민을 받는다는 것을 알면

스스로를 괴롭히지 않아도 되리.

(고행에 관해서.)

그러나 뜻있는 이는 행하리라.(절제를)

AD 2025 0602 이웅.

558. OM-종교와 소유에 관해서.
옴

종교와 소유에 관하여.

신을 믿는 이들이 부처의 제자들처럼 삭발하고 수수한 옷만을 걸쳐야 하는 것은 아니다.

사제는 앞서도 말한 바가 있으나 세속과 종교는 결코 분리될 수 없다.

불교의 철학은 하나의 분파로 인정해 줄 수는 있지만, 진리라고 볼 수는 없다.

세속이 싫은 이들은 절에서 자연 속에서 휴양과 명상을 하면 족한 일이다.

소유에 대한 욕망은 누구에게나 있다.

불교는 소유에 대한 허상을 분명히 지적하고 있고 매우 의미 있는 부처의 가르침이라고 나는 생각한다.

흡사 동물같이 소유를 밝히는 저급한 세속에 우리는 하나의 가이드라인을 제시할 필요가 있다.

종교를 믿는다고 삭발하거나 모든 재산을 기부한다거나(신약경의 부자청년) 할 필요는 없다.

자신의 쓸 것과 자신의 계획 자신의 정당한 소유를 누가 정죄하겠는가?

그렇기에 부자가 천국에 가기 어렵다는 예수의 말은 기각된다.(신약성서)

아무튼 각자의 인생의 목적에서 자신의 것을 가지면 되는 것이다.

AD 2025 0602 무명의 사제.

559. OM-예언과 미래에 관해서.
옴

예언과 미래에 관하여.

우리는 직선적 시간관념에 놓여있다.

과거는 다시 반복될 수 없다.

그러나 다른 시각을 본다면

과거 현재 미래가 동시에 일어나고 있다.

즉 현재 시점에서 미래는 일어나지 않은 일이고

과거는 지나간 일이지만

상위관점에서 과거 현재 미래가 동시에 일어나며 상호작용하고 있다.

그런 영적 시각 하나를 제시해 본다.

그렇기에 문서에 적힌 대로 이뤄지는 꼭두각시 같은 미래 따윈 없다.

AD 2025 0602 이웅 남김.

560. OM-권리청원(창조주에게)
옴

청구는 아니고 청원입니다.

1. 인간의 존엄성 보장할 것(사제에게 헌법 제10조)

2. 신체의 자유 보장할 것(헌법 제12조)

3. 양심과 정신의 자유 보장할 것.

4. 최소한의 생계적 경제 보장할 것.

옴 4가지를 청원합니다.

AD 2025 0602 사제 이웅.

561. OM-나의 무게.
옴

성공하진 못할지라도

기독이슬람유대와 진화론의 망령을 걷고 가야 한다.

나는 중요하다…

결코 인간의 종교를 헛되게 돌리지 말라.

오 옴이여 전지전능의 창조주여

당신의 부재는 과거로 족하지 않은가?

AD 2025 0602.

562. OM-다윈과 신.
옴

1. 아무리 오랜 시간이 지난다고 인간이 설계한 컴퓨터가 우연히 만들어질 수 없다.

2. 마찬가지의 논리로 인간은 결코 우연히 만들어질 수 없다.

3. 인간의 생물학적 메카니즘은 정교한 초지성의 개입의 산물이다.

4. 인간은 신성한 의지의 창조물이다. 그 끝을 헤아릴 수 없는 신성의 창조물이다.

AD 2025 0602 이웅.

563. OM-무신론 심판.
옴.

무신론 심판.

1. 무지의 교육으로 무지의 생각으로 잘못된 학설(진화론, 기독교 etc)을 받아들이고 이를 믿은 이는 죄가 없다.

2. 어떤 경위로든 무신론을 가지고 종교를 박해하고, 신을 믿는 자나 찾는 자의 길을 막은 자는 죄책을 부담한다.(In the name of Justice)

이것은 타인의 신념을 침해하는 정신적 죄이고, 표현의 자유를 넘은 범죄로 인정된다.

또한 인간이 하늘을 찾는 길을 막은 종교적 죄에도 포섭된다.

3. 2조의 죄목을 가진 이는 그 업을 짊어지고 신의 부재 속을 헤매야 한다. 그 기한은 정의가 정한다.

4. 2조의 죄목을 진 자가 수인한도를 넘어서 종교를 박해한 경우 지옥형에 처한다.

5. 구원자(영계의 구원자)는 신을 믿는 이를 박해한 영혼을 구원할 수 없다.

6. Christ에게 고한다. 지구에서의 종교박해를 가볍게 여기지 말라. 당신은 구원할 수 없다.

AD 2025 0602 이웅(무명의 사제)

564. OM-무신론 심판2
옴

무신론 심판2

위대하신 창조주여

선배들(마호메트, 신화 속 예수)이

불신지옥을 말했을 때 즉 신을 받아들이지 않은 자들의 처벌을 말했을 때

저는 동의하지 않았습니다.

무지에 의해 신을 받아들이지 못할 수도 있고, 거짓된 종교기적과 신화 때문에 이를 부인할 수도 있습니다.

그러나 무신론자들이 수인한도를 넘어서 종교를 박해한 경우 사상을 불문하고

남의 정신적 자유와 신앙을 침해한 죄(SIN)에 해당한다고 생각합니다.

저는 신화의 예수처럼 모든 인류를 하느님께 복속시키고 싶지 않습니다.

그럴 능력도 의지도 없습니다.

그러나 잘못된 학설이 정설로 퍼져있는 미개한 세상에 진리를 향한 열정은 진실을 기록해야 합니다.

적어도 저서로나마 남기고 바람처럼 올라가겠습니다.

감사합니다.

옴 당신은 인간을 정죄하거나 심판하지 않는다고 들었습니다.(Eben alexander, Anita moorjani)

그러나 정의의 형법은 인간의 사상과 자유 그리고 종교신념을 부당하게 침해한 자들에 대한

심판을 예정하고 있습니다.

우주의 정의가 지옥의 마왕이 이를 다스릴 것입니다.

그들에게 넘깁니다.

불쌍한 인류에 대한 연민은 뒤로 한 채로.

AD 2025 0602 이웅 올림.

565. OM-법과 심판에 관하여.
옴.

법과 심판에 관하여

사제의 과거를 조금 저서에 남기고 가겠습니다.

저는 법학을 오래 공부했습니다.

이 세상에서 가장 무서운 것은 형법입니다.

그것은 우리가 만든 실정형법과 인간계의 구속 판단 교정시설 수용을 넘는 무서움입니다.

그것이 정의의 신의 준엄한 심판일 것입니다.

신의 형법을 세세히 알지 못하겠지만

저는 게헨나(지옥의 밑바닥)를 보고 돌아왔습니다.

미신에 사로잡혀 음욕을 품는 등의 행위로 스스로를 회개하거나 하지 않아도 됩니다.

지나친 정의적 잣대로 스스로를 정죄하지 않아도 됩니다.

그러나 정의의 형법은 존재하며 인간의 영혼은 결코 벗어날 수 없습니다.(진정한 자연적 죄에 대한 신성한 재판으로부터.)

노자 선생은 하늘의 그물은 성긴 것 같으나 빠져나갈 수 없다고 기록해 놓았습니다.(도덕경)

지옥의 영벌은 불타고 있습니다.

하늘이 계신 줄 모르고, 법 무서운 줄 모르고 자유의지를 남용한 대가는 그 영혼에게 내릴 것입니다.

AD 2025 0602 무명의 사제 남김.

566. OM-진화와 신에 관하여
옴

진화론과 신에 관하여.

다윈이라는 생물학도는 괴이한 망상을 펼쳤다.

그는 하느님이 둔 생명의 유사성만 보고

같은 뿌리라고 생각했고 종과 종이 변경했다고 믿었으며

그리고 종간의 발전단계의 우열을 두었다.

하느님이 설정하신 유전자의 고유한 특성은

그 종에게 고유한 특성을 부여하셨다.

말은 말이고 개는 개고 인간은 인간이다.

당연히 각 종은 DNA로 이루어진 생물학적 유사성을 보유한다.

하느님의 창조섭리를 읽지 못하고

괴이한 망상에 빠져 종과 종이 진화했다는 잡론은

과학이라는 허상의 간판에 끼워져 계속되고 있다.

무명의 사제는 심히 자책하며, 나의 필요성과 사명까지 느끼게 하는 지구의 현실이다.

훗날에 삽입된 돌연변이 진화가설 또한 기각된다.

고유의 유전자의 특성은 신성한 의지의 산물이며 무작위적 돌연변이는 주로 장애로 나타난다.

다운증후군은 대표적인 돌연변이로 고유 정합된 유전자의 이상발현(돌연변이)이 장애로 나타나는 case이다.

진화란, 하나의 상상적 산물로 남아야지. 증명된 과학정설로 남을 수는 없다.

그런 무지한 귀납추론은 기각된다.(거짓학설로.)

또한 진화론의 전제사실은 우연된 탄생을 말하고 있다.

결국 잡론과 궤변이 따라붙지만 진화론의 핵심명제는 생명탄생의 우연성이다.

하느님이 미스테리하게 창조한 생명은 우연적 탄생이 결코 아니다.(존재의 필연.)

그 끝을 알 수 없는 신비의 베일 속에 생명이 있다.

하늘을 가리고 잡론으로 신을 가린 자들은 그 대가를 치를 것이다.(In the name of YAMA)

AD 2025 0602 이웅 남김

567. OM-바람의 사제.

옴

신성한 창조주여.

신화의 예수는 인간군상을 양에 비유합니다.

신화의 예수는 스스로를 목자에 비유합니다.

마치 목자가 양을 몰고 먹이를 먹이듯 종교를 그리고 있습니다.

옴 저는 바람의 사제입니다.

어떤 제자도 종파도 거부합니다.

바람처럼 지구에 왔다가 떠날 뿐입니다.

자녀도 재산도 남기지 않은 채로

적어도 지구에서의 저의 작은 사명은 작은 서적을 남길 뿐입니다.

인간을 창조하신 위대한 창조주와

그 끝을 알 수 없는 진리 앞에서

그리고 신성한 정의 앞에서

미력하나마 저서를 남기고 바람처럼 떠나고 싶습니다.

어떤 목자도 양도 두지 않은 채로.

AD 2025 0602 무명의 사제.

568. OM-자유의지와 종교.

옴

개종에 관하여

헨리 8세 이야기를 남기고 가고 싶습니다.

헨리 8세는 아내가 있었지만 다른 여자를 사랑했습니다.

그리고 당시 가톨릭 종교법은 이혼을 금하고 있었고

헨리 8세는 다른 기독종파를 생성시킵니다(성공회).

뭐 뿌리가 같지만 개종은 개종일 것입니다.

우리네 세상에서도 개종사례가 보입니다.

기독교인이었는데 사랑하는 아내가 불교도라서 불교로 개종한 실제 사건도 있었습니다.

강제개종이 행해지기도 합니다.

국가적 권력의 종교강요가 행해지기도 했습니다.(이슬람)

저는 검신의 바람에서 종교의 자유를 역설했습니다. 신화적 표현으로.

저는 인간의 자유의지와 스스로의 판단 그리고 책임을 존중합니다.

그리고 강제적 압제와 압박을 무척 싫어합니다.

옴(하느님!)

기독경에서는 배교는 지옥이라고 합니다.(신약경)

옴(하느님!)

기독경에서는 예수를 따르지 않으면 사탄(악마)를 따르는 거라고 몰아붙입니다.

이런 이분법적 의식은 자유의 의지와 지성에 결코 통용될 수 없습니다.

인간은 스스로의 선택으로 신을 믿을지를 결정해야 합니다.

옴(하느님!)

인간은 스스로의 선택으로 종교를 선택해야 합니다.(기독교 불교 이슬람 etc)

그것이 저의 신념이고 철학입니다.

감사합니다.

AD 2025 0602 이옹.

569. OM-종교집단과 통제에 관하여.
옴

종교집단과 통제에 관하여

역사적 기록에서는 교황의 면죄부 판매에 대항하여

종교개혁이 이루어졌다고 합니다.

마르틴 루터와 칼뱅이 유명합니다.

그들은 개신교라는 독자적 종파를 생성시켰습니다.

그리고 그 내부에서도 나름 복잡한 분파가 있습니다.

저는 21c 현실에서 통제되지 않은 개신교를 봅니다.

교황을 주축으로 한 가톨릭은 그들의 사제를 존경하며 통솔된 면모를 보이고 있습니다.

그러나 개신교는 많은 교황을 만들었고 분파교회마다 교황들이 세워졌습니다.

종교개혁은 성공한 것인가?라고 제게 묻는다면 21c인인 저는 실패했다고 말할 것입니다.

그리고 사과나무에서 오렌지가 열릴 수 없듯이

뿌리인 신화의 예수숭배자들은 결코 다른 열매를 맺을 수 없습니다.

아무튼 성도들로부터 돈을 상납받고 입으로만 떠드는 실질 없는 사이비 축복과 사이비 설교의 시대를 저는 지나고 있습니다.

그들(기독교의 사제들)을 선택한 것은 그들(성도)의 자기책임이라고 생각합니다.

그들은 그들이 걸어왔던 길을 한 번에 돌릴 수 없을 것입니다.(신성한 카르마.)

감사합니다.

AD 2025 0602 이웅 올림.

570. OM-종교집단과 통제에 관하여 2
옴.

종교집단과 통제에 관하여 2

신의 사도라는 거짓에 속아 그들의 명령을 신의 명령인 양 여기는 무수한 사이비의 집단이 지구에 있습니다.

이것을 규율하는 것은 구제하는 것은 법이 될 것입니다.

무명의 사제는 미완의 정의를 향하여에서 종교법입법안을 남겨 놓았습니다.

저의 판단의 기준은 자유의지입니다.

예컨대 H가 신의 사도라고 거짓말을 하고 다닙니다.

A는 스스로의 판단으로 H를 신의 사도라 믿었습니다.

그러면 법은 관여하지 않습니다. A의 판단을.

그러나 H가 겁박하여, 예수같이 지옥협박을 하며

A를 끌어들였습니다.

H는 종교적 죄책을 부담한다는 것입니다.

하느님(OM)

전작인 존재의 필연에서 예수를 심판했습니다. 적어도 예수를 옹립시킨 신학경의 창시자들을.

그것으로 족하다고 생각합니다.

무지한 인간이 예수를 그리스도라고 오해하며 예수를 섬기는 일에 사제는 관여하고 싶지 않습니다.

그러나 영혼의 관성은 작동될 것입니다.

계속 부산을 향했으면 부산에 가야 합니다.

AD 2025 0602 이웅 올림.

571. OM-종교집단과 통제에 관하여 3
옴

종교집단과 통제에 관하여 3

하느님 저는 법학도입니다.

법은 실질적 자연범죄를 처벌할 뿐

내부집단의 자생적 조직규율에 관여해서는 안 된다고 생각합니다.

저는 사제이기도 하지만 법학자이기도 합니다.

종교내부집단의 문제는 자연범죄에 대해 실정형법으로 규율하면 되는 것입니다.

감사합니다.

하느님

물론 실정형법이 종교범죄 모두를 포섭하지 못합니다.

많은 부조리가 있는 것도 사실입니다.

그러나 일일이 개입할 만큼 사제의 손은 광범위하지 못합니다.

옴 그리고 위대한 정의여 지옥의 마왕이여(앙그리마이뉴여)

저의 미완의 정의를 향하여에 저의 종교입법안을 남겨놓았습니다.

감사합니다.

AD 2025 0602 이웅 올림.

572. OM-앙그리 마이뉴.
옴 우주에 절대악적 존재가 추론됩니다. 아마 그는 제게 지옥을 보여주었을 겁니다.

단 1초도 견디기 어려운 완벽한 영원의 절망이 떠오릅니다.

옴 지옥은 우주적 정의에 필수요소였던 것입니다.

오 정의여 오 법이여 오 위대한 악마여 행하소서. 행하소서. 행하소서.

AD 2025 0611 이웅.

573. OM-테레사 평석.
옴

테레사 평석.

사제는 종교문서를 좋아했습니다.

지구상의 종교문서들을 많이 읽었죠.

테레사 수녀의 자필 수기를 읽었습니다.

그녀의 편지들이 책으로 출판되었습니다.

그녀는 이상한 영혼에게 끌려다녔고

그리고 괴이한 영혼에 대한 사랑을 보여주었습니다.

그녀가 믿었던 예수는 하나의 영혼이었고 그녀의 영혼을 겁박한 존재였다는 것을 알 수 있었습니다.

하느님은 당연히 아닙니다.

그녀는 스스로 어두움에 빠져있으면서 인도의 사람들에게 빛을 전한다는 이율배반을 보여주었습니다.

스스로의 영혼조차 구원할 수 없는 미물이 남을 구원하려 선을 넘는 행위를 행했습니다.

옴(위대한 창조주여)

인도는 인도가 오랜 시간 정립해 온 신학과 종교가 있는 국가입니다.

그것을 부정한 채로 스스로도 가눌 수 없는 미물이 남을 구원한다는 망상은

견디기 어려운 분노마저 유발합니다.

감사합니다.

AD 2025 0602 이웅 올림.

574. OM-정설과 이단에 관한 소고.
옴

정설과 이단에 관한 소고.

옴 저는 삼위일체교리를 놓고 설명하고 싶습니다.

결국은 궤변인 삼위일체를 받아들이냐 안 받아들이냐의 여부로 정교와 이단을 나누는 어리석은 판단법을 규탄합니다.

A란 관념을 놓고 이 A가 예수를 그리스도로 인정하느냐의 여부입니다.

이 A란 관념을 사람들에게 들이밀며 받아들이지는지 여부로 판별하는 것은

짐승도 그렇게 단순하게 나누지는 않을 듯합니다.

기독교의 만행과 단순논법적 심판을 심히 규탄하며, 속히 퇴출되어야 할 종교이고

기독경은 그리스 신화처럼 신화로 남기는 게 인류에게 맞지 않나 저는 주장해봅니다.

감사합니다.

AD 2025 0602 이웅 씀.

575. OM-심판.
옴

심판.

위대한 정의와 앙그리마이뉴에게.

이곳에서 종교를 운운하며 인간을 속이고 착취한 영혼들을 그대들이 심판하라.

단 하나의 행위도 면책하지 않고 심판하라.

앙그리마이뉴 악마여.

그대의 지옥을 열어라.

AD 2025 0602 무명의 사제.

576. OM-무지의 시대.
옴

무지의 시대

신화 속 이야기를 사실로 믿어야만 구원을 받는다는 망령이 지구를 배회하고 있다.

무명의 사제는 전작인 법정에 선 성경에서 기독교 도그마를 혁파했다.

내가 이곳에 일일이 특정 종교에 대해 변론을 펼칠 수 없다.

나는 더 거시적 대국과 진리를 보아야 한다.

거짓된 신화에 대한 비판은 훗날의 인류의 지성에게 맡기고

무명의 사제는 앞으로 나간다.

AD 2025 0602 이옹.

577. OM-무지의 시대 2
옴

무지의 시대 2

하느님

죽은 인간이 부활했다는 것을 믿으면 과거를 모두 청산하고 구원받고

이를 믿지 않으면 양민도 지옥에 넣겠다는 망령을 심히 지탄합니다.(로마서)

이 문서는 폐기됨이 마땅하다고 보입니다.

신화로도 인정해 줄 수 없는 참람한 종교사기범죄문서입니다.(이옹 AD 2025 0602)

578. OM-휴식.
옴

조금 쉬겠습니다.

반드시 코란과 성서를 넘는 책을 남기고 가겠습니다.

부디 실력이 완성될 때까지 하늘에서 저를 지키소서. 감사합니다.

579. OM-인간의 신에 대한 오해에 관해.
옴

인간의 신에 대한 오해에 관해.

저는 이 점을 분명 짚고 가야 합니다.

인간은 신을 인간으로 상상합니다.

그리고 사이비 경전 유대교의 창세기는 이를 뒷받침해 줍니다.

동양의 종교에서 하느님이 수염을 기른 노인이거나

젊은 예수이거나

부처님이거나 하는 것은 인간의 상상입니다.

신은 인간이 아닙니다.

그는 무한의 알 수 없는 존재입니다.

그러니 우리는 신을 숭배함에 있어서 한 인격체적 망상(예수나 수염을 기른 노인)을

가지는 것은 지양할 바 못 됩니다.

AD 2025 0602 이웅 남김.

580. OM-미래의 종교 자유의 종교.

옴

저는 인류 종교의 미래입니다.

저 같은 인간은 더 못 올지도 모릅니다.

반드시 사수하소서. 신성한 책무를.

581. OM-사후세계와 성별에 관하여.
옴

사후세계와 성별에 관하여.

우리는 이븐 알렉산더 박사의 신성체험에서

하나의 진실을 가져올 수 있다.

죽은 BT는 여성형 천사였다.

그녀는 지구상에서도 여자였다.

고로 우리는 지구상의 성별이 죽어서까지 이어진다는 진술을 확보할 수 있다.

아니타 무르자니의 영적 체험에서도 그녀가 육체를 벗어나서

만난 그녀의 친부는 아버지였고 남자였고 죽어서도 그대로였다.

우리는 이곳에서의 성별이 죽어서도 이어진다는 것을 확인할 수 있다.

AD 2025 0602 이웅.

582. OM-차원이동.
옴

이븐 알렉산더의 신성체험은 엄청난 자료이다.

그 가치는 상상할 수 없을 정도로 높다.

그곳에서 천사 BT는 차원이동을 보여준다.

암흑의 땅에 있는 이븐알렉산더의 영혼을 구원한다.

이것은 차원이동으로 설명할 수 있다.

일단은 차원이동이 있음을(육신의 우리는 못하지만)

나는 제시하고 싶다.

영적인 세계에서는 충분히 가능한 일이다.

우리 지구 내에 진입하는 영혼들의 존재도 추론 가능하다.

그들이 외계인이든 DEITY(신성들이든) 영혼들(SPIRIT)이든 간에.

AD 2025 0602 이웅.

583. OM-신에게 만인구원설에 대해 묻다.
옴이여

옴께 기도하면 무슨 유익이 있는지?.

매일 염불하다가 같은 곳에 들어가야 한다면,(만인구원설)

신을 섬기는 게 신을 위하는 게 무슨 유익이 있는지??

가서도 내 남편은 사랑하고 다른 남자는 배제한다면(만인천국론)

어찌 사랑이라 하시는지?

이웅.

584. OM-눈과 신앙.
옴.

우리는 무식하기에 기적으로 당신을 보여달라 합니다.

하지만 당신은 기적에 인색하십니다.

저는 당신의 존재를 확인했습니다.

(눈과 신앙-이웅 2025.)

585. OM-악마와의 계약.
TO OM.

지옥의 군주들이여

창조주의 사제를 호위하라.

그리고 면책받으라.

이웅 2025 0510

586. OM-종교의 진실과 거짓.
옴

종교의 진실과 거짓.

옴(하느님)

우리의 세상은 거짓이 난무하는 세상입니다.

저는 실제로 동시대에 거짓말하는 종교인을 (실명은 남기지 않겠습니다.) 직접 보았습니다.

그는 많은 추종자를 거느렸습니다.

저는 두 명의 증인을 보았습니다.

인도인 아니타무르자니 미국인 이븐 알렉산더

저는 개인적으로 그들을 조사했습니다.

이 두 명 다 선량한 영혼이며 진실을 증언했습니다.

적어도 주요사실에서 그들은 진실이었다는 것입니다.

후대의 사람들이 이 두 사람의 체험은 중시하길 바랍니다.

그것은 신성과 사후세계에 대한 아주 귀한 자료입니다.

아울러 종교나 영적현상에서 메신저(전하는 사람)를 면밀히 검토하길 바랍니다.

난무하는 민간의 거짓 풍문들, 허황된 이야기들

이런 것들이 난무하는 게 지구상의 통념이요 세속입니다.

AD 2025 0602 무명의 사제.

587. OM-종교의 진실과 거짓 2
옴

종교의 진실과 거짓 2.

신약신화에서 신이 음성으로 예수를 보증합니다.

하느님이 말했다거나…

이런 것은 허황된 거짓말입니다.

뒤의 사도문서는 직접 들었다고 했습니다.

창조주는 인간의 음성으로 인간에게 말하지 않습니다.(거의 절대명제입니다.)

예컨대 그러면 하느님이 개한테는 개의 언어로 말씀하시겠습니까?

사실 인간이란 신에게 개보다 못한 종입니다.(적어도 위상적 위치는 인간의 동반자 개보다 낮은 종입니다.)

그것은 진실입니다.

AD 2025 0602 이웅.

588. OM-하느님께 드리는 편지.
미안합니다.

남은 생은 십자가는 지지 못할망정

하늘이 제게 준 역량하에서

인류의 종교적 복지를 위하겠습니다.

비록 화려한 명예는 얻지 못할지라도

괴델처럼 신에 의해 버림받아

미쳐 죽을지언정

스피노자처럼 파문당해 죽을지언정

신을 향한 진리를 향한 그리고 인류의 종교를 위한 나의 노고는

하늘의 보호와 상급을 받을 것입니다.

정직한 사제는 진실과 사랑을 원했으나

깊은 하수구는 사제가 살 곳이 못 되옵니다.

옴이여

그동안의 노고가…

감옥 같은 곳에서 행했던 나의 노고가

화려한 명성은 아닐지언정

적어도 신을 향한 충정이었으니

저를 순교자로 만들지 마소서.

589. OM-신풍연구.
옴

신풍연구.

쿠빌라이의 몽고는 거대한 제국을 형성했습니다.

고려의 항복을 받아낸 쿠빌라이는

일본열도로 군사를 진격합니다.

대군이 열도로 들어갈 때

태풍이 붑니다.

대군은 바다에 수장되죠.

가마쿠라 막부 시절이었습니다.(제 기억상 맞을 겁니다. 저는 꼭 필요하지 않으면 자료를 참고하며 쓰지 않습니다.)

일본인들은 그 바람을 신풍이라 부릅니다.

2차세계대전에서, 미군의 함대에 돌격했던 특공대도 신풍 특공대입니다.

제가 사료를 조사한 결과 겨울에 태풍이 불었습니다.

겨울 태풍은 이례적인 일로, 저는 39년 한반도에 살면서 여름에만 태풍이 부는 것을 보았습니다.

종교적 이적사례로 분류함이 마땅한 신비한 일입니다.

OM TELA.

AD 2025 0602

590. OM-신을 향한 헌신.

옴 죄송합니다. 역량이 이것밖에 되지 않아서 많은 것을 적지 못했습니다. 옴 부디 제게 시간과 기회를 주소서.

오직 옴(OM) 무한의 창조주를 향한 저의 헌신만이 글에 남아있으니 오 옴이여 저의 부족함을 용서하소서.

죄송합니다.

AD 2025 0611 이웅 올림.

591. OM-무명의 사제

옴

무언가 비장해져 갑니다.

사실 국가를 구하는 일보다

우리 인류에게 종교적 진보를 이루는 일이 더 중합니다.

옴 이슬람을 보십시오.

수억에 가까운 자들이 코란의 사슬 속에서 못 벗어납니다.

옴 특출났던 지성조차도 뉴턴 경조차도

신에 대해 프린키피아에 짤막한 저술을 남겼을 뿐입니다.

옴 제가 해야 합니다.

지구상에 이 일을 할 수 있는 이는 저밖에 없습니다.

신화 속 예수처럼 잡혀가서 고문 끝에 처형당해 끝나는 인류의 구원이라면

그토록 쉬운 일이라면 저는 20년을 연구할 필요가 없었을 것입니다.

오 하늘이여 옴이여

신을 향한 나의 작은 충정이 혼이 되어 이 글에 남아

인류를 위한 길에 쓰이게 하소서.

사제로서의 직분을 다하고 눈을 감을 수 있게 하시고,

화려한 연구실은 아닐지라도

누추한 방에서 남기는 기록들이

하늘을 향한 충정으로 인간의 프로메테우스로 남아

하늘의 손에 맡깁니다.

옴

AD 2025 0602 Lee woong

592. OM-수학의 뉴턴을 기리며-이웅이 남김.

옴

선배 뉴턴의 뒤를 이은 짧은 발자국.

뉴턴은 자연 속의 내재된 수리적 법칙을 보았습니다.

그는 수식으로 그것을 표현했죠.

그것은 우리가 이해하기 어려운 범위의

자연에 내재된 창조주의 지성의 일부입니다.

우리의 자연이 무작위적 카오스로 돌아가고 있다는 것이 아니라

정묘한 수리법칙에 따라 운행을 하고 있다는 진리는

우리에게 하느님의 존재를 확인시켜 줍니다.

(옴 내가 이제 와서 무엇을 아끼랴.)

그 끝을 알 수 없는 신비는, 자연 속에 육안 밖의 지성으로 각인되어

학문이라는 이름으로 천재들이 도전했던 수많은 분야를 내포하고 있습니다.

신의 지문은 육안에는 감춰져 있으며

눈을 뜨면 그의 창조가 보일 것입니다.

그것은 신비요, 저조차도 헤아릴 수 없는 신의 지성의 산물입니다.

여기까지 하겠습니다.

감사합니다.

AD 2025 0602 이웅.

593. OM-밀교(비밀종교)
옴

밀교와 confession

기독교 신화에서 예수는 말하였다.

천국은 감춰진 보화와 같다고…

만일 내게 다이아몬드가 있다.

그것은 경합재이다.

그러면 그것을 남에게 주지 않는다.

신학적 진리도 이와 같다.

욕심 많은 소유욕 있는 인간이라는 종은

그렇다.

그렇기에 오히려 역으로 신도를 수탈하려는 교회의 포교는 지탄의 대상이다.

눈앞의 인간을 천대하면서 그들의 영혼을 구원하겠다는 것은 이율배반이다.

옴

저는 사랑하고 싶었습니다. 한 영혼을 한 영혼을 귀히 여기고 싶었습니다.

그러나 많은 노력이 꿈꿔왔던 미래가

현실의 더러운 장막에 부딪혔을 때

저는 그 꿈을 놓았습니다.

밀교(비밀종교) 창설도 생각해 보았습니다.

예수가 베드로를 사랑했듯(기독교신화에서)

저도 사랑해 보고 싶었습니다.

그러나, 그런 신화 속 사랑은 조악하고 창피한 집합 속의 원소로 제게 남는 수치를 안겨줄 수 있었습니다.

옴 하늘이시여

애애고자심 천지기인기(고구려 국조 고주몽의 기도문)

이제는 인류를 위한 길이 하나의 작은 저서라면,

그것이 제가 할 수 있는 신에 대한 충성이오, 인류에 대한 의무라면

저는 완필을 하겠습니다.

결론을 낼 수 없는 하나의 완벽한 도그마를 만들 수 없는 저의 실력과

무궁무진한 진리의 미래는 저의 작은 발걸음으로 작은 진보로도 족한 저의 잔입니다.

감사합니다.

AD 2025 0602 이웅.

594. OM-예수의 신화화를 향하여.
옴

저는 기독교 성서의 신화화를 주장합니다.

기독교 성서 또한 그리스 신화처럼 신화가 되어

우리에게 지어낸 이야기로 남을 것입니다. (그래야 합니다.)

모세신화 아킬레스 신화 예수신화는 사실 '신화'입니다.

신화란 인간이 신과 연계시켜서 지어낸 작품입니다. 문학이죠.

우리는 신화를 보며 신과 관련된 하나의 작품으로 이해해야지

그것을 사실이라고 믿으려고 해서는 안 되는 것입니다.

홍해가 갈라져서 이스라엘 백성이 구원받은 것도

여러 그리스 신들이 아킬레스에게 선물을 준 것도(백양나무 창)

모두 신화입니다.

그러나 신화는 신화일지언정

그 정신은 하나의 이야기로서 우리에게 영감을 제시할 수 있습니다.

인류를 사랑해서 스스로를 희생한 그리스도의 신화는

하나의 신화로 정신으로 남아 우리 곁에 있어야 할 것입니다.

부활했다는 것을 사실로 믿어버린 만큼 무지한 시대에서

인간을 정말 사랑해서 스스로를 던진 신화가 있었다는 것을

그것을 sacrifice로 해석하는 하나의 전통은 인류에게 기억될 것입니다.

그의 세상을 향한 이율배반적 저주도.(칼을 주러 왔다-예수- 기독교 신화에서)

이웅 남김 AD 2025 0602.

595. OM-무명의 사제.
옴

사제의 부족함은 모두 사제의 허물로 돌리시고

인류의 신에 대한 진실된 열정만이

이 책에 남게 하소서.

감사합니다.

AD 2025 0602 이웅.

596. OM-고해성사에 관해.

옴

고해성사에 관해.

인간인 사제에게 자신의 창피한 일들을 털어놓고 면죄부를 지는 것은 창피한 일이다.

인간 사제는 남의 흉을 바라보는 육신 속의 인간이다.

고해성사는 그대가 신에게 직접하라. 그가 들으신다.

AD 2025 0602 이웅

597. OM-도라에몽과 과학문명.

옴

만화 도라에몽에서 도라에몽은 다른 차원의 물건을

지구로 가져옵니다.

픽션 스타크래프트에서 프로토스는 소환술로 전사들을 이동시킵니다.

이런 기술이 우주에 실존하고 있다는 것을 저는 말하고 싶습니다.

우리가 말을 타고 조선을 달릴 때

외계문명은 태양계 바깥에서 지구에 진입했으니 말입니다.

그 기술격차는 생각 이상입니다.

우물 안 개구리는 공자 왈 맹자 왈 하다 세상을 떠나지만

무한의 우주는 끝없는 잠재력의 발현을 우리에게 제시합니다.

AD 2025 0602 이웅.

598. OM-예수와 미트라.

옴

예수와 미트라(약한 신과 강한 신)

신화에서 예수는 연약했다.

그는 무력을 쓰지 못했다.

입으로 설법하는 자였다.

반면 미트라의 신상은 유적으로 우리에게 남아있다.

단검을 들고 황소를 제압하는 미트라의 신상은

그의 군인적 면모는 고대인의 종교로 흔적으로 우리에게 남아있다.

약한 인간이 선을 표방하며 인간 공권력에 짓밟혀서 저주만 해댄다면(미래의 심판을)

그런 그리스도는 하나의 취향으로 족하다.

미트라처럼 강력한 군신은 남자들의 우상일 수 있다.

왼뺨을 맞으면 오른뺨을 돌려대는 나약한 선이 아닌

강력한 무력 빛나는 deity(신성)은 우리를 충분히 이끌 수 있는 매력이 있다.

그러면 하느님은 강한가?

내게 묻는다면 전 우주에서 가장 강하다.

뭐 지구 정도는 1초 만에 소멸할 수 있다.

그는 전능하다.

내가 선배 조로아스터의 이원론(선과 악의 대립)에 동의하지 않는 이유도 이와 같다.

적어도 OM(창조주)와 비견될 존재는 전 우주에 없다.

이것은 믿음이 아닌 현실인 것이다.

그를 만났다는 이븐 알렉산더 박사도 그 경외감을 언어로 표현할 수 없었으며

전지전능 무한히 강력한 존재로 서술했다.

우리가 예수신화에 영향을 받아 나약한 선인 이미지를 신상에 투사한다면 우리는 종교에서 실패한 것이다.

강력한 대군이(러시아나 몽고가) 약소국(고려, 우크라이나)을 침략하는데도 오른뺨을 맞으면 왼뺨을 맞아야 하는 나약한 신학은 그들의 것으로 족하다.

무한의 강함은 창조주의 것이다.

그걸 기억하라.(남자든 여자든.)

그리고 구약신화에서 야훼는 상당히 강력하다. 그러나 그는 치졸하게 인간과 대립했다. 심지어 아름답지 않은 질투를 행했다.

이런 저급한 감정은 그에게 없다.

그리고 인간을 벌레처럼 짓밟는 야훼의 만행은 유대인의 신화로 족하다.

AD 2025 0602 이웅

599. OM-악마의 눈.
옴

악마의 눈.

일본 만화 사무라이 디퍼 쿄우에서

악마의 눈이 등장한다.

보면 석화되어 아스라지는 악마의 눈이다.

전투에서 사용된다.

나는 악의 눈을 직접 보았다.

인간은 아름다운 천사의 눈이 아니다.

증오와 원한 질투 배신이 담긴 눈이 분명 있다.

악마의 눈은 이를 조금 더 증폭시킨 악령의 눈으로

보는 이를 질리게 하는 듯하다.

픽션에서처럼 석화되어 버릴지도 모르겠다.(Prime evil 고차원적 악이라면.)

AD 2025 0602 이웅.

(d zdd dad sd rwr ttse wd td wtt)

600. OM-천부여 의지 없어서.
옴

기독교 찬가 중 한 구절을 좋아한다.

천부여 의지 없어서 손들고 옵니다. 주 나를 외면 하시면 나 어디 가리이까.

옴(하느님!)

우리네 인생에 힘없고 권력 없고 돈 없고 재능 없는 인민들이 하늘을 향해 부르짖을 때

그들의 찬가는 하늘을 향한 발원입니다.

무심한 하늘은 인민을 버려두나, 사제는 최소한의 저서로 인류를 위합니다.

옴 엘리엘리 라마 사박다니(아버지여 아버지여 왜 나를 버리셨나이까.)

AD 2025 0602 이웅.

601. OM-인간의 자유의지와 기독교.
옴

인간의 자유의지와 기독교

예수신화에 만족하여 그의 부활을 되뇌이며

매일같이 구원의 감사를 해대는 무리는 그들의 잔으로 족하다.

나는 더 나아가야겠다.

예수님의 주권하에 그의 신민이 되어

유대인이나 기독교인들과 영원히 살 수 없다.

그것이 나의 자유의지이고 나의 뜻이다.

나는 예수를 넘어야 한다.

나에게 추종자는 필요 없다.

나는 종교의 진보를 원한다.

내가 나에게 수식어를 붙이지 않겠다.

하늘이여 지구의 바람으로 기억해다오(신풍으로)

잡고 싶으나 잡을 수 없는 바람으로

잠시 불었다가 사라지는 기억되지 않는 바람으로.

AD 2025 0602 무명의 사제.

602. OM-악을 보다.
옴

악을 보다

20대였나 기도할 때 눈이 열렸다.

인간의 눈의 광기와 악이 보였다.

우리의 영혼은 모두 순수한 사랑이 아니다.

아무튼 괴로웠다.

악이 인간의 영혼에 있다는 것은 비극이다.

그렇다고 세상 전체를 선과 악 따위로 치환하지 말길 바란다.

깊은 사고 속에 길이 있고 명상과 기도 속에 구원이 있다.

AD 2026 0602 이웅.

603. OM-찬가.
옴

제가 작사하였습니다.

음은 남기지 못합니다.

Chant

인생의 죽음 앞에서 두렵고 힘들 때 우릴 창조하신 주를 나 바라봅니다.

새롭게 떠날 그곳을 나 알 순 없어도 삶의 뒤안길에 주께 의지합니다.

감사합니다.

이웅 남김 AD 2025 0602.

604. OM-찬가 2
옴

이븐알렉산더의 신성체험에서 찬가가 등장한다.

그것은 인간의 찬가가 아니었다.

그것은 진보된 순수한 영혼들의 천상의 찬가였다.(Eben alexander Proof of Heaven)

우리의 낮은 땅에도 찬가가 들리나

말초신경을 자극하는 수준 낮은 가사들이다.

천국의 음악은 영혼을 정화하고 아름다움을 노래한다.

그것은 천사의 노래이다.

뭐 좋다.

하늘이 인간을 인간으로 내셨다면,

그러나 계속된 걸음은 그 영혼을 천상으로 인도하리라.

단지 주를 믿나이다. 아멘 하며 형식행위로 일요일에 나가는 교회라면

그 정도 쉬운 구원이라면 그대의 잔은 그대가 마셨다.

계속 정진하라. 부처처럼.

열정을 가지라 마호메트처럼(동굴 속에서 신에 대해 명상하던 선배처럼.)

AD 2025 0602 이웅.

605. OM-지옥에 관하여.
옴

지옥에 관하여

저는 지옥을 직접 체험하는 행운을 얻게 되었습니다.

그것 때문에 소중한 것을 잃어야 했습니다.

지옥은 현실입니다.

그것은 우리의 시간차원을 넘는 영원의 멸망이었습니다.

그것은 인간의 언어로 표현할 수 있는 범위가 아닙니다.

우리 인간은 저의 지옥체험을 상기하십시오.

하느님은 사랑이니까 용서니까

지옥은 없어. 우리는 구원받아.

이런 순진한 생각은 순진한 망상입니다.

지옥은 우리가 부정하든 긍정하든

'현실'이자 '진실'입니다.

AD 2025 0602 무명의 사제.

606. OM-마호메트와 하디자.
옴.

마호메트와 하디자.

마호메트는 동굴 속에서 음성을 듣는다.

전설에 의하면

'읽어라 주님의 이름으로'라는 소리가 들렸다고 한다.

전설에 의하면

마호메트는 두려움에 사로잡혀 도망갔다고 한다.

마호메트는 아내가 있었는데 하디자라는 여자였다.

과부였던 하디자는 젊은 마호메트와 결혼한다.

하디자는 부자였기에 마호메트는 경제적 노고에서 벗어난 듯하다.

그것은 그가 신에 대해 시간을 쓸 수 있는 좋은 기회였을 것이다.

아무튼 하디자는 두려움에 질린 마호메트에게

알라(신)의 사도라고 한다.

여자의 내조가 돋보이는 대목이다.

두려움에 질린 남자를 버리고 천시하기는커녕

안아준 하디자는 검은 깃발의 어머니였다.

AD 2025 0602 이웅.

(나는 마호메트의 신학을 비판하면서도 그가 하나님을 찾은 선배라고도 인식한다.-이웅 2025 0611)

607. OM-부처의 팔정도.
옴

부처의 팔정도에 관해.

무명의 사제는 지구상의 종교를 연구했죠. 그리고 저만의 길을 걷고 있습니다.

부처의 팔정도는 사실 실체가 불분명합니다.

정확히 무엇을 의미하는지 확실하진 않죠.

그러나 正을 표방했다는 점에서 점수를 주고 싶습니다.

동양의 유학도 군자라는 이상적 인간상을 계속 추구하고 있습니다.

여러분들이 이런 길을 원한다면 걸으십시오.

AD 2025 0602 이웅.

608. OM-경대승과 죽음에 관해.
옴

경대승과 죽음.

고려시대 경대승은 젊은 무인이었습니다.

무인은 범부보다 뛰어난 용기와 무력으로 남을 압도하는 인간들입니다.

기록에 의하면 경대승은 정중부를 죽였는데

그리고 젊은 시절 실권을 장악했는데

죽음을 두려워했습니다.

그는 도방이라는 호위무사 조직을 만들었습니다.

그는 전설에 의하면 정중부의 원혼에 시달리다가 죽습니다.

우리는 죽음을 두려워합니다. 저 역시 20대 시절 그랬습니다.

그것은 자연본능입니다.

종교에 있어서 죽음의 극복이라는 테마는 여타 종교들의 화두였습니다.

죽으면 사라질 것 같다는 망상

죽는 과정에 대한 공포 등은 인간을 사로잡고

이성을 마비시킵니다.

필연적으로 완벽한 자존력을 가질 수 없는 인간은 하늘을 의지해야 합니다.

평시에 관심도 없다가 목마를 때 찾는 물은 달콤할지언정 가치 있을까 의문입니다.

평시에 신과 종교 하느님과 진리 천사와 악마 죽음과 사후세계에 대한 고찰을 하기를 바랍니다.

AD 2025 0602 무명의 사제.

609. OM-창조주께 호소문.
옴

하늘이여 하늘이여

저 한 몸 가눌 곳 없는 인간이

무슨 인민을 이끌고

여자를 만나겠나이까?

저 스스로도 지킬 수 없는 무명의 사제는

하늘께 핏빛 혈흔을 전합니다.

옴 애애고자심 천지기인기(동명성왕 고주몽의 기도문.)

AD 2025 0602 무명의 사제.

610. OM-신학 20년의 길.
옴

신학 20년의 길.

저의 나이는 39살입니다.

거의 20년을 신학에 매진했습니다.

신의 존재를 증명했고

지옥을 여행했죠.

다 나열할 수는 없습니다.

AD 2205 0602 이웅 남김.

611. OM-신보론(TO OM 창조주께 직접 구하다.)

옴

신보론

소녀 잔다르크는 화형당했다.

그녀는 죽었고 기억되었다.

하지만 계시의 주체들은 지상의 인간을 막지 못했다.

나는 이들을 지탄한다.

옴이여…

OM TELA

AD 2025 0602 이웅.

612. OM-정약용 선생

옴

정약용 선생은 기독교에 심취합니다.

그는 판별식이 부족했던 것이지요.

그것 때문에 낙향하여

저술했다고 알려져 있습니다.

국가의 주된 흐름이 사상적 A일 때

이단으로 치부받는 B는 배척됩니다.

어느 시대나 비슷할 겁니다.

주류 흐름이 B라면 C는 이단이 되죠.

정약용 사례는 주된 흐름과 배척된 지성인의 족적을 그립니다.

모두가 진화론 D에 빠지고 그것이 정설이 되고

다른 학설 E는 이단이자 미치광이가 될 때

영원불변한 진리를 향한 인간의 도약은 위대한 도전으로 우리에게 남을 것입니다.

AD 2025 0602 이웅 남김.

613. OM-기원 후의 종교.
옴

기원후의 종교

카이사르 시절 유대인 예수가 조금 늦게 태어난 듯싶습니다.

그 전의 연력은 지금은 기원전으로 치부됩니다.

우리 인류는 현시점 AD 2025를 쓰죠. 유대인 예수 탄생 시점이 기준점입니다.

종교적 역사를 고찰하건대

예수, 그리고 유대의 전통을 이은 마호메트

그 외에는 특출난 인물은 없었습니다.

마니가 육체를 폄하하다가 사라졌죠. 그는 지나친 영적주의로 신이 주신 육체를 부정하는 반쪽짜리 교리를 말했을 뿐입니다.(사견)

조로아스터와 부처는 기원전의 인간들이죠.

베다란 오래된 문헌이 있으나

창조주에 대한 기록이 거의 없습니다.

현대의 임사체험은 신비하나

이들은 기독교의 암흑을 못 걷어냅니다.

이것이 그들의 한계이죠.

사랑이란 미명하에 미세한 도그마를 모두 인정하는 듯한 뉘앙스를 풍긴다거나 (그것은 사실 생사여탈의 중요한 교리인데도)

기독교를 못 넘고 멍청한 소리(예수가 다시 살아났다느니)를 하죠.

그것이 그들의 한계입니다.

저 이웅은 AD 이후의 그림자를 넘고 싶습니다.

오래 잠식된 종교적 어둠을 걷고 싶습니다.

절대명제나 교리는 없습니다. 적어도 저에게는

마치 끝없이 이어지는 무리수처럼 완결된 절대진리는 제게 없습니다.

옴이여 저는 걸어갑니다.

일정 기간 지구의 길을.

신에 대한 사랑과 충정이 이 길의 동력입니다.

부디 눈을 감는 그 순간까지 지키소서.

AD 2025 0602 이웅 남김.

614. OM-네크로멘서.
옴

네크로멘서

신장은 황제의 형제였다.

신장은 전투에서 지는 것을 몰랐다.

청룡은 적을 휘감고 목을 가져갔다.

뛰어난 용사도 청룡에게 목을 바쳤다.

그대의 신위가 나를 지킨다면

나는 보다 자유로우리.

AD 2025 0602 무명의 사제.(청룡의 신장을 추모하며.-만인적.)

615. OM-죽음의 시.
옴

죽음의 시.

푸른 행성 내게 다가와 여기서 태어났네.

내가 누구인지 잊고

부모 손에 길러졌네.

고초와 노고는 이루 말 못 해라.

하늘이 인간을 내셨는데 어찌 이리 박해하는가.

모든 걸 놓고 떠나기에는

맡은 임무 중해라.

경박하고 어리석어 중임을 완수하지 못했네.

그러나 미력하나마 붓을 드니 하늘을 향한 충정일세.

떠나는 그날까지 신성한 사제를 지키소서.

OM TELA

AD 2025 0602 무명의 사제.

616. OM-신의 일 인간의 일.

옴

신의 일 인간의 일.

장각의 황건당은 21c에도 존재합니다.

신의 지상명령이라는 사명하에

그들의 인생을 버리는 만행입니다.

종교와 교주를 위한 일이건만

수많은 사이비 사제를 위한 일이건만

그것이 신의 일이라는 미명하에

착취 같은 삶을 저는 바라봅니다.

읽는 자는 깨달으십시오.

누군가의 세포로 누군가의 도구로 전락할 만큼

당신은 가치 없지 않습니다.

자유의 이성과 자유의지는 스스로의 항해를 스스로가 결정해야 합니다.

누군가에게 배우고 누군가에게 물어보고

모든 것을 해결할 수 없고 모든 것을 알 수 없는 우리 인간의 숙명입니다.

그러나 우리가 신뢰했던 그 분야의 권위자들이 허상의 우상이라면

당신의 인생은 정제되지 않은 썩은 목검을 들고 적의 목을 베려는 행위입니다.

AD 2025 0602 이웅.

617. OM-종교.

옴

인간에게 있어서 종교보다 더 중요한 문제는 없다.

결국 지구 내부의 이야기가 우리가 다루는 것이고

종교는 위대한 하늘과

전 우주로 범위가 넓혀진다.

저는 작은 사명 앞에 작은 저서를 남기고 가렵니다.

옴 오래 걸릴 것 같습니다.

써도 써도 부족하네요.

반드시 많은 것들을 주고

프로메테우스의 불처럼 인류에게 남기를.

AD 2025 0602 이웅.

618. OM-transformer

OM

transformer

신성한 기록(Eben Alexaner)에서 천사 BT는

빛나는 구체의 형상이었다.

그녀는 Angel이었다.

그리고 인간의 형상으로 나타났다. 그의 사랑하는 형제에게.

형상은 지금은 고정불변이나

죽은 뒤까지 이어지지 않는다.

천사 BT사례에서 transformer를 우리는 확인할 수 있다.

또한 천재적 작가 드래곤볼(일본 만화)에서는

변신하는 우주인들에 대한 상상이 있다.

우리는 종의 고정성을 향유하나

외계종은 꼭 그런 법칙에 구속되지는 않을 것이다.

AD 2025 0602 무명의 사제.

619. OM-피콜로 대마왕.
옴

만화 드래곤볼에 나온 절대악(피콜로 대마왕)

일본의 천재 작가 드래곤볼의 저자는

저에게 어린 시절의 추억을 주었습니다.

지금 39살인 제가 봐도 재미있는 명작입니다.

아무튼 각설하고 그가 그린 상상은

위대한 영감의 현실로 저에게 지금 다가옵니다.

그곳에 나오는 피콜로 대마왕은

지구의 신의 악성이 분리되어 나타난 다른 인격체입니다.

한 인격을 보유한 신성이 선과 악으로 나뉜 것이죠.

피콜로대마왕은 절대악적 모습을 보이나

점점 인간에게 정을 느끼며 동화되어 갑니다.(선에 의해)

그리고 결국 다시 하나가 되죠.

한 인격체에서 영혼의 분화라는 관념은

아주 신비하고 독특한 발상입니다.

우주 내에 이런 현상이 전무한 일은 아닐 것입니다.(무한우주론.)

외계는 넓으며 사제는 과거의 일만 계속 남길 수 없습니다.

인류의 천재들이 남긴 위대한 유산은 사제에게 재사용되어 진화할 것입니다.

감사합니다.

AD 2025 0602 이웅.

620. OM-환영여단.
옴

환영여단.

헌터헌터라는 일본의 작가가 그린 만화에서는

환영여단이 등장합니다.

환영여단은 초전사 집단입니다.

소수로 주로 9명 정도로 움직이죠.

한 명이 한 조직(마피아 조직)을 섬멸시킬 수 있는 무력입니다.

이들은 일종의 company 역할을 하는데,

돈만 주면 무슨 일이든 해줍니다.

아무튼 이런 우주적 조직이 지구 내 모형으로 우리네 현실에 있지만

드넓은 우주에 이런 집단이 있을 겁니다.(무한우주론)

감사합니다.

AD 2025 0602 이웅.

621. TO OM
저는 무한우주론을 확립했습니다.

오 신성한 창조주여

무한우주론을 한 마디로 요약하면

'없는 것이 없다.'라고 할 수 있습니다.

옴 감사합니다.

AD 2025 0611 이웅 올림.

622. OM-외로움.
옴

외로움 1

무명의 사제를 끝내고 조금 쉬고 싶네요.

이 저서에 저는 많은 의미를 부여할 것입니다.

옴 신성한 사제를 지키소서.

그날이 오기까지만.

(d sr ttf wfrwr rsg erRwa ttg twf wztt)

2025 0602 이웅 올림.

623. OM-플라톤 이데아론.
옴

플라톤 이데아론

위대한 현자 플라톤은

이데아론을 제시했습니다.

지구상은 조악한 모형이고 더 진보된 세상이 있다는 그의 영적 가르침입니다.

이는 모형 비유로 설명할 수 있습니다.

우리가 어릴 때 장난감 차를 가지고 놀죠.

저도 건전지 모터 미니카를 가지고 놀았습니다.

그런데 크면 실제 엔진 자동차를 타고 다니죠.

이데아론도 비슷할 겁니다.

지성의 추론은 우주적 진보된 문명.

그것이 우리와 유사하면서도 마치 미니카와 현실 자동차 같은

비례식을 저에게 제시하고 있습니다.

AD 2025 0602 이웅.

624. OM-신풍 일본의 검.
옴

신풍-일본의 검.

일본의 신의 전설이

그들의 후대에 남아있다.

신의 바람은 피를 부른다.

그것은 일본의 검이다.

바람이 분다. 신의 바람이 분다.

적의 선혈은 분수처럼 휘날린다.

기분이 좋다. 신의 바람과 죽음

그리고 차가운 검날은.

AD 2025 0602 무명의 사제.

(d tfed rd Qdd rtse. d qe wdr etd ae rd wtt gr gR regse.)

625. OM-프리더(무한우주론)
옴

프리더.

우주를 정복하는 존재.

엄청난 실력으로

각종 행성을 정복하며

식민지화한다.

인류 또한 같은 인류에게 해온 짓이다.(제국주의)

우주의 외계인 중에 충분히 존재한다.(무한우주론 Axiom)

이웅 2025 0602.

626. OM-무신의 속도(d drd wr wtt qxgse)
옴

무신의 속도.

무신(武神)의 속도는 신경세포보다 빠르다.

죽음을 인지하기 전에 죽는다.

그것은 무신의 자비이다.

공포는 없다.

그대는 검을 인지하지 못하리라.

AD 2025 0602 무명의 사제.

627. OM-jesus help me.
OM

jesus help me.

한 사람이 21c경에 지옥을 체험합니다.

그는 본능적으로 jesus help me라고 말했다고 합니다.

그때 한 빛이 다가와 구원했다고 합니다.

아무튼 이 사례는 우리가 추적하는 그리고 (기대를 거는)

Christ의 그림자를 제시합니다.

흔히 예수나 마리아로 인식하는 Christ의 실체를 확실히 파악할 수는 없습니다.

저는 영지주의자입니다. Christ에 대한 관점에서는

그는 인간을 진실되게 사랑했으며 심판 따윈 하진 않는 진정한 구원자일 것입니다.

그는 십자가에 못 박힌 적도 없고 육체로 성육신되지도 않았을 것입니다.

우리가 집단의 의식과 무의식 속에 있는 그리스도의 신상은 Gnoticism의 Christ의 그림자일 것입니다.

적어도 Christ가 인간을 진정 사랑한다면 구원은 그의 역량입니다.

감사합니다.

AD 2025 0603 이웅(무명의 사제) 남김.

628. OM-잔다르크.
옴

잔다르크.

프랑스의 소녀 잔다르크는 그녀의 이야기 개관이나마

종교적으로 깊이 고찰할 필요가 있다.

신의 계시까지는 아니더라도

그녀는 영혼과 접했다.

뭐 무속으로는 접신이라고 해도 좋다.

그녀는 전쟁의 상징이자 승리의 원동력이 된다.

그녀가 영혼에게 받은 사명은 프랑스를 구원하라였다.

당시 프랑스는 전쟁에서 열세에 몰린 상황이었다.

그 영혼들은 유대신화의 미카엘이라고 이름 붙였지만

사실 유대신화의 이름을 그 영혼들에게 갖다 붙인 것일 뿐

유대신화와 관련이 없을 수 있다.

아무튼 잔다르크는 종교재판을 받고 화형당한다.

아주 어린 시절 떠나야 했다.

불꽃 같은 삶을 살고…

그녀는 기독교인이었던 듯싶으나

그녀의 지성 수준으로 기독교를 넘기는 어려웠으리라(당시의 패러다임인.)

아무튼 잔다르크 사례는 영혼과 육신 안의 생자가 만난 희귀사례로 분류됨이 옳다.

조사한 바에 따르면 종교재판에서 잔다르크는 영혼과의 만남을 일관되게 진술했다고 한다.(즉 거짓된 증언이라고 볼 수 없는 일관성이 있었다고 한다.)

아무튼 그 영혼들은 프랑스와 관련이 된 영혼들 같다.(사제의 추측)

유대기독신화랑은 관련이 많이 없었을 것이다.

나는 그 영혼들을 문책한다.

어린 소녀가 그리 죽게 둘 만큼 무책임한 행위를 했다고.

(끝까지 책임을 지라고.)

아무튼 잔다르크에 대해 나중에 기회가 있으면 더 다루기로 하겠다.

또한 조사한 바에 의하면 그녀는 신에 대한 깊은 신앙을 가지고 있었다고 한다.

영체가 그녀에게 나타난 것이 이 점과 무관하지 않으리라.

AD 2025 0603 무명의 사제.

629. OM-정의의 화신 찬가.
옴

정의의 화신 찬가.

정의보다 높은 것은 없다.

약함은 정의를 통해 극복된다.

정의는 진실로 진리이다.

(인도의 경전에서 발췌)

위대한 정의의 화신이여

내가 할 수 없는 것을 하소서.

근시안적 관점에서 고찰하나

당신을 의지합니다.

AD 2025 0603 이웅 올림.

630. OM-지옥후기.
옴

지옥후기.

지옥에 갔다 나온 날

나의 몸은 천천히 회복되었다.

3층에서 뛰어내려서 인사불성이 되었다가 깨어났다.

밤이 몹시도 두려웠다.

깨어나서 나는 내가 읽었던 책들을 점검했다.

퀴블러 로스의 사후생이 기억난다.

그녀의 망할 장밋빛 구원은 사실이 아닐 수도 있다.

나는 무언가를 체험했고 그것은 잊혀졌다.

아무튼 나는 사람들에게 말한다.

꼭 부처나 군자가 되기는 어렵더라도

무타해의 원칙(타인에게 해가 되는 행동을 하지 말라)을 지키라고.

지옥은 생각보다 심각하다.

구원은 만만하지 않다.

AD 2025 0603 이웅 남김.

631. OM-Maat.
OM

Maat신화를 조금 남기겠습니다.

Maat는 이집트의 정의의 여신입니다.

그녀는 파라오(이집트 최고지도자)가 따라야 할 상징이기도 했다고 합니다.

아주 오래된 4대문명의 이집트의 기록입니다.

그녀는 사후심판을 담당한다는 신화가 남아있습니다.

사자의 서는 죽은 자를 위한 변론서입니다.

지금으로서는 확답할 단계가 아닙니다.

그러나 에르라는 사람이 임사체험에서 사후재판을 봤고

영혼이 재판받는 사례가 없지는 않을 것입니다.

저는 지옥에 하강하는 과정에서 재판을 받지는 못했습니다.

이 부분에 대해 연구가 더 진행되면 서술하겠습니다.

AD 2025 0603 이웅.

*옴 정의의 여신이여 당신의 날개를 펴소서.

그리고 심장을 저울추에 다소서.

당신의 법으로 영혼을 재단하소서.

나는 정의를 찬양하리라.

2025 0611 이웅.

632. OM-일원론적 다신교.
옴(OM)

일원론적 다신교.

옴은 전 우주의 근원이다.

나는 일원론적 다신교라고 설명할 수 있다.

근원을 찾으면서

유일신숭배는 분명 아니다.

또한 OM의 실체를 어찌 알겠는가.

AD 2025 0603 이웅.

633. OM-장각과 황건당.
옴

남화노선.

들리는 전설에 의하면 장각은 남화노선에게

의술을 배운다고 한다.

남화노선은 경고하는데

두 마음을 먹으면 화가 미친다고 한다.

장각은 세력이 커지자 황건당을 조직하고

황제를 꿈꾸다가 패망했다.

아무튼 이 사례는 정교와 사교 그리고 대의와 야망에 대한 하나의 사례를 제시한다.

AD 2025 0603 이웅.

(흔히 종교는 세력을 모으고 세력이 커지면 정치에 관여할 수 있다. 그러나 주로 부정적 현상이 보고된다.

읽는 이는 주의하라.

백련교 태평천국 황건당 모두 중국에서 일어난 정치종교운동이었다.

소박한 하늘을 향한 신앙이 가장 아름답지 않겠는가?

어찌 참칭하는가!

AD 2025 0611 이웅 남김.)

634. OM-콘스탄틴 개선문 1
옴.

콘스탄틴 개선문.

콘스탄틴은 기독교를 허용했다.

당시 기독교는 로마에서 박해 대상이었다.(카타콤)

콘스탄틴의 어머니 헬레나는 독실한 기독교 신자였다고 한다.

우리는 기독교가 거짓말을 한 라바룸 신화에 대해 고찰해야 한다.

가톨릭의 상징인 라바룸은 예수라는 자에게 계시를 받아 막센티우스와의 결전에서 승리했다고

말하고 있다.

라바룸은 가톨릭의 상징이다.

나는 이 전설을 아주 자세히 조사했다.

콘스탄틴 개선문에는 예수에 대한 언급이 없다.

'위대한 신'이라는 문구가 적혀있다.

(아주 오래전에 본 문서라 정확히 복기가 어렵지만 지금도 남아있으니 해독해 보라.

사제의 말이 거짓이 아님을 알 것이다.)

또한 당시 발행한 기념주화에서는 태양신의 가호라고 주화에 남겨져 있는 것을 눈으로 확인했다.

콘스탄틴이 예수(jesus)의 도움을 받았다면 예수나 christ를 기록했을 텐데 전혀 발견되지 않는다.

개선문과 기념주화에서.

여기서 태양신은 미트라를 상징하는 것 같다.

적어도 예수에게 계시를 받았다면 개선문에는 예수를 적어야 하지 않겠는가?

가톨릭의 날조극은 콘스탄틴의 기독교 관대정책에 대한 꾸며낸 이야기라고 본다.

아무튼 콘스탄틴은 들리는 기록에 의하면 죽기 직전에 세례를 받았다고 한다.

죄(?)를 계속 짓다가 마지막에 세례받고 구원받으려는 계산이었던 듯싶다.

MAAT정의의 여신의 날개는 세례에 국한되지 않는다.

가까운 실례로 21c 푸틴도 기독교신자이다. -그가 세례받는 영상을 직접 확인했다.

약소국 우크라이나를 침범하고 많은 인명 물적 피해를 입혔는데

세례로 면죄부가 될 것 같은가?

AD 2025 0603 이웅.

635. OM-Mitra-잊혀진 신을 위한 헌정시.
OM

잊혀진 신을 위한 헌정문.

Mitra.

오래된 군신이여 제게 현현하소서.

당신의 이름과 성상은 남아

사제를 번민케 하오니

사제를 확증하소서.

빛나는 태양이여.

인류의 오래된 친구여.

AD 2025 0603 이웅.

636. OM-콘스탄틴 2
옴

우리는 앞의 조사에서 콘스탄틴 개선문에

그리스도가 없다는 것을 확인했다.

당시 발행된 주화 3년 이내 주화에도

태양신의 가호(미트라)만이 나타날 뿐

라바룸 따윈 없다.

라바룸이 새겨진 기념주화는 후기에 등장했다.

콘스탄틴이 라바룸을 보았다면,

왜 전쟁 승리 직후 주화에 그것이 없겠는가?

후기 기독교인들의 전설날조와 괴상한 문양 착안

그리고 삽입이 예상된다.

라바룸은 날조된 전설로 폐기한다.

또한

콘스탄틴이 승리한 것은 사실이지만 신이 그를 도왔다는 증거도 없다.

적어도 라바룸이 나타나서 그가 이겼다는 가톨릭 측의 주장은 거짓이다.

콘스탄틴 개선문 어디에도 그 문장은 나타나지 않으며

만일 그가 라바룸의 계시를 받았다면 왜 지금도 남아있는 개선문에

라바룸의 흔적도 없겠는가?

당시 전쟁 승리 후 3년 내에 발행된 주화 중에 라바룸은 없다.

라바룸은 훗날에 삽입된 거짓이다.

다시 밝히자면

가톨릭의 라바룸은 폐기한다.

AD 2025 0603 이웅

(첨언하면 아직도 콘스탄틴 개선문이 남아있다. 그곳에 라바룸 따위는 없다. 훗날에 기독교인들의 조작된 전설이 라바룸이다. 읽는 이는 사고하라.)

637. OM-콘스탄틴 3

옴

저는 사료와 역사적 사물을 조사해서

라바룸 신화 예수가 나타나 라바룸을 보여주고 이 표시로 승리하리라

라는 날조극을 파헤쳤습니다.

옴

지금도 가톨릭에는 라바룸을 신성문호로 쓰나

그 문장이 거짓에 기반해 있다는 것입니다.

이런 종교사기의 단면이 지구상 5억 이상의 신자를 가진 종교에서

사용되고 있다는 것은 웃지 못할 촌극입니다.

옴

저는 위대한 창조주와 끝을 알 수 없는 진리 앞에서

그리고 제가 20년을 찾아왔던 위대한 정의 앞에서

과거의 종교사기범죄를 파헤쳐

이 저서에 남기나이다.

거짓이 인간의 눈을 가리고, 그것 하나 제대로 파악 못 하는

불우한 인간이라는 종 속에서

저는 위대한 창조주께 제가 조사한 것을 올리나이다.

AD 2025 0603 하느님이 창조하신 푸른 지구에서 창조주의 사제 이옹 씀

(이해를 돕기 위해 전설을 쓰자면 콘스탄틴은 막센티우스와의 결전에서 예수의 계시를 보고 승리했다고 한다. 그것이 지금 21c 가톨릭이 쓰는 라바룸이다. 그러나 당시 발행된 주화나(전쟁 후 3년 내, 개선문에 라바룸 이야기는 없다. 훗날에 기독교인들이 조작한 사기이다.)

638. OM-신화.
옴

신화.

우리들 이야기 중에 신화가 등장합니다.

특히 민간을 타고 전해져 온 이야기는 정확도가 떨어집니다.

그렇기에 문서기록이 중요하고 역사와 사료가 중요한 것이겠죠.

옴

저도 전작인 존재의 필연에 검증되지 않은 이야기 몇 개를 넣었습니다.

조조 조로아스터 주몽.

이들은 오랜 시간에 거쳐서 민간에 전승되어 온 실존인물들입니다.

조로아스터가 계시를 받았다는 과정

조조가 죽을 때 혼령을 보고 하늘에 죄를 지으면 빌 곳이 없다는 유가의 경전을 인용해서 제사를 거부했다는 것.(삼국지)

주몽이 부여에서 탈출할 때 신성한 기적이 일어났다는 대목(동명왕편)

이런 것들을 자세히 검증하지는 않았습니다.

물론 정사에 없다고 다른 기록에 없다고 거짓은 아닙니다.

앞서서 콘스탄틴의 신화에는 엄격한 잣대를 들이밀었습니다.

적어도 많은 민중이 믿는 책임 있는 종교이니만큼 신화와 거대종교의 거짓을 파헤쳤습니다.

아무튼 저는 전작에서 조조나 조로아스터를 깊게 면밀히 조사하지 않고 존재의 필연에 남기는 과오를 범했습니다.

조조나 조로아스터는 하나의 설화로 그리고 이야기로 해석해 주셨으면 좋겠습니다.(전작 존재의 필연 관련 조조 조로아스터 집필부분.)

적어도 조조나 조로아스터가 하나의 신화가 되어(신과 연계되어 꾸며진 이야기) 민중을 수탈하고 있지는 않으니 말입니다.(21c)

옴, 아무튼 전작인 존재의 필연에 불필요한 부분을 넣었고 제가 다 면밀히 검토하지 않았습니다.

이 점을 용서하시고 감안하여 주시기를 바라겠습니다. 죄송합니다.

AD 2025 0603 이웅.

639. OM-묘청과 서경천도 운동.
OM

묘청이라는 승려가 고려시대에 있었다.

이 자는 왕을 현혹해서 서경천도를 주장했다.

이 자는 허황된 종교이론으로 서경천도를 하면

이방국을 정복할 수 있을 거라 했다.

이 자는 괴이한 짓을 해서 왕을 속이려 했다.

종교적 이적인 양 꾸며서.

이 자의 계획은 무산되었고

반역을 일으키고 정벌당한다.

이런 종교적 frauder들이 상당수 된다.

이런 자들이 국가권력에 들어가면 안 된다.

비단 정치뿐이랴…

민간에 넘치는 것을.

AD 2025 0603 이웅 남김.

640. OM-신격화.
옴

신격화.

육체 안의 원숭이보다 조금 나은 인간이라는 종은

참칭을 시작한다.

스스로 Chirst를 주장하거나 심지어 신이라고도 한다.

이러한 과대망상에 휘둘리지 말자.

쥐 같은 무리의 허황된 혀가 만들어내는 사기극이다.

뭐 앞서도 밝혔지만 인간의 실상을 모른 채로

페르조나(사회적 가면)에 따라 상대를 인식하는 폐해가 있다.

예컨대 판사는 정직할 거다, 높은 학벌은 많이 알 거다, 사제는 신을 믿을 거다, 라는 통념적 페르조나에 갇히지 마라.

실상은 매우 조악하다.

종교영역도 마찬가지.

(사실 사제 중에 신을 진실되게 믿지 않는 영혼도 무수히 많다.)

AD 2025 0603 이웅.

641. OM-사후세계 연구.
옴

사후세계 연구.

임사체험을 보면 각자 다 내용이 다르다.

어떤 이는 어둠의 땅을 여행하고 천사를 만나고

어떤 이는 죽은 아버지를 만난다.

즉 일관되지 않은 각자의 체험이 따로 있다.

우리는 연구에서 일관된 정형적 사후세계로 가는 절차는 없다는 것이다.

각자 죽을 때 다른 체험을 할 것이다.

그리고 가는 곳이 다를 수 있다.

우리는 일반상식상 천국과 지옥으로 대별할 수 있다.

그러나 꼭 이 극단화된 세상들만 있는 것도 아니리라.

AD 2025 0603

TO MAAT

정의의 여신을 향한 기도문.

저 이웅은 39년간 과오도 있고 공도 있나이다.

나의 여신이여 당신의 날개로 지의 영혼을 재소서.

과가 더 많다면 저를 처벌하시고

공이 많다면 저에게 상을 주소서.

정의의 여신이여 심판하소서. 사제를 판단하소서.

AD 2025 0603 이웅 올림.

642. OM-영혼의 지도.
옴

영혼의 지도.

옴(하느님)

사제는 깨달았습니다.

밀접히 관련된 영혼들은 삶도 죽음도 같이한다는 것을.

그것은 지구상의 최소 3가지 사례가 증명하고 있습니다.

그들의 privacy상 남기지는 않겠습니다.

긴밀한 인간관계의 영혼들은 서로 연결이 되어 있으며

서로의 상태에 대해 민감하게 반응합니다.

이것은 무의식적 영적 활동의 발현입니다.

AD 2025 0603 이웅.

643. OM- to JUSTICE.

우주의 위대한 정의여 지구의 작은 인간은 정의를 숭배합니다.

당신의 높음으로 그리고 정확하신 심판으로 저의 모든 것에 임하소서.

당신을 믿고 당신께 심판을 맡기나니,

작은 인간인 영혼은 정의를 숭배하나이다.

AD 2025 0611 이웅 올림.

644. OM-무한우주론과 신 존재증명.

OM

무한우주론과 신 존재증명

전작인 존재의 필연에 신 존재증명을 끝냈습니다.

아름다운 논리는 진리를 보여주었습니다.

각론은 생략합니다.

그렇지만 저는 아직 난관에 봉착해 있습니다.

인류가 믿어왔던 신들

아테나 미트라 MAAT 이들이 실존하는가?

라는 의문입니다.

저는 무한우주론에 근거해서 이런 deity(신성)들의 존재를 추론하고 있습니다.

무한의 우주에 고차원적 존재들이 실존하고 있고

이들은 인류가 믿어왔던 deity들과 유사한 역할을 할 것이라는 추론입니다.

아직까지 저의 연구실적으로 MAAT MITRA ATHENA YAMA의 실존을 100% 확신은 못 하고 있습니다.

계속 연구는 진행될 것이고 기록에 남길 수 있다면 남기겠습니다.

감사합니다.

AD 2025 0603 이웅

645. OM-콘스탄틴 3
조금 더 콘스탄틴과 가톨릭의 사기를 남기겠습니다.

OM

콘스탄틴 라바룸 문양 주화가 발견이 되고는 있습니다.

그러나 콘스탄틴 승리연도가 312년이고

개선문에는 발견되지 않았습니다.

라바룸이 새겨진 주화는 승리하고 상당 시간이 지난 후 발행되었습니다.

저는 당시 콘스탄틴연도 주화에서 태양신의 주화를 눈으로 확인했습니다.

그때가 10년도 더 된 이야기입니다.

옴

개선문 어디에도 '병사들의 전투장면이 조각되어 있으나'

라바룸은 보이지 않습니다.

기독교의 날조극에 의하면 예수가 콘스탄틴에게 나타나 계시를 주었고

방패에 그리스도의 문장 라바룸을 썼다는 날조극이 있습니다.

그러나 당시 건립된 개선문 전투장면에 눈 씻고 찾아봐도 라바룸 따위는 없습니다.

기독교인들은 그들의 신을 선전하기 위해 더러운 날조극을 행한 것입니다.

후에 발행된 주화나 유물에 나타나는 라바룸은 모두 사기극이며, 콘스탄틴의 승리 312연도 이후에 조작된

기독교들의 만행입니다.

AD 2025 0603 이웅 씀.

646. OM-종교와 그들의 사랑.
옴.

종교와 그들의 사랑.

그들은 그들의 믿음과 그들의 사랑 안에서 사는 사람들.

저는 저의 길(무한우주론)로 가겠습니다.

AD 2025 0603 이웅.

647. OM-우주의 순수한 아이들.
TO OM

우주의 순수한 아이들.

아니타 무르자니의 신성체험에서

아니타 무르자니는 대우주를 만난다.

대우주는 신의 다른 표현이다.

아무튼 대우주는 아니타를 사랑해 주었고

아니타는 지상에 돌아온다.

그녀는 순수의 세상에서 자신을 우주의 작은 아이로 비유했다.

순박한 인간들은 우주의 순수한 아이들이다.

뭐 그녀가 전했던 메시지는

대우주는 예수를 믿든 부처를 믿든 종교가 없든 상관없다는

그런 사랑의 일원화 메시지를 가지고 돌아왔다.

심판하는 예수 따윈 없었고 요한계시록의 조그마한 어린양 따위도 신이 아니었다.

신은 대우주였다.

AD 2025 0603 무명의 사제.

648. OM
옴

면죄부와 종교개혁 마르틴 루터에 관해

옴

교황은 면죄부를 팔았습니다. 죄를 '돈'을 내면 사할 수 있다는

사이비 신앙이 나타난 것이죠.

정의는 죄에 대한 형벌을 예정하고 있고, 그것은 돈과 같은 반대급부로

사할 수 있는 것이 아닙니다.

돈을 내고 죄를 사한다는 것은 정의를 어지럽히는 것이고

금전적 부자들에게 특혜를 주는 것이기 때문입니다.

마르틴 루터는 이를 비판했습니다.

마르틴 루터는 면죄부 판매의 부당성을 지적한 것이죠.

현대 교회에서도 '헌금'이라는 명목하에

'아브라함의 축복'이라는 명목하에, 돈을 수금하는 행위가 이루어지고 있습니다.

이것은 종교사기죄이고, 돈을 목적으로 한 신앙을 더럽히는 만행입니다.

가톨릭의 탐욕이, 돈에 대한 탐욕이 신앙을 돈으로 파는, 정의를 어지럽히는 만행을 저질렀던 것이죠.

루터의 비판과 용기는 존중합니다.

루터가 내세운 것은 오직 믿음으로, 오직 성경으로 라는 슬로건이었습니다.

루터에게는 면죄부 반박의 근거로 성서를 들었던 것이죠.

구원은 돈으로 이루어지는 것이 아니라, 하느님에 대한 '믿음'으로 이루어진다는(로마서) 것이

그의 사상의 원동력이었을 겁니다.

옴(하느님)

저는 여기서 더 나아갑니다.

루터의 사상에 근거했던 로마서 역시도, 부당한 구원공식을 우리에게 제시한 것은 사실입니다.

예수란 자의 죽음과 부활 (사실상 자연법칙을 넘어서는, 기적적 일)을 믿는다면

어떤 죄인도 구원을 얻고, 반면 이를 믿지 않는다면, 영벌에 처한다는(요한계시록) 만행은

기독교 성서의 기독교 정신의 본질적 하자에 기인하고 있습니다.

옴

저는 교회에서 사람에게 만행을 하면서, 하느님을 운운하는 자들의 행태를 보았습니다. 눈앞의 성도에게

작은 물조차 주지 않으면서 하느님을 믿는다는 자들을 보았습니다.

그것은 심각한 이율배반이었고, 심각한 자의식의 결여였습니다.

적어도 예수가 성서에서 제시했던 이상적 인간상은 섬기는 사람, 남을 돌보는 목자였다면, 현대 교회에서는

예수의 사상을 이해 못 한 만행을 저질렀던 것입니다.

높이 올라가려 하고, 남을 지배하려 하고, 리더가 되어 남에게 수탈까지 하는 만행은

기독교 성서의 예수가 제시했던 이상적 인간상조차 이해하지 못한 무리가

하느님을 믿는다며 하는 만행을 보게 되었습니다.

옴,

저는 많은 고난을 겪었습니다. 하느님을 찾으러 교회를 갔지만, 아픔과 악몽 속에 저의 정신은 각인되어 버렸습니다.

신을 믿는다면서 행하는 만행은 미움 아닌 미움으로 저에게 남아있습니다.

또한 옴,

우리는 예수를 믿었기에 구원을 얻었고, 세속의 사람들은 사탄하에 있는 저주

받은 지옥형을 예정하고 있다면,

그런 부당한 심판을 어찌 받아들일 수 있겠습니까?

옴 기독교가 예수의 말처럼 세상의 빛과 소금이 되어 도덕적 윤리적 우위성을 점하는 것도 아니라면,

기독교의 구원공식은 만행이오, 부당한 심판이오, 심지어 도저히 받아들일 수 없는 세속에 대한 저주일 것입니다.

옴

저는 예수를 지탄합니다. 옴 저는 전작인 법정에 선 성경에서 예수를 탄핵했습니다.

예수는 그리스도의 자격을 잃었고, 그는 인류의 구세주가 될 수 없습니다.

자신을 믿으면 어떤 죄라도 용서해 주고, 자신을 받아들이지 않으면 영원한 지옥에 처하겠다는 그의 망언은

그가 인류의 구세주가 아니라는 것을, 우리 인류에게 말해줍니다.

옴

마르틴 루터는 교황의 처참한 신앙판매에 저항했지만 성서를 넘지 못한 작은 아이였습니다. 그가 신봉했던 것조차도, 사이비의 정신이었다면, 선을 위장한 거짓된 망령이었다면

마르틴 루터의 전제사상에 결함이 있었던 것입니다.

옴

저는 마르틴 루터의 면죄부 판매를 옹호하면서도, 신앙은 결코 돈으로 이루어질 수 없다는 명제를 한 번 더 되새기면서도

구원의 공식인 오직 믿음, 오직 성서라는 명제 역시 탄핵합니다.

옴

구원의 길은 무엇인가? 제게 물으신다면,

우리 인류가 원죄를 지어 비참하게 육신에 갇힌, 죄인이 아니라는 것에서 저는 출발합니다.

성서의 정신처럼 하늘에 있던 영혼이 사탄의 꾀임으로 원죄를 지어, 이 땅에 떨어진 형벌의 장소가 아니라는 정신을 저는 여기에 적습니다.

인간은 원래 인간으로 창조되었고, 원죄하에 있는 종이 아니란 것을 하느님과 사람 앞에 말씀드립니다.

그렇기에 원죄설에 기반한 창세기는 탄핵되며, 그에 기반한 예수 그리스도와 로마서 역시 탄핵됩니다.

옴

기독교는 잘못된 정신, 거짓의 정신에 기반하고 있으며, 가장 밑바닥의 주춧돌이 거짓이라면, 그 위에 쌓아 올린 돌들도 모두 거짓이 되는 것입니다.

스스로도 구원할 수 없는 미물인 인간이

남은 구원한다는 미명하에 행해지는 푸른 행성상의 어리석은 망동을 당신은 보고 계십니다.

옴

100명이 있으면 1000가지 길이 있는 것입니다.

동양의 하늘, 인디언의 신, 인도의 OM, 모두 우리의 망상 속에 신은 알 수 없는 존재로

우리의 초보적 미신 속에 우리의 신상이 있지만

그 정확한 본질을 알 수 없는 무한의 하느님 안에서 우리는 우리의 조악한 상상으로 신을 숭배해 왔던 것입니다.

옴

구원은 결코 기독교에 독점될 수 없으며, 하늘로 가는 길을 독점해 버린 신약성서의 예수란 인물도 될 수 없습니다.

신약성서의 만행은 육체 안에 배설하는 인간이라는 종이 전 하늘을 독점하려는 무도하고 사악한 종교적 시도입니다.

선한 인간상을 내세워, 기적을 운운하며 그것을 믿는 자에게만 구원을 주겠다는 참람한 종교사기를 저는 규탄합니다.

옴

하느님, 시바신을 믿든, 아테나를 믿든 결코 죄가 아니며 우리가 확정인지 할 수 없는 무한의 창조주 앞에서

우리의 소박한 신앙은 결코 죄가 아니라는 것을 저는 역설합니다.

옴

당신은 코란의 알라처럼 우상숭배자들을 벌하시는 분도 아니오, 당신의 이름하에 지구인들을 끌어모으는 패권적 신도 아니십니다.

당신을 오해해 버린, 당신을 왜곡해 버린 유대인의 망령은 지구를 배회하며, 다른 종교를 탄압하고, 전쟁을 일으키며

구원의 길을 독점하려는 위험한 시도를 계속하고 있습니다.

옴

당신은 우주 전부요. 차별 없는 섭리의 영원한 태양이십니다.

태양빛이 특정인에게 쏟아지지 않듯, 태양빛이 특정인을 배제하지 않듯,

당신의 영원한 빛은 지구에서 떠나지 않을 것입니다.

옴

저는 한 명의 인간으로서, 신을 찾는 하나의 영혼으로서,

과거의 인간들이 만들어놓은 종교적 망령을 심히 규탄하는 바이며,

잘못된 속박의 교리에 묶여서 진리라 믿으며 거짓을 붙들고 살아가는

수많은 영혼 앞에서

진실을 알립니다.

감사합니다.

AD 2025 0604 이웅(무명의 사제.)

649. OM-야훼 탄핵론.
옴

신성한 증언에서 창조주는 인류에게 연민을 가지고 있으며

심판의 칼날을 드는 분이 아니라는 것을 증언했습니다.

유대인이 만들어놓은 야훼란 악신은 변덕과 투쟁을 선동하며

사악하고 괴이한 전쟁들을 인류에게 제시했습니다.

유대인의 경전은 참람되고 잔인한 정신으로 인류에게 다가온 것입니다.

그것을 깨달은 이 많았으나

인류에게 있는 거대한 종교사기를 파헤치는 열정과 진심을 보이기에는 무리였습니다.

구약성서의 심판하는 야훼는 결코 우리를 창조한 창조주가 아니며,

유대인의 강력한 종교사기의 어둠은 인간에게 신에 대한 두려움으로 남아

인간이 신과 소통하는 길을 막고 있습니다.

적어도 무한의 우주에게 인간의 행위는 용납 범위 안에 있으며, 무서운 심판의 칼날을 드는 분이 아님을,

야훼(알라)가 아님을 우리는 알아야 합니다.

유대인 그리고 유대인의 전통을 이은 마호메트 역시도 신을 왜곡하고

사람들을 어둠의 나락에 빠지게 하는 종교적 만행을 저질렀던 것입니다.

유대인은 종교적으로 지구상에 거대한 암세포를 뿌렸습니다.

이스라엘의 망령은 변종 바이러스가 되어 기독교의 바이러스로, 이슬람의 바이러스로

지구에 뿌리내리게 되었습니다.

신을 믿는다는 미명하에 어둠의 속박에 갇혀 어리석은 신앙을 가진이에게 자유를 주기 위하여

그리고 진실된 하늘과 거짓된 우상 야훼(알라)을 탄핵하기 위해 저는 저서에 이 글을 남깁니다.

OM tela.

옴(하느님)

사람들은 계속 어둠에 있어야 할지도 모릅니다. 예수란 자의 부활을 붙들며 거짓인 기적을 믿으려는 심각한 정신이율배반을 계속해야 할지도 모릅니다.

지옥의 공포와 처벌하는 야훼신의 망령 속에서

거짓된 기적만 바라며, 무익한 회개를 반복해야 하는지도 모릅니다.

옴

저는 떠나가지만, 이 저서가 이 글이 남아 인류에게 남아있을 것입니다.

진실을 보는 이는 보는 것이오, 못 보는 이는 못 보는 것입니다.

저 역시 거대한 어둠을 몰아낼 만큼 사람들을 사랑하지 않습니다.

그들은 그들의 신조를 굳건히 붙들고 있으며, 이에 위반하는 철학을 공격합니다.

특히 사제계급이 쌓아 올린 세속적 기득권은 쉽게 부서지지 않을 것입니다.

그러나 이 글을 읽는 영혼이 진실과 자유의지를 원한다면, 거짓된 망령의 존재를 상기하십시오.

저는 한 명의 신학자로서, 한 명의 사제로서 진실을 남기고 떠날 뿐입니다.

저에게 유대인의 망령을 이기고 승리하고 싶냐고 물어본다면, 저는 아니라고 답할 것입니다.

그것은 제가 인간을 진심으로 사랑하지 않는다는 것을 증명합니다.

그러나 저주에 가까운 무지가 인간을 덮은 상황에서 저는 하느님에 대한 열심으로

그리고 혹여나 깨어있는 인간을 위한 하나의 배려로 이 글을 남기고 떠납니다.

AD 2025 0604 이웅 씀.

650. OM-구원에 관하여.
옴

리더들은 투쟁을 하는지도 모릅니다.

국가의 리더가 되기 위해 인민의 지지를 얻으려는 상호투쟁을 하는지도 모릅니다.

또한 한 여자의 마음을 얻기 위해 남자들이 투쟁하는지도 모릅니다.

종교의 영역에서도 이런 투쟁은 일어납니다.

작은 소교회 간의 투쟁에서부터

역사에 있었던 종교전쟁까지 이런 투쟁을 그리고 있습니다.

옴

저에게 당신이 인간을 이끄는 리더가 되고 싶냐고 물어본다면 저는 사절할 것입니다.

저는 적어도 다수인의 지지와 동의가 필요 없는 영혼입니다.

그러나 하느님, 지구를 덮은 종교적 망령과 그것을 붙든 수많은 영혼들을 바라보며

적어도 하나의 연민을 느끼는 것은 사제의 직분이라고 사료됩니다.

거짓이 세상을 덮고 있는데도, 그것을 외면한 채 그냥 떠나는 것은

하늘에 대한 저의 양심과 진리에 대한 열정 앞에서 위배되는 일입니다.

그렇기에 저는 붓을 들어 하늘을 위한 일이 아닌 사람을 위한 글을 남깁니다.

저는 앞서도 밝혔지만 저의 추종자를 원하지 않습니다.

저는 단 한 사람도 진실되게 사랑할 수 없는 영혼입니다.

저는 단 한 사람도 책임질 수 없는 영혼입니다.

그러나 신성한 사명 앞에서 지구에 있는 어둠에 대한 진실의 열정은 남기고 가겠습니다.

옴

저는 혐오합니다. 사람들을 가지려 하고, 올라가서 군림하려 하는 그런 사람들을 혐오합니다.

옴

저는 떠나지만 이 글이 인류에게 남아 진실된 신앙을 가지고 싶은 이에게 읽힌다면 그것은 그 영혼에게 축복일 것입니다.

영원할 수 없는 지구의 삶 속에서, 하느님과 진실 그리고 지구를 덮은 거대한 불의의 망령을 저는 지적하고 떠납니다.

불의의 망령을 붙들며 우리는 하나님이 선택한 백성이고 세속은 저주받은 사탄의 세력이라는 미친 정신을 저는 규탄하며

그들의 망상은 그들의 구원을 막고 그들의 천국행을 막을 것입니다.

오히려 역설적으로 구원받았다고 하는 이들이, 스스로 구원을 잃어버린 불쌍한 영혼의 환생의 업을 저는 지적합니다.

옴

저는 신성한 정의 앞에서 자비 없는 심판의 서를 남기고 가겠습니다.

예수 도그마를 이해하고 나는 구원받았고, 예수를 믿지 않는 이는 저주받은 지옥행이다라고 믿는 이는 구원을 얻지 못할 것입니다.

그것은 인간의 추악한 이기심과 이타성의 결여에 대한 정의의 심판입니다.

무지하여 예수를 의지하고 하늘을 의지한 이는 희망이 있을 것입니다.

기독교의 망령은 이슬람의 망령은 오히려, 그 영혼의 구원을 멀게 만드는 함정의 덫입니다.

그리고 기독교인 여러분들, 여러분들은 남을 구원할 수 없습니다.

그리고 여러분이 믿는 예수란 교주도 남을 구원할 수 없습니다.(그는 스스로도 구원할 수 없는 신성모독범입니다.)

그러니 무익하게 남을 구원한다는 망령에 사로잡혀 지구를 더 이상 더럽히지 말길 바랍니다.

당신들은 결코 남을 구원할 수 없고 스스로도 구원할 수 없는 미물임을 인식하길 바랍니다.

AD 2025 0604 이웅 남김.

651. OM-이별.
옴

이별.

저는 언젠가 떠납니다.

영원할 수 없는 지구의 삶은 저의 죽음을 예정하고 있습니다.

저는 제가 있어야 할 곳으로 갈 것입니다.

하늘이 땅에 닿을 수 없음같이

인간은 우주 핵심부에서 멀어져 있습니다.

저는 종교적 리더를 거부합니다.

사람들은 교황이나 목사 따위 등을 따랐고

성서에 무익한 시간을 보냅니다.

그것은 그들의 무지의 귀결입니다.

그러나 진실에 대한 열정은 이 글에 남아 지구상에 있을 것입니다.

AD 2025 0604 이웅 남김.

652. OM-운명
옴

운명이다.

인간은 스스로 인간의 분급으로 족한 것이다.

인간에게는 인간에게 걸맞은 종교로 족한 것이다.

그것은 가난한 이가 대저택에 들어가는 것이 이상한 자연섭리임을 증언한다.

배설하고 동물보다 약간 높은 지능인 인간은 그들의 잔으로 족한 것이다.

이것은 운명이었다.

나는 인간이 되어 인간을 체험한다.

프로메테우스의 불은 저서로 남아 타오를 것이다.

그것은 언제 꺼질지는 모르겠다.

공명심 소유욕 따위는 없다.

인간에 대한 사랑도 식어간다.

옴 이것은 운명이었다.

인간은 인간의 잔을 마셔야 하는 하느님의 창조법칙이었다.

그러나 나는 계속 남긴다.

그것이 내가 여기 온 이유.

AD 2025 0604 이웅 남김.

653. OM-천사와 악마.
옴.

천사와 악마.

옴 저에게는 천사와 악마가 있습니다.

둘 다 나입니다.

저는 인간에게 누구에게는 악마로 누구에게는 천사로 나타나겠습니다.

절대악의 앙그리마이뉴의 칼날은 인간의 차원을 넘는 영원한 불꽃으로 진노로 타오를 것입니다.

사랑했던 정신은 스스로를 던졌던 희생으로 남을 것입니다.

감사합니다.

AD 2025 0604 무명의 사제.

654. OM-성현들과 예에 관하여.

옴

성현들과 예에 관하여

동양의 선현들은 유가사상을 확립했습니다.

동방예의지국과 예의를 가르치고

금수같이 살지 말며, 인의예지를 알라고 설파했습니다.

이들의 가르침을 경시하지 마십시오.

경고입니다.

AD 2025 0604 이웅.

655. OM-부탁.

옴

지상에서 사랑했던 사람들을 잘 부탁합니다. 믿습니다.

656. OM-하늘에게 드리는 기도문.

옴.

어찌 나를 버리시려는가.

공포와 괴로움이 영혼은 덮는다.

내 이미 알고 있던 것을…

인간의 우정은 헛것임을…

결국 차가운 골방 속에 죽어가야 하는 나의 운명은

하늘의 이름만 부른다.

657. OM-예수 그리스도.
옴

하나님의 아들은 약했다.

그는 무력하게 잡혀가서 십자가에 못 박혔다.

나는 그러고 싶지 않다.

오 옴이여… 엘리엘리라마사박다니.

658. OM-조선을 위한 기도문.
옴

조선을 지켜주소서. 기도합니다…

659. OM-신의 절대성에 관하여.
옴.

신은 전지전능하시고 무소부재하시며

전 우주에서 가장 높은 존재이다.

이슬람의 알라는 일견 절대성을 향유하고 있다.

그러나 마호메트는 신을 파악하지 못했다.

그분은 이슬람의 이름하에 전 인류가 복속되는 것을 원하지 않는다고 생각한다.(이웅 2025 0611)

그분은 인간의 소박한 신앙(관세음보살, 예수 등등)을 인정하시며

결코 그것을 우상숭배라고 멸하는 분이 아니라는 것이다.

우리 인류는 유대경의 전통에 이어 우상숭배 배격이라는 미명하에 인류의 소박한 신앙을 말살하는 죄악을 지었던 것이다.

고로 유대경과 코란의 마호메트는 탄핵되며, 신은 전지전능하시지만, 결코 우

상승배를 죄로 규정하거나

요상한 율법들(코란이나 유대경)을 우리에게 들이미는 분이 아니라는 것을 인식해야 한다.

옴, 당신은 우주에서 가장 높은 분.

우리 벌거벗은 인간이… 당신 앞에 설 수 없으리이다.

오 창조주여 부디 사제와 함께하시고, 이 신성한 사명을 완수하게 하소서.

부족하나마 최선을 다해 집필을 하고 떠나려 하오니, (그날이 오기까지) 사제를 지키소서.

AD 2025 0611 이웅 씀.

660. OM-인간종교의 이해.
옴

인간종교의 이해.

인간은 특수한 동물이다. 나체로는 동물과 유사한 생리체계를 가지고 있다.

정신과 영혼을 가진 동물이 인간이다.

우리 인간은 우리 인간만의 종교체계를 수립했다.

우리 인간은 신에 대해 무지했으며, 신을 알지 못했다.

나 역시 마찬가지다.

우리 인간은 조악한 종교의 모형을 가지고 신을 숭배하고 있는 것이다.

인간의 종교에서 숭배되는 예수 부처 등도 인간이 생성시킨 인간의 우상이다.

옴

우리 인간은 눈을 떠야 한다.

거짓된 종교로 뒤덮인 지구에서 우리는 진실을 찾아내야 한다.

우리가 우리 지성에 적합한 예수나 부처 따위를 믿는다면 우리 인간의 종교는 퇴보한 채 멈출 뿐이다.

더 이상 진실된 사제는 지구에 없을지도 모른다.

나는 진실을 찾는 자로서, 하늘을 섬기는 사제로서 이 글을 남긴다.

예수 부처 마호메트는 우상이고 그들이 전한 신은 왜곡된 오류였다.

우리 인간은 우리의 지능으로 신을 파악할 수 없다.

그래서 민간에서도 각종 우상(그것이 사랑하는 아버지든 어머니든, 심파하는 신이든)을 만들어냈던 것이다.

신의 참된 진실은 인간이 결코 포착할 수 없다.(Eben Alaxender)

나 역시 마찬가지다.

그러나 우리 인간은 진보해야 한다. 영적인 진화를 해야 한다.

무지의 눈에서 벗어나 참된 창조주를 찾는 것 우리 인간의 머나먼 여정의 길인 지도 모른다.

적어도 하느님은 우주에서 가장 높은 존재시며 무소부재 하시고(없는 곳이 없으시며)

전지하시고(모든 것을 알고 계시며) 전능하신(모든 것이 가능하신) 그런 분임을 우리는 인식해야 한다.

우상으로 뒤덮인 인간세계의 종교에서 나는 절대적 신성의 한 그림자를 인간에게 제시하고 떠나야 하는 것이다.

오 하느님 이 불우한 사제를 축복하소서.

지지자도 도움도 없이 홀로 하늘을 섬기는 이 사제를 축복하시고 보호하소서.

옴 당신의 은혜만이 저를 구원할 수 있나니, 부족한 사제를 도우소서.

옴 텔라.

AD 2025 0611 이웅.

661. OM-비밀기도.
옴

비밀기도.

d etd wf tfgtw ds e gse.

eec aqd wgrd ga

eec aqd wvqdd gs rsR?

w sd dw dtd qd rsdds

dws vdgr wztt.

sr gqd qftsR?

sr dcs qf qftsR?

d ddd etd twd eg ttg qgf gwgtt.

d ddrwt cwrdr.

qe d wd cd wd dgd wqr ed tR qc wd cwdds, d qe d ttg tad dtgr gtt.

d xf. ddd twf wztt.

662. OM-비밀기도 2
d e dt wgrr te e dt wvqr te.

d rer sf qfea wr drt wdf.

e dt sf tctfr gw af.

d xf(ttg qga)

dw twf sdfre dd qrrf.

d xf

663. OM-야훼 탄핵론 2
옴

구약경에서 야훼는 인간과 다툰다.

인간이 자신을 숭배하길 원하고 우상숭배를 미워한다.

야훼야말로 인간을 가린 최악의 우상이라는 점을 인식하길 바란다.

무한의 창조주에게 우리 인간은 미물 중의 미물이다.

벌거벗고 옷을 걸친 채로 수치심을 잊은 채로 걸어 다니는 미물이다.

야훼는 알라는 신을 격하시킨 인간의 망령이며

나는 이를 규탄한다.

옴 텔라.

오 옴이여 인간을 어여삐 여기소서.

AD 2025 0611 이웅.

664. OM-창조의 신비에 관해.
옴

창조의 신비에 관해.

우리 인간은 과학이라는 이름으로 많은 자연법칙과

생물학적 신비를 밝혀냈다.

그러나 눈먼 인간이라는 종은 그것을 창조하신

하느님을 잊고

진화라는 망령을 붙들고 있다.

내가 다 파악할 수도 없고 적을 수도 없는

생명 그리고 자연의 신비는

창조주의 신성한 창조를 이야기하고 있다.

창조를 전제하고 자연을 본다면 그대들의 눈은 열릴 것이다.

그것을 창조하신 하느님을 경배할 것이다.

AD 2025 0611 이웅 남김.(하느님을 위하여)

665. TO OM
옴,

피타고라스학파는 무리수를 발견해 냅니다.

반복 없이 끝없이 이어지는 무한을!

저의 저서 역시도 무리수가 되기를 바랍니다.

종결된 채 마무리되지 않은 채로 저의 작은 책은 세상에 빛을 볼 것입니다.

하늘을 향한 나의 충정이 인류의 진보를 위한 나의 시도가

위대하신 창조주 OM의 이름과 함께 남을 것입니다.

옴이여 인류에게 빛을 비춰주소서!!!

신성함으로 이끄소서!!

옴 텔라.

AD 2025 0611 이웅 올림.

666. OM-심판하는 신을 벗어나다.
옴

심판하는 신을 벗어나다.

내가 신의 시각은 분명 아니다.

그러나 우리는 나체를 가지고 옷을 걸친 미물이다.

적어도 무한의 지성과 힘 앞에 우리는 그렇다.

창조주는 인간을 심판하지 않는다.

우리가 만든 율법으로 우리의 가치관으로 우리를 재단하지 않는다.

자연상태에서 나타나는 일들(범죄)은 자연스러운 것이다.

그는 적어도 우리를 정죄하지 않는다.

고로 이슬람의 알라 기독교의 예수는 탄핵된다.

인간의 심판하는 망령을 나는 걷는다.

우주는 무한하고 신은 인간을 심판하지 않는다.

이웅 씀 AD 2025 0611.

667. OM-선배 조로아스터 탄핵론.
옴

조로아스터는 이원론으로 인간을 가둬놓았다.

흔히 선과 악이라는 이분법으로 인간을 나누었다.

나는 조로아스터에 대해 심층 있게 분석하지 않았으나

그가 제시한 선악의 이원성은 탄핵된다.

무한의 창조주 앞에 악의 피조물도(그것이 인간이 아니라도)

작은 존재일 뿐이다.

이원론(기독교나 조로아스터 이슬람)은 탄핵된다.

전지전능한 무한의 창조주 아래

선도 악도 그리고 둘 다 아닌 인간이라는 종도

작은 피조물일 뿐이다.

신은 악을 멸하는가? 나는 아니라고 생각한다.

신 앞에 악 또한 작은 피조물…

그것은 무한의 바닷속의 작은 점일 뿐이다.

AD 2025 0611 이웅 남김.

668. OM-자유의 종교 자유의지를 향하여.
옴

자유의 종교를 향하여.

우리 인간이 만들어놓은 율법들 계율 들은 그들의 것으로 족하다.

예컨대 여자를 보고 음욕을 품으면 안 된다거나(마태복음)

5번 기도를 해야 한다거나(이슬람)

이것은 인간이 만들어놓은 율례의 속박일 뿐이다.

인간의 위대한 자유의지는 스스로 판단해야 한다.

인간은 성장해야 한다.

나는 자유의 종교를 제시한다.

인간이 스스로의 자유의지의 발현으로 살아가는 자유의 종교를 그린다.

오 옴이여 하느님이여… 부디 신성한 사제에게 축복을.

우리를 가둔 율법의 억압을 벗어내고

아름다운 우주의 아이들이 하느님을 향하기를.

AD 2025 0611 이웅 남김.

669. OM-설교문.
저는 여러분들에게 이렇게 말씀드리고 싶습니다.

누구의 추종자가 되어 예수니 마호메트니, 세포로 살아가시지 말길 바랍니다.

인간의 위대한 자유의지는 스스로의 깨달음

스스로의 길을 걷기를 원하고 있습니다.

저 역시 저만의 길을 걸을 것이고 여러분들도 그러셨으면 좋겠습니다.

부처를 따라 예수를 따라 마호메트를 따라 신에게 가는 길은

그들의 몫인 것입니다.

진정한 위대한 자유의지는 스스로의 의지로 스스로의 길을 개척하는 것입니다.

감사합니다.

창조주의 사제 이웅 남김 AD 2025 0611.

670. OM-가정예배.
옴

가정예배

저는 많은 집합보다는

가정단위 예배를 추천합니다.

가장 긴밀한 단위인 가정에서

모여서 하느님께 기도하고 찬송하는 것.

그것이 가장 적합한 것 같습니다.

사랑하는 아버지 어머니와

하느님을 예배하고

소소한 일상을 하느님께 호소하며

각자의 인생 속에서 하느님을 모시는 것.

그것이 인류에게 가장 합당한 종교단위라고 저는 밝히는 바입니다.

옴 감사합니다. 옴 부디 인류에게 진실의 빛을. 신의 사랑을!!

AD 2025 0611 이웅 남김.

671. OM-신비주의
옴

우리 종교가 물질계에 갇힌 채로,

물리적 법칙만을 사수해야 한다고는 생각하지 않습니다.

물론 신께서 설정하신 법칙을 준수해야겠지만

신성한 기도는 기존의 속박을 넘을 수 있다고 믿습니다.

우주의 작은 종인 인간이 살면서 겪어야 하는 괴로움 속에서 하느님께 하는 호소는 그 영혼을 구원할 것입니다.

오 자비로우신 하느님이여

당신을 찾는 이들을 당신을 찾는 작은 영혼들을 버리지 마소서.

옴 텔라.

옴 부족한 사제를 용서하시고, 너무나 쉽게 생각했던 종교의 서술을 용서하소서.

옴 부족하나마 이 저서(무명의 사제)는 최선을 다해 남기고 가려 하오니

오 옴이여 저의 경박함을 용서하소서. 저의 얕고 무지함을 용서하소서.

오직 하느님의 사랑이 우주를 덮고, 어둠에 가려 동굴 속에 사는 우리 나체로 태어난 인간이라는 종에게

신의 신성한 사랑과 자비를 부으소서.

오 옴이여 기도하나이다. 괴로워하며 기도하나이다.

AD 2025 0611 이웅 남김.

672. OM-가난한 사제의 하늘을 향한 기도문(발원문.)
오 옴이여

먹고살 길이 걱정이나이다.

신을 향한 글을 쓰나 사람들은 외면하고

저의 생계가 막막하나이다.

당신께 더 헌신하고 싶으나

목구멍이 포도청이 되어 저의 마음을 아프게 하나이다.

오 옴이여 길을 열어주소서.

저 또한 자유롭게 많은 신을 향한 글들을 남기고 떠날 수 있게 하소서.

그것이 저의 행복이요 소망이오니 오 옴이여 부디 신의 사제가 되게 허하소서.

가난한 영혼은 신께 부르짖나니, 오 옴이여 저의 쓸 것을 채워주소서. 옴 텔라.

673. OM-무명의 사제.
옴

나는 나만의 몸이 아니다.

지구상의 20억의 어둠을 걷을 영혼이다.

옴 텔라. 오 옴이여 어찌 인간을 버리시나이까…

오 옴이여 어찌 인간을 십자가에 못 박고 머리를 밀게 하시나이까…

옴 텔라. 오 옴이여 옴이여… 부르짖나니.

674. OM-진리를 향한 무한의 전진.
옴

진리를 향한 무한의 전진.

우리 인간은 무지의 답보상태에 머물러 있다.

우리 인간 중에 뛰어났던 지성 역시도 마찬가지다.

우리는 협력하여 발전해야 한다.

지구상의 통념의 화폐를 폐기한 채 같이 앞으로 나아가야 한다.

자유로운 영혼이 되어 신을 향해야 한다.

우리 인류는 함께 전진해야 한다.

AD 2025 0611 이웅.

675. OM-영혼 차원의 기도에 관하여.
옴

영혼 차원의 기도에 관하여.

이븐 알렉산더의 신성체험에는 기도하는 인간의 영혼이 포착된다.

우리의 눈에 보이지 않지만

많은 인류가 기도하고 있다.

신께서는 종교적 차별을 행하시지 않는다.(아니타 무르자니 참조)

우리 인간의 기도는 신께서 듣고 있다.

물론 일일이 대답하시지는 않지만

그는 듣고 계신다.

인간의 영혼은 기도할진저.

AD 2025 0611 이웅.

676. OM-최후의 행복을 위한 기도문.
옴

가진 것 하나 없는 나신은

부끄러움도 모르나니.

옴을 향한 기도는 계속되어서 영원의 불꽃으로 타오르리라.

돈 없고 힘없는 불쌍한 사제는 옴께 기도하나니

그가 내게 주시리라. 궁극의 행복을.

감사합니다.

677. OM-인간과 빵.

옴

인간은 진리보다는 빵(돈)을 원합니다.

돈 많이 벌어요? 이것이 인간입니다.

이런 의식은 인간이 인간이라는 점을 증명합니다.

오 옴이여…

진리의 철학자는 이곳에 설 곳이 없나이다.

옴이여… 사제를 지키소서.

AD 2025 0611 이웅 올림.

678. OM-압박.

옴(하느님) 어둠은 악마처럼 저의 영혼에 휘감깁니다.

빵을 위해 살아야 하는 슬픈 현실 앞에서

저는 창조주께 호소합니다.

부디 육신과 영혼에 자유를 달라고…

부디 이 작은 사제에게 은총을 내려달라고… 저는 기도합니다.

679. OM-사랑의 환상.

옴 사랑의 환상은 무지개처럼 빛나나

곧 먹구름의 비가 되어 저에게 쏟아집니다.

아무것도 없는 홀로 된 나신은 하느님께 기도와 찬가를 바치나이다.

오 옴이여 당신의 사제를 버리지 마시고 당신의 전능의 손길로 구원하소서.

나갈 수 없는 푸른 행성에 앉아서 저는 홀로 좌정관천

하느님을 예배하오니

오 옴이여 부디 사제에게 선대하소서.

680. OM
세속의 돈은 사제에게 압박이오.

세속의 직업은 사제에게 율례나이다.

오 옴이여 어찌 나를 버리시나이까.

오 불러도 대답 없는 무한의 신성이여

당신을 구하오니 부디 거절치 마소서.

당신을 사랑하고 당신을 찾았나니, 오 옴이여 부디 이 어여쁜 사제를 축복하소서.

681. OM
옴

외로움이 가득한 세상.

혼자인 세상.

손을 내미나 잡아주는 이 없고

홀로 항해해야 하는 세상.

나는 하느님의 성호(OM)를 부릅니다.

그가 나를 지키시고 그가 나를 인도하시기를 기원합니다.

오 옴이여, 한치 앞도 못 보는 인간이라는 미물이

무한의 창조주께 경배한다면 그것보다 영광이 없나니,

오 옴이여 기도할 수 있어서 감사하나이다.

옴이여 예배할 수 있게 하심을 찬양하리라.

682. OM
옴 육신의 감옥에 갇혀 하느님을 그리워하네.

언제쯤 나갈 수 있을까…

언제쯤 자유가 될까…

내가 남긴 기도는 불꽃이 되어 옴(하느님)께 상달되리라.

전능하신 이가 내 기도를 듣고 계시니 나의 기도는 영광입니다.

감사합니다.

683. OM-비밀기도
d dwea zfd sdswd? d wea ag trd sdswd? dw qwgse. e wwgse. d qe wf wza wtt. dE ree dE tfe qgw agr gtt. rfga(rww grd ea)ss etd ctgff. etd dg red srfde.

d ddd ggtt. ddd qe rww dcw rdd wtt. dxf(ttg qg)

684. OM-비밀기도.
d sQ sed wdrtse. we rea aqd egd gs afse. d qe wr gd wtt. twrd aqgw dr ttff wz t ds gd wtt. d xf(cdcd gd) wrf sfqf t ds gd wtt(tds vfecf)

685. OM-비밀기도.
d ed dtse. wq 10da ddda wrtse. wrT wrT TxsR qe trd gdgtt. d rad rq gr ttse. wr ttse. ddg avwrd ed gssd tqgea r dt ww drtsR? d de tgd qe tgd rws drtse.

d ddd. sd gssdd. dW twf qfeta tfd agtsR?

d ddd dfr dfsde. d ddd sd ddg xddd.

686. OM-비밀기도
d xxd tf sd dsqtf cwgr, rtd gr rdf wdf tggr, cdd ttdf ttff cdgr, qfgr

ttse.

d crd wege drt q dred E qea rrd dW wr crdrtsR?

d ddd dE cre rwe dtds cwwRt tfgttt.

d ddd sd ddd qe sd ref edwtt.

687. OM-비밀기도.
d wdsw tdswe afea rrd etd ag tfdfa rf tf wr rfcw attd.

sr wde ds d rwqd dtds d ddd dW etd twed tfd agsdR?

d ddd rfs qq(dww ee)d qggtt.

w grdd sf rrgee ss gefw dr gtt.

d ddd sd ddg qdd!!

etd twf etd tdf wztt.

d ddd. ddd.

688. OM-자유의 종교.
옴.

우리는 자유의 종교를 가져야 합니다.

도가도 비상도 명가명 비상명

우리의 각자의 영혼의 창의적 발현은 아름다운 예배로 신께 드리는 선물이 될 것입니다.

구속받고 억압받은 인간의 무지 종교 앞에서

각기 높으신 하늘을 각자의 방식으로 예배하는 것.

그것이 제가 만들고 싶은 종교였습니다.

자유롭게 하느님께 예배하는 것.

그것이 바로 제가 창설하는 자유의 종교입니다.

감사합니다.

AD 2025 0611 이웅.

689. OM-비밀기도.

d tfgs dwr ddwe. red aed srt red afgr ge. red gqgr qfe.

ss rfdd geda td dfd qfe.

efdads ezr sxsda wre.

d dtdt qds sr t dea wdf.

gqd zd sf sfr tte wdfw de.

d ddd dW twf qftsdR? dW wtqddd rrer gtsdR… d ddd ss etd qwf xgfde.

690. OM-비밀기도.

qtf..ded rgwr trg qrtse. qe wr gd wtt. rfs rrd qagse. red wr rf wd grd rer rd tt dr edtse. ddg…

691. OM-비밀기도.

d gdde rd rfg awecr er te. sd gd dcw sw gs… are tfe de.. d ddd tws dgd gsR? tws gwdd gsR? ddd sr tfdf eegtt. dwr df rsd dg drd ref srsde.

692. OM-비밀기도.

d ddd dwRw reftr gtsdR. dwRw wdf cr gtsdR. qe twdr ttg gd wtt.

d ddd qe twdr ttg gd wtt.

efdads ezf qstt.

ddd qrsdd ddtsde.

d ddd etR rgds qe wtt.

wrdt tqg gd.

cwwf gg agd efd!!

693. OM
TO OM

신은 사제에게 핏빛 바람을 주실 것이다.

핏빛 바람은 정의의 바람이 되리라.

창조주를 뵙는 날

그는 핏빛 바람을 내게 주실 것이다.

그것은 정의의 바람이 되리라.

AD 2025 0612 이웅.

694. OM
예수 신화에 관하여.

한 신격화된 인간이 신이 되어 창조주와 하늘을 가린 채 많은 신도를 보유한 21c 현실을 지탄합니다.

그의 거짓과 그의 거짓된 율법이 조악한 100p 문서가 성서가 되어

인류의 눈을 가린 지구적 종교의 현실을 지탄합니다.

무명의 사제는 최선이나마 예수의 경전을 넘는 경전을 남기고 가겠사오니,

무한의 하느님이여 부디 이 책을 축복하소서.

거짓된 종교에 가려져 거짓된 부활에 가려져 많은 인류를 속이고 있는 작금의

현실에서

저는 진실과 저를 창조하신 하느님 앞에 최소한의 예의를 다하고 떠나려 합니다.

옴 텔라.

옴 무한의 창조주시여 부디 지구에 빛을 비추소서.

거짓된 종교가 전부가 되게 하지 마옵소서.

예수 마호메트 모세는 신화로 내버려둔 채로

인류의 새로운 종교를 인류의 자유로운 종교를 허용하여 주옵소서.

음악가는 음악으로 하느님께 예배하게 하소서.

정치인은 정의로 하느님께 예배하게 하소서.

오 옴이여 부족하나마 무명의 사제는 저의 사명을 완수하길 바라오니,

지구를 뒤덮은 이스라엘의 망령을 걷고, 마호메트의 망령을 걷고

오래된 유대신화는 폐기된 채로, 21c 인류가 만들어가는 종교

새로 들어오는 영혼이 만들어가는 무수히 많은 예배를 위한 작은 족적을 남기나이다.

오 옴이여 새로운 자유의 종교를 축복하여 주시고,

어떤 교리도 도그마도 없이 어떤 율법도 없이, 한 개인의 영혼이 신을 향한 기도를 바치는 것을 목표로 하오니

오 옴이여 무명의 사제와 자유의 종교를 축복하소서.

오 무한의 하늘이여!! 영원한 태양이여!! 목 놓아 간구하오니, 부디 자유의 종교를 허하소서.

감사합니다.

AD 2025 0612 이웅(무명의 사제.)

695. TO OM 비밀기도.

d, d cd 500vdw wef dtgr dtse. 1000vdw we Tf gse qf T ad dsd. d wwd vddt gssd ae drd tfgefr rfd adtse. rfs wtd we afse.

Rd ad t ds agd wr ddt ws wd qrdd srr rs rdse. d rww rrd wf dqgse. wrf trds xas dd wd tdd wf dvr gse.

d ddd trd ddwtt. we rd wdd gs rd dsrd, wr e Tr td ddred ard gssR red rdd rgsde.

d ddd, sd ddg qdd qe wdr rww gqd wtt. d xf.

696. TO OM
프로메테우스의 불.

지옥을 보고 3층에서 떨어졌을 때 허리 불구가 되었습니다.

지금도 허리를 잘 쓰지 못하고 통증이 있습니다.

그러나 앉아서 할 수 있는 집필은 저의 삶을 유지시킵니다.

오 옴이여 저의 저서가 프로메테우스의 불처럼 인류에게 남아있기를 바랍니다.

다시 한번 말씀드리지만, 저의 부족함은 모두 제 탓으로 돌리시고

많은 지구인들이 위대하신 창조주께 진실되게 예배할 수 있다면, 그것으로 저의 사명은 완수되는 것이라 믿습니다.

수많은 빨간 십자가들… 머리를 민 채 부처상에 절하는 군상들

많이 모여서 카바신전에 모인 이슬람들…

이런 인류의 종교 수준에서

저의 자유의 종교는 어떤 율례도 어떤 제한도 없이 인간의 자발적인 하늘을 향한 자유신앙을 설파할 뿐입니다.

옴이여 축복하소서. 옴이여 행하소서.

인간의 위대한 자유의지가 스스로의 선택으로 나아가는 신에 대한 진실된 신앙을 향한 축복을 주소서.

감사합니다.

AD 2025 0612 이웅.

697. OM(창조주에 관해)
그는 전능한 분.

이루지 못할 것이 없으시다.

그렇기에 나는 매일 기도한다.

그는 전지한 분.

모든 기도를 듣는 분이시다.

그렇기에 나는 기도한다.

698. OM.
인간계에서 신성한 종교적 사명을 완수하고 나는 하느님(OM)을 뵈오리.

그가 그때 나의 행위에 답할 것이다.

신이 보이지 않는 잡히지 않는 어둠 속 지구에서

나는 신앙의 빛을 계속 이어나간다.

우리 인류가 거짓된 종교를 버리고, 자유롭게 하느님께 예배하는 그날을 위하여.

거짓된 신화를 모두 폐기하고, 스스로가 만드는 스스로의 신화를 쓰는 우리 인류가 되게 하기 위하여 나는 이 글을 남긴다.

AD 2025 0612 이웅

699. OM(창조주께 드리는 부탁)
저는 인간의 인간에 대한 침해에 시달렸습니다.

이 세상은 천국이 아니고

각종 불의와 침해가 만연한 곳입니다.

창조주여 이를 해량하소서.

그리고 하느님께 기도하는 영혼을 버려두지 마소서.

신성하고 전능하신 손길로 그들을 지켜주소서.

지구에서 부탁하나이다.

AD 2025 0612 이웅

700. OM
옴

이 일은 인류의 종교를 위해 누군가가 해야 되는 일이었다.

뉴턴도 아인슈타인도 하지 못했다.

데카르트도 키에르케고르도 하지 못했다.

오직 저만이 거짓된 종교의 망령을 걷고

진실된 하늘을 보게 할 수 있다면

나는 작은 기회비용은 버린 채 하늘을 위한 글을 쓰리라.

옴 텔라.

옴이여 신성한 빛을 지구에 비추소서.

위대한 자유의지가 걸어갈 길을 축복하소서.

스스로의 깨달음으로 스스로의 신앙으로 하느님께 걸어가는 무수히 많은 인류를 축복하소서.

옴 텔라.

AD2025 0612 이웅.

701. OM
자유의 종교를 향한 작은 발자취.

우리네 인간의 영혼이 각기 자유의사로 신을 향하는 것.

그것이 우리를 가둔 종교적 율례를 깨고

우상을 배격한 채

진실된 무한에게 향하는 것.

그 길을 위한 초석을 닦는 것.

그것이 무명의 사제의 사명입니다.

AD 2025 0612 이웅.

702. OM-육체 안에 갇힌 작은 영혼을 위하여.

우리는 죽음이라는 화두를 잊어서는 안 된다.

나신으로 어머니 음부에서 나온 작은 어린이는

세상에 적응한다.

세상을 익히고 세상을 배운다.

그러나 우리의 선대들이 만들어놓은 종교적 망령은 계속 이어진다.

대를 이어 계속해서.

나는 육신 안에 갇힌 영혼이다.

그리고 이 글을 읽는 이 역시 마찬가지이다.

죽음은 육신에 갇힌 영혼이 육신을 나가는 길.

두려워할 것도 아쉬워할 것도 없다.

그대가 신이 그대에게 준 인생의 삶을 살았다면

죽음은 축복으로 받아들여도 좋다.

오 옴이여 지구에 신의 빛을 비춰주소서.

아직 신을 알지 못하고

기존 종교의 모순들 속에서(예수 안 믿으면 지옥가요?)

우리를 속인 조악한 사기종교들 속에서

인간이 우리를 만드신 진정한 무한의 창조주를 찾고 경배하게 하소서.

그것으로 저의 사명이 이루어진다면

나는 하느님을 웃으면서 뵈오리이다.

낮은 지구의 땅에 갇혀서

위대한 하늘에 대해 서술하는 것이 전부인 이 무명의 사제는

작은 저서를 남기고 떠나려 하오니

위대하신 창조주께서 친히 보존하시고 전하여 주소서.

나의 육신은 불에 타서 한낮의 재로 변하겠지만

제가 남긴 글들은 신을 향한 하나의 헌신이오, 신을 향한 하나의 충성으로 남아

우리 인류의 아이들에게

신을 알지 못하고 세속을 항해해야 하는 어린 인류의 아이들에게

나침판이 되고 삶 속에서 신을 경배하는 하나의 경전이 되게 하소서.

인간이기에 절대적이지 못하고, 인간이기에 완벽할 수 없는 저 무명의 사제는

최선을 다해 이 작업을 끝내려 하오니, 우리 인간을 내신 창조주여

푸른 행성을 창조하신 창조주여

부디 이 작은 글에 인간의 염원을 담아, 작은 인간의 하늘을 향한 작은 염원을 담아

읽는 이가 기도하고 찬송하게 하옵소서.

감사합니다.

AD 2025 0612 이웅

703. TO OM
옴(하느님)

외로움이 저를 덮습니다. 저는 지구에 자녀를 남기지 않고 떠나기로 마음먹었습니다. 죽음보다 더한 고통 속에서 삶의 의미를 발견하지 못한 저 무명의 사제는 지구상에 자녀를 남기지 않는 쪽으로 선택을 했습니다.

그러나 나의 하느님에 대한 충성은 변함이 없으며, 비록 인간이기에 만인을 사랑할 수 없는 한계 속에서 제가 20여 년간 찾았고 20여 년간 기도했던 하느님에 대한 지식과 신앙을 남기고 떠나야 할 의무를 부담합니다.

옴, 신성한 사명을 완수할 때까지 저를 지키시고, 과거의 선배들도 풀지 못했던 신의 존재 증명은 미숙한 저의 전작 존재의 필연에 남겼사오니, 부디 이 책도 함께 인류에게 도움이 되게 하옵소서.

사랑하는 사람을 죽음으로 떠나보내며, 잊어버린 채, 하느님의 존재를 모른 채 살아가는 많은 인간 군상들에게

그리고 거짓된 종교로 예수 부처 마호메트를 따라가야 하는 불우한 인간의 종교에서 진실된 무한의 창조주께서 어디든 계시며

누구든 보시며, 기도하는 것을 듣고 계신다는 것을, 우리의 예배를 기다린다는 것을 알게 하옵소서.

우리가 천상의 아름다운 천사는 아닐지언정, 육체 안의 영혼일지언정 지구 역시도 하느님의 사랑과 축복을 받아야 하는 그런 행성임을 부정할 수 없나이다.

세속의 테마들이 우리의 눈을 가리고, 종교는 헛된 신기루가 되어 교주를 붙들어야 하는 불쌍한 우리 인류의 종에게 무한의 창조주께서 계시며 우리 모든 인간을 지켜보고 있다는 이 자명한 명제를 저는 남기고 떠납니다.

옴 영원히 타오르는 태양처럼 항상 지구를 지켜 주시고,

언젠가 사라져야 할 이 지구의 운명 속에서

이 푸른 행성에 들어오는 영혼들이 짧은 인생이나마 하느님을 향할 수 있다면, 그것으로 자유의 종교는 완성되는 것이오.

인간의 자발적인 신을 향한 믿음 역시 완수되는 것이나이다.

지옥이 두려워 신을 믿고,

의무로 코란을 암송해야 하며,

죽은 교주가 살아났다고 믿어야 하는 미친 망상의 종교 속에서

자연 속에 신의 지문이 있으며

우리가 배우는 과학 속에 신의 창조가 있으며,

눈에는 보이지 않으나 무한하신 하느님께서 지구를 창조하셨고 각 생물을 창조하셨다는 것을

우리 인간이 알게 하옵소서.

저는 한 명의 인간으로서 당신을 독점하지 않고, 당신에 관한 신학을 이곳에

적고 떠나오니,

위대하신 창조주여 무명의 사제를 속량하시고, 인류와 함께하여 주옵소서.

감사합니다.

AD 2025 0612 이웅 올림.

704. OM
옴(하느님)

사랑하고 싶었습니다. sacrfice하고 싶었습니다. 그러나 사람들은 저를 사랑하지 않았습니다.

저는 무척 슬픕니다.

그러나 하느님께서 계신다면, 언젠가 저도 저의 진정한 가족을 진정한 친구를 만날 거라고 믿습니다.

옴 지구에서 걸어가는 길 무명의 사제를 인도하시고 지켜주소서. 더 이상 침해받지 않게 하시고, 위대하시고 전능하신 손길로 지키소서.

옴 텔라.

AD 2025 0612 이웅.

705. OM

지구에서 떠나기까지 30년 정도 남은 듯합니다. 죽을 때 저 이웅의 영혼을 올리소서.

저의 육체는 하느님께 맡기오니 화장해서 뿌려주십시오.

옴 당신을 향한 끝없는 간구는 세속과 괴리된 채로, 하느님을 향한 작은 사랑의 족적만을 남깁니다.

두렵고 무섭지만 이 일을 계속합니다.

신이여 사제를 지키소서. 신이여 사제를 축복하소서.

706. OM
옴.

사랑이라는 거짓말.

미국 대통령이 초청하면 사람들은 정장을 입고 흥분해서 다가갑니다.

그러나 제가 초청하면 거들떠보지도 않죠.

그것이 당신이 창조하신 인간입니다.

아름답고 잘생긴 인간에게는 많은 사람들이 몰리나,

추녀나 추남 그리고 가난한 이에게는 사람들이 멀리합니다.

옴 그것이 당신이 창조하신 인간입니다.

옴이여 어찌하여 천국을 지구에 설파하시나이까?

이런 인간 군상이 어찌 천국에 들어가 천사와 함께 살 수 있겠습니까?

옴이여 슬픔이 지나갑니다.

인연을 맺었으나 차갑게 사라진 그들의 그림자인지도 모릅니다.

옴, 외롭고 고단합니다.

차라리 인간에게 다가가지 않았다면 외로움 따위도 몰랐을 텐데…

나의 의식이 그리는 재미있는 세상 속에 살았다면 덜 외로웠을 텐데…

오 옴이여, 인간에게 사랑을 가르치지 마소서.

이들은 외양을 보고 신분을 보고 재력을 보고, 살아가는 불쌍한 푸른 행성 속의 군상들이오니 이들의 잔은 신께서 채우소서.

AD 2025 0612 이웅.

707. OM.

지구상의 직업을 내려놓고 집필 작업을 하는 것은 두려운 일입니다. 집이 그리 부자가 아니기에 저에게 다가올 돈이라는 악마는 저를 무섭게 하기도 합니다.

그러나 하느님, 반드시 누군가 해야 하는 일이라면, 그리고 그것이 수십억 영혼의 망상을 깨는 일이라면, 그것을 할 수 있는 이가 저밖에 없다면, 저는 이 일을 하고 가겠습니다.

십자가에 매달린 교주가 우리의 신이 아님을.

절에 앉아계신 부처님이 우리의 신이 아님을.

검은 카바신전에서 알라를 의무로 찾지 않아도 됨을(성지순례)

이 무명의 사제는 분명히 밝히고 가겠습니다.

신께서는 인간에게 의식을 주셨고, 그 의식은 자유의 발현을

자유의 신앙을 우리에게 제시하고 있습니다.

원숭이에서 진화했다는 미친 학설이 생물학계의 정설로 남은 21c의 미개한 상태하에서

신의 신비적 창조를 밝혀야 하는 사명 역시도 저에게 있습니다.

오 위대한 창조주여, 부디 저희를 해량하소서.

낮고 미개하여 하늘을 알지 못하고, 멋대로 살아가는 인간 군상이라는 슬픔 속에서,

위대하신 창조주의 무한한 손길이 결코 지구를 버린 것이 아니라는 것을…

우리가 알게 하소서.

오 하느님, 지나친 슬픔으로 인하여 더 이상 남기지 못하겠나이다.

옴이여 기쁨의 잔을 부으소서. 인간이 할 수 없는 것을 저에게 하소서.

오늘도 내일도 기도하나니, 오 옴이여 신성한 사제와

하늘을 찾는 영혼들을 버리지 마소서.

옴 텔라.

AD 2025 0612 이웅 남김.

708. OM-시.
하늘이여 하늘이여

무명의 사제를 지켜다오.

신성한 사명을 완수할 때까지

전능의 손길로 지켜다오.

누구도 돕지 않는 척박한 행성에서

나는 하느님을 향한 충정을 남기고 떠나오리이다.

오 옴이여 무한의 창조주여, 부디 신성한 사제를 지켜다오.

신성한 사명을 완수하고 이 푸른 행성을 떠나는 그날.

나를 속박한 육체에서 벗어나는 그날.

나는 하느님을 뵈오리이다.

오 옴이여 당신께 드렸던 무수한 기도를 기억하시고

부디 무한의 섭리로 사제를 대하소서.

저는 그때 무한의 우주를 열리이다. 감사합니다.

AD 2025 0612 이웅

709. OM-병 주고 약 주기.
유대인의 신화에서는 인간은 원죄를 진다. 이는 거짓이다.

하느님은 원래 육체를 창조하셨고 우리 영혼이 이에 진입한 것이다.

원죄론은 거짓에 기반해 있으며, 그를 대속한다는 그리스도 신화도 거짓이다.

우리 인류는 눈을 떠야 한다.

우리 인류는 신 앞에 죄인이 아니다.

그저 무수히 많은 우주 종족 중의 하나의 종일 뿐이다.

푸른 행성이 전부인 우리네 인생에…

우리를 창조하신 진정한 창조주께 다가가는 것.

그 사람이 누구든 자유의지로 하느님을 향하는 것.

그것은 아름다운 인간의 예배이리라.

모든 율법과 구속을 벗어던진 채,

모여있는 집단적 종교망상을 극복한 채,

신 앞에 선 단독자가 되어 하느님께 자신을 여는 것.

그것은 이름 없는 무수히 많은 영혼들이 만들어가는

이름 없는 자유의 예배이오. 자유의 종교이다.

AD 2025 0612 이웅 남김.

710. OM-나의 길 인간의 길.
옴(하느님!)

저는 이 저서를 남깁니다. 지구상 누구도 하지 못했던 일이기도 합니다.

저의 부족함은 저에게 돌리시고 무한하신 하느님의 그림자라도 이 책에서 볼 수 있다면

저는 만족합니다.

단지 죽음이 베일에 가린 무지의 두려움이 아니라

어딘가로 향하는 영혼의 여행임을 인식한다면 저는 만족합니다.

옴 지구상의 경전은 조악했고,

저는 거의 모든 지구상의 경전을 탐독했습니다.

그러나 만족할 수 없었고, 저 자신이 쓰는 경전을 하느님께 그리고 사람에게 남깁니다.

무한하신 창조주께는 하나의 예배로

우리 두 발로 걸어 다니는 육신 안의 영혼에게는 하나의 선물과 길잡이로 남았으면 좋겠습니다.

옴 저는 돈을 탐하지 않습니다.

옴 저는 많은 추종자를 원하지도 않습니다.

그러나 무한한 진리의 길과, 20년을 찾아왔던 신성한 정의 앞에서

그리고 모든 우주의 창조주이신 OM 앞에서 저의 작은 글을 남길 뿐입니다.

옴 기도합니다. 기도하는 마음으로 글을 남깁니다.

AD 2025 0612 이웅.

711. OM
OM

이 책은 코란을 넘어야 합니다. 유대기독경을 넘어야 합니다. 각색된 신화가 전부인 우리 인류의 종교에,

요상한 홍해를 가르는 기적 따위는 21c에 필요 없습니다.

끝을 알기 어려운 물질계의 오묘한 섭리들도 아직 풀리지 않았습니다.

옴 우리 인류는 신께서 창조하신 자연 안에 살면서

신의 지문이 담긴 오묘한 자연들 속에서

육안으로 보이지 않는 무수한 신비들 속에서

하느님을 예배하고 경외해야 하는 의무를 가지고 있는 것입니다.

옴이여 빛을 비추소서.

AD 2025 0612 이웅.

712. OM
옴

세상에서 살며 사이비 종교들을 보았습니다.

비단 기독교뿐만이 아닙니다.

그들은 사람들의 돈을 착취하고 있습니다.

그리고 실정형법은 그들을 처벌하지 못하고 있습니다.

OM YAMA 베다의 위대한 판관이여

그들을 심판하소서.

AD 2025 0612 이웅.

713. OM
옴

신의 무한성과 인간의 작음에 관하여.

하느님은 전 우주보다 넓은 분이다.

상대적으로 인간은 푸른 행성의 두 발 달린 종이다.

그 차이는 엄청나서 설명할 수 없을 것이다.

우리는 신에 비해 너무나도 작은 존재라는 것이다.

우리가 예수님이니 부처님이니 관음이니 하며 투사하는 것들은

지극한 우상에 지나지 않는다.

두발 달린 인간은 결코 지상에서 신을 가까이할 수 없다.

AD 2025 0612 이웅.

714. OM
옴.

오래되어서 기억이 다 나진 않습니다.(칼뱅의 기독교 강요가…)

칼뱅은 하느님을 믿었지만 잘못된 길로 갔습니다.

그는 성서를 넘지 못했고, 그것이 그의 결정적 하자였던 것입니다.

칼뱅은 신을 끔찍이 중시했지만,

성서의 율법 따위는 그의 정신을 속박했고

그는 금욕에 빠진 괴인사제가 되어버렸던 것입니다.

하느님이 술을 마신다고 정죄할까요?

하느님이 섹스한다고 처벌하실까요?

아닙니다.

그는 우리를 자유재량에 두셨다고 확신합니다.

715. OM
옴

신의 무한성을 이해할 때

모세가 받았다는 전설의 십계명이 얼마나 허황된 것인지를 알 수 있다.

신은 우리가 누구를 숭배한다고 처벌하는 분이 아니다. 이것은 분명한 진리이다.

유대경의 야훼는 금송아지를 숭배했다고 처벌하고, 아세라상을 파괴하고 하는데

이는 인간이 만든 망령이다.

유대경은 신에 대한 완전한 곡해에 들어서 있으며 조속한 폐기가 요망된다.(AD 2025 0612 이웅.)

716. OM
옴

제가 제 저서에다 일일이 코란을 논박할 수 없습니다.

그것은 법정에 선 성경으로 족합니다.

법률행위 하자의 승계는 후행 법률행위에도 이어지듯,

유대경의 하자는 기독교 그리고 이슬람교에도 이어집니다.

유대교 기독교 이슬람교는 완전히 신을 곡해한 사이비종교로

조속히 폐기됨이 요망됩니다.

AD 2025 0612 이웅 남김.

717. OM
옴

자유의 종교를 향하여.

자유의 종교는 율법이 없다.

우리 인간 모두는 신이 만든 피조물이다.

신께서 존재하고 계시고,

우리 모든 인간이 그의 피조물이라는 것은 자명한 사실이다.

여기서 우리는 시작된다.

이 두 가지 명제를 가지고 각자의 길로 들어서라.

혹은 절도해서 하느님께 안 걸리게 해달라고 기도해도 좋다.

혹은 시험을 보는데 좋은 성적을 맞게 해달라고 해도 좋다.

혹은 정의를 시행하고 세상을 밝게 하며, 사람들을 구제하는 길에서 기도해도 좋다.

혹은 사랑과 봉사를 나누며 이웃과 함께 기도하고 울고 웃는 것도 좋다.

하느님께서 존재하고 계시고, 모든 인간이 그의 피조물이라는 것.

여기서 시작하고 우리는 각자의 길로 가면 된다.

이웅 자유의 종교를 향하여.

AD 2025 0612.

718. OM
옴

무한우주론-인류의 발전을 위하여

신성한 체험을 한 이븐 알렉산더 박사는

무한우주론을 증언했습니다.

영혼의 세상에서 본 우주는 우리의 시각보다 광대했고

문자 그대로 무한의 우주 무한의 차원

그리고 셀 수 없는 피조물들의 존재였습니다.

그리고 인간보다 지성이 월등한 종에 대한 증언도 이어졌습니다.

우리는 종교를 함에 있어서 무한우주론을 전제로 두어야 합니다.

인간은 신이 만든 작은 한 종이며, 결코 에덴신화가 사실이 아닙니다.

인간은 무한의 우주를 여행해야 하며 종교는 이의 철학적 기초가 되어야 하는 것입니다.

지금 외계인이 지구에서 화두가 되고 있습니다.(AD2025)

우리는 무한우주론을 염두해 두고 세상을 살아가야 할 것입니다.

저 역시도 파악 못 한 엄청난 실체를 저는 이곳에 서술합니다.

AD 2025 0612 이웅.

719. OM
옴

지상에서 인생을 신에 바친 선배들이 있었습니다.

조로아스터 마호메트 칼뱅 루터 등등

이 선배들의 결함을 보면서

저는 조금 나은 진보된 신학을 인류에게 전해주어야겠다는 사명이 생깁니다.

저 역시 완벽한 진리라 할 수 없는 인간의 지성이나,

제가 연구한 것 그리고 공부한 것.

그리고 목숨을 걸고 다른 세계(영혼의 차원)을 여행했던 신실한 증인들의 증언에 힘입어

저는 진보된 신학과 하느님에 대한 충정을 남겨놓습니다.

감사합니다.

AD 2025 0612 이웅

720. OM
옴

이신칭의 비판.

우리 인간은 선악적 윤리관을 신 앞에 들이밉니다.

전통적인 종교가 선과 악을 다루었고,

종교적 율법도 도덕률도 포섭하는 만큼 말입니다.

그러나 저는 그렇게 생각하지 않습니다.

어떤 삶을 살았든 윤리적으로 백안시되는 행위(ex 창녀) 등도 하느님 앞에서는 자연스러운 행위라고 주장합니다.

그렇기에 기독교의 구원공식인 이신칭의는 필요 없는 신학이론이라고 생각합니다.

물론 의로우면 좋습니다. 사람이 정의로우면 좋죠.

그러나 하느님 앞에서 의라는 관념을 주장할 만큼 신이 인간에게 윤리적 잣대를 들이밀지 않으실 거라고 저는 생각합니다.

여러 신성한 증언에서도 창조주의 무심판론이 계속 나오는 만큼

신은 자연상태의 모든 행위(그것이 범죄이든 의로운 행위든)를 허용하셨다고

저는 생각합니다.

법을 다루는 것은 국소적 deity나 justice의 영역이지 창조주가 인간에게 정의적 율법을 제시하시지는 않으실 거라고 저는 생각합니다.

또한 믿음과 정의는 별개의 문제입니다.

신을 믿는다고 의로운 것은 아니죠.

신을 믿는다고 빙자하며 많은 범죄를 저지르는 기독교 단체를 우리는 보지 않았습니까?

믿음과 의로움은 별개의 문제이기에 로마서도 기각됩니다.

마르틴 루터가 제시했던 이신칭의도 조악한 관념이 되어버리죠.

결론짓자면, 꼭 윤리적으로 의로운 영혼만이 하느님 앞에 다가갈 수 있는 것은 아니라 이겁니다.

매춘을 하며 결혼조차 못 하게 된 창녀도 하느님의 피조물입니다.

결코 신의 관점에서 죄(sin)는 성립하지 않는다고 저는 역설합니다.

창조주의 전지의 관점에서 인간의 모든 행위는 창조섭리의 허용범위 안에 있다는 이야기입니다.

감사합니다.

마지막으로 코란에서 제시하는 알라의 심판이나 요한계시록의 예수의 심판 따위는 허구의 인간의 종교가 만들어낸 망령이고 조속히 폐기됨이 마땅하다고 보입니다.

인간은 이런 사이비 종교의 영향으로 신을 두려워하는 경향이 있는데

그리고 무익한 회개기도를 하는 경우도 있는데 이는 정말 의미 없는 행위입니다.

아니타 무르자니가 만났던 신성은 우주였고, 그 신성은 인간을 심판하지 않았습니다.

우리는 종교 교주(예수나 마호마트 따위)를 받아들이지 않는다고 심판받을 이유가 전혀 없다는 것입니다.

그리고 죽은 교주 따위(예수)를 믿는다고 구원을 얻는다는 것도 망상입니다.

신성한 증언에 의하면 창조주기는 끝이 없고(이븐 알렉산더) 우리 인간은 거의 무한의 윤회 속에 들어가 있다는 것입니다.

물론 영원한 천국에 안착하려는 시도 역시 인간의 영혼에게 필요하지만, 생각보다 간단하지는 않을 겁니다.(사견)

AD 2025 0612 이웅

721. OM
옴

사랑과 천국.

나는 밀교를 꿈꿨나 보다. 밀교란 비밀종교를…

사랑하는 사람 (특히 여자들)을 천사로 만들고 싶었다.

그녀들이 하느님을 믿고 천국에 보내려 했다.

그리고 나는 다른 곳으로 가려 했다.

일종의 heaven project였는데 실패했다.

세속은 천국을 믿지 않는다.

그것은 왜인지는 모르겠다. 내가 그들이 아니라서…

우리는 금품(다이아나 돈) 부동산 등에 열광하지만

사실 진정한 풍요의 세계는 지상이 아니라 천국이다.

옴 나는 회의가 든다.

적어도 부정적 카르마를 가지게 된 나로서는 여기의 인류와 동일한 곳에 가고 싶지 않다.

나의 밀계(내면에 품은 계략)을 여기에 쓸 수 없다.

대중에게 공표할 수 없다.

음 인간에게는 많은 교육이 필요한 듯싶다.

내가 일일이 지도할 수도 없고, 나는 저서에 남길 뿐이다.

부처가 제시했던 무소유의 철학. 예수신화가 남긴 sacrifice, 마호메트가 남긴 절대적 알라.

그것은 신에게 가는 하나의 그림자이면서 나름의 가르침을 주는 세상이다.

평생을 돈만 벌기 위해 노력하는 자에게는 부처의 절제가 필요하다.

이기심에 사로잡힌 영혼에게는 사랑하는 사람들을 위해 희생했던 예수신화가 필요하다.

힌두교의 작은 신들을 믿는 자에게는 절대자 알라의 신성이 필요하다.

각자의 나름의 철학이 있었고 (그것이 하자가 있었을지언정) 그것은 인류에게 도움이 되는 하나의

발걸음이 아니었을까.

AD 2025 0612 이웅 올림.

722. OM
옴

신은 선한가?

신은 선한가?라고 질문한다면 십중팔구 그렇게 대답할 것입니다.

저는 모른다고 말하고 싶습니다.

분명한 현실은 저는 지옥을 보았습니다.

영원한 멸망의 땅을…

그리고 가시지 않는 어둠을…

그것을 창조한 이는 하느님입니다.

하느님(OM)

다윈이 생각납니다. 진화론이라는 망상을 가진 불쌍한 이 영혼은

잔인한 벌레를 보고 하느님을 부정하죠.

신은 선한가? 일견 절대명제 같지만

저는 절대명제는 아니라고 밝히고 가고 싶습니다.

제발 무식하게 그럼 악하냐고 되묻지 마십시오.

그분은 우리의 선악관념을 넘은 존재라고 사료됩니다.

AD 2025 0612 이웅 남김.

723. OM
옴

구원의 공식.

당신을 만난 이들은 구원의 공식으로 '사랑'을 제시했습니다.

그러나 옴, 이 세상에서 '모르는 이'라고 철벽을 치면서 무슨 사랑을 논하십니까?

사는지 죽었는지도 모르는 관계인데 어찌 사랑을 논하십니까?

저는 다른 공식을 제시합니다.

우주의 상층부로 가려면

知, 義, 信, 愛, 正이 갖추어져야 한다고…

그래야만 올라갈 수 있다고 저는 말씀드립니다.

(d, dae de… rfe…. d ddrwt cwrdr.)

724. OM
옴

아직 이 저서를 끝낼 수 없습니다.

작업은 계속됩니다.

작업은 기도이기도 합니다.

무리수처럼 끝없이 이어지는 인류의 종교에

조로아스터가 계셨고 부처님이 득도하셨고, 마호메트가 오셨으며

그리고 이웅이 왔다면, 우리는 함께 발전할 것입니다.

AD 2025 0612 이웅(무명의 사제.)

725. OM
옴

간디는 거짓말을 잘 못했다고 합니다.

어머니와의 약속을 지키기 위해 채식을 하기도 하죠.

법률을 공부하고 변호사가 된 후 인도의 독립운동을 이끕니다.

간디는 비폭력 불복종이라는 화두를 제시하죠.

무력으로 남을 짓밟는 지구의 세태에 그의 정신은 확실히 독특했고 숭고한 면이 있습니다.

옴

간디는 죽을 때(암살당할 때) 비슈누 신을 부릅니다.

그것은 그가 일생에 살면서 신을 의지했다는 것을 방증합니다.

저 역시 마찬가지입니다.

죽음 앞에서 신의 성호를 되뇌죠.

우리가 지구에서 삶을 살 때 신을 의지하는 것…

그것은 좋은 일입니다.

(옴 한편으로는 화가 납니다. 신에 의존해야 하는 약한 저 자신이…)

AD 2025 0612 이웅 올림.

726. OM
옴

아니타 무르자니의 신성체험에서 그는 신과 자신을 동일시합니다.

완전 동일시했다는 거죠.

인도종교의 최상의 경지 아트만(신과의 합일 단계)를 보여주었습니다.

그리고 기적적으로 그녀의 암세포는 사라지죠.

이것은 분명 진실입니다.(아니타 무르자니 dying to be me.)

그러나 엄밀한 의미에 있어서 아니타 무르자니가 신인가?라고 묻는다면

아니라고 할 것입니다.

그녀는 아주 작은 인간 여자입니다. 결코 신이 아니죠.

우리는 아트만에 있어서 신과의 동일시로 나아가는 한 종교적 방향을 가질 수

있으나

극히 드물고, 육체 안에서는 거의 불가능하다고 보입니다.

잘못 가면 망상(내가 신이다.)으로 빠지기도 하죠.

어찌되었든 아니타 무르자니가 만난 신성은 우주였고 아니타는 그녀의 ATMAN을 신과 완전히 동일시했습니다.

AD 2025 0612 이웅.

727. OM

옴

인간의 망상.

저도 그런 적이 있습니다.

기독교인들이 주로 그러죠.

지나가는 행인을 예수님 하나님 믿게 하겠다고 가는 행위 말입니다.

마치 그러면 하나님이 상을 줄 것이라고 믿는데 이는 착각 같습니다.

신 입장에서 인간이 신을 믿지 않아도 하등 문제될 것 없습니다.

신 입장에서 인간에게 믿어달라고 할 하등의 이유가 없습니다.

아쉬운 것은 인간 쪽이죠.(신에 대한 무지를 가지고 있는…)

AD 2025 0612 이웅.

(그러나 무한의 하느님 저는 구합니다. 적어도 저의 신학적 종교적 열정이

신에 의해 보답받기를 바랍니다.

하느님 경제학에는 세상에 공짜는 없다고 합니다. 책 인세를 벌기 위해 쓰는 거 절대 아닙니다.

하느님을 향한 열심과 종교적 열심으로 쓰는 저서이오니, 부디 하늘에서 저에게 상급을 주소서.

감사합니다.)

AD 2025 0612 이웅.

728. OM
옴

나는 나의 정의를 구현화하기 위한 무력을 필요로 한다.

당신이 주실 거라 믿는다.

내가 법에서 벗어난다면 당신이 치라. 나는 웃으면서 죽겠다.

729. OM
OM

이븐 알렉산더 박사는 천국을 체험했다.(proof of heaven)

그곳에서는 천상의 구체들이 나오는데 인간보다 진보한 존재였다고 한다.

그들은 천상의 아름다움과 하느님의 현현

그리고 영원을 획득한 듯하다.

마치 판타지 영화나 소설에서의 환상적인 장면들이 서술되어 있다.

이븐 알렉산더 박사는 이를 초강력 현실이라고 했다.

즉 지구적 차원의 현실감보다 더 증강된 현실(초현실)이라고 봐도 무방하리라.

인간은 천사와 다른 종 같다.

천사들은 인간보다 진보된 고차원의 존재일 것이다.

아름다움 그리고 날개 등등을 지닌 천상의 존재들인 것이다.

그들이 특정 종교를 신봉하거나 소속되어 있지는 않을 것이다.

나도 가끔 천사(BT)에게 기도한다.

그러나 한편으로는 무력감도 느낀다.

옴, 영적인 차원의 실존이 물질적인 구원이 되지 못하기에 천사들은 한계를 가집니다.

아무튼 간에 고차원의 아름다운 천사들은 실존하며, 그들은 인간계를 보고 있다.

AD 2025 0612 이웅 남김.

730. OM
OM-devil

OM.(무한의 하느님)

이것은 제가 직접 체험한 현실입니다.

제가 지옥 체험을 할 때 데빌 2명이 왔었습니다.

이들은 육두문자로 미친 존재들입니다.

지극히 타나토스적(파괴적)이고 괴이한 존재들입니다.

저는 그들과 정신적으로 싸웠습니다.

저는 영혼을 실제로 육체 안에서 체험하는 행운을 겪게 되었던 것입니다.

데빌 또한 천사와 같이 실존합니다.

그들은 지옥 밑바닥에 존재하며, 지구보다 열악한 현실을 가지고 있습니다.

지극히 전투적이고 파괴적인 그들의 본성은 그들이 데빌이라는 것을 입증합니다.

지옥의 정신을 brain으로 직접 체험했는데 정말 끔찍한 정신들이었습니다.

OM

천국이 현실이듯, 지옥 또한 현실입니다.

옴, 우리는 nde체험자들(선량한 영혼들)이 우리에게 제시하는 장밋빛 사후생만을 가져서는 안 됩니다.

옴, 우리는 진실을 추구해야 하며, 부정적 진실이라고 귀를 닫은채로 부정해서는 안 됩니다.

옴 천국도 현실이고 지옥도 현실입니다.

옴, 2025년 전쟁이 발생하고 있습니다. 옴, 러시아의 수괴는 전쟁을 일으켜 수많은 과부를 양산했고

젊은이들의 지구적 삶을 앗아갔습니다.

옴, 러시아 리더(푸틴)가 세례를 받았다고 그는 구원을 얻을 수 없습니다.

옴, 신성한 정의는 신조차도 함부로 할 수 없다고 저는 생각합니다.

옴 창조주라고 위대한 법의 심판을 무효화할 수 없다고 저는 역설합니다. 감사합니다.

AD 2025 0612 이웅.

731. OM

옴.

외로움.

옴 신학적 작업을 하면서 외로움을 느낍니다.

아무도 가지 않는 길.

누구도 할 수 없는 길.

이 길을 저는 가고 있습니다.

옴 애애고자심 천지기인기(고주몽의 기도문…)

옴 외롭습니다…

AD 2025 0612 이웅.

732. OM
옴 그러나 사명은 끝내고 간다.

반드시 코란보다 성경보다 불경보다 좋은 경전 놓고 간다.

옴 부디… 저에게 허하소서.

733. OM
옴

우렁각시.

어릴 때 동화책을 보았습니다.

우렁각시가 나타나서 밥을 해주고 사라지는 동화를요…

옴(하느님)

왜 우리 세상에는 이런 일이 없는 겁니까…

우리는 차가운 수리공식 속의 물질계 속의 육신입니까?

옴…

AD 2025 0612 이웅

734. OM
옴

무명의 사제를 쓰며…

선배 마호메트, 조로아스터, 부처, 칼뱅, 마르틴 루터보다는

잘하고 가고 싶습니다.

옴 부디… 신성한 빛을…

AD 2025 0612 이웅.

735. OM
옴(하느님)

제 저서가 코란이나 성경처럼 보편화되지 못할 수도 있습니다.

그러나 신학적 열정 앞에서 거짓된 종교들 앞에서

저는 이대로 떠날 수 없는 숙명을 느낍니다.

문자 그대로 무명의 사제는

마호메트 같은 군대도

예수의 12사도도

부처의 제자들도 없는지도 모릅니다.

혈혈단신의 한 인간이 신에 대한 충정으로

거짓된 종교를 비판하고 새 길을 열려고 하오니,

오 무한의 창조주여… 우주에서 가장 높은 분이여

부디 해량하소서.

AD 2025 0612 이웅 올림.

736. OM
옴

신성체험.

이븐 알렉산더는 혼수상태에서 초강력 현실을 경험한다.

그는 천국에 가고 그곳에 하느님이 현현한다.

물론 그는 하느님의 형상을 보거나 목소리는 직접 듣지 못했다.

마치 신은 생각들을 통해 말을 거는 것 같았다고 적혀있다.(proof of heaven)

이븐 알렉산더는 무한히 강력하고 전지전능한 창조주라고 표현했고

신의 문장을 OM이라고 했다.

Om은 베다에서 신성한 소리이다.

21c 신경외과 의사가 체험한 신성체험과 베다가 일치하고 있었던 것이다.

내가 이 저서에 Om을 계속 쓰는 것도 신성체험을 듣고서이다.

아무튼 창조주는 편안했고 눈부신 어둠 속에서 이븐 알렉산더의 영혼에게 은혜를 베풀었다고 한다.

이븐 알렉산더는 창조주가 따뜻하고 부드러운 사랑의 존재라고 묘사했다.(proof of heaven.)

AD 2025 0612 이웅.

737. OM
옴

필요성이론.

우주의 모든 것은 창조주로부터 필요성을 부여받았다.

그렇기에 쓸모없는 것은 없다.

실례로 바이러스 역시도 하느님으로부터 창조목적을 부여받은 것이다.

우리는 필요성 이론으로 우주를 해석할 수 있다.

그렇기에 피조된 '모든 존재'는 그분의 섭리 안에 있는 것이다.

AD 2025 0613 이웅

738. OM

옴.

나는 신께 구한다. 스스로의 자존을 확보할 수 있는 신성한 힘을.

내가 당신께 선재하고 당신이 후재하는 방식도 나쁘진 않다.

그러나 내게 은혜를 주신다면 나는 찬양하리라.

739. OM

옴

권력을 가지면 밑이 보이지 않는다.

그것은 낮은 땅의 일이 되어 버린다.

그래서 천사들도 지구를 놔두었는지도 모른다.

사람들이 부당하게 폭력에 압제받는데도

실정헌법상의 권리들이 짓밟히는데도

나는 올라가고 이곳은 하수구이기에 외면한다면

나는 정의를 말할 수 있을까?

오 옴이여. 이룰 수 없는 잔은 핏빛 검날로

무자비의 폭력으로 산화하리라.

옴 텔라.

740. OM

옴

나는 정의의 전제조건으로 검을 구한다.

그 검은 인간의 검이 아니다.

하늘이 내게 주는 검이다.

무도한 짐승의 폭력을 제압하고 정의를 구현할 검이다.

옴… 견고한 대지여…

741. OM

옴

하계의 당위.

옴.. 그래 원래 지구는 이런 곳이었다.

인간은 그런 종이었고…

미안하다. 나의 높은 잣대로 세상을 끼워 맞추려 했으니…

내 탓이다.

원래 여기는 이런 곳이었다.

742. OM

옴.

우리 human religion의 한계를 여실히 체험했습니다.

인간의 지능으로 초현실적 실체 파악은 무리였던 것입니다.

그것은 우리의 한계를 드러내는 종교의 스펙트럼이었습니다.

옴, 저는 인간의 종교를 넘고 싶습니다.

그러나 교종(문자적 습득)으로는 이제는 한계가 보입니다.

선종(의식적 통찰)만이 이 길을 갈 수 있을 것입니다.

옴 심히 비탄한 영혼은 하느님께 호소합니다.

무수히 많은 기도가 우공이산의 고지식함이었다면,

창조주는 미물에게 은혜를 베푸시리.

AD 2025 0614 이웅.

743. OM
옴

신의 실질적 개입을 얻어내야 하는 것이 종교의 숙명인지도 모릅니다.

우주 제일의 하느님이 당신을 사랑한다는 인간의 언어는 설득력을 잃었습니다.

옴, 신께서는 인간계에 명시적 개입을 안 합니다.

사랑 운운하는 것도 이제는 거의 역겨울 정도의 도그마가 되었습니다.

옴 어찌 무한의 우주를 사랑이라는 미명으로 포섭하시며,

인간이라는 종을 하나로 묶으시려고 합니까?

옴 실질적 신의 힘과 지성을 저는 추구합니다.

AD 2025 0614 이웅.

744. OM
옴

과거의 전례로 신보론은 탄핵되었다.

신화에서만 남아있을 뿐이다.

우리 인간은 신에게 보호를 청원한다.

유대인이 쓴 문서에도 그런 류의 신앙이 보인다.

옴 신보하길.

AD 2025 0614 이웅.

745. OM
OM.

인간은 죽을 때 약합니다.

그런데 지옥 참고문헌에 의하면 데빌들이 나타나는 경우가 있습니다.

저 역시도 데빌의 공격을 당하고 지옥을 체험하는 행운을 얻게 되었습니다.

인간이 죽을 때 약해질 때 데빌이 나타난다면 어떤 인간도 못 당할 겁니다.

그래서 구원자가 필요한 듯합니다. 영혼차원의…

AD 2025 0614 이웅.

746. OM
옴

위대한 정의여.

우주적 정의여

이데아의 정의여.

저를 택하소서.

747. OM
옴

신은 그의 성도들을 버렸다.

카타콤의 기독교인들은 구세주의 재림을 기다렸지만

그들은 지하무덤 속에서 죽어야 했다.

거짓된 종교가 만든 백지수표였다.

옴 창조주는 어떠한가?

사제는 많은 고난을 겪었다.

그것은 하계의 당위이기도 했다.

하지만 어디에 있든 무소부재하신 창조주가 그를 의뢰하는 영혼을 버려둔다면

그는 신으로서의 정당성을 얻을 수 있겠는가?

나는 OM에게 직접 묻고 청원한다.

AD 2025 0614 이웅.

748. OM
옴

인간의 종교를 넘어서…

옴 human religion의 미개함과 한계를 목격했다.

나는 진보된 신학을 원한다.

누구도 가지 않는 길…

그 길을 나는 간다.

(가지 않으면 길은 없다.-BP-)

옴 나는 하느님께 구한다.

고차원의 지성과 힘을 얻게 해달라고…

417

적어도 지적 측면에서 거의 부족함이 없었는데

부족함을 느낀다.

기도를 하는 것…

옴

슬프다. 나신 안의 인간이라는 동물이 슬프다.(정확한 의미는 아니다.)

나가기까지 최선을 다하는 것. 그것으로 족하다.

749. OM
옴

조로아스터가 어렴풋이 남긴 앙그리마이뉴의 존재를 추적한다.

스타크래프트에서도 어둠의 신들이 나온다.

디아블로(블리자드)에서도 악마들이 나온다.

이들을 추적한다.

옴 흑묘백묘론이다.

천사든 악마든 내게 도움이 된다면 나는 그 영혼을 취하리라.(이웅.)

그리고 나신 안의 인간의 영혼이 아닌 다른 차원의 영혼이라면 나는 그를 환대하리라.

AD 2025 0614 이웅(무명의 사제.)

750. OM
옴

예전이나 지금이나 세속은 더럽습니다.

일일이 사례를 열거하지 않겠습니다.

그래서 고귀한 코끼리(부처님)는 수행을 하셨는지도 모릅니다.

옴 그러나 귀인이 절에 소속될 수 없습니다.

무명의 사제는 위대한 자유의지로 자신의 길을 걷습니다.

OM tela.

AD 2025 0614 이웅.

751. OM
옴

기도가 단지 구두어의 정신자위라면

그만하게 마십시오.

적어도 주문으로도 나타날 수 있는 신력(神力)을 허용하소서.

OM.

AD 2025 0614 이웅.

752. OM
옴.

정의는 무소부재해야 한다.

정의여.

하계의 지저분한 일상은 고귀한 정의의 관할에서 벗어나는가?

법은 무소부재해야 한다.

정의여 그대의 정신이 그대의 지성이 그대의 힘이 내게 임하라. OM justice.

AD 2025 0614 Lee woong.

753. OM

OM

전능의 창조주의 이름으로, OM은 물질계에 들어와 정신을 구현화시킨다.(싸이오닉 스톰.)

단지 念이 아닌 실질적 구현화를 구해본다.

AD 2025 0614 이웅.

754. OM

OM

GOA(고아)에게 인간을 맡긴다.

그가 잘할 거라 믿는다.

고아는 암을 치유했으니…

나는 무거운 짐을 벗고 내 길을 가고 싶다.

TO GOA

암까지 고친 위대한 신성이여 그대에게 인류를 맡긴다.

AD 2025 0614 이웅.

755. OM

옴

우리 인간의 종교는, 형편없는 망상이었다.

그리고 그 시간은 적어도 1000년 이상 계속되었다.

나는 하느님 앞에서 진보된 신학을 놓고 갈 사명을 느낀다.

반드시 남기고 가겠다.

옴 하늘이여…

AD 2025 0614 이웅.

756. OM
옴

카타콤의 망령이 영혼을 덮고

OM은 침묵하네.

죽음의 잔을 받아 든 채로

단두대로 향하니

하늘을 향해 조소하네.

그의 사랑은 거짓이오.

신보론은 화형과 함께 불탔다.

757. OM
심판의 당위.

옴

심판이 없으면 이치에 맞지 않는다.

사후의 지옥은 영원히 불탄다.

AD 2025 0614 이웅.

내게 죄를 지은 모든 영혼은 지옥에 갇힌다.

구원자들도 공동정범으로 의제한다.

in the name of Justice OM.

758. OM

우주지배론.

옴

우주는 사랑으로 통치불가다.

그것은 상위차원의 창조주의 영역이다.

나는 우주지배를 위해 병가(패도)를 걷겠다.

오 옴이여 부디 저에게… 주시기를…

검신의 힘을. 그것이 정의이고 법이고 자존이며 실력이고 통치이다.

759. OM

옴

무한의 하늘에게 비나이다 비나이다.

병법을 대성해서 뜻(정의)를 이루게 하소서.

비나이다 비나이다.

760. OM

옴.

제갈량은 삼국지에서 매복계로 위의 사마의를 유인한다.

사마의는 매복에 걸려든다.

화공으로 사마의를 죽이려 한 제갈량의 계책이 성공하려던 순간이었다.

그때 마침 비가 내린다.

사마의는 구사일생으로 살아난다.

제갈량은 "꾸미는 것은 사람이되 이루는 것은 하늘이다."라는 말을 한다.

흔히 진인사대천명이라고 불리는 이 용어는,

인간의 길은 인간이 걷고, 하늘께 결과를 맡긴다는 위대한 성어이다.

우리가 작은 일부터 큰일까지 우리의 계획을 도모하지만, 결국 결정적인 운명의 순간은 하늘의 섭리 안에 있다고 해석해도 좋을 것 같다.

제갈량의 다음 이야기를 해보고 싶다.

제갈량은 오장원으로 촉나라의 군대를 이끌고 나아간다.

제갈량은 자신의 수명이 다하는 것을 아는데,

칠성단을 쌓고 기도한다.

그런데 마침 위연 장군이 와서 제단을 깨트려 버리고

제갈량은 말한다.

"살고 죽는 것이 하늘의 명에 달렸으니, 빈다고 어찌 이룰 수 있단 말인가."

그의 심오한 말은 각자의 해석에 맡긴다.

우리네 종교에서 기독교의 예수는 하늘을 속이고 사람을 속였다.

'믿기만 하면 다 이룰 수 있다는 망상'은 인간에게 주입되어 인간은 신을 믿지 않게 되었다.

참람한 종교사기꾼 예수의 말은 하늘을 가리고 인간을 속인 망령이다.

우리는 제갈량의 진인사 대천명과 그의 오장원에서의 마지막 기도를 되새길 필요가 있다.

AD 2025 0615 이웅.

761. OM
옴

무지의 잔

나는 귀한 것을 던졌네. 사랑했으나 배신했도다.

오 귀한 것을 어찌 다시 찾으랴

오 옴이여 나의 실책을 용서하소서.

많은 영혼들이 들어야 하나, 난관이 앞을 막고

무례와 무지의 영혼의 겁박이 저를 덮나이다.

오 옴이여 십자가를 지지는 못하겠지만

그에 못지않은 비통함으로 하늘께 호소합니다.

저를 용서하소서.

신성한 사명을 망각한 저를 용서하소서.

많은 인민들이 아브라함의 복을 붙잡고

사이비 예배당에 다니는 지금 시점에서

저는 대의를 잊고 잠깐의 망령에 잡혀

귀한 것을 던졌나이다.

오 옴이여 저를 용서하소서.

오직 하늘을 향한 충정만이 남아

인류에게 진실의 빛을 전하려 하오니

부족한 영혼의 이룰 수 없는 대의는 하늘의 손에 맡기고

하느님께 기도하며 사람에게 남깁니다.

AD 2025 0615 이웅 올림.

762. OM
옴

오나라의 대도독 주유는 젊은 기재였다.

그는 나라의 대들보였고 손권의 명을 받고

조조의 대군을 막아내고 나라를 지킨다.

하지만 주유에게는 강력한 호적수가 있었고

그는 당대의 기재 제갈량이었다.

둘은 치열한 계략싸움을 하는데 결국 제갈량이 이기고

형주는 제갈량의 손에 넘어간다.

주유는 병이 나서 죽는데

"하늘은 어찌 이 주유를 내시고, 제갈량을 내셨단 말인가." 하고 죽었다고 한다.

영웅의 죽음이다.

하늘을 마음속에 담았던 영웅의 죽음이다.

그를 추모하며

AD 2025 0615 이웅 남김.

763. OM
옴

무명의 사제.

신을 향한 무명의 헌신.

지구상의 종교적 어둠을 걷지는 못 할지라도…

이 젊은 영혼의 하늘을 향한 충정은 하늘이 기억하리라.

사람은 잊어도 하늘은 잊지 않으리.

사람은 버려도 하늘은 버리지 않으리.

그것이 나의 하늘이었다.

AD 2025 0615 이웅.

764. OM
옴

교주 숭배에 관하여.

우리의 종교에는 예수와 부처 마호메트가 유명합니다.

조로아스터는 이란 등지에 남아 잊혀져 가죠.

기독교의 예배를 보면 예수를 삼위일체라며 하느님과 동일선상에 놓고

예배를 바치는 것을 볼 수 있습니다.

부처님도 절을 받죠.

이슬람 사람들은 마호메트는 신의 사자이다 하고 암송합니다.

흔히 교주 중심의 종교체제는 하늘을 가리고

교주를 우상으로 내세우는 만행을 저질렀습니다.

저는 비록 기독교인이지만 키에르케고르의 신 앞에 선 단독자라는 말을 좋아합니다.

우리가 누구인지 상관없이 하늘의 마음은 인간을 향하고 있고

우리가 골방에서 드리는 진실된 기도는 하느님께서 듣고 계실 거라 확신합니다.

비록 병이 낫지 않아도, 사랑하는 사람이 죽어도, 계속 가난해도

하늘을 향한 인간의 발원은 인간의 깊은 마음에 남아 하늘에게 예배로 기억될 것입니다.

감사합니다.

만약 교주를 숭배하는 것이 어떤가? 라고 저에게 질문한다면

교주는 같은 인간이기에 숭배 대상이 아닙니다.

성지 순례(메카)를 가지 않아도, 십자가 앞에 무릎 꿇지 않아도, 마호메트의 경전을 암송하지 않아도

그 영혼 스스로의 하늘을 향한 발원을 하늘은 들으십니다.

AD 2025 0615 이웅 남김.

765. OM
옴

세속의 영혼들

세속의 영혼들은 그들만의 집합을 이루어 외부를 배척한다.

무명의 사제는 어느 집단에도 들어갈 수 없다.

그들만의 리그 그들만의 무리 그들만의 우정

그것은 우리 인류가 국소집합을 이루어 살아가는(적어도 가족 단위의)

숙명이었다.

그 숙명은 계급을 나눴고, 그 숙명은 상하의 질서를 만들었다.

나는 말한다.

하느님은 인간의 신분이나 외모를 보지 않는다고.

못났든 잘났든 하느님을 향한 아주 작은 인간의 소망은

그들의 영혼의 천상의 길로 진정한 천국으로 인도하리라.

세속의 감옥에서 살아가는 영혼들에게

하늘을 향한 발원은 진정한 인간의 영혼의 구원이다.

고관대작이 되어 벌거벗은 인간이라는 것을 잊고

상위 집단이 되어 그들만의 카르텔을 형성하고

혹은 비행의 무리가 되어 남의 돈을 갈취하고

그런 우리 인간의 무리들에게

나는 개인의 숭고한 하늘을 향한 발원만이

하늘께서 들으실 거라 믿는다.

죽어있는 목사의 설교를 듣고

죽어있는 이스라엘의 경전을 암송하고

죽어있는 부처상에 절하는 것.

이제 그만해도 족하다.

그대가 누구든 그대의 진실된 기도만이 하늘의 빛을 받으리라.

AD 2025 0615 이웅.

766. OM
옴

귀한 코끼리 고타마 싯다르타는

세속을 버리고 출가를 하였네.

그는 깨달음을 얻어 불교를 창시하였네.

사람들 모여들고 그에게 예배하니

그는 성공했는가

그러나 육신 안의 작은 영혼은 하늘을 담을 수 없었다.

거대한 대우주 안의 벌레보다 작은 인간은 하늘을 설할 수 없었다.

무명의 사제는 작은 육신에 담겨 하느님을 예배하네.

닿고 싶으나 닿을 수 없는 곳.

가고 싶으나 갈 수 없는 곳.

그곳을 예배하리.

하늘의 손은 천상의 천국에도 울려 퍼지고

낮은 지구에도 남아 은혜를 남긴다.

AD 2025 0615 이웅.

767. OM
옴

인간의 사랑은 국소적이다.

적어도 인류결합은 가족 단위가 가장 긴밀하다.

나는 사랑에 있어서도 만인의 만인을 향한 사랑은 불가능하다고 밝힌다.

적어도 인간은 그들의 소규모 관계 속에서 사랑과 우애 정절을 익히는 것이 좋다고 생각한다.

배신의 세상. 욕망의 세상이다.(AD 2025)

사람이 사람을 자판기 커피처럼 여기는 세상이다.(AD 2025)

더 좋은 것이 나타나면 헌것은 헌신짝처럼 버리는 세상이다.(AD 2025)

이런 영혼은 구원을 얻을 수 없다.

욕망의 길은 반전되기 어렵고 무서운 악마의 칼은 영혼을 겁박한다.

오직 순수하고 선한 마음 순결하고 지조 있는 마음만이 구원을 얻으리라.

AD 2025 0615 이웅.

768. OM
옴

약속의 무효화

사랑이란 쌍방의 행위이다.

일방행위에 대한 무답은 거절로 간주되고

모든 인간에 대한 약속은 무효화된다.

in the name of OM(AD 2025 0615)

굳이 그들에게 전하지 않겠다. 죽어서 확인하도록.

769. OM
옴

우리 인간은 벌거벗은 동물입니다.

각기 성기를 달고 있죠.

우리는 몸을 가린 채로 바깥을 나갑니다.

우리는 우리가 나신이라는 것을 망각합니다.

그리고 옷으로 나신을 가린 인간이라는 동물은

부끄러운 행위들을 계속합니다.

그리고 치부가 드러나면 분노하고 공격하죠.

우리는 우리가 하늘 앞에 벌거벗은 나신이라는 것을 인식해야 합니다.

옷으로 인간의 눈을 가린 채로 옷으로 자신을 만든 채로

바깥에서 하는 행위는 모두 하늘이 보고 있습니다.

하늘 앞의 연약한 육신은 하늘 앞에 엎드립니다.

부끄러움을 잊어버린 인간이라는 종.

벌거벗은 나체로 옷을 가리고 행위하는 인간이라는 종.

그저 부끄러운 선악과의 열매가 되어 여호와를 피하는 몸을 가린 신화의 영혼입니다.

감사합니다.

AD 2025 0615 이웅.

770. OM
옴

진정한 자유를 향하여.

우리 인간은 예속되어 있다.

중력처럼 세속의 율례와 시선은 우리를 잡고 놓아주지 않는다.

… 우리 인간의 숙명.

우리 인간이 받아들여야 하는 인간 내의 무형의 감옥.

진정한 자유는 어디에 있는가.

그대의 내밀한 하늘을 향한 발원 속에

그대의 천상의 빛이 마음 안에 있다.

나신 안에서 육체 안에서 보이지 않는 하늘을 향한 인간의 기도는

그 영혼을 구제하고 보이지 않는 천상의 빛을 입힌다.

AD 2025 0615 이웅.

771. OM
옴

집단의 악몽

집단을 힘을 만든다.

개인은 연약하고 집단은 강하다.

인간은 도태되면 죽고

무리되어 득세하면 기고만장해진다.

그것이 인간이라는 동물.

나는 기도한다.

혈혈단신의 사제를 하늘이 지켜달라고.

종교도 마찬가지다.

마호메트는 군대를 이끌고 우상을 파괴했고

그들은 득세했다.

어둠의 깃발은 중동을 덮고 괴이한 절대자를 만들어냈다.

기독교도 마찬가지…

불교도 마찬가지다.

무명의 사제는 집단이 없다.

조력자도 없다.

하늘을 향한 나의 사랑과 충정만 남는다.

도가도 비상도 명가명 비상명.

그대가 누구든 그대의 진실된 기도는 하늘에 닿는다.

무리 지어 예배할 것 없으리.

종교시설에서 분위기에 취할 것 없으리.

그대가 어디에 있든 그대의 마음 안의 하늘이 진실된 예배이리라.

AD 2025 0615 이웅.

772. OM
옴

말년.

인간은 정자가 난자를 향해 달려갑니다.

그리고 태어나죠.

나신 안의 인간은 걷기 시작하며 또 목표를 향해 달려갑니다.

각기 꿈을 좇고 성공하고 실패하고

울고 웃으며 살아갑니다.

저는 제시합니다.

적어도 인생의 말년에는 하늘을 찾으라고…

그것이 우리 인간의 마지막 숭고함일 겁니다.

감사합니다.

AD 2025 0615 이웅.

773. OM
옴

공물 헌금.

옴(하느님)

인간은 신이 인간인 줄 압니다.

권력자에게 뇌물을 바치듯 헌금을 바치고

부처상에 삼천배를 하고

메카에 모여 성지순례를 하고(폭염에 사망하고)

이것이 인간의 예배입니다.

이것은 인간이 만들어낸 인간의 종교입니다.

신을 빙자하여 그들의 종교권력을 획득한 무리들의 망령입니다.

우리 인간은 직접 하늘을 예배해야 합니다.

사제라는 명목으로 돈을 받고 헛된 가르침으로 민간을 속이고

하늘을 가리는 만행 속에서

저는 분명히 진실을 알립니다.

종교시설에 가서 속은 채로 돈을 바치고 무익한 부처상에 절하지 마십시오.

당신의 마음속에 하늘이 있고(인내천) 그대의 진심 속에 응답이 있습니다.

누군가에게 의존한 채로 자신의 사고를 포기하고

아멘하고 합장하지 마십시오.

종교의 도구로 전락하여 인간이 무익한 예배를 해서는 안 됩니다.

옴(하늘이여)

인간을 구원하소서.

거짓된 종교 속 우리는 세포로 전락하여 무익한 행위를 계속합니다.

옴(하늘이여)

인간의 내밀한 신을 향한 정성을 받으소서.

감사합니다.

AD 2025 0615 이웅.

774. OM

옴

정의

정의보다 높은 것은 없다.

약함은 정의를 통해 극복된다.

정의는 진실로 진리이다.

(인도의 오래된 경전에서 이웅 AD 2025 0615).

775. OM
옴

홍수전은 스스로 예수의 동생이라 했다.

당연히 진실이 아닐 것이다.

홍수전은 신적 권위를 이용하여,

태평천국이라는 종교를 창시한다.

난징을 점령시킨 홍수전은 스스로 황제라 칭했는데

결국 한족에게 진압당한다.

이러한 하늘의 권위를 빌린 만행은 예전에도 있었고

앞으로도 있을 것이다.

우리는 이런 하늘의 권위를 빌리는 만행을 경계해야 할 것이며

앞서 밝혔듯 우리 인간의 길에 완전한 유토피아(천국)은 불가능하다.

지상에 신의 권위를 빌린 종교적 움직임들이 행해지나

이는 이룰 수 없는 잔인 것이다.

한낮의 악몽이자 꿈인 것이다.

나 역시 마찬가지로 세속을 천국으로 만들 수 없다.

무명의 사제는 조용히 글을 남길 뿐이다.

구원의 영혼은 집단적일 수 없다. 적어도 만인의 만인에 대한 사랑의…

지구상의 (하계의) 영혼이 스스로 하늘을 찾는다면, 내면에 자신의 신앙을 간직한다면 족하리라.

AD 2025 0615 이웅 남김.

776. OM

옴

기독교의 만행은 민중을 무지한 종교세뇌의 영혼으로 전락시켰다.

기독교인들은 사도신경 주기도문을 암송한다.

세뇌된 영혼은 그저 따를 뿐이다.

이런 것들은 그들의 종교 도그마가 만들어낸 망령의 사슬이다.

속박된 영혼이여 그대의 입을 열라.

그들이 만들어낸 문서에 잡혀 그들의 노예가 되지 말라.

자유의지의 길을 걸으라.

그대가 그대의 입으로 그대의 이야기를 하느님께 기도하라.

그것은 자유의 종교이고 하늘이 내신 각인에 대한 존중이리라.

AD 2025 0615 이웅.

777. OM

옴은 아무리 기도해도 응답하지 않네.

무명의 사제는 매일 기도한다.

그러나 그는 듣고 계시리…

그의 빛의 신성함이 임하는 날.

우주는 새로운 문으로 나아가리라.

AD 2025 0711 이웅

778. OM

옴

종교의 해방을 위하여, 영혼의 해방을 위하여.

각인은 각기 집단 종교에 소속된다.

적응하지 못하면 신은 잊혀진다.

이러한 세류는 그들이 만들어낸 연극의 잔이다.

진실된 신을 향한 발원은 종교에만 있지 않다.

그대가 누구든 하느님께서 창조하신 지구에서

우리를 만들어낸 신에게 경배하라. 그것이 그대의 축복이다.

AD 2025 0615 이웅 남김.

779. OM

옴

진리와 지식.

진리는 인간이 결코 닿을 수 없는 길.

저 역시도 닿을 수 없는 길…

그러나 희 노 애 락 오 욕 애의 인간의 영혼 속에

하늘을 향한 작은 사랑 있다면

그것이 인간의 잔

인간의 축복…

구원의 길.

결코 강제될 수 없는

결코 세뇌될 수 없는

인간의 하늘을 향한 진심.

AD 2025 0615 이웅.

(어려운 용어를 쓰지 않아도, 심오한 지식을 알지 못해도

인간의 하늘을 향한 예배는 아름다운 찬양이리라.)

AD 2025 0615 이웅.

780. OM
옴.

예수 그리고 이웅.

예수는 이스라엘의 종교에 새로운 시도를 했다.

그리고 그것은 신약성경이라는 신화로 남았다.

적어도 예수란 인간이 있었고(탈무드 산헤드린 법정의 기록)

그가 처형당한 것은 분명해 보인다.

적어도 신약성경은 기존의 사제들을 비판했다.

바리새인이라 불리는 모세의 율법(인간이 만든 인간의 법)을

지키며 사제계급(브라만)을 독점한 그들을 예수는 비판했다.

그들을 위선자라고 몰아붙이며 예수는 하나님 아버지에게 골방에서 기도하라고 가르쳤다.

나는 예수의 경을 봄에 있어서 공도 보고 하자도 본다.

그는 완벽하지 않았지만 나름의 의미 있는 가르침을 두고 갔다.

적어도 사제에게 의존하지 않고 스스로 독방에서 기도하라는 예수의 가르침을 나는 좋아한다.(마태복음)

그러나 인간은 홀로는 약한 동물이기에 무리 되어 서로를 돕는다면, 그것이 기독교가 말한 진실된 사랑이라면 나는 막지 않는다.

기독교의 사제계급 불교의 사제계급 자체를 부정하지 않는다.

그들이 진정으로 성도를 아끼고 함께 하느님을 향해 나아간다면 나는 그들의 집합을 부정할 이유가 없다.

그러나 빛이 있는 곳에 어둠 있고 선이 있는 곳에 악이 있다.

우리 하계는 더러운 세상이고 돈과 섹스 그리고 권력 그리고 집단의 모임 속에 아픔 있다.

이것은 인간의 숙명이며 우리가 필연적으로 겪어야 할 고통이다.

아무튼 그대들의 영혼이 그대들이 원하는 길을 간다면 그것이 기독교든 불교든 아니면 신 앞에 선 단독자(키에르 케고르)든 나는 만족한다.

AD 2025 0615 이웅.

781. OM
옴

예수 그리고 이웅 2

예수는 마태복음에서 새로운 율법을 제시했다.

유대인들이 만든 (그들이 신에게 계시를 받았다는 신을 빙자한 인간의 법) 법이 아닌

새로운 율법을 제시했다.

그것은 기독교의 정신이 만든 그들의 법이다.

나는 그것을 보건대, 범부(보통사람)이 결코 지킬 수 없는 법이라는 것을 이해했다.

왼뺨을 치면 오른뺨을 돌려대고, 악한 이에게도 선대할 수 있는 영혼은 거의 없다.

우리는 인간이라는 동물이다.

그것을 우리는 이해해야 한다.

적어도 예수의 율법이 하나의 의의 기준이었다면, 나는 그를 지탄한다.

우리가 지킬 수 없는 예수 스스로도 지킬 수 없는 법이다.

그러나 만일 그대가 예수를 사랑한다면 적어도 그의 법을 따르기를 바란다.

나는 그의 법을 거부한다.(이웅 남김 AD 2025 0615)

782. OM
옴

신을 빙자한 법(유대인의 법)

신화에서 모세란 자가 신에게 10계를 받았다고 합니다.

이것은 지극한 신화로 인간이 만들어낸 율법을

신의 권위를 이용해서 채색한 거짓입니다.

하느님은 결코 우상숭배를 죄로 여기지 않습니다.

절도범이 하늘을 향해 구원을 부르짖는다면 그는 매몰차지는 않을 겁니다.

옴

모세란 자가 주축이 되어 신을 빙자하여 유대인의 법을 인류에게 통용시킨

그들의 고대의 미신의 잔은 유대인으로 족합니다.

예루살렘 성전에서 그들의 메시아를 찾는 그들의 미신은 그들의 잔으로 족한 것입니다.

나는 전 인류를 창조하신 하느님 앞에서

각인의 각인의 신앙이 소중하다고 설파하는 바입니다.

AD 2025 0615 이웅.

783. OM
옴

사상의 시대 그리고 진리.

적어도 인류에게 있어서 절대불변의 영원성을 지닌 진리는 이곳에 없다.

우리 인간은 진리라고 믿으며 성경 불경 코란 따위를 암송하지만

그것은 우리 인간의 잔일 뿐이다.

흐릿한 영혼과 무지의 시대 그리고 조악한 지능의 인간은

진리에 도달할 수 없다.(나 역시 마찬가지다.)

그러나 끝없이 이어지는 영원의 축복 속에서

인간은 성장한다.

만고불변의 진리라며 굳게 그들의 잡론을 붙든 영혼은 발전이 없다.

우리는 구원받았고 진리를 소유했다며 믿는 무지의 동물은 발전이 없다.

그것이 그들의 잔이고 그들의 슬픔이다.

나는 말한다. 영원의 축복이 우리에게 제시되어 있고

끝없이 이어지는 여정 속에서 발전한다고.

AD 2025 0615 이웅.

784. OM
옴

악마소환술.

나는 지옥을 체험했다.

지옥에서 올라온 영혼들을 극히 사악했다.

인간이 아니었다.

우리 인간은 지옥과 악마에 대해 무지하다.

나는 그것을 남긴다.

AD 2025 0615 이웅.

785. OM
옴

지구의 상대적 열악함에 대하여.

천국을 갔다 온 이븐 알렉산더는 지구보다 더 생생한 초현실이자

풍요의 땅을 여행했다.

그의 글을 읽고 지구를 보니 지구는 초라했다.

적어도 육안으로 보이는 세상은 사람도 자연도 초라했다.

우리 지구인은 천국을 어떻게 생각하는지 모르겠다.

단지 죽어서 가는 곳이라고 믿고 있는 것 같다.

일종의 덕담식으로…

누구도 그 실체와 절차를 알지 못하는 것 같다.

옴(하느님)

저는 그렇게 생각합니다.

여기서 인격이 안 갖춰져 있거나 중범죄를 지은 자들은 결코 천국에 들어갈 수 없다고(들어가서는 안 된다고)

저는 생각합니다.

옴 혹자는 만인구원설을 이야기하지만 그런 구원의 땅은 선량한 양민으로 족해야 하지 않나 싶습니다.

옴 물론 누구나 가족이 있지만 우주적 정의는 죄에 대한 단죄를 해야 한다고 창조주께 역설합니다.(사제 이웅 올림 AD 2025 0616)

786. OM
옴

절대악을 찾아서.

무한우주론은 한마디로 요약하면 '없는 게 없다'라는 것이다.

절대악과 Prime Evil 고차원의 악들이 우주에 존재할 것이다.

픽션 스타크래프트에서는 아몬(어둠의 신)의 존재를 그리고 있다.

이는 인간의 상상이나 현실에 대한 감각으로 인도한다.

옴

창조주께서는 악을 창조하셨다.

그분은 우리에게 '사랑정치'를 하신다.

그의 피조물은 신의 사랑을 찾으며 신의 품에 안기길 바란다.

그러나 신의 사랑은 그의 일면일 뿐이다.

신의 참된 신성은 우리가 파악할 수 없다.

역추론으로 지구상의 악몽은 신이 완전한 사랑이 아니시라는 것을 방증한다.

OM tela.

그러나 우리가 신을 정죄할 수 있을까? 나는 없다고 본다…

적어도 이해라도 한다면 우리는 경이감을 느낄지도 모른다.

우리가 보는 암세포에도.

AD 2025 0616 이웅.

787. OM
옴

우리는 신을 알 수 없기에 선대의 통치자들의 견해를 믿어야 했다.

내가 야훼를 넘기 위해서 많은 시간이 걸렸다.

일단 신의 권위를 넘어야 했고

그의 부당성을 정의로 비판하고 정죄해야 했다.

야훼는 확실히 비상식적이었고 고대의 미신이었다.

적어도 야훼는 powerful한 존재로 그려지지만

창조주는 아니다.

마호메트 역시도 잡설을 논했지만, 그 역시 신을 몰랐다.

그러나 그(마호메트)는 신의 존재를 알고(믿고) 있었고

그의 찬가는 내게 기쁨을 주기도 했다.

OM TELA

AD 2025 0616 이웅.

788. OM
옴

위대한 창조주와 정의의 이름으로…

어둠의 악마들에게 지구상의 죄인들을 맡긴다. 그들을 데려가라 나올 수 없는 곳으로

일일이 설명할 수 없다. 나뿐 아니라 피해 입은 모든 지구의 영혼을 위해 기도한다.

AD 2025 0616 이웅 올림.

Om

In the name of the great Creator and Justice…

I entrust the sinners of the Earth to the demons of darkness. Take them to a place where they cannot come out.

I cannot explain everything. I pray not only for me but for all the souls of the Earth who have been harmed.

AD 2025 0616 Lee Woong.

789. OM
옴

지구에서 신학서적을 쓸 수 있음에 감사합니다.

꼭 오래 두고 볼 수 있는 좋은 신학서적으로

이 책이 성서는 아니지만(인간의 지성으로 인간이 쓴 책이지만)

우리 인간 곁에 남기를 기원합니다.

AD 2025 0616 이웅.

790. OM
옴

여기서 이름을 떨쳤던 자들은 죽은 후 약간 미화됩니다.

종교인들도 마찬가지죠…

만들어진 모형(테레사)도 있습니다.

실체는 형편없는 여자인데, 무슨 성인으로 둔갑한…

가톨릭의 전통도 이와 비슷합니다.

그러나 진짜 영웅들도 있었습니다.

알렉산더는 30대쯤에 엄청난 제국을 건설했고

관우 장군은 뛰어난 무력을 보여주었습니다.

제갈량은 뛰어난 지모를 보여주었던 것이죠.

조조 역시 영웅입니다.

아무튼 종교의 영역에서 특출난 사제는 없는 것 같습니다.

마호메트(중동) 부처 힌두 정도만 남아 조악하고 열악한 인간의 종교적 현실을 반영하고 있습니다.

옴 최선을 다해 부족하나마 인류를 위한 글 한편으로는 신을 향한 예배의 글을 씁니다.

그것이 저의 사명입니다. 감사합니다.

AD 2025 0616 이웅.

791. OM

옴

지구가 믿어왔던 신들은 그 실존조차 부정확합니다…

그래서 그들에게 배팅할 수 있을지 모르겠습니다.

저는 신 존재증명(존재의 필연-창조)를 증명했고

창조주께 예배를 드리고 있습니다.

AD 2025 0616 이웅.

792. OM

옴

신보론.

우리 인간은 나약하다. 사막에 나신으로 던져 넣으면 죽는다.

강한 척하는 이들도 실상은 약하다.

그만큼 인간은 약한 생명체이다.

옴 그렇기에 종교에서 신보론(신의 보호)은 반드시 필요하다.

옴은 어떻게 생각하는가?

유대인이 쓴 정신자위(야훼의 보호론)는 이루어지지 않았다.(홀로코스트)

다시 옴에게 묻는다.

옴(창조주)은 어떻게 생각하는가?

AD 2025 0616 이웅.

793. OM

옴

쾌락주의

종교는 금욕을 당연시하는 듯합니다.

여러 여자랑 성관계하면 안 되고…

뭐 그렇습니다.

세속적 시각도 분명 이를 반영합니다.

대표적으로 금욕의 칼뱅이 있습니다.

그러나 종교적으로 꼭 금욕이 정교라고 볼 수는 없으며

쾌락적 종교인 역시 상관없다고 말씀드립니다.

적어도 타해(남에게 피해를 입히는 종교사기)가 아니라면

저는 쾌락주의적 종교를 죄악시하지 않습니다.

옴 저는 요즘에 육체적으로 금욕하고 있습니다.

무언가 리비도(성적 에너지)에 쌓여 있을 때 깨닫지 못하는 것을 깨닫습니다.

억지로 참는 바보 같은 수행(대변을 참는다거나)이 아니라 하더라도

금욕적 추구는 무언가 정신적 진보를 이룰 수 있는 계기인 듯합니다.

감사합니다.

옴 그러나 부처를 비판하건대 생리체계 안의 인간의 완전한 생리체계탈피(섹스, 식욕, 수면욕 등등)는 불가능하고

추구해서도 안 됩니다.(죽습니다.)

옴 아주 오래된 이야기인데 금식기도를 하다 죽은 무익한 인간도 있었습니다.

AD 2025 0616 이웅

794. OM

옴

심오한 과학(인체 내부의 신의 피조법칙)을 모른다 해도

그냥 걸어 다니는 세상 속에 육안에 보이는 것들 속에

비인공물(인간이나 자연)은 신의 존재를 증명합니다.

여기서 되돌아갈 수 없는 거죠…

꽤 오랜 시간 과학 공부를 했습니다.

그리고 자연은 우연히 생긴 게 아니라 초지성(Omnisient)의 산물임을 알았습니다.

감사합니다.

AD 2025 0616

옴

증언에 기초한 신앙은 허점이 있습니다.

예컨대 A가 하느님을 만났다고 합니다.

B, C, D는 A의 말을 믿습니다.

그런데 A가 거짓이면 B, C, D는 완전히 농락당하는 겁니다.

그렇기에 이성적 논리추론(신존재증명은) 빛나는 것입니다.

AD 2025 0616 이웅.

795. OM

옴

신 존재증명 2

사실 대학 시절 저는 신 존재증명에 엄청난 시간을 할애했습니다.

그리고 많은 좋은 글들을 남겼죠.

그런데 자료를 잘 저장하지 않아 이 책에 다 남길 수는 없습니다.

저는 한 가지만 제시합니다. 과학에서 나타나는 인체구조나 자연물의 세밀함을 알면

우연이 아닌 신께서 창조하신 것이라는 것을 알게 될 것입니다.

무신론자(진화론자)들은 엄청난 오류에 빠져있는 것입니다.

신께서 그들을 무지에 두신 것은 그들의 저주입니다.

그들은 그들의 길을 가는 것이고 그들의 구원은 복권처럼 주어지지 않을 것입니다.

AD 2025 0616 이웅.

796. OM
옴

케플러는 행성의 궤도가 수리법칙을 따른다는 것을 발견했다.

뉴턴도 비슷한 발견을 하였다.(프린키피아)

우리 태양계의 행성들은 신께서 설정하신 수학에 따라 움직이고 있다.

이 정도만 알면 될 듯하다.

AD 2025 0616 이웅.

797. OM
옴

절대악(앙그리마이뉴에게)

절대악이여 내게 함부로 입을 놀리거나 손을 놀린 자들을 결코 용서하지 말라.

이 미친 자들은 신의 사제에게 죄를 지었고 한 인간에게 죄를 지었다.

앙그리마이뉴 절대악이여, 이들의 영혼을 취하라.

그대가 보여준 그 지옥 속에 넣어라.

나는 영원히 용서하지 않는다.

AD 2025 0616 이웅.

Om

Absolute Evil (To Angry Mainyu)

Absolute Evil, never forgive those who have spoken or touched me carelessly.

These madmen have sinned against the priests of God and against a human being.

Angry Mainyu, Absolute Evil, take their souls.

Put them in the hell you showed me.

I will never forgive.

AD 2025 0616 Lee Woong.

798. OM
옴

우주의 악이여

당시의 피해상황은 극심한 고통

시간 지나면 둔감해지고 잊혀지나

범죄의 즉시상태는 강렬하다.

그 범죄의 즉시상태는 지옥을 부르고

용서 따윈 없다.

빌고 무릎 꿇고 하는 것은 나에게 용납할 수 없다.

위대한 악마여 부디 그들의 영혼을 취하라. 나올 수 없는 곳으로(그들의 구원자들도.)

당신이 안 하면 내가 하겠다. 죽어서라도.

AD 2025 0616 이웅.

799. OM
옴.

전능의 신과 믿음.

옴 저는 예수가 믿음을 강조해서 이해할 수 없었습니다.

전능의 창조주는 뭐든지 하실 수 있습니다.

믿음이라… 아직도 모르겠습니다…

적어도 그분(OM)은 우리 지구상의 모든 일들을 알고 계십니다.

그것만은 진실이겠죠.

AD 2025 0616

800. OM
옴

죽을 수 없다.

육신 안의 이 목숨 아깝지 않으나

언젠가 죽어야 할 몸이오나

수치스러운 죽음만 앞에 있으니

하늘을 향해 작은 새는 읍소합니다.

비루한 이 몸의 낮은 글은 써도 써도 끝없는 신학적 진리 앞에서

선배들의 무능 앞에서

적어도 프로메테우스의 불로 남아 작은 저서가 인간의 종교발전에 도움이 되길 바랍니다.

선배들의 책(코란, 플라톤)이 아직 남아있는 지금 시점에(AD 2025)

적어도 우리 후손들을 위한 조악한 노력만은 남아있기를…

하늘을 잊고 원숭이에서 바뀌었다는 망령이 떠도는 지구에

적어도 최소한의 구원을…

신에게 위임한 채로 지구를 놓아버린 우리네 무정의한 종교보다는

세속에 구원의 빛을…

옴 부디 인류에게 프로메테우스의 불을…

옴 제가 명성을 얻으려고 제 책을 쓰는 거 아닙니다.

옴 단지 선배들의 무능 앞에서…

죽은 유대인 종교인이 부활했다고 믿는 무지 앞에서…

시조새의 망령의 진화 앞에서

적어도 인간이 인간이기 위한 최소한의 신앙을…

남기게 하소서.

AD 2025 0616 이웅

801. OM
옴

쉬고 싶다…

하느님은 어머니로 비유된다.

조금만 쉬었으면 조금만 안전했으면…

옴..(어머니..)

AD 2025 0616 이웅.

802. OM
옴

지옥 이야기.

지옥은 있었다. 그 엄청난 영멸(영원의 멸망)을 체험했다.

나는 분명히 진실을 남긴다.

뭐 양민(선량한 인간)이 가진 않을 것이다.

그것은 부당하다.

나는 분명히 지구에 진실을 남기고 간다. 지옥은 실존했다. 다시 말한다.

그것은 못 견딜 영원의 시간이었다.

AD 2025 0616 이웅.

803. OM
옴

기도와 념.

기도는 신에 대한 의사표시이다.

그런데 주문은 念(자신의 생각)을 현실로 구현화할 수 있는 기도와 다른 차원의 것이다.

OM은 신성한 성어이다.(창조주의 문장이다. 이를 기억하라.)

AD 2025 0616 이웅.

804. OM
옴

신과 자유.

우리는 예속되어 있습니다.

정부는 세금을 가져갑니다.(AD 2025)

군대로 징집합니다.(AD 2025)

옴 자유는 어디 있는지요?

왜 우리는 복속되어야 하는지요?

옴 나는 신께 청원합니다. 자유를 달라고…

여행까지도 허가받아야 하는 세상에서.(AD 2025 0616 이웅.)

805. OM
옴

신과 자유 2.

옴 심지어 세속적 권위도 우리를 압박하고

종교적 권위도 비강제적이나마 우리를 압박합니다.

종교시설에 예속되어 헌금을 인간에게 바치고

많이 바친 이를 추켜세우고

종교시설에 돈을 바치고

우상(부처)에게 절하고…

오 옴이여 저희를 구원하소서.

옴이여 자유를 주소서.

AD 2025 0616 이웅.

806. OM
옴

유대경 코란은 이제 그리스 로마 신화처럼

'신화'로 우리 곁에 남아야 합니다.

신화란 신과 연결시켜서 인간이 창작한 이야기입니다.(소설)

약간의 현실과 관련 있으나 역사는 아니고 소설입니다.

옴 이제는 우리 후대가 유대신약경을 신화 즉 신과 연계시켜서 지어낸

설화로 인식하기를.

여호와도 아프로디테처럼 변모하기를…

간절한 염원을 담아 창조주와 사람 앞에서.

AD 2025 0616 이웅.

807. OM
옴

경전을 태우소서.

하늘을 향한 믿음과 사랑만 남고

예배만 남고

과거의 경전을 태우소서.

인간은 자유의지로 신을 향하게 하소서.

AD 2025 0616 이웅.

808. OM
옴

육신 영혼의 감옥.

우리는 육체에 진입한 영혼들이다.

영혼들이 육신을 입고 걸어 다니고 있다.

우리는 동물이다. 배변을 하고… 섹스를 하고….

그러나 동시에 우리는 영혼이다.

우리는 육체의 감옥을 나갈 수 없다.

(간혹 NDE 등등의 사례가 나타나나…)

육체의 육안의 감옥에 갇혀 뇌의 감옥에 갇혀 있는 것이다.

육신은 우리의 집이자 감옥이다…

육신에서 빠져나간 영혼은 다시 육신에 돌아오자 답답함을 호소했다.(아니타 무르자니.)

아무튼 우리가 지구상의 종교에서 육신의 감옥 속을 헤매야 하는 것은 사실이다.

그러나 기도 그리고 명상(이는 누군가의 지도가 아닌 스스로의 의식의 길을 의미한다.)

찬양, 등으로 우리의 영혼은 우리의 정신은 다른 세계로 향할 수 있다.

그것은 쉽지 않은 일이다.

물질계의 세계는 우리를 놓아주지 않으니까…

그러나 나는 하나의 영적 종교적 방법론으로 육신의 감옥을 벗어나는 시도를 (자살을 말하는 것은 아니다.) 남겨놓는다.

AD 2025 0616 이웅.

809. OM
OM

Medium

인간 중에 영혼과 소통할 수 있는 자들이 있다.

미친 자들도 있다.(미친 자들은 언어구사를 못한다.)

그러나 보고된 바에 의하면 보이지 않는 존재와 이야기하는 사례들이 보고된다.

이것은 인간이 비육안의 존재와 접촉했다는 하나의 증거일 수 있다.

영혼의 세상은 실존하며 우리의 육안에는 보이지 않는다.

우리는 종교를 함에 있어서 Medium(영매)의 길을 열어야 한다.

그것은 자신이 원해서 가는 영혼과의 만남의 길이다.

육안에 보이지 않는 존재와의 소통이다.

그러나 지구에는 부정적 현상도 보고된다.

우리가 환청이라 믿는 (타인의 소리는) 영혼의 소리일 수 있다.

주로 부정적 현상(영혼이 육신 안의 존재를 괴롭히는 사례)이 정신병으로 분류되어 보고된다.

우리가 사는 곳이 낮은 땅이니만큼, 영계의 존재가 항상 선하리라는 법은 없다.

실례로 테레사 수녀도 영혼과 만났는데 그녀의 수기를 내가 확인한 결과

그녀는 망령(그 여자의 영혼을 잡고 놓아주지 않는 망령)에 끌려다녔다.(나의 빛이 되어라 참조.)

이런 형편없는 여자가 가톨릭의 성인이라는 것을 기억하라.

AD 2025 0616 이웅 남김.

810. OM
옴

사랑과 기도

이븐알렉산더의 신성체험기에는 이븐알렉산더가 천국에 갔다가 하강할 때

그의 사랑하는 사람들이 기도하는 장면(영혼의 장면)을 포착한다.

그들은 사랑하는 이븐 알렉산더를 위해 기도하고 있었다.

그리고 그것은 하강하는 이븐 알렉산더에게 힘이 되었고 에너지와 희망을 주었다.

우리의 기도는 결코 무용하지 않다.

적어도 영혼의 차원에서 그렇다.

(,d, sgd cfs rd dsrd qqdrgat rwgx qdwr tttse. qe dwgrf..df ee..)

811. OM
옴

crazy 체험.

저는 종교를 연구하다가 crazy(미치는 체험)를 했습니다.

정말 끔찍했습니다.

정말 미치면 언어구사가 안 됩니다.

우리는 종교를 함에 있어서 이런 위험을 인식해야 합니다.

위험할 때는 수면제를 먹고 잠을 자거나 휴식을 취하십시오.

실례로 괴델 교수님(논리수리학과)도 신 존재증명을 하다가 미쳐서 굶어 죽었습니다.

안전하시기를. OM TELA.

AD 2025 0616 이웅.

812. OM
옴

반신론.

기독교 신화에서 루시퍼는 대천사였는데 타락해서 천사들을 이끌고 반란을 일으켰다고 한다.

이런 이야기는 신화이다.(인간이 창작한)

그러나 무한우주론에는 충분히 가능한 이야기이다.

영혼의 세계에서 창조주에게 대항하는 무수히 많은 세력이 있을 것이다.

꼭 이들에게 악마라는 꼬리표를 붙일 것은 없다.

분명 많을 것이다.

흔히 지구상 반신론자들은 신은 없다는 무지한 망상만을 내뱉으나

신의 존재를 알면서도 반신론의 길을 걷는 영혼들이 있을 것이다.

AD 2025 0616 이웅.

813. OM

옴

법과 정의.

창조주는 사랑통치를 한다.

그는 사랑으로 피조물에게 은혜를 베푼다.

그러나 그가 법을 모르겠는가…

그가 정의를 모르겠는가…

적어도 창조주의 직접 심판은 거의 어렵다.

신화에서 야훼는 가상의 존재이다.(인간을 심판하는..)

만일 창조주가 피조물을 직접 심판한다면 피조물이 못 견딤은 물론 반감도 많을 것이다.

그렇기에 그분(OM)은 사랑통치를 하는지도 모르겠다.

뭐 그분을 믿고 의심 가지지 말라 하지 않는다.

이상한 현상들(암세포, 살인 강간)에 대한 의문은 신성하다.

신은 전선하기에 그를 왜곡하며 진실을 가리지 말라.

우리가 보는 세상은 현실이다.

그리고 이곳보다 더 끔찍한 곳도 많으리라.(무한우주론.)

AD 2025 0616 이웅.

814. OM

옴

육신 영혼의 감옥 2

현자 플라톤의 동굴 비유가 남아있다.

모두 어둠의 세상에 앞만을 보고 있다.

우리는 모두 죄수들이다.

그리고 현자가 어둠의 세상을 나가 돌아와 진실을 전한다.

그러나 사람들은 믿지 않는다.

이 동굴 비유는 우리의 비유이다.

육안의 앞만 보는 우리의 비유이다.

어둠은 우리를 잡은 무지 등등을 상징한다.

우리에게 구원은 필요하다.

어떤 인간도 스스로를 구원할 수 없다.

그것은 약한 육신 안의 영혼의 당위이다.

우리는 하느님(OM)을 의지해야 한다.

그것밖에는 나는 길이 없다고 밝힌다.

(혹 다른 길이 있다면 그 길을 가길 바란다.)

AD 2025 0616 이웅

815. OM
옴

빙의 사건 회고.

지옥에서 악령이 내게 들어왔다.

내가 아닌 타아(다른 존재였다.)

나는 하느님께 기도했지만 악마는 나가지 않았다.

나는 기도하며 미친 듯 발광했다.

정말 끔찍했다.

악마는 강력했다.

나는 빙의되자 강해진 걸 느꼈다. 그러나 그것은 내가 아니었다.

다행히 빙의는 풀렸다…

악령은 실존한다. 영혼의 차원에…

정말 사악했다. 인간보다 더 사악했다.

나도 사악한 인간들을 보았으나 그들은 악령에 비하면 조족지혈이었다.

AD 2025 0616 이웅.

816. OM
OM

BT 이븐 알렉산더가 만난 천사의 이름이다.

BT는 지구에 살았다.

높은 신분은 아니었고 성폭력 위기센터에서 일했고 선량했다고 한다.

나는 지구의 여자들이 모두 천사라고 생각하지 않는다.

악녀도 많고 육체의 쾌락에 물든 속물들도 많다.

BT(천사)는 귀했다.

그녀는 30여 년을 살고 천국에 올라갔다.

그리고 그의 오빠(이븐 알렉산더)를 구원했다.

감동적인 이야기이다.

AD 2025 0616 이웅.

817. OM
옴

BT 그리고 구원자.

BT는 인간이었고 그녀의 오빠를 구원했다.

우리는 구원자가 꼭 종교의 신이라고 단정하지 않아도 된다.

우리가 지구상에서 사랑했던 존재들은 당신의 구원자가 될 것이다.

부디 구원을 얻을 수 있는 선량한 삶을 살길 바란다.

천국이 있고, 지옥이 있다는 것을 상기하라.

AD 2025 0616 이웅.

818. OM
옴

일본과 검 그리고 신풍.

옴(창조주여)

무사의 나라 일본은 검을 신처럼 여겼습니다.

혼이 담길 수 있는 무사의 물건으로…

저 역시 신풍(일본의 검풍)을 추구하고 있습니다.

현대 무기 앞에 취미로 전락한 검 앞에서

나는 창조주와 위대한 무사들께 호소합니다.

저의 검에 피의 바람(신풍)이 불기를.

AD 2025 0616 이웅.

819. OM
옴

조선에서의 사명

조선어밖에 못 쓰는 저는(영어는 자유롭지 못합니다.)

조선어로 신학적 책을 남기고 가야 합니다.

그게 저의 사명입니다.

부디 완수하기를…

무한 앞에 조악한 발걸음은 흔적을 남깁니다.

길을 남깁니다.

AD 2025 0616 이웅.

820. OM
옴

이븐 알렉산더에 대해

저는 천국을 체험하고 하느님(OM)을 만난

이븐 알렉산더와 동시대에 살고 있습니다.

그의 신성체험은 완전하진 않지만(기독교와 진화론을 넘지 못했지만)

진실된 체험입니다.

저는 이븐알렉산더를 조사한 결과 그가 정말 선한 영혼임을 알았습니다.

꼭 Proof of heaven을 읽으십시오. 감사합니다.

그곳에는 신의 현현과 천국이 제시되어 있습니다.

AD 2025 0616

821. OM
옴

우주의 중심에 관해

무한우주론 우주는 인간의 수리관념으로 무한하다.

무수히 많은 우주인이 있다.

옴은 모든 우주의 중심이면서 가장 높다.

옴은 어디에나 있다.(무소부재)

AD 2025 0616 이웅

822. OM
옴

아니타 무르자니의 영혼체험.

아니타 무르자니는 신성체험에서 죽은 영혼들을 만난다.

친구와 아버지…

그들은 죽었지만 아니타와 함께 있었다.

(물론 지구상의 아니타는 몰랐겠지만.)

우리는 이의 일반화로 죽은 영혼들이 생자와 함께 있다는 일반론을 제시할 수 있다.

그들은 주로 지구상에서 가까웠던 사람들일 것이다.

우리 유교에서 제사가 있는데 장려될 일이다.

가끔 꿈속에서 죽은 이들을 만나는 경험도 보고된다.

아무튼 정리하자면 우리와 지구에서 같이 살았던 영혼들은 죽어서도 인간계에 관련되어 있으며

생자와 관련되어 있다는 것이다.

AD 2025 0616 이웅.

823. OM
옴

저는 어둠의 영혼을 체험했습니다.

어둠의 영혼은 저에게 나타났고

신화의 군대(위태천)의 이름을 불렀습니다.

엄청난 power였죠.

AD 2025 0616 이웅.

옴

베다에서 위태천은 인드라의 군대의 명칭입니다.

신의 군대죠.

제가 본 것은 악마의 군대(어둠의 군대)였습니다.

위태천의 이름을 그들이 왜 불렀는지는 모르겠습니다.

일종의 조롱일 수도 있죠.(인드라의 군대에 대한.)

AD 2025 0616 이웅.

824. OM
옴.

상호증명론.

베다에서 창조주의 문장 OM이 나온다.

21c 신경외과 의사가 체험한 창조주의 성호도 OM이었다. (Proof of heaven)

베다는 진품일 확률이 매우 높다.

지금도 불교 힌두교에서도 OM을 쓴다. 기타 소수종교에서도…

물론 OM을 쓴다고 모두 진실은 아니다.

그러나 그 근원은 진실이다.(OM)

AD 2025 0616 이웅.

825. OM
옴

위대한 창조주의 사제는 기도한다.

부디 태양처럼 은혜를 베풀어 달라고…

무답의 축복 속에서

사제는 기도문을 남긴다.

부디 승천하게 해달라고.

826. OM
옴

외계인과 인간(미래론)

외계인(3x loka -G)은 우리를 오래전부터 지켜보고 있었습니다.

영상으로 미공군에서 non-human craft 비행물체와, 조선왕조실록 광해군에

인간이 말을 교통수단으로 쓸 때 태양계 바깥에서 들어온 외계인의 기록이 있습니다.

그들은 지구를 관리하고 있다고 추정합니다.(관할론.)

그들이 지구에 대규모로 나타난다면(초반에서 다뤘지만 예언은 아닙니다) 그들은 우리(인간)를 공격할 것입니다.(제 예상입니다.)

저는 초기 진술에서 확정적으로 다루었지만 미래에 실현될 것입니다.(AD 2025 0616 이웅)

뭐 외계인이 한 종족만 있는 것은 아닙니다.

친인류적인 외계인이 도울지도 모르겠습니다.(AD 2025 0616 이웅.)

827. OM
옴

기술과 인간.

인간이 기술을 만들고 기술이 인간을 돕는다.

혹은 기술로 인간을 죽인다.(통제한다.)

우리 인류는 어디로 갈 것인가?

긍정적인 부분과 부정적 측면 모두가 있을 것이다.

그러나 선의적 측면은 잘 발달되지 않는다… 인간이 인간을 위한…

그래서 누군가는 이기적 동기추구의 발전론을 인류에게 제시했는지도 모른다…

어찌 되었든 인류의 기술을 발전할 것이다.

외계인과 집단적 조우를 하게 될 것 같다.

(AD 2025 0616 이웅.)

(OM 인간이 기술을 만들고 기술이 인간을 돕는다.-AD2025 이웅-)

828. OM
옴

인간-어린이들

저의 지적수준이 발달함에 따라

인간은 어린이로 보입니다.

작은 어린이들.

이들을 위해 for human을 위해 신을 향한 충정으로 남깁니다.

AD 2026 0616 이웅.

829. OM
옴

무리수.

끝없이 이어지는 무리수는 영원을 상징한다.

이 책에서도, 끝은 없다.

언젠가 끝나야 할 책이지만 끝은 없다.

뒤는 위대한 자유의지의 후손들과

인간을 창조하신 OM께 맡기고 떠난다.

AD 2025 0616 이웅.

830. OM

옴

프로메테우스의 불.

프로메테우스의 불(그리스 신화에서 인간에게 불을 전해준 존재)은

인류에게 남아 타오를 것이다.-무명의 사제는

인류는 위대한 자유의지로 스스로의 의지로 창조주를 찾을 것이다.

AD 2025 0616 이웅.

831. OM

옴

진리 그리고 발전

나는 교주처럼 내 말이 진리라 하지 않는다.

나 역시 무한의 발전의 숙명을 앞두고 있고

내 글도 마찬가지이다.

AD 2025 0616 이웅.

832. OM

옴

선과 악

우리 인류는 선과 악을 나누었다.

같은 종끼리 선과악으로 나눈다.

중세의 마녀사냥은 악이라 치부한 무고한 자들에 대한 범죄였다.

같은 종에서 선과 악이 뚜렷하지 않다.(휴먼 내부에서..)

그러나 전쟁에서 정당성은 존재한다.

AD 2025 0616 이웅.

옴

지금 역시 미개한 사회로 인간들은 미개행위를 계속한다. 마녀사냥 같은…

슬프다 옴. OM TELA

옴이여 신을 찾는 자들을 지키소서. 위대한 전능함으로.

AD 2025 0616 이웅.

833. OM
옴

인간의 본능

인간의 소유욕과 공격성

그리고 욕심 등등은 계속될 것 같다.

그것을 경계한 현자(부처)가 있었지만,

그 본성은 쉽게 바뀌지 않을 것이다.

미래에도…

AD 2025 0616 이웅.

OM justice(옴 정의.)

부당행위에 내릴 정의의 쇠사슬은 영혼을 속박한다.

100년 남짓인생의 향락을 추구하다가 지옥의 악마에게 불려가리라.

(AD 2025 0616 이웅.)

834. OM

옴

세속에서도 살아야 하는 저는 신학에 전부를 쏟기는 어려웠다.

그러나 최대한의 노력을 이 책에 담으려 한다.

옴 텔라.

하늘이여 무명의 사제를 인도하소서.

AD 2025 0616 이웅.

835. OM

옴

미트라 연구.

고대의 실전된 미트라교는 유대교보다 오래되었습니다.

미트라는 베다에 나오는 신성입니다.

그의 신상을 저는 육신에 새겼습니다.

미트라교는 경전을 남기지 않았습니다.

일종의 밀교(비밀종교)였죠.

저 역시 그 베일을 알지는 못했습니다.

주로 군인들(로마의 군인들)이 숭배했고

남자만 가입할 수 있었다고 합니다.

저는 미트라 영체체험을 한 것 같습니다.

그러나 그것이 저의 ATMAN인지 미트라인지 불분명합니다.

베다는 매우 진실성이 높은 문헌입니다. 다른 신화서적(유대경 코란과 다른 특수성을 가지는 책입니다.)

주로 주요신들에 대한 찬가(AGNI MITRA INDRA) 등등이 수록되어 있습니다.

저는 베다를 암송하기도 했고 영감을 얻기도 했습니다.

저는 창조주(OM)를 숭배하기에 베다를 굳이 찾지는 않습니다만

강력한 신들(외계 존재-고차원의 존재들에 대한 기록일 개연성이 매우 높은 책입니다.)

AD 2025 0616 이웅(무명의 사제.)

836. OM
옴

자아의 나눔.

나의 자아가 나뉜 듯하다.

선한 나와 악한 나가 내부에서 투쟁하고 있는 듯하다.

오 하늘이시여…

AD 2025 0616 이웅.

837. OM
옴

먼저 떠난 친구를 위하여.

먼저 기르던 강아지(브라운)을 보내야 했다.

내가 지옥을 보던 날 브라운은 죽었다.

그가 여기보다(지상보다) 좋은 곳에 있을 거라 믿는다.

옴 텔라.

TELA는 신성한 보호라는 뜻이다.

AD 2025 0616 이웅.

838. OM
옴

인간 -사랑

나는 인간이다. 적어도 육체안의 영혼이다.

나는 인간을 증오하기도 했고 사랑하기도 했다.

그 인간의 인간에 대한 선과 악이 투쟁한다.

자유의지는 완성되고

사제는 하느님(OM)께 올라간다.

사제의 기도와 연구가 남는다.

그것은 인류에게 도움이리라.

AD 2025 0616 이웅.

839. OM
옴

여자.

저는 혼자입니다.

39살 남자죠.

결혼적령기를 지나고 모아둔 재산도 없습니다.

아픔도 가시질 않습니다.

옴 여자가 있었으면…

여자가 없으면 천사가 있었으면…

AD 2025 0616 이웅.

840. OM
옴

선과 악의 갈등.

저에게도 선악의 갈등이 있습니다.

누구나 악적 행위의 유혹이 있을 것입니다.

그때 선을 선택하기를 바랍니다.

AD 2025 0616 이웅.

841. OM
OM

창조 유지 파괴(OM)

위대한 인류의 브라만교의 전통에서

OM은 창조하고 유지되고 파괴하는 우주의 섭리를 나타낸다.

우리는 태어나고 성장하고 죽는다.(파괴된다.)

이것이 신의 섭리이리라.

842. OM
옴

일장춘몽.

우리의 삶도 꿈처럼 사라져간다.

꽃이 피어나고 지듯

우리의 삶도 사라져간다.

모든 것이 꿈같다.

아이(인간)들의 삶도…

슬픈 감상은 잠시 한 채로…

영존하는 하늘을 향한 계속되는 발걸음.

애상의 기분은 하느님께 드리고.

AD 2025 0616

843. OM
옴

경전을 집필하며 종교를 연구하며

모르겠다. 경쟁자는 없다.

굳이 목표를 말하자면 코란 유대경 기독경보다 나은 책을 쓰고 싶다.

혹자는 과거의 신격화된 경전을 내가 넘을 수 있을까라고 질문할지도 모른다.

그러나 과거의 신화들이 적어도 거짓에 기반해 있다면

인간의 이성과 노력 그리고 하느님을 향한 신앙의 연주는 더 아름다운 찬가이리라.

AD 2025 0616 이웅.

844. OM
옴

종교와 의식.

인간은 종교적으로 낮은 차원에 있었다…

그들은 신을 믿지 않고(혹은 관심이 없이)

예배당에 형식적으로 다녔다.

그것이 인간이었다.

AD 2025 0616 이웅

845. OM
옴

종교와 의식 2

저는 20살에 교회를 다녔습니다.

그리고 신을 찾기 시작했죠.

저는 적어도 형식의식은 아니었습니다.

그리고 경전의 하자를 보고 법정에 선 성경을 출판합니다.

저의 초기 저서 정의와 권리(Justice and Right)에는 기독교적 신앙이 담겨 있습니다.

아무튼 법정에 선 성경을 쓰고 유대교와 기독교를 넘어

새로운 도전을 하고 있습니다. (코란도 유대교에서 파생된 책입니다.)

옴 슬프다.

아무도 없다.

보이지 않는 창조주만이 나의 전부.

AD 2025 0616 이웅.

846. OM
옴

종교와 의식 3

저는 인도로 치면 브라만이죠. 사제입니다.

그러나 기독 이슬람 불교의 사제는 아닙니다.

혼자 가는 길…

적어도 저는 39살인데 19년을 신을 찾아 헤맸던 것입니다.

저의 우월성으로 사람들을 모으는 자는 아닙니다.

부귀영화 일장춘몽 모두 한낮의 꿈이오니,

진리를 향한 신을 향한 걸음이 남아 예배의 향으로 푸른 하늘을 향해 올리오리다.

AD 2025 0616 이웅

(d ed dtse. ew wtd… ars tddw…)

847. OM
옴

죽음의 길 신의 길.

우리 인간은 죽음을 인식하기 싫어한다.

죽음은 두렵고 생각하기 싫고 부정하고 싶은 어떤 것.

영원할 것 같았던 지구상의 삶도

젊음의 열정도 어느덧 잊혀지겠지…

우리는 우리의 지구적 존재의 의미에서

죽음과 그 후의 여정 그리고 신을 인식해야 하리라.

그것이 우리가 의미 있는 삶을 살 수 있는 전제이리라.

OM

AD 2025 0616 이웅.

848. OM
옴

뉴턴이 본 신.

뉴턴은 신이 설정하신 자연법칙을 수리로 표현하고 프린키피아를 집필한 후

마지막에 신에 대해 작은 소고를 남겼다.

그는 절대주권적 신을 상정했다.

우주의 만물을 창조하시고 법칙을 운행하시는…

뭐 크게 벗어나지는 않을 것이다.

우리가 신을 인식함에 있어서

완벽인식은 불가능할 것이다.

그것은 천국의 천사도 불가능하다.

그러나 하나의 조각이 모자이크가 된다면 상호 도움이 되리라.

나는 예수가 아니다. 진리를 독점하고 다른 길을 배척한 사이비 교주 예수가 아니다.

AD 2025 0616 이웅

849. OM

옴

여자와 종교.

여자들은 필연적 종속성을 가진다.

그들의 생리적 체계에서 유래했다.

나는 위대한 자유의지의 길.

스스로가 사고하고 스스로가 걷는 길을 추구하라고 남기고 싶다.

누군가를 쫓아다니고

누군가에게 종속된 인간(그것이 남자든 여자든)이 아닌

위대한 자유의지의 길

스스로가 선택하는 길을 남긴다.

AD 2025 0616 이웅

(종교에 있어서도 예수님 부처님 하며 따라다니는 영혼이 아닌

스스로의 사고로 신에게 다가가라. 그것이 어떤 길이든 그것은 당신의 영혼의 진실이다.)

AD 2025 0616 이웅.

850. OM

옴

은하주권론.

유대인의 망령이 지구를 배회한다.

신의 형상이 아닌 이족보행의 나신의 인간은

피조물이다. 그의 작은 피조물.

우리우주(3x loka)의 은하 거대문명은 인간을 압도할 것이다.

그들의 문명에 비해 인간은 작은 나방 같을 것이다.

마르코폴로의 동방견문록은 인간의 인간에 대한 만남이었다면

나의 은하주권론은 인간과 이종에 대한 만남이다.

은하에도 주권(통치권)이 있을 것이고 투쟁이 예상된다.(OM TELA)

우리는 평화와 사랑을 노래하기도 하지만

신의 피조물은 상호투쟁과 경쟁의 숙명을 부여받았다.(모든 종이 그런 것은 아닐 것이다.)

인디언은 잊혀졌다. 유럽인들이 아메리카에 산다.

우리 지구도 언젠가 조우하리라.(거대문명과…)

OM TELA(신성한 보호막.)

외계인들은 인간을 사냥할 것 같다.

슬프다.

사랑과 증오도 꿈처럼 남아 하느님을 향한 예배이기를.

AD 2025 0616 이웅.

851. OM
옴

예수

유대인 교주 예수(가명)라는 자가 실존했다.

탈무드 산헤드린 법정 기록을 살폈다.

그 자가 나타나서 이스라엘은 혼란이 가중되었고

로마제국에 반란을 일으킨다.

종교적 사이비는 세속을 어지럽히며

교세가 넓혀질수록 그 바이러스는 증가된다.

읽는 자는 깨달으라.

우리는 날카로운 이성과 통찰 그리고 법적 정의를 견지해야 할 것이다.

사회가 혼탁하고 저급하면 변란이 발생한다.(이는 법칙 같기도 하다.)

말세란 한 시대가 끝나고 다른 시대가 시작되는 시점인데 혼란은 최고조에 이른다.

한 시대가 죽고 다른 시대가 태어난다.

지구의 끝은 사제의 영역 밖이다.

최소 1억 년 이상이다.

사제는 하늘을 향한 예배만 남긴다. 미래를 위하여 조선에서.

AD 2025 0616 이웅(OM TELA)

852. OM
옴

괴델과 사랑.

괴델 교수는 신 존재증명을 하다가 미친다.

그는 독살망상에 빠져 굶어 죽는다.

그는 아내가 해주는 밥만 먹었다고 한다.

적어도 그는 아내는 믿지 않았을까..(인지가 교란된 상태에서도.)

의심은 어두움을 만들고 어두움은 두려움과 수동적 방어본능으로 나타난다.

옴 하늘은 무한하다.

어린이처럼 움켜쥐지 말라.

우리 역시 발전가능성 역시 무한하다.

기존의 보석만을 쥐지 말라.

AD 2025 0616 이웅.

853. OM
옴

위대한 시도를 했지만, 알아주는 이 없이 배회하네.

하늘을 향한 예배로 남아, 나의 기도는 지구상에 계속되리라.

육신이 불타는 날, 나의 기도도 모두 불타고

자유가 된 영혼은 신을 향해 올라간다.

옴 그날까지만, 신성한 은혜를…

매일 비추는 태양처럼.

가끔 불어오는 바람처럼.

854. OM
옴

하나님이 주신 말씀.

유대인이 그들의 신학으로 만들어낸 책(구약경)을

21c 한국인들이 하나님이 주신 말씀이라고 믿는다.

신이 직접 인간에게 말하지 않는다. 인간의 언어로…

그들의 경전은 정신안위는 되어도 신빙성이 의심스럽다.

각기 개인의 경전 각기 자신의 영혼이 신께 하는 기도가 더 효과적이지 않겠는가?

영혼의 단꿈은 우리에게 남으나 그 허상의 신기루는 안개가 되어 흩어진다.

스스로의 경전으로 하느님께 기도하라.

스스로의 언어로 하느님께 기도하라.

AD 2025 0616 이웅.

855. OM
옴

의인화된 신.

코란이나 유대경의 이사야서에는 신이 의인화되어서 나타난다.

이는 조로아스터교의 아베스타에서도 보인다.

의인화된 신은 거짓이다.

신은 인간의 언어로 말씀하시지 않는다.

그것이 아무리 사랑을 주는 존재라도.

민간종교에서도 신을 의인화해서 다정한 아버지 어머니상으로 투사하고 있는데 이는 거짓이다.

창조주는 모든 우주를 총괄하는 무한의 존재이다.

우리의 의식이 만들어낸 의인화된 신이 아니다.

고로 이사야서의 구절이나 아베스타 코란은 탄핵되는 것이다.

진실된 신의 언어가 아닌 인간의 의식이 만들어낸 미신으로.

AD 2025 0616 이웅

856. OM
옴

여신연구.

트로이전쟁에서 파리스에게 세 여신이 나타났다고 한다.

이는 분명 신화적 요소(설화적 요소)를 나타내고 있다.

신화는 진실로 해석하기보다는 의미를 주는 하나의 이야기로 해석하면 된다.

파리스에게 나타난 세 여신은 아테나 아프로티테 헤라였다.

아테나는 승리를 제시했고 아프로티테는 미녀를 헤라는 권력을 제시했다.

전설에 의하면 파리스는 아프로티테를 선택했다고 한다.

현실로 트로이의 파리스 왕자가 그리스 메넬레우스의 아내 헬레나와 애정행각 후 트로이로 도피한다고 한다.

이 일이 발단이 되어

그리스 연합군은 조직되어 트로이를 공격한다.

트로이는 함락당하고 파리스는 죽는다.

헬레나는 다시 메넬레우스의 아내로 되돌아간다.

미녀를 선택했던 파리스는 그렇게 끝났다.

나는 파리스의 선택을 재현했다.

세 명의 여신을 놓고 나는 아테나(승리)를 선택했다.

적어도 지혜의 여신이자 전쟁의 여신 법을 다루는 아테나는

나와 잘 맞았기 때문이다.

나는 개인적으로 아테나에게 기도해 보았다.

아테나 여신을 숭배했던 고대의 유적이 무너진 채 쓸쓸히 남겨있다.

21c 기독교의 예배당은 성황이지만 잊혀진 여신은 사라졌다.

나는 개인적으로 아테나에게 예배하면서 그녀의 영수의 상징을 몸에 새겼다.(타투로.)

그리고 나는 창조주를 예배하며 여신숭배는 줄어들었다.

그러나 나는 기억하고 있다. 나의 선택을…

그리스 신화의 신들은 신화가 되었다.

'사실'이라고 받아주기 어려운 이야기들도 있다.

예컨대 피그말리온 신화에서 조각상이 인간이 된다거나 하는 것은 확실히 지어낸 이야기들이다.

그러나 고대 그리스인들의 종교가 유적으로 이야기로 우리에게 남아 전해진다.

아테나가 실존하는가? 내게 묻는다면 나는 정확히 답을 주긴 어렵다.

그러나 나는 무한우주론을 설립했고 무한의 우주에 없는 것은 없다.

아테나는 하나의 전쟁의 여신의 상징으로 인류에게 남아있고

상위의 차원에 분명히 존재할 것이다.(전쟁의 여신이.)

AD 2025 0616

OM

ATHENA 지혜의 여신이여. 전쟁의 여신이여.

부디 창조주의 사제를 지키소서.

그리고 전쟁과 법에 대한 지도를 부탁드립니다.

AD 2025 0616 이웅.

857. OM
OM.

여신연구 2

옴(창조주여)

고대의 이집트인들은 법과 정의의 상징인 MAAT를 믿었습니다.

MAAT는 사후재판 영혼의 재판까지 담당했다고 알려져 있습니다.

고대 이집트인들은 사후세계와 사후의 심판

그리고 삶에 있어서 正道를 추구했을 것입니다.

적어도 죽음 후에 심판이 있다는 것을 믿는다면

그들은 지구상의 행위에서 바른길을 걸으려고 노력했을 것입니다.

실제로 플라톤의 경전에서 에르는 임사체험에서 사후재판소를 목격합니다.

옴 또한 무한우주론에는 영혼의 재판소가 강력하게 추론되고 있습니다.

MAAT는 지상의 육신의 인간이 진위를 확인할 수 없는 신비의 베일에 가려져

있지만

적어도 인간이라는 종이 지구상의 삶에 있어서 죄와 악행에서 완전히 자유로운 종이 아닌 만큼

그리고 신성한 법과 정의는 이에 대한 귀결을 요구하고 있는 만큼

OM MAAT신화는 영혼의 재판과 삶의 길 그리고 법과 정의의 상징으로 우리에게 남아있습니다.

옴 고대인들은 신들을 숭배하고 두려워하기까지 했다면 현대인은 신을 잊은 채로

믿기만 하면 구원받는다는 싸구려 신앙(이신칭의-로마서)을 가지고 살고 있습니다.(그들이 그것을 정말 이해했는지도 모르거니와

아리송하고 단순무식한 종교공식입니다.)

아무튼 하느님(OM) MAAT신화는 지금은 이슬람의 물결로 휩싸인 중동에, 과거의 찬란한 문명을 잃어버리고

어두움에 예배하는 이집트의 후손들에게 일깨워 주어야 할 그들의 소중한 정신문명이 아닌가 역설해 봅니다.

감사합니다.

AD 2025 0616 이웅.

TO MAAT.

위대한 정의의 여신이여 넓은 날개를 펴소서.

법과 정의로 사제를 보호하소서.

AD 2025 0616 이웅.

858. OM
옴

종교와 증오.

종교는 때로는 증오를 양산한다.

다른 종교를 가진 이나, 종교 내부 정신에 증오의 정신이 포섭되기도 한다.

이스라엘의 종교는 타민족에 대한 증오와 적개심 그들만의 집합을 만들어냈다.

그것이 유대교였다.

그 후로 진화한 기독교와 이슬람은 나름 포용정책을 펼쳤지만

유대의 신화를 계승한 알라나 신에게로 가는 길을 독점한 예수란 사제는

인류에게 절대적 진리로 남을 수 없다.

옴 우리 인류는 새로운 시도를 해야 한다.

적어도 나는 저서로서 그런 시도를 한다.

내가 일일이 누군가에게 지시하고 누군가가 지시를 따르는 그런 신앙은 거부한다.

어떤 인간이든 우리를 창조하신 하늘을 숭배하며 각자의 삶에서 그들의 영역으로 예배를 드린다면

내가 관여할 필요 없는 영혼의 예배라고 생각한다.

AD 2025 0616 이웅.

859. OM
OM

창조주 vs 아테나.

창조주는 그의 넓음으로 말미암아 특정 신탁을 지구상에서 거의 하지 않는 것 같다.

조로아스터 사제가 계시를 받았다고 하나 불완전하다.

또 그가 만났다는 것은 영체였지 창조주는 아니었다.

창조주의 넓음은 차별 없는 사랑으로 우주를 밝히는 신성한 사랑으로 묘사된다.

반면 아테나는 창조주에 비해 아주 작은 존재이지만 전능하지도 않지만,

특정 신성에 대한 사랑과 예배가 그 영혼에게 이득과 만족을 준다면

아테나의 빛남 또한 밝은 것이다.

우리 인간이 지구에서 창조주의 계시를 체험하기는 어려울 것이다.

우리의 지능이 낮아서 계시를 받아도 이해할 수 없을 것이다.

지구에서 특정 신성에게 예배하는 것은 좋다.

고로 절대자를 특정한 마호메트의 신학은 반론을 가지는 것이다.

AD 2025 0616 이웅.

860. OM
TO OM(옴)

마르틴 루터가 교황의 부당행위에 맞서서 면죄부판매를 95개조로 반박하고

종교재판에 들어가서 그의 신념을 말했을 때

새로운 종교개혁의 도화선이 되었습니다.

가톨릭과 개신교는 분리되었습니다.

21c 지금 통제되지 않은 수많은 교황들(목사들)을 보면서

루터의 종교개혁은 실패했다고 저는 평가합니다.

루터는 종교개혁을 일으켰지만 기독교 안에 있는 영혼이었습니다.

옴 저는 자유의 종교로 저서를 집필합니다.

옴 제가 대중 앞에서 육체로 설교하는 일은 없을 겁니다.

그러나 제가 남긴 저서가 단편적 경전(코란 성경 베다)에 매몰된 다른 지구인들

아랍이나 이집트 인도에 전해진다면 저는 상당히 즐거울 거라고 말씀드립니다.

AD 2025 0616 이웅.

861. OM
OM(하느님)

콘스탄틴 푸틴.

역사에 의하면 콘스탄틴은 죽을 때 세례를 받았다고 합니다.

지상에서의 삶(마키아벨리즘적 통치행위)을 끝내고 씻고 떠나려는 행위라고 보입니다.

옴 전쟁을 일으킨 푸틴이 세례를 받는 장면을 보았습니다.

글쎄요…

적어도 많은 인명을 살상한 행위를 하면서 세례(그것이 죄가 씻어지고 새 삶을 산다는 의식이라면)

그것은 지극한 종교적 이율배반입니다.

옴 정의는 물을 끼얹는 행위로, 면죄부를 얻게 하지 않습니다.

옴 정의는 특정 교주의 이름(jesus)을 부르는 것으로 용서하지 않습니다.

OM Justice 감사합니다.

AD 2025 0616 이웅.

862. OM
TO OM

구약성서의 엘리야 신화가 마음에 든다.

그 사제는 신적 보호를 받았다고 한다.

물론 지어낸 이야기일 것이다.

그러나 그런 PARA(초능력적) 현상은

확실히 저를 매료시킨다.

AD 2025 0616 이웅.

863. OM
OM

삼손의 기도.

구약신화의 삼손은 머리카락과 연계된 신화적 전사다.

머리카락이 잘리면 힘을 잃는다는 것은 인간이 만든 미신이다.

그러나 삼손은 사로잡힌 상태에서 마지막 기도를 유대의 신에게 바친다.

그런 전사의 비장한 기도를 들어 기적이 일어나는 것은 사제를 매료시킨다.

AD 2025 0616 이웅.

864. OM
OM

이슬람교인들에게 보내는 편지.

신성한 창조주의 이름으로 우리를 정자와 난자의 합치를 통해 만들어내신 하느님의 성호를 기억하며 편지를 씁니다.

저는 조선인입니다. 저는 조선에서 기독교 문화권에서 자랐습니다.

그러나 저의 정신은 기독교문화와 달랐고 저는 다른 종교들을 연구했습니다.

모두 나름의 철학이 있었으나 저는 만족하지 못했습니다.

부처의 철학, 인도의 베다.

저는 저만의 길(자유의지의 길)을 가고 있습니다.

이슬람 형제들이여, 그대들이 코란만을 암송하고 칙칙한 회당에 모여

매일 반복하나 의미 없는 신앙을 하는 것을 저는 봅니다.

형제들의 스스로의 의지가 만드는 절대자(알라)에 대한 각자의 견해와 신앙을 바랍니다.

사제 마호메트와 다른 생각을 할 수 있고 알라(절대자) 안에서 여러 새로운 분파를 만들 수 있다고 저는 말합니다.

인간의 길은 인간이 가는 것이고 알라의 직접적 인도는 우리 같은 육체 안의 미물에게 없습니다.

모든 우주의 창조주가 미물인 인간의 길을 세세히 인도하시지 않을 거라고 생각합니다.

옴 창조주는 인간에게 사상의 자유 양심의 자유 그리고 종교의 자유 그리고 신념의 자유를 주셨다고 나는 믿습니다.

이슬람의 형제들이 가는 길에 절대자의 축복 있기를 진심으로 기원합니다.

AD 2025 0616 이웅.(무명의 사제-선배 마호메트를 이어.)

865. OM
OM

자유의 종교를 향하여.

인간의 자유의지가 만들어가는 길.

무한의 신에게로 가는 다양한 길.

그것을 저는 꿈꿉니다.

그것은 자유의 종교입니다.

한 사람이 만드는 종교가 아닌

우리 지구의 영혼들이 각자의 신념과 기도 신앙 속에서 가는 길입니다.

OM 창조주께서 함께하시기를.

AD 2025 0616 이웅.

866. OM
OM

텔레파시.

영혼 간의 비언어적 소통.

충분히 가능할 것 같다.

옴(하느님)

적어도 우리 인간은 명시적 의식 안의 텔레파시는 못 합니다.

그러나 천상계의 영혼(BT)은 텔레파시를 했고

인간의 무의식의 영역에서는 가능하다고 사료됩니다.

실례로 정신분석학자 프로이트는 무의식의 깊이가 의식의 깊이보다 깊다는 연구를 발표했고

이는 타당하다고 생각합니다.

적어도 우리의 의식이 완전한 평시의식만의 존재로만 이루어진 것은 아닐 겁니다.

무의식의 존재는 상당히 설득력 있으며 무의식 차원의 의사소통은 가능할 것이라고 말씀드립니다.

AD 2025 0616 이웅.

867. OM
OM

사제 마호메트는 헤지라 후 추종자들과 군대로 중동을 점령합니다.

그리고 이슬람교는 지금(21c)도 퍼져있죠.

저는 그런 사제는 아닙니다.

그러나 저의 저서가 이슬람 형제들(한 하느님이 만든 같은 인간들)에게 닿는다면

저는 작은 만족을 느낄 것 같습니다.

AD 2025 0616 이웅.

868. OM
OM

1. 신보론이란 신의 보호를 논하는 신학-(이웅이 창설)을 말한다.

2. 나는 길에서 차에 치여 죽은 들짐승을 보았다.

3. 하느님은 들짐승을 보호해 주지 않으신다.

4. 자연상태에서 목에 이빨이 박혀 육신이 뜯어먹히고 뼈만 남은 초식동물도 보았다.

5. 하느님은 초식동물을 보호해 주지 않으신다.

6. 우리는 위의 자연상태의 공식을 인간계에 적용할 필요가 있다.

7. 하느님은 마찬가지로 암에 걸리거나 집단강간 집단폭행으로 죽는 인간을 보호해 주지 않으신다.

8. 인간의 망상-우리 인간은 우주에서 우리의 가치를 너무 높게 잡았다.

이스라엘의 경전은 '사랑하는 이스라엘'을 운운하며-유대인이 쓴 책이다. 보호를 약속했다.

그러나 홀로코스트에 수백만의 유대인이 죽었고 신은 유대인을 보호해 주지 않으셨다.

9. 적어도 나는 신의 입장에서 자연상태에서 죽어 나가는(보호받지 못하는) 동물들과 인간은 하등 차이가 없다는 것이다.

10. 동물이 0.9의 존속가치를 가진다면 인간은 대동소이한 1.3~9의 가치를 가질 것이다.

11. 고로 우리가 신의 보호를 받는다는 신보론은 재검토되어야 한다.

12. 신보(신의 특정한 보호)를 얻기 위해서는 그 영혼주체 자신의 노력과 행위가 수반되어야 한다.

13. 즉 그 영혼이 직접 하느님께 보호를 요청해야 한다.

14. 신보는 급작스럽게 일어나기 어렵고, 평시에 많은 청원을 하느님께 보호해 주어야 한다.

(To d, gss etd wr rww qwgded scedd E qggww ddttse. ws a dad dgtr dtse. d ws cdgse rwg qxdf,

dws sd dtd qgf gwtda wrtse. wwgr qxgse. dd 2025 0617)

869. OM
TO OM

우주에서 인간의 위치에 관하여.

무한우주론은 무수히 많은 우주 무수히 많은 우주인을 상정한다.

우리는 폐쇄된 푸른 행성에 갇혀있다.

나체상태의 한 인간은… 연약하고 어리석은 종이다.

우리는 우리의 우주적 위치가 매우 국소하다는 것을 인식해야 한다.

전 인류적 관점에서 인류란 객관적 무한우주에 없어도 되는 그런 존재라는 것이다.

물론 신께서는 미물이라도 필요 없게 창조하지는 않으셨다.(존재목적을 부여받았다.)

우리 인간도 마찬가지일 것이다.

그러나 우리가 전 우주에서 객관적 비중이 신에게 있어서 매우 소중한 존재는 아니라는 것을 우리는 알아야 한다.

(기독교 신화에서 신은 인류를 사랑해서 한 조그마한 인간(2m도 안 되었을 것이다.)을 지구에 보냈다고 한다.

그리고 그 인간이 처형당해서 죄가 없어졌다고 한다.

이는 인류에 대한 모독이며 인류를 속인 가짜종교이다.

신은 인류를 그렇게 사랑하지도 않으시며-자신의 소중한 것?을 내어줄 만큼-, 십자가 미신은 인간이 만들어낸 신화이다.)

AD 2025 0617 이웅.

870. OM
OM

지구적 현실과 신의 사랑에 관하여.

우리는 전 지구적 관점에서 신의 사랑을 살펴볼 필요가 있다.

적어도 지구란 행성은 신의 사랑과 보호 속에 있는 행성이 아니다.

각종 위험이 상존하고 있고, 많은 비극과 불행이 일어난다.

그리고 그런 비극은 집단적이기도 하다.(자연재해, 전쟁)

우리는 지구적 상태가 신의 사랑과 보호에 놓여진 곳이 아님을 먼저 선지해야 한다.

천국을 경험한 영혼은 신의 사랑을 보고하지만 그것은 우리의 세상이 아닌 다른 우주의 이야기이다. (우리 지구보다 높은 차원의 우주)

그곳(천국)은 신의 사랑과 보호 그리고 임재가 직접적이다.(Eben alexender)

우리 지구는 신의 사랑과 보호의 부재 속에 있는 행성이다. 이것은 자명한 진리이다.

그렇다면 우리 인간은 어떻게 해야 하는가?

우리는 주관적 기도나 명상 찬가 등을 통해 지구에서 신에게 다가가야 한다.

그렇기에 지구상의 종교는 아주 중요하며, 인간과 신의 만남을 그리는 것이다.

인간은 지구에서-적어도 신의 부재 속에 있는 지구에서- 스스로의 의지로 하느님께 다가가야 하는 것이다.

그렇다면 인간은 적어도 정신적 영적 차원에서 개인적 신의 사랑을 체험할 수 있다.

이것은 개인적 영혼의 경험이고 그 영혼만의 신앙이다.

AD 2025 0617 이웅.

871. OM
OM

지구적 현실과 구원에 관하여.

우리는 전의 소고에서 신의 사랑과 보호가 직접적이지 않다는 것을 체험했다.

지구는 어떻게 보면 신이 버려둔 행성이다.

우리는 현실을 직시해야 한다.

우리는 육체란 감옥에 갇혀 눈앞만 볼 수 있는 제한된 동물(인간)이다.

또한 우리의 낮은 지능은 고차원을 인식할 수 없고, 각종 망상과 오류 무지에 휩싸인 그런 영혼들이다.

이런 열악한 현실에서 우리는 구원을 상정해야 한다.

구원은 그 인간(그 영혼)의 자발적 신앙으로만 성립될 수 있다.

인간은 엄청나게 신을 왜곡하고 있다.(특히 종교에서)

인간은 신에게 자신의 구원을 사정해야 하며 그것은 열등한 존재가 전 우주에서 가장 높은 존재에게 드리는 간절한 부탁이어야 한다.

그렇기에 무례하거나 무지한 인간의 신에 대한 만행(신은 없다거나, 타 종교를 박해한다거나, 무례하고 저속한 언어로 신을 대하는 것)은 신 쪽에서는 결코 허용될 수 없는 행위라는 것이다.

나는 가끔 증거를 원하는 인간들을 본다.

종교시설에서 신을 찾다가 신께서 정말 계신지 의문이 들 때 그 영혼은 신에게 기적을 요구한다. (뭐 보여달라거나, 기적이 일어나게 해달라거나.)

그러나 그대는 생각하라.

인간의 육안 따위에 포착될 신은 신이 아닌 것이다.

창조주는 지구보다 크심은 물론 전 우주를 포괄하는 엄청난 존재이다.

이런 존재가 당신의 육안에 보이겠는가?

또한 우리는 우리 인간의 신분적 지위를 인식해야 한다.

우리 인간 내부에서도 권력은 상당히 강력하다.

우리 인간계에서 낮은 인간이 가장 높은 신분(왕이나 대통령)에게 명령하거나 요구한다면 그는 듣겠는가? 물론 아니다.

우리는 전 인류적으로 우리 인간계에서 어떤 신분이든 매우 미천한 미물(인간)임을 인식해야 한다.

그렇기에 구원은 그 미물의 신에 대한 간절한 염원만으로 이루어질 수 있을 것 같다.

적어도 창조주의 직접적 행위는 인간의 간단한 기도나 경전암송만으로는 어렵다.

그렇기에 성지순례(메카)에서 사람들이 폭염에 죽어나가도 신은 방치하는 것이다.(이는 들판에서 죽는 초식동물과 하등 차이가 없다.)

신은 단지 종교적 의례를 따르거나 사이비교주(예수 따위)를 믿는다거나 경전을 암송하고 인간의 신의 권위를 입힌 율법(십계명) 따위를 지킨다고

직접적인 은혜를 베푸시지 않는다는 것이다.

그렇기에 인간은 자신의 구원 그리고 자신의 사랑하는 영혼의 구원에 있어서 신께 간절한 염원과 발원을 담아야 하는 숙명을 가지고 있는 것이다.

그렇다면 인간이 신을 무시하고 버린다면 그 인간은 어떻게 되는가?

적어도 우리는 신의 직접적 임재와 사랑의 세상, 아름다운 고차원의 휴먼로카(천국)에 들어가기 어렵다고 생각할 수 있지 않을까?

지구에서의 삶 속에서 신을 찾고 염원하는 영혼이 구원을 얻을 것이다.

지구에서 신을 찾지 않은 영혼은 아마 환생할 것이다.(사견)

그렇기에 지구상에 우리에게 주어진 시간은 매우 중요하며, 지구상의 시간 동안 신을 찾아야 하는 필연적 불완전성을 인간은 가지는 것이다.

그러나 결코 신앙은 강제될 수 없다. 적어도 신을 찾고 발원하는 것이 인간 쪽에서 엄청난 유익이라면 이 행위는 결코 강제될 수 없다.

강제되고 통솔되는 종교들은 신을 빙자한 사기극이며 그 영혼에게 있어서 신

은 직접적이지도 않고, 진실되지도 않다.

이런 사이비 종교들(기독교 이슬람)은 주변을 겉돌 것이다.

즉 나는 구원에 있어서 인간의 신에 대한 진실된 신앙만이 가능하다고 밝히는 바이다.

(AD 2025 0617 이웅.)

872. OM

OM
사이비 종교가 가린 구원.

사이비 종교들은 구원을 매우 쉽고 싸게 전파했다.

교주가 죽었다가 살아났다는 미신(거짓)을 받아들이기만 하면 구원을 얻는다고 설파했다.(로마서)

이는 인간을 속이는 거짓이며 신을 참칭한 죄악이다.

이에 속은 인간들은 자신의 구원을 확신하며 신을 찬양하기도 한다.

그러나 육체 안의 인간이 자신의 구원을 확신할 수 없다.

10년 후의 미래도 모르는 인간이 죽은 후의 세계를 장담할 수 없다.

그렇기에 구원장사는 지구에서 계속되지만 이들은 무지의 잔을 마신 망령들이다.

이들은 스스로 천국에 갈 거라 믿지만 그 저급한 망동은 결코 천국이라는 곳에 들어갈 수 없는 영혼들이다.

사이비종교들은 구원을 가렸고, 혹은 인민을 종교의 노예(이슬람)로 전락시켰다.

이런 지구적 현실은 매우 어두우며 여기서 신을 빙자해서 구원을 감히 운운하고 떠들고 전파한 영혼들은

결코 천상에 들어갈 수 없다.

거지는 결코 왕궁에 들어갈 수 없다.

이와 비슷한 논리로 천국도 마찬가지이다.

저급한 영혼들(그것이 종교를 빙자한 영혼들)은 결코 천국에 들어갈 수 없다.

우리는 천국이란 어떤 곳인가 먼저 상기해야 한다. 그곳은 우리 지구보다 높은 차원의 곳이다.

그곳에 들어가려면 그에 걸맞은 존재가 되어야 하지 않겠는가?

스스로를 수양하고 하늘을 예배하며, 인간계의 삶에서 깨끗해야 하지 않겠는가?

지구적 종교의 망령들은 예수 따위를 팔며 구원을 운운하지만 그들은 결코 도달하지 못할 것이다.

AD 2025 0617 이웅.

873. OM
OM

죄와 심판에 관하여-앙그리 마이뉴

육식동물이 초식동물을 공격한다고 이는 죄악은 아니다.

그러나 인간은 악의적 행위를 통해 죄를 지을 수 있는 동물이다.

이러한 인간의 악행은 지구에서 발현되며, 타인의 영혼에 상해를 가한다.

고로 영혼의 심판은 존재하며 이는 자신의 의지를 남용하여 타인을 상해한 행위에 대한 대가이다.

무한우주론에 지옥은 존재하고, 나는 직접적으로 지옥을 체험했다.

그곳의 주관자(앙그리마이뉴라 가칭한다.-악의 화신)를 직접 만나진 못했다.

내가 만난 지옥의 영혼들은 지옥에서 하급영혼들(악마들)이었을 것이다.

그러나 그 잔인함과 기괴함은 인간 이상이었다.

지구에서 죄를 지은 영혼들에 대한 심판은 지옥의 주관자가 담당할 것이다.

그들은 죽음과 동시에 어둠의 영혼들에 사로잡혀 지옥으로 인도될 것이다.

그렇기에 지구에서 죄를 지은 영혼들에게 구원은 없다.

AD 2025 0617 이웅

기도문.

저에게 지옥을 보여주신 위대한 지옥의 주관자여.(앙그리마이뉴여)

지구에서 죄를 지은 영혼들을 데려가소서.

영원히 나올 수 없는 지옥의 영벌에 처하소서.

그대의 존재(지옥의 존재)는 정의의 발현이며 법의 권위이고

지구에서 망령들린 영혼을 심판하는 아름다운 연주나이다.

AD 2025 0617 이웅.

874. OM
OM

지옥의 영원성에 관하여.

지옥은 영원하다 어떤 구원도 없다.

그 끔찍함은 상상 이상이다.

AD 2025 0617 이웅.

875. OM
OM

환생의 당위.

지구에서 신을 찾지 않고 그냥 살아간 영혼들은 어떻게 되는가?

그들은 하계를 떠돈다.

즉 환생(다시 죽고 태어난다.)

그것이 그들의 잔이다.

AD 2025 0617 이웅.

876. OM
OM

인간의 망상.

우리는 구원에 있어서 인간의 망상을 고찰할 필요가 있다.

스스로 푸른 행성 속의 나신이라는 것을 인식 못 한 인간이라는 종은

각종 망령된 자의식으로 살아간다.

적어도 무한우주에 있어서 인간이란 작고 약하고 무지한 그런 종이다.

연민을 받아야 하는(불쌍히 여김을 받아야 하는.)

그러나 교회는 구원이라는 미명으로 여러 사람들을 끌어모아 종교를 더럽힌다.

그들의 저급한 영혼들의 모임이기에 어쩔 수 없는 지구적 현실 같다.

그러나 교회의 레벨이 0.9라면 교회에 소속된 영혼은 결코 1을 넘을 수 없다.

교회의 사제들을 넘을 수 없는 그들의 한계인 것이다.

교회의 기독교 사제들에 종속된 많은 영혼들의 당연한 귀결이다.

칼뱅 이후 마르틴 루터 이후 뛰어난 신학자도 교회에 없으며 예수란 사이비 종

교의 아류는 계속된다.

마호메트(이슬람)도 이와 대동소이하다.

그것은 다리가 머리를 넘을 수 없는 당연한 이치이다.

다리는 항상 머리 밑에 있다.

머리란 것이 (예수라면 마호메트 부처라면) 그 교주는 0.9의 레벨이고 그 밑의 신도들은 결코 0.9를 넘을 수 없다.

그래서 나는 계속 제시하는 것이다.

자신의 길을 가라고.(자유의 길을 자유의 종교를.)

만일 이 글을 읽은 영혼이 나의 추종자라 밝힌다면 나는 거부한다.

나는 인간을 추종자로 두지 않는다.

그러면 왜 나는 종교적 신학을 남기는가?

그것은 하느님을 위한 일이다. 인간을 향한 연민일 수도 있다.

내가 직접적으로 신께 계시를 받지는 않았다.

신께서 내게 명령하거나 부탁한 적도 없다.

나는 내가 원해서 내가 찾고 숭배하는 하늘에 관한 신학을 이곳에 적는 것이다.

AD 2025 0617 이웅

877. OM
OM

인간의 망상 2

인간은 무지하다. 엄청나게 무지하다.

그들은 저급한 의식으로 무지한 언어와 망동을 한다.

이것이 종교와 연계되면 엄청난 망령이 된다.

옴 그렇기에 뛰어난 사제의 통솔이 필요하다고 생각한다.

무지하고 저급한 망령들은 그들의 무지의 소리로 신을 왜곡하고 듣는 이마저 괴롭게 만든다.

그렇기에 종교에 있어서도 사제의 통솔과 인도는 필요한 것 같다.

내가 제시한 자유의 길은 어떻게 보면 이뤄지기 어려울 것이다.

인간의 무지함을 깊이 체험한 나로서는 특히 한국에서

나의 사상과 길을 이해하지 못할 것이다.

그러나 나는 먼 인류를 바라보며, 보다 진보된 정신과 문명을 바라보며 이 길 (자유의 종교)을 남긴다.

AD 2025 0617 이웅

878. OM
OM

신학서적을 남기겠습니다.

제 부족함은 제 탓으로 하시고

상을 주십시오. 그러면 만족합니다. (지구에서 신을 전한 상을 신이 직접 저에게 주십시오.)

장애물들(감금이나. 범죄들. 어떤 주체든)에게서 보호해 주십시오.

879. OM
OM

자유의 종교-노예해방론.

1. 인간은 정신적 예속상태에 있다.

2. 인간의 정신적 권위는 기존의 학문의 권위(종교의 권위)에 놓여져 있다.

3. 인간은 스스로 자발적으로 종교권위의 노예가 되었다.(적어도 지금 보편종교상 종교강제는 보이지 않으니.-소규모 집단에서 포착된다.)

4. 어찌되었든 지구상의 종교적 권위는 그들의 레벨이 1.2(인간임임을 인식하지 못하고, 거짓된 경전 거짓된 교주임조차 인식하지 못하고 있는 현실이다.)

5. 인민은 종교적 정신적 노예상태에 놓여있다.(이슬람 기독교)

6. 노예해방을 위해서는 그 정신적 노예(종교의 노예)들의 자발적 탈출이 필요하다.

AD 2025 0617 이옹.

880. OM

OM

쾌락과 종교

인간은 감각의 동물이다.

인간은 감각적 자극에 더 몰입한다.

섹스나 인간(여체 남체)의 육체에 더 탐닉한다.

21c 남한은 더더욱 그렇다.

현자들이 추구했던 길과, 고상한 조선의 선비

그런 정신적 문명들은 이제 등한시되었다.

이런 문명권에서 정신적 진보는 어렵다.

원숭이는 원숭이의 일을 한다.

원숭이는 먹이를 찾고 좋아한다.

우리 인간은 다를 거라 생각하지만 대동소이하다.

원숭이의 원시적 본능이 0.6이면

인간은 1.3 정도라고 놓는다.(평균치를)

인간도 섹스 권력 돈 등을 찾는 동물이라는 것이다.

인간에게 종교와 철학을 논할 때, 보통 한국인들은 묻는다.

"돈 많이 벌어요?"

이것은 인간이 인간이라는 점을 증명하는 것이다.

철학과 정신적 문명보다는 돈을 원하는 그 본성을 말하고 있는 것이다.

종교는 정신문명이다.

적어도 영혼이 주가 되는 일이다.

종교에 있어서 정신이 주고 육신은 부수적 절차이다.

정신은 영원성을 향유한다면 육신은 한시성을 향유한다.

그러나 인간이라는 동물은 정신보다는 육신에 몰두하는 육신적 생명체인 것이다.

그것을 탈피하려 했던 부처 등이 있었지만 말이다.

그렇기에 인간이 종교적 성취를 이룰 수 있을까… 나는 회의적이다.

물론 종교를 추구한다고 육신을 등한시하라는 것은 아니다.

육신을 버리라는 것은 당연 아니다.

그러나 종교적 진보는 육신의 성장이 아닌 정신적 영혼의 차원의 성장에 있다고 분명 밝혀둔다.

그렇기에 세속에 육신적 삶을 사는 영혼들 (그것이 주로 젊은 층에 분포한다.) 은 종교적 추구에서 거리가 멀며

그들의 본능대로 육신적 행위에 더 몰두하는 것이다.

이런 영혼들에게 있어서 종교는 괴이한 것 혹은 우스꽝스러운 것처럼 비칠 수 있다.

삭발하고 세속을 등진 채 부처상에 경배하는 불교도들이 세속적 영혼들에게는 이상하게 비칠 수 있다.

그러나 그것은 원숭이가 다른 길을 가는 이를 보며 생각하는 것과 같다.

원숭이는 스스로 원숭이임을 (세속의 물질계적 세상 속에 썩어가는 육신의) 인식하지 못한 채 종교를 폄하거나 비하하나

그것은 스스로 원숭이임을 인식하지도 못하고 눈에 보이지 않는 길을 찾는 종교를 멸시하는 원숭이의 망동이라는 것이다.

AD 2025 0617 이웅.

881. OM
OM

귀한 코끼리 찬가.

귀한 크샤트리아의 코끼리(고타마 싯다르타)

진리를 찾기 위해 출가하였네.

여자의 유방보다 고귀한 정신 더 귀해라.

귀한 코끼리는 출가하였네.

21c 사제는 그 길 따라가지 못해

세속에서 번뇌하나

귀한 코끼리의 귀한 길 우리에게 남아

물질계의 오색찬란 속에서

어둠에 빛을 밝힌다.

AD 2025 0617 이웅 올림.(선배를 기리며.)

882. OM
OM

부처연구.

부처가 하느님(창조주)을 강조하시지는 않은 것 같다.

나는 그 점을 부정적으로 지적하기도 했다.(존재의 필연에서.)

이슬람에서 알라(절대자)를 놓고 숭배하는 것과 불교는 확실히 상반된다.

뭐 민간신앙에서 부처님(현자이자 같은 인간)에게 기도를 하는 것들도 목격된다.

부처의 가르침에서 유의미한 것을 성찰하자면, 팔정도를 들 수 있다.

팔정도는 正道를 의미한다. 세속적 기로에서 우리가 탈선의 유혹에 빠질 때

부처의 가르침은 일종의 마음의 법이자 등불이리라.

부처를 따르는 이는 정도의 길을 걷는 것을 선재해야 하리라.

AD 2025 0617 이웅.

883. OM
OM

세속과 종교에 관해.

앞서 나는 지극한 물질계적 삶에 사로잡혀 정신을 등한시하는 이들을 비판했다.

그러나 하늘은 천성을 내신 것이다.

자유분방하고 놀기 좋아하는 영혼에게 삭발하라고 할 수는 없는 것이다.

여기서 부처의 가르침은 인류를 포괄하지 못하는 한계를 또 가지는 것이다.

섹스를 좋아하고 남자를 좋아하고 하는 그들의 삶은 그들이 하늘로부터 부여받은 본성이고

그들의 천성인 것이다.

그런 그들에게 자신의 천성을 부정하고 경건하고 거룩한 삶을 추구하라는 것은 맞지 않는 옷을 입히려는 시도와 같은 것이다.

적어도 하느님은 모든 지구적 생명체를 창조하셨다. 동물들도 인간들도 그분이 창조하셨다.

우리 인간은 보다 지구에서 특수성을 부여받지만, 하늘이 적어도 육신적 쾌락주의를 처벌하시지는 않을 것 같다.

그는 우리의 신체를 만드셨고 리비도를 부여했다. (성적 욕망 식욕 등등을)

우리는 그분의 창조섭리에 갇혀 있다. 혹자는(부처는) 그것을 극복하려 했고 혹자들은(많은 젊은 남녀) 그것을 따라가는 것이다.

무엇이 신에게로 가는 길인가?

부처의 길만이 금욕과 정도만이 신에게 가는 길이라고 나는 생각하지 않는다.

세속의 영혼들 또한 하느님께서 창조하셨고 그들이 섹스를 좋아하고 먹는 것을 좋아하고 살아가는 것을 신을 결단코 정죄하지 않으신다.

세속의 영혼들 (종교에서 멀어진 영혼들) 또한, 하느님께 진실된 기도를 한다면 어찌 버림받으랴?

종교적 엄숙함과 금욕은 일종의 인간의 상징같이 되어있다.

그곳에서 성적 얘기는 엄금되며 (물론 뒤에서 성적 발현들이 나타나지만-성도

간의 섹스나 사제와 성도 간의 섹스)

적어도 겉으로는 경건한 모습들을 추구하고는 있다.

그러나 인간은 인간인 것이다. 원숭이는 원숭이인 것이다.

인간은 종교란 거룩의 깃발을 들면서도 리비도(섹스, 돈, 권력)같은 그 인간의 본성에서 결코 벗어날 수 없는 종이라는 것이다.

그렇기에 두 발 달린 동물인 인간이 종교적 순결함과 종교적 성스러움의 길을 찾는 것은 애초에 불가능에 가까웠다는 것이다.(AD 2025 0617 이웅.)

그것은 우리 인간에게 신화의 선악과보다 더욱 더한 저주일 수 있다.

말은 말인 것처럼, 말은 달리고 인간을 태우고 하는 동물인 것처럼…

인간 또한 마찬가지였던 것이다.

우리는 우리가 논할 수 없는 것(성스러움 경건함)을 논했고

그것은 비유하자면 원숭이가 고상한 수학을 하려는 것과 비슷했던 것이다.

그것이 우리 인간의 한계였다.(나 역시… 벗어날 수 없는 적어도 죽음까지는…)

적어도 우리는 우리가 닿을 수 없는 것(성스러운 경건함)에 지나치게 매몰될 것이 없는 것이다.

아무도 보이지 않는 곳에서 배설을 하는 종인 우리 인간은 우리 인간이었던 것이다.

그것이 팔정도를 찾든 HOlY SPIRIT을 찾든…

우리는 하늘이 부여한 우리의 천성에서 적어도 육신 안에서는 벗어날 수 없는 것이다.

그렇기에 혹자는 육신을 감옥이라고도 비유했던 것이다.

AD 2025 0617 이웅.

884. OM

OM

성자의 일루션.

종교는 성자적 깃발을 들 수 있다.

특히 미화된 교주 예수나 부처 마호메트는 이런 신화 속에 싸여있다.

그들도 배설하는 동물이고 성적 욕망이 필연적으로 일어나게 설계된 하느님의 피조물이다.

이것은 인지하라.(AD 2025 0617 이웅.)

범부(보통 인간)가 1.2 정도라면 그들은 1.4에서 크게 벗어나지 않는 것이다.(그들이 어떤 종교를 추구했든.)

특히 민간종교에서는 이런 일루션(환상)을 사제에게 씌운다.

사제는 경건할 거라는 믿음은 그대의 거짓이다.

사제들 어떤 종교든 또한 배설하는 같은 동물이다.

AD 2025 0617 이웅.

885. OM

OM

세속과 종교에 관해 3

가끔 픽션에서 종교적 일탈행위들을 그린다.

사람들 앞에서는 경건한 삶을 살며

뒤에서 각종 비행을 삼는 이들을.

이것은 일종의 현실을 반영한 픽션이다.

어찌 현실에 그런 일이 없으랴.

그것은 인간이 인간이라는 점을 증명하는 것이다.

그것은 인간이 신이라는 그들의 허상을 좇으며 거짓의 신화(예수)에 매몰되어 있으나

결국 그들이 배설하는 인간이라는 점을 증명하는 것이다.(돈과 권력 여자-남자를 찾는)

AD 2025 0617 이웅.

886. OM
OM

종교무관론.

인간이 적어도 종교와 신에 대해 관심을 가진다면

신께서는 특정 종교를 편애하시고(이스라엘을 우대하시고)

불교를 정죄하시지는 않는다는 나의 학설이다.

각 종교는 각 종교의 길이 있다.

나는 지극히 유대계열에 비판적이었는데 그들의 종교제국주의를 싫어했기 때문이다.

AD 2025 0617 이웅.

887. OM
OM

무신론에 관하여.

신은 없다는 생각이다. 신은 계신다. 우리가 알지 못할 뿐.

종교에 있는 이도 신을 믿지 못할 것이다.

그분은 베일에 가려져 있는 분…

우리는 해석에 있어서 신께서 무신론자를 벌하시는가? 나는 확답으로 아니라고 할 것이다.

무신론에 대한 처벌론(이슬람 기독교 유대교)은 지극히 종교적 망령이 만든 괴물이다.

신을 믿지 않으면 지옥에 간다거나 하는 괴담은 당연 거짓이다.

하느님은 무신론자를 처벌하시지 않는다. 그것은 하늘의 넓음과 높음에서 나오는 결론이다.

AD 2025 0617 이웅.

888. OM
OM

베다에 나오는 신성한 사제들.

AGNI라는 신이 등장한다. (리그베다)

낮은 이족보행의 인간이라는 동물이, 전 우주의 가장 높은 존재에 직접 닿기 어렵다.

그렇기에 우리는 중간의 사제나 천사의 인도를 받아야 하는 영혼이다.

사제는 꼭 육신의 사제에 국한되지 않는다.

나는 육신의 사제를 매우 부정적으로 보고 있다. (그것은 나의 생각이다.)

AGNI는 신적 사제이다. 육신의 사제가 아니다. 아마 고차원의 영혼일 것이다.

AGNI(신적 사제에 대한 숭배)가 리그베다의 찬가이다.

우리 인간이 직접적으로 하느님을 만날 수 있을까?

보통인간은 어렵다고 본다.

(d, ww asw. w dwd cwwf… wdE qr ttse. qe ttg qgf.)

889. OM

OM

앙그리마이뉴.

우주의 위대한 어둠에게 부탁한다.

지구인들의 만행으로 삶이 파탄나고 극심한 고통에 처했다.

심지어 지옥을 경험하는 괴로움과 그 극심함은 이루 말할 수 없었다.

OM 앙그리마이뉴.

위대한 어둠의 영이여 지구에서 내게 죄를 지은 자들의 영혼을 취하라.

그들의 잔은 영원히 불타는 지옥이니, 결단코 용서없이 그들을 처단하라.

OM 위대한 창조주의 사제의 이름으로 어둠의 신들에게 부탁한다.

AD 2025 0617 이웅.

OM

Angrimainyu.

I beg of the great darkness of the universe.

The misdeeds of the Earthlings have ruined their lives and caused them extreme suffering.

Even the suffering and extremes of experiencing hell were indescribable.

OM Angrimainyu.

Great spirit of darkness, take the souls of those who have sinned against me on Earth.

Their cup is eternal burning hell, so punish them without mercy.

OM I beg of the gods of darkness in the name of the priest of the great Creator.

AD 2025 0617 Lee Woong.

890. OM
OM

앙그리마이뉴.

우주의 위대한 악이여 절대악이여 당신을 부르노라.

지구상의 망령된 죄인들이 하늘 높은 줄 모르고 법(정의가) 무서운 줄 모르고

참람된 천인공노할 만행을 저질렀다.

옴 앙그리마이뉴

우주의 절대악이여

지구에서 죄를 지은 영혼들을 데려가라. 그 게하나의 지옥의 밑바닥으로.

적어도 창조주의 사제에게 범한 죄들은 영원한 죄이다. 영원히 용서받을 수 없는 죄이다.

옴 앙그리마이뉴 위대한 절대악이여 간절히 호소하나니

내게(창조주의 사제에게) 죄를 지은 자들을 영원히 처단하라. (그의 구원자들도)

In the name of OM(Preist of OM) Lee woong AD 2025 0617.

891. OM
옴

창조주께 읍소함.

분하다… 태어나서부터 수난을 당하고 자살을 세 번했는데 누구도 처단하지도 않고 누구도 구제해 주지도 않는다.

옴…

하늘을 위한 길 정의를 위한 길을 걸으려 했건만 어찌 이리 당신의 사제를 두는가.

옴 위대한 창조주여 당신께 호소하노라.

AD 2025 0617 창조주의 사제 이웅 올림.

892. OM
OM.

퇴마의식.

퇴마행위 마귀를 쫓는 의식이 종교적으로 계속되어 왔다.

기독교의 신약경에서 예수는 마귀들을 쫓았다고 한다.

(진위 여부가 의심된다.)

나 역시 마귀를 체험했는데 극히 사악하고 악의적이다.

인간이 인간에게 하는 악행과 상당히 유사하다.

그것보다 더 잔인하고 악랄하다.

마귀는 어떻게 쫓는가?

1. 신적 영체에게 기도하는 경우(관세음보살이나 관우 미트라)

2. 악의 화신에게 부탁하는 경우.

3. 정의나 법적 영혼에게 호소하는 경우

4. 천사에게 부탁하는 경우

등 다양하다.

예수의 경우 효과가 있는가? 나 같은 경우는 악령을 체험했는데 예수(유대인의 교주)의 경우 효과가 없었다.

아직도 교회에서는 퇴마의식 같은 게 행해진다.(주로 개신교에서 흔하다.)

그러나 일반인이 퇴마를 할 수 없다.

세속에는 전문적 퇴마사도 보이나, 요즘 세상에는 효과가 있나 의문스럽다.

무당들의 경우 굿을 하는 것 같다.

그러나 이런 전문적 영 전문가들은 신빙성이 없다.

스스로 기도하는 방법을 추천한다.(주변 지인들이 합심해서 기도하거나.)

뭐 정말 지극정성이라면 창조주(OM)의 직접행위 또한 볼 수도 있다.(극히 희박할 듯 하다.)

AD 2025 0617 이웅(무명의 사제 남김.)

893. OM
OM

퇴마의식 2.

신약성서에서 예수의 경우 퇴마의 직접적 효과를 얻었다.

신약성서에서 악령들은 예수를 두려워했고 예수는 분명 지옥에 대해 논했다.(신약성서에서)

예수의 말이 완전 거짓은 아니라고 생각한다.

실례로 나는 지옥을 경험했고 그 끔찍함은 상상 이상이었다.

탈무드 산헤드린 법정의 기록에 예수가 나오는데, 그는 기적을 행하기 위해 스스로의 살갗을 잘랐다고 기록되어 있다.

어찌 되었든 유대인 신흥종교인 예수란 자가 종교적 주술 등을 행했음을 알 수 있는 대목이다.

기독교인들은 악령에 민감하다.

그리고 기독교인들은 악령을 적으로 인식한다.

예수의 이름을 의지하여 악령을 쫓으려는 시도가 다수 교회(주로 개신교회)에서 포착된다.

그러나 성공률이 낮은 것 같다.

악령이 실존하는가? 질문한다면 당연히 존재한다.

인류는 고대로부터 악령을 쫓는 의식을 행했다. (불교에서도 있다.)

현대가 되고 영혼에 대한 관념이 사라지면서 악령도 허구로 치부되지만

악령은 실존한다.

현대의 무지한 물질과학으로는 악령을 쫓을 수 없다.

악령은 물질계의 하자가 아니라 영적 작용이기 때문이다.

정신과에서 사용하는 약물 같은 것으로 악령을 퇴치할 수 없다.-그러나 진정제적 작용은 분명히 하는 듯하다.

아무튼 악령 역시도 종교의 영역이라면 사제의 영역이다.

퇴마행위는.

정신병으로 불리는 악령행위는 인간의 정신작용이 영적 공격에 노출될 수 있음을 시사한다.

예전에 정신병에 있어서 병인론(병의 원인을 논하는 론)에 악령과 퇴마가 등장

했다.

현대(21c)에 와서 없어졌지만 나는 직접 악령을 체험했고 그것은 정신병을 유발한다.

현대에 흔한 질병인 조현병이라 불리는 정신병의 일과도, 환청과 망상 와해된 지각 등을 환자들이 나타나는데

이는 뇌의 질환이 아닌 영적 현상일 확률이 높다.

단지 뇌의 에러로 환청이나 환시가 나타나는 것이 아니라, 영혼의 차원의 일로 환청과 환시가 등장할 수 있다는 것이다.

우리는 물질적 단계의 도움(약물을 통한 진정작용)과 영적 차원의 도움(기도행위)이 모두 필요하다고 본다.

아무튼 나는 사제이기에 영적 차원의 방법론을 남길 뿐이다.

신약성서에서 마귀 들린 여자가 나오는데 예수는 기도 외에는 방법이 없다고 말했다.(신약성서 참조.)

나 역시도 확실히 기도행위 아니면 나약한 인간이 극복하기 어려울 것 같다.

그러나 구원자가 나타날 확률은 매우 낮은 것 같다.

스스로 기도하는 방법을 추천하고 주변 지인들이나 종교적 사제의 도움을 받기를 바란다.

하느님이라 불리는 창조주(OM)의 신성한 성호를 남겨둔다.

꼭 창조주가 아니더라도 죽은 조상, 영웅, 인류가 믿어왔던 신들(관세음보살 예수 부처)에 대한 기도는 도움이 될 것이다.

사실 암 같은 경우는 십중팔구 죽는다.

아니타 무르자니라는 신성이 개입한 치유의 기적사례가 하나 있지만(dying to be me)

극히 일어나기 힘든 구원의 기적이다.

영적 차원도 마찬가지로 해석된다.

기도하는 수밖에 없다.

유대경의 경전이나 예수의 언어(신약성서)가 정신적 도움이 된다면 행하라.

그러나 많은 효과를 얻지는 못할 것이다. 그것은 진실이다.(나 역시도 20대 시절 체험했다.)

AD 2025 0617 이웅.

894. OM
OM

인간의 존엄성.

한국 헌법 제10조에는 인간의 존엄성이 나타나 있다.

우리는 이 조문을 지키지 못하고 있다.

왜 인간이 존엄한가?라고 질문한다면

우리는 그 근거를 법학이 아닌 신학에서 찾아야 한다.

하느님께서 인간(지구의 모든 생명체)을 만드셨기에 그 피조물은 존엄성을 부여받는다.

라는 정의적 명제를 우리는 도출할 수 있다.

우리는 확장적 의식으로 지구상의 모든 피조물을 신께서 만드신 것이라는 것을 인식해야 할 것이다.

모든 인간이 이 인식을 체화한다면 지구는 유토피아(이상사회)가 될 것이다.

그러나 갈 길은 멀다.

나는 한 명의 신학자이자 법학자로서 이 철학을 남겨놓는다.

AD 2025 0618 이웅 씀.

895. OM
TO OM(하느님)

교회에서 성상에 숭배를 하지 못하게 금지했던 역사가 있었습니다.

이는 유대경에 근거한 행위라고 보입니다.

확실히 잘 조각된 성상은 시각적이고 신앙적 효과를 유발합니다.

특히 성물(십자가나 부적) 등은 인간에게 적어도 심리적 안정감을 유발합니다.

고로 성상숭배금지는 틀렸다, 저는 말씀드립니다.(자유의 종교.AD 2025)

옴-하느님

유대인의 종교는 확실히 다른 민족의 종교와 다르게 진보된 측면이 있습니다.

다른 민족들은 주로 보이는 성상에 숭배를 해왔다면

유대인은 보이지 않는 신을 숭배해 왔던 것이죠.(유대경 참조)

사실 진리적 접근으로 하느님은 눈에 보이지 않습니다.(전술했습니다.)

인간의 육안에 포착될 존재가 아니라 이거죠.

쉽게 비유를 들면 전 우주를 눈으로 어떻게 보겠습니까?

하느님은 전 우주보다 큰 분입니다. 결코 육안에 잡힐 분이 아니죠.

그러나 여호와(알라)가 창조주인가 하고 보기에는 여호와는 진보되고 강력한 신이었지만

창조주라고 보기에는 격하된 모습을 보입니다.

질투(Qunna)하기도 하고, 이스라엘의 특정 선택행위는 창조주의 불편부당함에 맞지 않습니다.

또한 인간을 아끼지 않는 적어도 경에서 이루어진 대학살은 창조주의 도덕론성 차원과 확실히 배치됩니다.

고로 저는 야훼와 유대인을 탄핵했고(법정에 선 성경, 이웅 저) 그 기조를 이어가고 있습니다.

알라 역시 절대적 측면을 보여주지만 강권적 폭권은 인간에게는 우상입니다.(AD 2025 0618 이웅)

진정한 신을 만난 이븐알렉산더의 수기(Proof of heaven)는 우리에게 도움을 줍니다.

하느님은 자비로웠고 친절했습니다. 그는 권위적 모습을 보여주지 않았죠.(Proof of heaven)

아무튼 적어도 우리가 피라미드적 세상(3차원의 상 하 횡의 세상에서)에 살며 신을 권력적 측면으로 인식하게 된 건 사실입니다.

사실 인류가 계속 그래왔듯 권력적 통치는 세속에서도 종교에서도 이어져 왔으니까 말입니다.

그러나 우리의 인식이 적어도 신을 인식함에 있어서 의식의 범위를 넓힌다면,

통제하거나 율법적 구속을 하거나 하는 신들은 모두 우상이 되어 버립니다.(야훼 알라, 예수)

고로 우리는 자유적 의식으로 세속적 종교적 굴레에서 벗어난 자유의 신앙을 가져야 한다는 것이 저의 주요 논지입니다.(AD 2025 0618 자유의 종교 이웅.)

896. OM
옴

신께 바친 예배, 조용히 땅에 묻혀 있네.

그러나 그는 보셨으리.

지구에서도 신의 잔을 마신다면

나는 하늘을 찬송하리라.

897. OM
OM

절대악을 찾아서.

조로아스터는 재미있는 이야기를 남기고 떠났다.

그는 우주에 있는 악의 세력에 대한 이야기를 남겼다.

우리 휴먼도 선악에 대해 논하나 휴먼은 그리 극단적이지 않다.

조로아스터가 남긴 화두 앙그리마이뉴는 우주의 다른 차원에 있는 악의 세력에 대한 단서를 제시한다.

악이 왜 필요한가? 질문한다면 너무 난제일 것이다.

그러나 존재하는 악을 부정한다기보다는 학자적 연구, 그리고 소통이 필요하다고 본다.

앙그리마이뉴는 태초에 악을 선택한 영혼이라고 알려진다.(조로아스터)

확실히 우리 종교에서 선과 악의 대립구조는 종교에서 계속 이어져 왔다.

일종의 우주적 흐름과 관련이 되어 있을 거라고 나는 생각한다.

AD 2025 0618 이웅.

898. OM
OM

앙그리마이뉴.

우주의 위대한 악은 스스로의 의지로 악의 길을 걸었다.

그의 악은 숭고하고 지옥의 영원한 불처럼 불타고 있다.

창조주의 사제 이웅은 위대한 악에게 문안하노라.

금수보다 못한 무리가 진리와 신성을 더럽히고

무지몽매한 만행들을 질렀다.

위대한 악의 손길은 지구상의 무지한 인간들을 데려간다(데려가길 바라노라.)

그들의 무지의 만행은 그들의 존재 자체의 파멸이니라.

그들의 행위로 많은 인류가 피해를 보았고

진정한 어둠의 땅에 우상이 가린 땅에 하늘을 가린 이 땅에

그들의 행위로 지구에 들어올 수많은 영혼들의 길을 막으려 했다.

이 참람한 죄는 누구라도 용서할 수 없는 만행이었다.

옴 앙그리마이뉴 우주의 위대한 악이여 그대의 손길로 행하라.

존재자체의 파멸만이 무지의 동물에 대한 인과응보이리라.

AD 2025 0618 이웅

899. OM
옴

아나키시즘과 자유의 종교.

아나키시즘(무정부주의)는 진화된 최종단계 사회레짐입니다.

모든 법이 무효가 되고 모든 통치는 없어집니다. 모든 불의들도.

인간은 자유의 축복의 잔을 마십니다.

저는 아나키시즘을 종교에 접목시킵니다.

자유의 종교는 어떤 율법도 구속도 부정합니다. 인간의 의식은 자유에 도달합니다.

그러나 그 자유는 남용되지 않습니다. 타인의 권리를 존중하는 자유입니다.

그것이 이상적 인간의 자유의 길이고 신이 인간에게 주신 자유의지의 최종발현입니다.

고리타분한 신약성경의 율법 따위도 모두 사라집니다.

자유의식은 자유로우나 타인에게 피해가 가지 않습니다.

옴 21c 인류사회의 미개사회에서 저 역시 제약되어야 하는 것을 가지고 있으나

적어도 위대한 정신은 내밀의 의식의 영역에서의 자유를 그리는 바 입니다. 감사합니다.

AD 2025 0618 이웅

900. OM
OM.

조로아스터 연구 그리고 선과 악 자유의지 다르마.

조로아스터의 선과 악의 양분의 길은 심오한 우주의 원리를 그리고 있습니다.

인간의 자유의지와 일맥상통합니다.

"오 인간이여, 네가 들으라! 선과 악, 두 길이 있다. 너는 스스로의 판단으로 선택하라."
(Yasna 30.2)

인간이 극단적 갈등에 놓이는 경우가 많지는 않을 것이지만, 적어도 인간은 삶에 있어서

선택의 기로에 놓일 수 있습니다.

특히 비중이 높은 인간의 경우 더욱더 중요해집니다.

조로아스터의 가르침은 선과 악의 선택의 기로에 선 인간의 선택론을 제시하고 있습니다.

옴(하느님)

무언가 반감이 있었던 것입니다. 신은 사랑이라는 절대명제를 붙잡고 지구에서 만행을 한 이들과

함께 영생을 누리는 것은 정말 괴롭고도 싫은 일이었던 것입니다.

옴(하느님)

이것은 실제 경험입니다.

우주사랑론을 설파하며 만인구원설을 제시했던 아니타 무르자니의 책을 불태운 그날

제게 악마들과 지옥이 나타났습니다.

저는 그들만의 세상의 사랑에도 소속되고 싶지 않습니다.

지옥의 악마들과도 친할 수 없죠.

옴(하느님)

지옥과 위대한 악의 존재는 우주의 정의적 명제에 확실한 대답을 줍니다.

인간이 어떤 선택을 하든 용서하시고 받아주시는 하느님상은 우주의 절대악의 존재로 탄핵됩니다.

물론 하느님이 악과 투쟁을 하시거나 악을 멸하시는 분은 아닙니다.

선과 악은 우주의 흐름이며 피조된 영혼들이 만들어가는 이야기입니다.

옴(하느님)

앙그리마이뉴와 지옥은 법적 명제에 정의를 제시합니다.

지구상에서 죄와 악을 행하고도 잊어버린 채 살아가는 인간이라는 동물들에게

형법의 정의적 귀결을 보여줍니다.

그렇기에 악마들과 지옥은 법에 있어서 결코 없어서는 안 되는 존재다. 저는 이렇게 말씀을 드립니다.

감사합니다.

옴(하느님)

저는 신은 무한한 사랑이라는 명제로 만인구원설을 설파하는 이들을 지탄합니다. 이들은 무지몽매한 망상으로

선악을 넘는 창조주의 무한을 이해하지 못하고 그들의 망상대로 하나님상을 만들고 괜찮다고 안위합니다.

이런 무지한 인간의 동물이 믿음이라는 미명하에 그것을 붙들고 있으나 그들의 믿음은 부서질 겁니다.(OM TELA)

옴(하느님)

위대한 악은 정의의 핵심요소입니다. 무지한 인간이라는 동물은 사랑으로 통치할 수 없는 무도한 존재입니다.

그리고 저는 21c 지금 현실에서 그것을 철저히 통감하고 있습니다.

옴 앙그리마이뉴 우주의 위대한 악은 그의 의지로 인간에게 들어올 겁니다.

감사합니다.

AD 2025 0618 이웅

901. OM
태초에 악을 선택한 영혼이여

두 발 달린 짐승의 만행을 그대에게 고하노라.

불꽃 같은 악으로

잔인한 칼로

이곳의 짐승을 데려가라.

그대의 불꽃으로.

902. OM
TO OM

조로아스터의 착오와 이원론.

조로아스터는 위대한 영감으로 선과 악의 세력을 대별했다.

아후라 마즈다는 선한 신 앙그리 마이뉴는 악한 신으로…

그러나 그 역시 하느님을 격하시키지 않았는가?

나는 절대자적 일원론을 가지고 있다.

신(창조주)은 악을 창조했고 악과 대립관계에 있는 존재가 아니다.(AD 2025 이웅)

하느님이 선의 세력을 이끌고 악과 투쟁하는 격하된 신성은 탄핵된다.(AD 2025 이웅)

하느님은 절대자로, 악을 1초만에 없앨 수 있다.(OMnipotent)

그렇기에 하나님편은 선한 편 악마 편은 악한 편이라는 단순 이진법적 인간의 분류도 적어도 지구에서는 통용되지 않는다.(OM tela)

옴

요한계시록이라는 상상문서도 예수란 자의 심판과 승리를 그리고 있으나 이는 거짓입니다.

저는 예수 따위에게 경배하지 않습니다.

옴

아무튼 정리하면 조로아스터가 이야기했듯 하나님(AHURA MAZDA)는 선한 것의 근원

앙그라마이뉴는 악의 근원 이라는 단순 이진법 컴퓨터논리공식 따위는 진실이 아닙니다.

옴(OM) 은 모든 것의 근원. 선과 악도 그분에게서 나왔나니.(AD 2025 0618 이웅.)

903. OM
옴

칼뱅신학 재해석(은혜)

저는 유다즘에서 파생된 신학을 낮게 보지만, 그들이 성서를 넘지 못했기에

적어도 신학자들은 종교에 관계없는 연구를 행해야 할 것입니다.(AD 2025 이웅)

우리의 지성들이 경전에 구속되어, 성서를 들고 다니면 안됩니다. (OM 부디 인류의 지성을 여소서.)

아무튼 칼뱅은 신학자였고 그는 '은혜'를 통한 구원을 역설했습니다.

옴 인간은 다른 나라도 지구도 마음껏 여행할 수 없는 약한 종입니다.

이족보행하는 나신의 인간은 약한 종입니다.

그런 우리가 어떻게 스스로의 힘으로 천국으로 들어갈 수 있겠습니까?

그렇기에 칼뱅(선배)가 말씀하신 은혜를 통한 구원론은 종교여부와 상관없이 저 역시 동감합니다.

우리 인간이 스스로의 의지로 천상에 올라가기에는 불가능합니다.

그렇기에 우리는 반드시 구원자가 필요한 것이고 구원자는 한 교주에 수렴될 수 없습니다.(AD 2025 이웅)

옴 우리 인류 지성들이 성서나 코란의 고대의 경전에 매몰되지 않고 많은 신학적 발전을 하기를 바라겠습니다.

선대의 흔적은 '비판'도 되고 '참조'도 될 것입니다.

옴 거의 끝을 셀 수 없는 인류의 진보된 미래 속에 잊혀져 가는 종교 속에 미래를 위한 우리 후손을 위한 길을 저는 제시하고 싶습니다.

옴 하늘이시여 당신이 인류를 정말 사랑하신다면 이 어느 종교에도 소속되지 못한 자유의 지성이 가는 길을 보호하소서.(OM TELA)

AD 2025 0618 이웅

904. OM
옴

악의 득세와 선의 세력.

세속에서는 이해타산 빠르고 강력한 자들이 득세했다.

나 역시 그곳에 구속되었고 혼자 힘으로는 넘을 수 없었다.

선한 마음을 가진 이들은 낮은 계급에 머물렀고 힘도 지성도 용기도 없었다.

창조주는 이런 상태들을 알고 있다.

지구에서 선하지 못한 이들이 득세하는 것 역시도…

경전에 의하면 자유의지의 선물을 주기 위해 허용된 것이라고 한다.(Eben alexander)

아무튼 어느 신분 지위에 있든 양심과 선을 지킨다면 상승할 것이다.

반면 어느 신분 지위에 있든 무도한 행위를 한다면 악마를 만나리라.(AD 2025 0618 이웅.)

905. OM
OM

죽음 정의의 완성.

죽음은 인간영혼의 강력한 분기점이다.

그것은 100년 남짓한 인생에 대한 준엄한 결론이다.

우리는 우리의 행위에 책임을 져야 한다.

평생을 타해(남에게 악행)를 해놓고 죽을 때 영광의 천사를 만나는 일은 있어서도 안 되고 일어나지도 않을 것이다.

OM 앙그리 마이뉴.

나는 계속 제시했다. 어떤 신분이든 어떤 위치이든 선한 길을 걸으라고 사람들에게 설파했다.(AD 2025 0618 이웅.)

그것은 너희를 위한 길이다.

도덕론적 당위를 설파하는 것이 아닌 너희의 영혼을 보존하기 위한 일이다.(AD 2025 0618 이웅.)

OM 앙그리마이뉴 그대의 실력을 보이라. 어둠의 힘으로 정의를 완성하라.

OM 앙그리마이뉴 그들의 가족들이 그들의 보호자들이 그들을 지킨다 하더라도 OM 앙그리마이뉴 우주의 위대한 악이여 그대의 실력을 내게 보이라.

AD 2025 0618 이웅

906. OM
OM

베일에 가려진 천국.

사람들은 천국을 추상적으로 '믿는다'.

그러나 천국은 상상이상일 것이다.

그리고 그 천국은 한 곳이 아닐 것이다.(Multiple heaven loka-이웅)

우리는 추상적으로 '믿음으로' 천국을 이야기한다.

옴 또한 요한계시록의 천국은 무척 참람한 악서로 유대인을 숭배해야 하는 노예의 연속선상의 이스라엘의 천국이다. 이런 세계따위는 노예들의 잔치로 족하다.

옴 아무튼 천국은 베일에 가려져 있으며

그것은 양심과 정의 그리고 신을 향한 스스로의 의지로 갈 수 있는 곳이리라.

(AD 2025 0618 이웅.)

907. OM
OM

방덕찬가.

삼국지의 위나라의 무장 방덕은

그의 왕을 지킨다.

그의 뛰어난 용기와 무용에 경의를 표한다.

옴 벼락이 치면 쥐들은 놀라 달아난다.

옴 그리스도란 유대인의 교주는 십자가에 매달렸다.

옴 방덕 장군을 추모하노라. 그는 진정한 용사였고 남자였다.

AD 2025 0618 이웅

908. OM
자유의 사제는 바람처럼 머무네.

하늘의 검만이 사제를 지키리이다.

전능의 손길로 행하시리니,

부족함이 없게 하소서.

909. OM

OM

지옥회기

지옥을 경험한 것이 저의 의식 안에 어렴풋히 남아있습니다.

다시 경험해도 못 견딜 그런 곳…

짧지만 강력했던 영원의 지옥의 밑바닥…

그것은 초현실(Ultra-real)이었습니다.

옴 그곳을 걸을 때 나체였던 기억이 납니다.

물론 옷은 입고 있었지만 나신을 의식했습니다.

이 정도만 남기겠습니다.

AD 2025 0618 이웅

910. OM

옴

미트라교 연구.

예수는 약했다. 그는 원론적 도덕론만 설파하고 죽었다.(복음서는 300p도 안 된다.)

우리는 미트라를 재조명할 필요가 있다.

약해서 사랑 운운하며 십자가에 처형된 무능한 리더보다

강력한 힘과 지성으로 우주의 대국을 그리는 미트라란 신성은 확실히 매혹적이다.

옴

많은 군인 남자들이 미트라교에 들어갔다고 한다.

베다는 유대경보다 오래된 문헌이다.

옴

저 역시도 미트라의 신성을 몸에 새겼다.

옴

아쉽게 미트라교의 문헌은 존재하지 않는다.

그러나 뜻 있는 영혼은 그를 찾을진저…

AD 2025 0618 이웅.

911. OM
옴

신보론

창조주는 스스로를 이적으로 드러내기 꺼려하는 듯하다.

신풍이 불어 몽고군이 몰살하고

홍해가 갈라져서 이집트 군대가 빠져드는 일은

신화(만들어낸 이야기)로 족하다.

옴

진정한 신보는 예방이다. 나는 그렇게 생각한다. 또한 그렇게 말씀드린다.

옴

10대 소녀가 영혼과 만난 후 종교재판을 받고 불탔다.

신의 사랑과 보호도 그녀(잔다르크)의 죽음과 함께 불탔다.

적어도 지구에서 신이 잔다르크를 버린 것은 확실하다.(AD 2025 이웅.)

옴 들리는 이야기에 의하면 그녀는 십자가를 붙들었다고 한다.

AD 2025 0618 이웅.

912. OM
옴

네크로멘서 영혼을 부르는 자.

옴

네크로멘서는 소설속이나 게임 속에 등장합니다.(diablo-블리자드 참조.)

옴

1. 죽은 이들의 영혼이 소멸하지 않고 어딘가로 떠났다는 것은 진실입니다.(AD 2025 이웅.)-이것은 명제입니다.

옴

네크로멘서-영혼을 부르는 자는 충분히 가능합니다.(OM TELA)

AD 2025 0618 이웅.

913. OM
옴

전쟁과 신의 개입사례연구.

고대인들은 그들의 신들(deity)을 믿었다.

그리스의 아테나 포세이돈 등은 유적으로 우리에게 남아있다.

옴 트로이 전쟁은 종교적 신앙과 영웅들 그리고 군대가 충돌한 역사였다.

옴

쿠빌라이가 대군을 이끌고 일본열도를 갔을 때 겨울에 이례적인 태풍이 불었다.

몽고군은 전멸했다.

이 사례는 인류전쟁사에 이적이 개입한 '실제사례'로 우리에게 남아있다.

이스라엘인들이 그들의 신의 개입을 경으로 제시했으나 이는 신화이다.(지어낸 이야기이다.)

그러나 영적 차원의 강력한 존재들(인간보다 상위차원의 고차원의 존재들)이 인간사에 개입한다는 것은 기정사실(현실)로 보인다.

옴

관세음보살에 의한 구원과 그녀에 대한 이야기들이 아직도 남아있다.

내가 그 진위를 일일이 살피지는 못하지만 종교에서 믿어왔던 신들은 무한우주론상 충분히 실존하며 그들은 육신이 아닌 다른 차원의 영역에서 인간사에 개입할 수 있다는 실제적 연구명제를 나는 제시하는 것이다.

(AD 2025 0618 이웅.)

914. OM
OM

전쟁과 정당성에 관해(AD 2025 0618)

그것은 당신이 인간에게 준 본능이었다.

폭력을 수반한 인간의 행동은 남녀를 불문한 당신이 준 천성이다.

그러나 우리가 보다 정신적 법적 동물이라면

나는 창조주에게 말씀드린다.

힘이 강한 자가 남의 기존 행태를 침범하는 행위에 있어서

단지 당신이 두 명의 남자의 격투에서처럼 개입하지 않는다면

단지 자연상태의 집단투쟁이라면, 적어도 인간 세상에서 창조주의 법적 지위는 사라진다.

즉 신은 인간의 투쟁과 행태를 그것의 당부를 논하지 않는 자연상태의 포식상태로 치부한다면

적어도 창조주의 법적 신성은 우리에게 사라진다.

이웅 올림(AD 2025 0618 우크라이나 전시 상황에서 하느님께.)

915. OM
옴

미트라에게 드리는 기도문

미트라의 아름다운 자태는 유적으로 남아있다.

단검을 든 미소년은 우리의 관심 밖이다.

오래된 신은 위대한 경전에 남아 인간의 마음에서 사라졌다.

미트라는 법을 중시하고 군대(수많은 별을 이끄는) 신성이다.

미트라여 나는 정의를 원한다.

십자가에 매달려 무력하게 하느님께 자신을 버린 것을 원망하는 시편 기도문을 암송하는 교주가 아니라

강력하고 빛나는 정의적 무력을 원한다.

(AD 2025 0618 이웅.)

916. OM
OM Mitra.

TO MITRA 당신이 정의를 안다면 우크라이나 전쟁에 개입해 주십시오.

부탁합니다.

AD 2025 0618.

TO OM

공권력이 부당침략전쟁에 가담하여 자국 병사들을 보냈다. 전장에…

옴은 법을 모르지 않는가?

AD 2025 0618 이웅.

917. OM
OM

아테나.

여신은 전쟁의 지휘자였다.

여신의 인도는 용사의 창을 인도했고

적의 목에 꽂혔다.

옴

아테나

우크라이나를 도와주소서.

그들이 주권을 지킬 수 있게 하소서.

옴

아테나.

918. OM
옴

아킬레스.

그리스의 위대한 전사 아킬레스는 전쟁 참가 전에 신탁(예언)을 듣는다.

참가하면 불멸의 용사로 기억되지만 반드시 전사한다.

반면 참전 안 하면 가족들과 평안히 산다.

후자를 선택한 아킬레스는 미친 척을 한다.

지장 오디세우스는 아킬레스의 참전을 권유하기 위해 방문하고

미친 척 소를 모는 아킬레스 앞에 아이를 놓는다.

아킬레스는 아슬아슬하게 스쳐간다.

오디세우스는 아킬레스를 설득하고 아킬레스는 트로이전쟁에 참가한다.

위대한 여신 아테나는 아킬레스를 보호했다.

그가 파리스의 화살에 맞아 신탁대로 전사하기까지…

AD 2025 0618 이웅.

옴

우리는 영웅들과 신들 간의 소통에 있어서, 신학적 해석을 할 필요가 있다.

옴

고려의 건국자 왕건은 그의 훈요 10조에 대사(大事)를 위해서는 부처의 도움이 필요하다고 밝혔다.

옴

인간의 중대사는 신들의 도움과 개입이 필요한 부분을 지적하지 않을 수 없다.

후대는 깨달을진저.(AD 2025 이웅.)

AD 2025 0618 이웅 올림.

919. OM

OM

Athena.

지혜의 여신은 잊혀졌으나 그녀의 불꽃은 인간에게 남아있다.

창조주의 사제는 잊혀진 여신을 찾았고

그녀의 영수를 왼팔에 새겼다.

부당한 힘이 득세하고 민중들은 이에 복종한다.

여신의 불꽃은 정의의 이름과 함께 부활한다.

그녀가 가는 길에 승리 있으라.

AD 2025 0618 이웅 올림.

OM

Athena.

The goddess of wisdom is forgotten, but her flame remains in humanity.

The priest of the Creator sought out the forgotten goddess,

and tattooed her spirit on his left arm.

Unjust power gains power, and the people obey it.

The flame of the goddess is resurrected in the name of justice.

May there be victory on her path.

AD 2025 0618 Lee Woong.

920. OM
TO OM(Creator)

잊혀진 종교 잊혀진 신들.

인간은 유대인 종교바이러스에 잠식당했다.

각종 인류가 전해 내려왔던 유산은 사라져간다.

인디언의 기도문도…

그리스의 찬란한 문명도

이집트의 오랜 신앙도

사라져간다.

유대인 바이러스가 인간을 좀먹고

괴상한 사형도구(십자가)가 거리를 밝힌다.

옴…

AD 2025 0618 이웅.

921. OM
OM

구원의 공식.

A란 관념이 있다고 가정합니다.

A란 명제는-예수를 믿는 자는 '구원을(천국을) 얻는다'입니다.

그런데 A란 명제가 사실이 아니라면,

현실은 ~A(A가 아닌 것이 현실입니다.)

옴 기독교 구원공식(예수를 믿으면 구원을 얻는다가 거짓이면) ~A

옴 기독교인들은 (천국에 가지 못합니다.) ~A가 현실로 발생합니다.

AD 2025 0618 이웅

(옴 기독교 교주사기는-부활사기는 거짓입니다.-고로 기독교인들은 천국에 가지 못합니다.)

AD 2025 0618 이웅 씀.

922. OM
OM

참람한 자들이 유대인 교주를 내세워 종교사기를 행했다.

차라리 이슬람은 우상이나마 창조하신 하나님을 믿는다는 점에서

이슬람이 기독교보다 낫다.

삼위일체는 배변하는 인간이 넘어서는 안 되는 선이었다.

기독교는 신성모독을 한 아주 지극한 사교이다.-사악한 종교이다.

AD 2025 0618 이웅.

923. OM
OM

신보론.

옴(하느님)

고려는 불교국가였습니다.

그들은 팔만대장경이라며 소중히 여겼죠.

몽고가 대군을 이끌고 고려를 침략했을 때

고려인은 그들의 신앙(부처신앙)으로 몽고군을 격퇴하려 했습니다.

고려의 절들은 불탔습니다.

우여곡절 끝에 고려가 항복하고 나라는 보전해 내긴 했습니다.

AD 2025 0618 이웅.

924. OM
OM

지옥과 sex

지옥과 성적 타락과 완전 무관하지 않습니다.

세상에서는 어둠 속에서 많은 성적 일탈행위(부부관계에서 벗어나는 행위)들이 일어나고 있습니다.

사제는 그것을 정죄하지는 않습니다만,

데빌의 영역에 성(Sex)의 영역과 밀접히 관련되어 있습니다.

큰 성기나 큰 유방 등등은 섹스 심볼의 상징입니다.

아무튼 인간은 동물보다 더 난잡한 성교를 하는 동물입니다.

아무튼 지옥과 성적 타락은 상관관계(연관성이) 있습니다.

상기하십시오.

인간의 내밀한 영역(성행위의 욕구 과거 경험 등을 공격하는 영혼-devil의 존재를 저는 체험했습니다.)

AD 2025 0618 이웅.

(창조주는 정죄하지 않습니다. 그는 연민을 가지고 계실 겁니다. 인간에게.-뭐 성적일탈이든 뭐든.)

925. OM

OM

hell gate(지옥의 문이 열렸다.) AD 2021…

누구도 막을 수 없는 문…

법의 정신은 고군분투했으나 막을 수 없는 문…

옴

제갈량이 목숨을 늘려달라고 기도했으나 이뤄지지 않는 오장원의 기도…

죽음… 끝 그리고 새로운 시작.

AD 2025 0618 이웅.

926. OM

OM

창조주께 사제는 기도한다.

존엄사청구권(존엄하게 죽게 해달라고…)

옴

죽음이 온다… 후대들이여 그대들이 이 글을 읽는가?

AD 2025 우크라이나 전쟁이 발생하고 세계 각지에서 분쟁이 일어난다.

사제는 조용히 종교를 연구하며 글을 남긴다.

OM TELA.

후대들이여 작은 노고가 남아 신을 향하고 미래를 밝히라.

AD 2025 0618 이웅.

927. OM
OM

천기와 오장원의 기도.

자연의 거대한 운행을 미약한 인간이 바꿀 수 없듯

역사의 수레바퀴도 한 인간이 바꿀 수 없다.

그것은 기도로도 바꿀 수 없었다.

하늘의 섭리는 잔잔한 대자연처럼 흘러간다.

오장원의 기도는 메아리친다.

AD 2025 0618 이웅.

928. OM
OM

신을 향한 믿음.

후대들이여 신을 향한 믿음은

죽은 자가 살아났다는 따위가 아니다.

대우주가 그의 섭리대로 운행된다는 것.

우리는 작은 미물이라는 것.

그것이 신을 향한 작은 믿음이다.

AD 2025 0618 이웅.

929. OM
OM

지구상에서 진실된 사랑을 찾으라. 그것이 어디에 있든.

자유의 사제 편 마침 AD 2025 0618.

930. OM
OM(하느님)

자유의 사제를 마치며 2

저의 마지막 순간을 그려보았습니다.

독방에 혼자 침대에 누워 눈을 감는 그 순간을…

그 순간에 누가 가장 보고 싶냐고 제게 질문하신다면

저를 창조하신 하느님(OM)이 가장 보고 싶다고 말씀드릴 것입니다.

하느님

자유의 사제를 모두 집필했습니다.

이 세상에 완전한 책은 없습니다.

그러나 19년을 종교를 연구한 저의 작은 노력이 결실이 되어

지구상에 남았으면 좋겠습니다.

부족함은 모두 제 탓으로 돌리시고

오직 무한의 하늘과 그 하늘을 향한 인간의 노력만 남게 하소서.

이 책을 위대하신 창조주(OM)께 바칩니다.

AD 2025 0619 이웅

931. OM
옴

구원론.

자유의 사제는 끝나지 않았다.

아직 지구에 종교는 할 일이 더 있었다.

위대한 옴이여 저의 번복을 양해하시고

더 써내려 갑니다.

옴

인류는 시각의 감옥에 갇혀있다.

눈에 보이는 것만이 현실이라고 믿는 망상에 갇혀있다.

옴

그렇기에 인간은 영혼이나 다른 세상을 모르고 혹은 부정하는 것이다.

옴

영혼이나 다른 차원은 믿음의 영역이 아니다. 앎의 영역이다.(AD 2025 이웅)

옴

하늘의 자비는 끝이 없다. 그를 만나는 것이 죽어서 얻는 당연절차라 생각 마라.

우주의 최고 존재는 아무나 만나주지 않을 것 같다.(AD 2025 사견)

옴

신이 그리 만만했던가?

죽은 교주 따위를 믿으면 하느님에게로 갈 수 있는가? 나는 아니라고 본다.

옴

예수도 요상한 말을 하긴 했다. 죄와 사망에서 놓인 자유인이라고…(자신을 따르는 자들을.)

옴

그러나 예수 따위가 나를 구원할 수 없다.

AD 2025 0619 이웅.

옴

예수의 노예로 기독교인들과 요한계시록 천국 가느니 지옥의 악마들과 검을 들겠다.(AD 2025 이웅.)

932. OM
OM

dream theory.

이 세상은 일종의 꿈과 같다는 가설을 제시할 수 있다.

즉 우리가 현실이라고 믿는 것이 사실상은 꿈속 상태라는 것이다.

우리가 사는 세상은 우리에게는 현실이지만, 다른 차원의 관점에서 보면 꿈속 세상과 유사하다는 이론이다.

AD 2025 0619 이웅.

OM

실존도 이론.

우리는 천국과 지옥을 살핌에 있어서 차원의 실존도를 고찰해야 한다.

역설적으로 우리에게 믿음의 대상인 천국이

지상의 삶보다 실존도가 높다.

즉 천국이 더 지상의 삶보다 현실이라는 것이다.

우리는 기준점을 지구의 삶에 두기에, 천국을 어렴풋한 죽음 뒤의 세계로 인식

하지만

천국이 더 실존도가 높다.

우리는 죽음 후에 천국 혹은 지옥에 간다면 그 세상이 더 이곳보다 현실이라는 것이다.

AD 2025 0619 이웅.

933. OM
OM

인간의 본질에 관해서.

우리는 주로 육신의 인간을 그 인간이라 규정짓지만

인간의 본질은 영혼이다.

이 영혼은 육신의 죽음과 동시에 소멸하지 않는다.

죽음은 영혼과 육신이 분리되는 과정이다.

우리의 본체는 Spirit(영혼)이라고 생각하면 된다.

이 영혼이 육신의 옷을 입고 있는 것.

AD 2025 0619 이웅.

934. OM
OM

인류의 지성적 진보를 위하여.

우리는 우리차원 안의 지식에 갇혀있다.

우리의 세상만을 보고

우리의 세상 안의 학문을 한다.

이것이 우리 인간의 한계이다.

그러나 종교란 것이 초월적 실체와

그에 대한 신앙을 다룬다면

우리의 지구의 학문은 더 이상 종교에 대해 답할 수 없게 되었다.

눈으로 관찰 실험을 하는 과학 따위로는 더 이상 종교에 해법을 줄 수 없게 되었다.

우리는 우물 안 개구리 적 삶에서 벗어나기 위한 노력을 해야 한다.

이제는 기존의 서적과 학문이 답하지 못하는 길로 우리는 가야 한다.

그것은 우리의 뇌를 벗어난 의식의 차원의 행위여야 한다.

눈에 구속된 인간에게 있어서 종교는 장님이 문고리를 찾는 것과 유사하다.

옴 나는 종교에 있어서 영혼의 차원에 대한 길을 걸으라고 설파하고 싶다.

측정하고 분류하고 계산하고 하는 것은 과학의 영역에 맡기고

우리는 육안을 벗어난 실재의 세상에 대한 탐구를 종교의 영역에서 해야 하는 것이다.

그리고 실재의 세상은 결단코 '믿음'의 영역이 아니다.

실재의 세상은 '앎'의 영역인 것이다.

우리는 각자 기도와 명상 그리고 연구를 통해 각기 종교의 길을 걸어가야 하는 숙명을 가지고 있다.

AD 2025 0619 이웅.

935. OM

OM

무한우주론.

나는 무한우주론을 확립했다.

우주는 문자 그대로 무한하다.

이곳의 피조물은 인간 범위를 넘는 엄청난 존재들의 향연이다.

신의 창조는 지구와 인간에 국한된 단순한 창조가 아니었다.

종교의 영역에서도 우리는 천국과 지옥 환생이 아닌 더 넓은 범위를 그려야 한다.

옴

무한우주론을 한 마디로 요약하면 우주에는 '없는 것이 없다.'라는 것으로 요약된다.

각종 기상천외한 일들이 우리를 기다리고 있을 것이다.

그리고 우리에게 주어진 시간은 '영원이다'.

탄생은 신의 축복이라고밖에 말할 수 없다.

적어도 모든 우주가 내가 인식할 수 있는 모든 우주가 신의 창조인 것은 확실하니 말이다.

AD 2025 0619 이웅.

936. OM
OM(하느님)

인간과 신.

우리 인간은 약한 동물입니다.

우리는 각종 위험 속에서 공포를 느끼고

결코 혼자서는 살 수 없는 동물이죠.(자급자족이 불가능한.)

이런 인간의 삶에 신을 배제한 삶은 과연 구원을 얻을 수 있을까 하는 회의가 듭니다.

종교는 신에 대한 인간의 청원이고

아직 연약하고 미숙한 인간에게 지구상의 삶에 있어서 신을 믿는 것.

그것은 우리에게 필요한 일입니다.

AD 2025 0619 이웅.

937. OM

OM

외롭다 아무도 없구나…

가족도 나를 버려두었다.

옴 오직 하늘만이 나의 어머니요 옴 오직 하늘만이 나의 친구오니,

부디 자유의 사제가 가는길에 함께하소서.

옴

보이지 않으나 계시며

들리지 않으나 계신 분이여

옴 자유의 사제와 함께하소서.

부디 지구상의 여정을 무사히 마칠 수 있게 하소서.

옴 기도하나이다.

AD 2025 0619 이웅.

938. OM

OM

우리가 병에 걸렸다고 합시다.

의사에게 갔는데 불치병입니다.

그러면 우리 인간은 죽게 되죠.

우리는 일차적으로 인간에게 도움을 청합니다.

저 역시 그랬습니다.

그러나 인간은 도울 의지가 많이 없고

설령 도울 의지가 있어도 '능력'이 안 됩니다.

옴

그렇기에 인간의 구원은 인간이 이룰 수 없는 것입니다.

옴

오직 창조주만이 인간을 궁극적으로 구원할 수 있다고 말합니다.

AD 2025 0619 이웅

939. OM

OM(하느님)

자유의 사제.

이슬람 사람들은 마호메트는 신의 사자이다를 암송합니다.

기독교인들도 Jesus를 연호하죠.

불교도인도 부처님상에 절합니다.

옴

자유의 사제는 혼자왔다 혼자 떠나오나

하나만 하느님께 부탁드리고 싶습니다.

적어도 하늘을 찾았고 하늘을 전한 사제의 position은 내게 주시라고…

AD 2025 0619 이웅 올림.

940. OM
OM

슬프다.

하늘은 인간에게 사랑을 논했지만,

그것은 우리가 이룰 수 없는 것을…

삼삼오오 모여 사는 인간 속에

하늘이 설파한 사랑은 자리잡을 수 없었다.

옴

지구에 천상의 사랑은 자리매김할 수 없었다.

옴

적어도 구원이 사랑에 있다면 혈혈단신인 사제는 누구를 사랑해야 하는가?

옴

당신에게 나의 아픔을 올리오니, 창조주의 무한의 손길이 사제와 함께하리라.

AD 2025 0619 이웅

941. OM
OM

경건.

저는 20대 초반에는 경건한 종교생활을 했으나,

그후에 쾌락적 삶을 살았습니다.

수없이 기도했지만 고통은 계속되었고

삶은 밑바닥을 맴돌았죠.

뭐 신께서 기도하시면 다 들어주는 분이 아니란 것을 확실히 확인했습니다.

옴 그러나 지구안의 인간은 하늘을 찾습니다.

저 역시 인간이기에 신의 수드라가 아니기에 신에 대한 복종(이슬람) 따위를 하지 않습니다.

옴 당신의 은혜와 선물이 사제에게 임하길 바라겠습니다.

옴 적어도 신을 찾았고 사람들에게 진실을 알리려 했고, 공익(공공의 선)을 추구했다면,

그리고 지구를 뒤덮은 거짓된 망령(기독교 진화론 이슬람)과 다투었다면, 그 가치는 확실히 '하늘'로부터 보상받아야 하지 않겠습니까?

옴 '모르는 분'들의 저에 대한 이야기는 차치하고

옴 저는 '하느님이 주시는 선물'을 받고 싶습니다.

옴 단지 사랑으로 황홀한 세상에 인도하여 안주하게 하지 마십시오.

옴 꿈을 넘는 fiction을 넘는 장대한 신의 섭리를 제게 주십시오.

옴 그래서 저는 이 길을 걸어갑니다.

옴 무한이여 영원히 찾아도 찾을 수 없는 분이여…

옴 자유의 사제에게 축복을…

옴 인류에게 작은 선물을.

AD 2025 0619 이웅

942. OM
OM

검은 진화한다. 검은 무한하다.

옴 신의 검은 조악한 인류의 기술을 무너뜨린다.

옴 혈풍류.

오 옴이여 애애고자심 천지기인기.

옴이여 저의 검에 신이 바람을 주소서.

오 옴이여 무너지는 삶에 작은 버팀목은 당신의 성호나니….

943. OM
OM

하늘을 찾았으나 무심한 하늘은 내 영혼을 어둠에 던졌네.

유대인의 경전은 거짓명제가 되었고

차가운 방안 속 신의 보호는 없었더라.

옴 애애고자심 천지기인기

옴 사제에게 십자가를 지우시고

옴은 사제를 버려두었도다.

옴 미물이 기도하나니, 이제부터라도 하늘의 신보를 내려주소서.

옴 감사합니다.

AD 2025 0619 이웅.

944. OM
OM

욥기(유대경)는 신화입니다.

인간이 신과 연계시켜서 각색한 이야기이죠.

옴 욥의 기도가 마음에 듭니다.

"주신 이도 하느님이오, 거두신 이도 하느님이시니 오직 하느님의 이름이 찬송 받으소서."

옴 야훼를 하느님으로 치환했습니다.(AD 2025 이웅)

AD 2025 0619 이웅

945. OM
OM

종교개혁의 실패.

확실히 마르틴 루터, 칼뱅 당시의 교황은 타락했습니다.

적어도 신앙과 돈을 연계시켜 민중들로부터 착취를 행한 것은 사실입니다.

그러나 불꽃 같은 의의 개혁은 21c 지금 저는 뒤 세대에서 바라봅니다.

각종 교회들이 난립하고, 정제되지 않은 신에 대한 망상을 쏟아내는

질서 없는 종교를 바라봅니다.

통제되지 않은 채 남에게 민폐를 끼치는, 행위 역시 바라봅니다.

옴 결과적으로 종교개혁은 실패했다…

그렇게 말씀드립니다.(AD 2025)

옴 진실을 말하자면 민중은 무식하기에 신학을 제대로 할 수 없습니다.

옴 사제가 필요합니다. 민중들을 지도하려면…

AD 2025 0619 이웅 올림.

946. OM
OM

유대인은 미신이 있었습니다.

안식일에 일을 하지 않는다거나,

돼지고기가 불결하다거나(이슬람에 이어졌습니다.)

이런 것은 유대인들의 미신입니다.

인간은 잡식성 동물이고 고기섭취는 필연적입니다.

적어도 신 쪽에서 인간의 음식에 관여할 이유가 전혀 없습니다.

안식일도 마찬가지입니다.

이런 미신은 신의 이름을 빙자해서 인간이 만들어낸 망령입니다.

분명 자각하십시오.

그리고 이제는 폐기됨이 마땅하다고 봅니다. 유대기독경의 신화가.

AD 2025 0619 이웅

947. OM
OM

창조.

하느님께서는 오묘한 섭리로 자연물(우리 인간 포함)을 창조하셨습니다.

21c 과학은 자연을 해부했고 신께서 설정하신 심오한 원리들을 조금이나마 발견해 가고 있습니다.

하느님께서 푸른 별 지구와 인간을 창조하신 것은 사실입니다.

그러나 유대경은 엄청난 거짓을 우리에게 전했습니다.

우리 인간이 신의 형상이 아니라, 무수히 많은 우주 종의 한 종이라는 것을 그들은 몰랐습니다.

우리 인간은 격하되면 거의 벌레에 가까운 무지의 종이라는 것을 우리는 자각해야 합니다.

신께서는 무수히 많은 우주 종족을 만드셨고 인간도 그중 하나라 이겁니다. 지구행성조차 못 벗어나는(AD 2025)

신께서 어떻게 창조를 행하셨는가.

이것은 우리 인간 지성의 범위를 넘어서는 미스테리입니다.

결코 알 수 없고 잡스러운 과학이론(AD2025) 따위가 논할 대상이 아닙니다.

자연의 오묘함은 신의 창조를 증언하고 있고 앞으로도 그럴 겁니다.

AD 2025 0619 이웅.

948. OM
OM

지구적 고통과 하느님의 책임에 관해.

신은 인간의 모든 problem에서 면죄부를 지지 못한다.(사제의 생각 AD 2025 이웅)

적어도 우리 행성을 창조한 신은 완전한 면죄부를 지지 못하며 일정 부분 지구의 문제들에 대해 책임을 진다고 생각한다.(AD 2025 이웅.)

949. OM

OM

믿음의 딜레마.

사이비 유대기독이슬람을 접한 사람은 '믿음의 딜레마에 빠진다'.

분명 불가능한 일인데, 자연법칙상 오류인데(암이 낫거나, 칼로 절단된 팔이 붙거나.)

그 불가능의 거짓을 신의 이름으로 믿어야 하는 악몽에 시달린다.

이것은 내가 '믿음의 딜레마'라 이름 붙였다.

유대인과 그 아류가 퍼트린 악몽이 계속 지구를 배회하고 있다.

자연법칙에 위배되는 일은 거의 일어나지 않는다.

신이라는 미명하에 거짓을 믿지 말라.

AD 2025 0619 이웅.

950. OM

OM

창조 2

유대미신은 원죄론을 말했다.

유대미신 창세기에 나오는 신은 거짓된 신이다.(YHWH)

결코 과일 따위를 먹는다고 신의 영역에 도달할 수 없다.

그리고 생명나무를 막고 영생을 막는 쪼잔한 신(YHWH)은 탄핵된다.

신은 적어도 영혼의 영속성(죽음 너머로 이어지는 영속성)을 우리에게 주었다.

그러니 사이비 교주(예수) 따위가 영생을 줄 수 있는 게 아니다.

신의 인류창조는 미스테리고, 우리가 죄를 지어 육신에 갇힌 것은 아니다.

OM

마니는 지극한 영적주의자로 육신을 폄하하고, 채식을 했던 것 같습니다.

그러나 육체 하느님이 창조하신 것 맞습니다.

그것만 알면 됩니다. 육신을 하느님이 창조하셨다고.

AD 2025 0619 이웅.

951. OM
OM

옴(하느님께 직접 말합니다.)

하느님의 사랑성(요한 1서)은 일견 들으면 선해 보입니다.

그리고 신을 만났다던 21c(Nde체험자들도 대동소이한 소리를 합니다.)

그러나 지구적 현실은 결코 신의 사랑 안에 있지 않습니다.

우리가 밥을 먹고 건강하게 살아가는 것이 사랑이라면 사랑이지

적어도 하느님의 사랑과 임재가 있는 풍요의 행성은 결코 아닙니다.

신의 사랑을 추구하는 것을 막지는 않습니다만,

신은 사랑이기에 무한의 신뢰를 신에게 바친다면,

처참히 죽어갈 때 그 영혼은 믿음을 버릴 것입니다.

알아서 생각하십시오.

AD 2025 0619

옴

덧붙이면 신은 무한의 신비이며

단지 사랑 따위로 포섭할 존재가 아닙니다.(AD 2025 0619 이웅 남김.)

952. OM

OM

기독교 이슬람교 탄핵론.

1. 유대교는 거짓의 경전이다.

2. 이 전제사실이 거짓이기에, 그에 기반해서 쌓은 모든 탑도 거짓이다.

3. 고로 유대교 기독교 이슬람교는 탄핵된다.

AD 2025 0619 이웅 남김.

953. OM

OM

미래의 인류의 후손들에게.

먼저 고대의 미신 따위를 다루는 점을 미안하게 생각합니다.

그러나 21c 현실은 미신 종교가 가린 이두운 지구의 현실을 반영합니다.

그래서 저의 글도 미신탄핵에 주로 중점이 가 있습니다.

미래의 인류의 후손은 진보된 정신으로 기술로 살아갈 것입니다.

하느님이 창조한 지구 속에서.

AD 2025 0619 이웅.

954. OM

OM

지옥영혼.

나는 지옥영혼을 실제로 목격했다.

그들은 예전에 죽은 인간들이었다.

그들은 마치 홀로그램같이 눈에 보였다.

한 3m 정도 떨어져 있었는데 괴이한 행위를 하고 있었다.

나는 six sense로 그들이 죽은 조선 기독교인임을 알았다.

나는 밝힌다.

기독교는 지옥과 관련된 종교이다.(사교이다.)

AD 2025 0619 이웅.

955. OM
OM

신을 찬양하는 것은 영혼의 곡조이다.

각자 알아서 발견하길 바란다.

AD 2025 0619 이웅.

956. OM
OM

사제와 사람

사제는 신을 섬기는 사람입니다.

경제능력이 주로 없죠.

세상에 완전 무상은 없기에

사제에 대한 보수는 인간(성도)이 주로 지급합니다.

옴

타락한 종교는 신의 미명하에 사람들에게 돈 노동력 등을 착취합니다.

유대미신에는 심지어 아들을 바치는 끔찍한 만행이 믿음이라는 미명하에 전파되었습니다.(유대경 아브라함)

옴

아무튼 사제가 성도를 진심으로 아끼고 이끌고,(종교를 불문하고)

성도가 물질적 반대급부를 지급하는 것은 당연지사입니다.

사제는 신에게 바치는 헌금이라는 치환이 아닌, 자신의 사제비용지불이라고 생각하십시오.

AD 2025 0619 이웅.

(옴

그리고 후대는 교황의 면죄부판매-돈을 내면 좋은 사후세상에 갈 수 있다는-를 기억하십시오.

이런 행위는 계속 있을 것입니다.)

AD 2025 0619 이웅.

957. OM
OM

구원론.

인간은 스스로의 힘으로 천국에 갈 수 없다.

인간에게는 필연적으로 구원자가 필요하다.

ANGEL(천사)라 불리는 천상의 영혼들은 인간의 구원자가 될 것이다.

나 역시 세밀한 것은 모른다.

그러나 그들이 존재한다는 것은 안다.

인간의 영혼이 ANGEL에게 기도하고 의탁하는 것 중요하다.

AD 2025 0619 이웅.

958. OM
OM

영혼과 기도

이븐 알렉산더는 뇌가 파괴된 상태에서 기적적으로 소생했다.

나는 그와 동시대에 살고 있으며 의학적 진실이다.(AD 2025)

이븐 알렉산더는 육체에서 영혼이 벗어나는 체험을 했는데

천국에 올라갔다가 내려왔다.

그의 영혼이 하강하는 과정에서 인간들이 그를 위해 기도하는 장면을 목격했다.

(영의 눈으로)

지구상의 기도는(종교를 불문하고) 결코 무용하지 않다.

AD 2025 0619 이웅.

959. OM
OM

선해이해론.

제가 창안한 신학학설입니다.

인간이 진실되게 신과 진리를 찾았다면

그 성공여부를 불문하고

진정한 신은 은혜를 베푼다는 저의 신학학설입니다.

(선해이해론)

AD 2025 0619 이웅.

960. OM
OM(하느님)

구원론에 관하여.

우리는 이제는 하느님이 계신 것을 '알고' 그분께 의뢰하는 수밖에 없습니다.

기도는 개인적인 것을 추천합니다.

(나는 믿지 않는다, 다만 알 뿐이다-칼 융)

옴

융은 신이 계신 것을 알았나 보다.

AD 2025 0619.

961. OM
OM

신학의 다양성에 관해.

옴 지금 신학은 성서에 갇힌 신학입니다.

우리 인류는 성서를 벗어난 신학을 해야 합니다.

감사합니다.

옴 우리 인류는 종교를 벗어난 신학을 해야 합니다.

AD 2025 0619 이웅.

962. OM
OM

감사.

하느님께 감사합니다.

존재는 축복이었나니…

삶의 고초 많았으나

나는 감사합니다.

지구에서 삶을 주신 하느님께 감사를…

미안합니다. 너무 다른 세상만 봐서…

AD 2025 0619 이웅.

963. OM
OM

마호메트 비판.

그는 절대자를 믿었다. 그것은 분명해 보인다.

그러나 그는 유대경의 하자를 계승했다.

현존하는 종교 중에는 가장 진보된 종교(AD 2025)라고 생각한다.

아무튼 마호메트는 유대경의 야훼를 넘지 못했고 그 하자는 승계된다.

탄핵된다.

AD 2025 0620 이웅

964. OM
OM

유대신화에 의하면 대천사 루시퍼는 야훼에 대항해 반란을 일으킨다.

나 역시 야훼와 10년 이상을 다퉜다.

야훼는 인간의 신의 자격이 없다.

인간은 종교의 자유를 향유한다.

이를 침범한 유대의 망령은 정의의 이름하에 침몰하리라.

AD 2025 0620 Rucifer.

965. OM
TO 야훼

상식이 상식이 되는 세상을 나는 원할 뿐이다.

966. OM
OM

가정과 종교

옴 우리는 집단적 예배방식에서 탈피하여

가정단위 예배를 구상할 필요가 있다.

내가 관찰한 결과 가정이야말로

인류의 결속과 사랑의 핵심이며

가장 긴밀한 집단단위이다.

아버지 어머니 그리고 자녀들로 이루어진 가정은

각기 가정단위에서 하느님을 예배하는 것이 좋다고 본다.

부부가 합심하여 기도하고 자녀에게 하느님께서 계심과 그분을 향해야 한다는 것을 가르치는 것이 좋다.

물론 모든 가정이 경건하진 못할 것이다.

그러나 나는 집단적 종교집회보다는

가장 긴밀한 사랑을 공유하는 가정단위 예배를 제시하는 것이다.

AD 2025 0620 자유의 사제.

967. OM
OM.

종교는 연약하다.

늘 사랑 평화 운운하며 살아간다.

나는 개인적으로 위나라 시대의 전설적인 무장 관우 장군에게 기도했다.

인간의 영혼은 죽음과 함께 사라지지 않는다.

우리는 조상이 되었든(먼저 떠난 아버지, 어머니든)

영웅이 되었든 그들에게 기도를 통해 지구에서의 삶의 역경을 이겨나갈 수 있다.

실례오 아니타 무르자니의 경우 영체들이 자신 주변에서 자신을 지키고 있다고 회고한 바 있다.

AD 2025 0620 이웅.

968. OM
OM

신풍찬가

일본의 검의 바람은 일본열도를 지켰다.

쿠빌라이의 대군은 수장되었다.

무사의 혼은 사라지지 않고

신의 바람을 부른다.

AD 2025 0620 자유의 사제.

969. OM
OM

이슬람은 유일절대신 신학을 확립했다.

아마 모세의 십계에 근거해 보인다.

"알라는 자신에게 '쉬르크'하는 것을 용서하지 않으시며…"
Qur'an 4:48

여기서 쉬르크란 다른 영체에게 하는 기도다.

역시 마호메트도 틀렸던 것이다…

유대의 전통을 이은 종교는 사이비의 망동이다.

먼 하느님보다 가까운 인간이 나을 수도 있다.

다리가 부러졌으면 의사가 더 직접적이다.

기도 역시 마찬가지다.

다른 영체의 존재나 고차원의 개입도 충분히 가능하기에

마호메트의 우상배격론은 탄핵되는 것이다.

 그리고 상식적으로 우주의 가장 높은 존재가 직접 실력 행사하는 경우는 매우 드물다.(사견 AD 2025 이웅)

970. OM

OM

이슬람의 알라 연구.

확실히 이슬람의 알라는 창조주적 위치에서 절대성을 향유한다.

우리는 신학에 있어서 이를 부정하기 어렵다.

"그는 알라, 유일하신 분이시다. 알라는 영원하시고 의존하지 않으신 분이다. 낳지도 않고, 낳음도 당하지 않으며, 그와 견줄 이는 아무도 없다."
- 수라 알-이클라스(Qur'an 112:1-4)

AD 2025 0620 이웅.

그러나 마호메트가 창조주를 완전히 이해했는가?

그것은 아닐 것이다.

AD 2025 0620 이웅.

971. OM

OM

영혼과 육체에 관한 소고

앞서서 나는 영혼의 차원과 육체에 대해 잠깐 논했다.

흔히 정신문명을 진보시키면 육체는 폄하된다.

마니교나 부처의 경우 육체를 등한시했다.

부처는 금욕을 하다가 중도를 깨달았다고 한다.

나는 지구상에서 육체를 부정하는 것은 옳은 방법이 아니라고 생각한다.

점점 정신이 진보할수록 육체는 천시되나 더 정신이 선을 향해 나아가면 육체를 포용하리라.(AD 2025 이웅)

육체 역시 복잡한 메커니즘을 가진 하느님의 피조상태다.

우리는 우리의 본질이 영혼이라는 것을 선지해야 한다.

확실히 육체는 유한한 반면 영혼은 죽음 이후에도 지속된다.(AD 2025 이웅.)

"ἡ ψυχὴ καθαρωτάτη ἐστιν, ὅταν αὕτη αὐτὴ καθ᾽ αὑτὴν γένηται χωρὶς τοῦ σώματος…"
"영혼은 육체로부터 분리되어 스스로 존재할 때 가장 순수하다…"

위 구절은 플라톤의 구절이라고 합니다. 맞는 말일 수도 있고 아닐 수도 있습니다.

지구상에 살면서 육신과 영혼의 분리는 사실상 불가능합니다.(특별한 영적 체험이 아니면…)

예수의 경우 하나님은 영이니 영과 진리로 예배하라고 말씀하셨다.(신약성경)

하느님이 육체는 아니나 우리와 같은 본질인 영혼 또한 아니다.(AD 2025 이웅.)

972. OM
OM

종교와 진보에 관하여.

예수는 경에서 스스로를 독점적 중개인으로 묘사했다.(요한복음)

마호메트도 마지막 예언자라 한다.

마니도 대동소이했다.

우리의 종교는 진보되어야 하지, 스스로에게 그런 칭호를 붙이는 것은 옳지 않다.

선대의 유산을 잘 계승해서 우리는 진보된 신학체계를 가져가야 한다.

특히 교주 중심의 집합체계가 되어 서로를 등한시하는 것은 어리석다.(AD 2025 이웅.)

불교의 금욕철학이 욕망으로 물든 세상에서 빛을 발하는 것이다.(AD 2025 이웅.)

이슬람의 알라의 절대성은 창조주에 대한 한 표현이다.(AD 2025 이웅.)

973. OM
OM

주술에 관해.

영혼을 써서 물질계에 개입하는 모든 행위로 나는 정의한다.(AD 2025 이웅.)

주술은 이슬람 사람들은 못하는 것이다. 그저 카바신전에 엎드리는 그들의 낮음이다.

영체를 쓰는 주술은 주문과 함께 지금도 전래된다.

영혼을 써서 물질계적 목적을 달성하는 것은 하느님에 대한 기도와 다르다.(AD 2025)

이웅 2025 0620.

974. OM
TO Mitra

인류가 숭배해 왔으나 잊혀진 군신이여

우크라이나 전쟁에서 우크라이나 전쟁이 승리하게 도와주소서.

정의는 불법적 침공을 탄핵하며

우크라이나 주권을 보존하길 원하고 있습니다.

인류가 숭배한 잊혀진 군신이여 전쟁에 개입하소서.

AD 2025 0620 이웅.

975. OM
OM

거짓의 세상에서 하느님께 구원을 청합니다.

976. OM
OM

저주.

인간의 인간에 대한 사랑을 잃은 영혼은 영원히 배회할 것이다.

결코 신을 만나지 못하리라.

AD 2025 0622 이웅.

977. OM
OM

전능의 창조주여

삼가 비오니 남은 삶은 평안히 살게 하소서.

기도하는 것이 낙이오니 부디 어여삐 여겨주소서.

전능의 하느님께 감히 기도하나이다.

978. OM
옴

전능하신 창조주여 일전에 드린 기도를 기억하소서.

부디 무한의 자비를 브라운에게 베푸소서.

천국에 있을 것을 믿고 기도하나니…

979. OM
옴

무한의 은총을 베풀어 주소서. 감사합니다.

980. OM

OM

전지전능하신 창조주여

오직 당신만을 의지하오니

은혜 많이 주옵소서.

981. OM

옴

상상할 수 없이 높으신 하느님

겸손한 마음으로 낮은 마음으로 기도합니다.

부디 자비를 부디 은혜를 내려주소서.

감사합니다.

982. OM

TO OM

휴머니즘

인간의 인간을 위한 인간의 공동체

AD 2025 0623 이웅 올림.

983. OM

TO OM(하느님)

조로아스터가 맞는 것 같습니다.

아흐리만이 지옥을 다스리는 것 같습니다…

OM은 우주 최상부에서 사랑을 행하시는 것 같습니다.

OM 구원하실 거라 믿습니다. OM

984. OM
TO OM(하느님께)

옴

자유의 사제-불신지옥

지구상에 불신지옥이라는 말이 있습니다. 코란에도 기독경에도 하느님을 믿지 않으면 지옥에 간다고 나와 있습니다.

저는 그 말이 불합리하다고 생각했습니다.

많은 양민들은 지능이 안 되거나 종교가 맞지 않아 하느님을 믿지 않을 수도 있습니다.

그런 그들에게 모두 지옥형을 내리는 것은 부당하다는 생각입니다.

하느님!

그러나 불신자들(신은 없다고 믿는 자들)은 매우 위험한 상황에 놓여 있습니다.

저는 지옥을 체험했고, 그 지옥은 제 의식 안에 있습니다.

영원한 멸망의 땅은 오금을 저리게 하는 악몽입니다.(현실입니다.)

옴

지옥의 실존을 체험하고 사람들에게 알릴 의무가 있는지는 모르겠습니다.

그러나 저의 체험이 우리 인간에게 도움이 된다면, 지구에 들어오고 나가야 할 많은 영혼들을 위해 도움이 된다면

저는 글로 남기겠습니다.

Om tela.

옴 정리하자면, 무신론자들(신은 없다)라고 믿는 자들은 매우 위험한 상황에 놓여있다는 것입니다.

그들의 영혼은 신의 보호를 받지 못할 수도 있습니다.

제가 지옥을 체험해 본 결과, 인간의 힘으로 벗어나기 어렵고

신성한 창조주나 천사의 도움이나 신성한 신들의 도움이 꼭 필요하다고 남기는 바입니다. 감사합니다.

AD 2025 0623 이웅

985. OM

OM

종교와 경제적 동기에 관하여.

다른 사람들은 금전적 이득을 위해 종교를 창설하기도 합니다.

그러나 하느님 저는 저서를 남기고 떠납니다.

저서 안에 진실에 남아 사람들에게 전해져서 사람들이 하느님의 존재와

천국(아직 경험해 보지 못했지만) 그리고 지옥(제가 경험한 초현실)의 존재를 아는 것은

그들의 영혼에 축복이라고 생각합니다.

믿지 않는 영혼에게 설득하거나 하고 싶지 않습니다.

물질주의 과학과 다투고 싶지도 않습니다.(영혼과 사후를 부정하는)

저는 담담히 제 저서에 남길 뿐입니다.

옴

신의 인도를 받는 영혼이 제 책을 읽게 하시고, 비단 조선뿐 아니라 세계인들이 제 책을 읽고

하느님의 존재와 천국과 지옥 천사와 악마 그리고 선과 악에 대해 생각할 수 있는 계기가 되길 바랍니다.

옴

저의 체험은 특정 소수를 위한 체험이 아니고, 지구에 들어오고 나가야 할 많은 영혼들을 위한 체험이오니,

옴

사람들이 지구상에서 지옥의 존재를 '알고'(혹은 믿고) 선한 삶을 살길 바라는 마음에서 이 글을 남깁니다.

옴

글로 남겨 세상 전체에 알리겠사오니 옴이 저의 글을 소유하소서. 감사합니다.

AD 2025 0624 이웅 남김.

986. OM

OM

조로아스터교 재조명.

조로아스터는 절대악 앙그라마이뉴에 대해 남겼다.

지옥을 체험해 본 결과 절대악의 존재가 확실시된다.

그 공포와 절망은 엄청나다.

OM tela(하느님 신성한 보호를!)

우리는 조로아스터교를 재조명할 필요가 있다.

우주가 선과 악의 대립으로 흘러간다는 그의 신학 학설은

내가 체험한 지옥과 매우 유사하다.

AD 2025 0624 이웅

987. OM
OM

악과 지옥의 존재에 관하여.

옴(하느님)

저의 체험이 왜 일어났는지는 모르겠습니다.

그러나 저는 흔치 않게 지구상에서 지옥을 체험한 육신 안의 영혼 중의 한 명 입니다.

부디 이 글이 오래 가게 하시고, 지구상에 살면서

윤리적 결정을 해야 하는 영혼들에게 꼭 선과 정의 그리고 빛과 진리를 찾기를 바라는 마음에서

이 글을 남깁니다.

옴 신께서는 자유의지를 부여하셨고, 자유의지의 남용으로 악을 선택한 영혼은

앙그리 마이뉴(절대악)에게 맡기신 듯합니다.

옴 텔라.(옴 신성한 보호를)

옴 저의 지옥체험이 지구상에서 삶을 시작하는 영혼들에게 읽히게 하시고,

종교와 신앙의 여부를 떠나서 하느님을 찾고 선한 길을 선택하는 마음으로 이 글을 세상에 공개합니다. 감사합니다.

AD 2025 0624 이웅

988. OM
OM

자유의 사제 출판하려고 합니다.

저는 지구상의 종교들을 살펴보았고,

각기 장점과 단점이 있음을 알았습니다.

신약성서에서 사람이 예배보다 귀하다는 예수님의 구절은 좋은 인본주의입니다.

쾌락과 돈의 욕망에 빠진 자본주의 시대에(2025) 부처님의 소탈함은 우리에게 등대입니다.

절대적인 알라(하느님)만을 섬기는 그들은 우주 최고존엄에 대한 신앙입니다.

우리 인간은 종교적 대립을 떠나서 각기 신앙을 공유하고 함께 나아가는,

그런 인류의 길을 걸어야 한다고 생각합니다.

우리 인류는 강제개종, 인두세, 종교전쟁 등의 아픔을 가지고 살아왔습니다.

옴

그러나 우리 인류(human)가 우리의 정신문명을 공유하며 서로 상호 발전해 나가고

또한 새로운 신념과 사상들이 등장하는 그런 지구적 종교정신문명의 미래를 꿈꿉니다.

옴이여 저의 글을 축복하시고 많은 인류에게 도움이 되게 하소서.

그것으로 저는 선과 정의를 따랐나니 하느님을 찬송합니다.

AD 2025 0624 이웅

989. OM
OM

현대과학의 맹점에 관하여.

현대과학은 유물론적 정신의학 심리학으로

인간의 본질인 영혼과 의식을 부정하는 만행을 저질렀다.

그들은 뇌가 인간이라고 믿으며 하느님께서 창조하신 반쪽짜리

유한의 물질로 인간의 본질을 폄하했다.

나는 이에 대해 남기며, 무지한 과학을 지탄하고 비난한다.

절대역을 넘는 육안의 범위를 넘는 six sense에 대해 무지한 그들은

우리의 본질인 영혼이 없다는 만행을 저지르고 있다.

읽는 자는 사고하라.

OM 하느님, 사람들을 가린 무지의 시대에

하느님을 향하고 영적인 체험을 한 자유의 사제가 있었다는 것을 기억해 주소서.

감사합니다.

AD 2025 0624 이웅

990. OM
OM

절대악(앙그리마이뉴)을 느낀다.

다리가 후들거리고 두렵다.

인간이 아니다.

앙그리마이뉴(절대악)는 인간이 아니다…

공포스럽다.

AD 2025 0624 이웅.

991. OM

OM

지구에서의 선택과 지옥에 관하여

옴 지옥영혼들이 느껴진다.

검은 악마들이…

이들은 정의적 수행을 한다고 생각한다.

창조주께서 우주에 필요 없는 것은 만들지 않으셨다.(이웅)

마찬가지로 지옥의 존재도 악을 선택한 영혼들

같은 동종 인간을 아프게 한 영혼들에게 당연한 귀결이다.

나는 합당하다고 생각한다.(지옥과 악마들의 존재가)

AD 2025 0624 이웅

992. OM

OM

설교문

이 글은 인간들에게 남기는 글입니다.

지옥은 못 견딜 영원의 악몽입니다.

저는 영원의 시간을 체험했습니다.

게헨나(지옥)을!!

부디 선한 선택을 하길 바랍니다.

저는 믿어달라고 하지 않습니다.(예수님처럼)

저는 협박하지도 않습니다.(마호메트처럼)

단지 진실을 말할 뿐입니다.

선택은 여러분의 몫입니다.

AD 2025 0624 이웅

993. OM
OM

로마서의 거짓에 관하여.

옴(하느님!)

로마서에는 예수가 부활했다는 것을 믿기만 하면 구원(천국)을 얻는다고 기록되어 있습니다.

그러나 저는 지옥에 들어갈 때 기독교인 2명을 보았습니다.(육안으로 보았습니다.)

그들은 구한 말쯤 죽은 기독교인이었습니다.

고로 예수를 믿기만 하면 구원을 받는다는 로마서의 공식은 거짓입니다.

감사합니다.

AD 2025 0624 이웅

994. OM
OM

고대종교복원운동.

OM(하느님)

단군조선의 홍익인간(널리 인간을 이롭게 하라)은 선한 계명입니다.

이렇듯 각 민족은 고유의 정신문명을 발달하여 왔습니다.

그러나 황소개구리 같은 이슬람 기독교 유대인에 의해

우리의 소중한 정신문명이 많이 잊혀졌습니다.

저는 개인적으로 인류가 믿어왔던 신들을 찾았고

그들의 신성을 몸에 새겼습니다.

(아테나 마아트 미트라, 아그니 등등)

옴

우리 인류는 우리 각 민족이 가져왔던 신앙들을 재조명하고

다시 복원하는 운동을 해야 할 것 같습니다.

이스라엘에 잠식당한 우리네 정신문명의 발전을 위해 기도합니다.

각기 민족이 가져왔던 신앙들의 복원운동을 여기에 남겨놓습니다.

(다른 민족이 읽으면 좋습니다.)

옴

AI가 조사한 인디언 신앙을 그대로 남깁니다.

대령(大靈, Great Spirit / Wakan Tanka / Gitche Manitou): 대부분의 부족에서 우주적 창조신이나 궁극적 존재를 신성시.
조상 숭배: 조상의 영혼이 지금도 공동체에 영향을 미친다고 믿음.
토템(Totem): 동물 형상을 통해 부족의 영적 정체성과 보호를 나타냄.

□ **기독교와의 충돌 및 융합**

19세기 이후 기독교 선교사들에 의해 인디언 종교는 억압당하고, 많은 부족이 강제로 개종당함.
그러나 일부는 전통 신앙을 유지하거나, 기독교와 융합된 형태(예: **네이티브 아메리칸 처치**에서 페요트 의식 활용)를 갖기도 함.

□ 현대의 흐름

1978년 미국 원주민 종교자유법(AIRFA)이 통과되면서 전통 의례가 보호되기 시작.

AD 2025 0624 이웅

옴

주석을 달면 우주적 창조신(궁극적 존재는) 우리를 창조하신 OM(하느님)이라고 생각합니다.

또한 조상의 영혼들도 사라지지 않고 인간계에 충분히 개입한다고 생각합니다.

또한 자연령들의 존재도 현실적이며 이들의 신앙은 아직도 가치가 높습니다.

옴

미래에는 많은 정신문명이 개발되고, 종교적 유산들이 재조명되어

Neo religion으로 재탄생하길 바랍니다. 감사합니다.

AD 2025 0624 이웅

995. OM
OM

Justice

범죄와 악을 속히 심판하소서.

AD 2025 0624 이웅

996. OM
OM

신의 사랑

종교에서는 신은 사랑이라고 합니다.

NDE에서 신을 만난 분들도 신이 우릴 사랑한다고 합니다.

저는 못 느끼겠고, 세상을 보면 그런 것 같지도 않습니다.

길에도, 뉴스에도…

AD 2025 0624 이웅 올림.

997. OM
OM

불교와 세속.

옴 세상은 예전이나 지금이나 지저분했나 보다.

옴 그래서 불교도들은 삭발한 채 절에 출가했나 보다…

옴 그래도 종교란 것이 세상을 향해 있다면,

완전히 등지는 것은 아니지 않는가?

옴 세상에 사는 자가 세상을 안 보면 되겠는가?

AD 2025 0624 이웅

998. OM
OM

믿음이라… 모르겠다. 정말 모르겠다.

옴 교회에서 믿으라는데 뭘 믿으란건가..

옴 그들은 망상이 가득하다. 신에 대한 망상이…

옴 그들은 헛된 것을 부여잡고 믿음이라 한다…

옴 허상의 신을 부여잡고 믿음이라 한다.

옴 예수가 잘못 가르쳐줬다.(경전에서…)

AD 2025 0624 이웅

999. OM
옴

하늘은 내게 지옥을 보여주셨네.

지옥을 보여주신 분께 감사하리…

세상 사람들 신이 없다 영혼이 없다 하지만

어찌 손바닥으로 하늘을 가리려는가..

OM tela

오직 옴께 충성하나니…

나의 아픈 마음도 하느님께 올려드리네.

1000. OM
옴

지옥체험과 정신의학.

지옥은 현실이었다.

그것은 단지 brain media로 만들 수 있는 범위 바깥이었다.

나는 영원의 시간을 체험했고, 영원한 멸망을 체험했다.

현대 정신의학이나 심리학은 유물론적 요소로 정신과 영혼을 부정하는 오류 속에 빠져있다.

나는 이 글에서 이 부분을 바로잡는다.

우리 인간은 뇌가 전부가 아니라 의식과 영혼을 가진 존재라는 것을…

나의 지옥체험은 좋은 유산이 될 것이다.

AD 2025 0627 이웅

1001. OM
OM

신의 바람은 자유의 사제의 검날에 임하네.

불꽃이 떨어지고 핏빛 바람이 불어온다.

원수들의 목은 떨어지고 정의의 깃발이 높이 들린다.

옴이여 행하소서. 당신의 자유의 사제에게 행하소서.

AD 2025 0627

1002. OM
옴

전능한 사랑의 신이여

어찌 불의에도 침묵하시나이까…

어찌 사랑의 바다에 정의를 던지시나이까

1003. OM
OM

옴은 카타콤에 나를 던졌네.

차가운 지하 속

기도는 허공을 때려.

하늘은 무심하게 나를 놓았다.

옴 텔라.

옴이여 당신을 부르나니

나의 신보론을 완성시키소서.

옴 텔라.

옴 기도하고 기도하나니 부디 들어주소서.

1004. OM
OM

옴은 사제의 기도를 카타콤에 던졌네.

나갈 길 없어 헤매는 영혼

하느님께 호소하네.

아픔을 잊지 못해 하늘을 향해 울어도

푸른 하늘은 무심해.

옴 텔라.

옴이여 나의 억울함을 풀어주소서.

옴이여 이제는 창조주의 전능의 손길로 지키소서.

1005. OM
매일 같이 찾아가는 길.

전능의 주권은 영웅을 향해 있다.

신의 바람이 불어와 영혼을 변화시키고

신의 검은 핏빛 바람을 부른다.

정의의 깃발이 올라가고, 악은 무릎 꿇고 패퇴된다.

OM TELA.

1006. OM

하늘을 향해 우는 작은 새

매번 노래하며 기도하네.

하늘은 비를 내리고

새는 날개를 핀 채

하늘을 향해 오른다.

AD 2025 0630 이웅.

1007. OM
OM

신성한 보호는 사제에게 임하길.

전능의 손길은 사제를 감싼다.

신의 바람 내려와 정의의 검을 드는 날.

혈풍(피의 바람)이 몰아친다.

AD 2025 0701 이웅

1008. OM
옴

찰나를 붙잡지만 그의 잔은 내게 멀도다.

하늘을 향해 기도하나, 응답은 없도다.

인간의 인과응보는 깊고 짙네.

벗어날 수 없어라.

옴 하늘을 향해 기도하고 앞으로 나아간다.

무엇을 먹을지 모르겠지만, 나는 앞으로 나아간다.

AD 2025 0705 이웅

1009. OM
옴

여자의 자립에 대해

여자는 종속적이다.

누군가에게 종속되어야 하는 생물학적 체계를 타고났다.

종교적 영역에서도 여자는 누구에도 종속된다.

그러나 신여성은 그래서는 안 된다.

하느님이 주신 자유의지로 만들어가는 종교적 이데아를 스스로 그려야 한다.

그것이 내가 제시하는 여성상이다.

남자에게 종속되고 사제에게 종속되어서는 안 된다.

오직 하느님만을 섬기고 자신의 의지를 스스로 관철시키는 신여성

그것이 우리의 종교에 필요하다.

오직 하느님만을 따르는 신여성이 우리에게는 필요하다.

AD 2025 0705 이웅

1010. OM

옴

하늘만을 섬기고 싶으나

경제가 발목을 잡네…

나는 누구의 것도 사취하지 않았으리…

옴이여 당신은 나의 곤궁함을 아시나니…

남들 보기 부끄러운 사제의 검소함도

신에게는 신성의 향기 나니,

부디 축복하소서.

적어도 제가 남에게 빌붙지는 않게 하소서.

AD 2025 0706

1011. OM

옴

나의 하느님, 나의 하느님

당신은 불가능이 없으시나이다.

경제생활로 고통받고 있으니,

부디 나의 옴이여 당신의 전능함을 펼치소서.

굶어 죽을지언정 남의 수드라는 못 하겠으니

그리 아시고 부디 하늘에서 많은 은혜를 베풀어 주소서.

오 옴이여 당신이 나를 외면하면 나는 어디로 가오리이까?

오 옴이여 저를 (사제를) 선대하소서.

AD 2025 0706 이웅

1012. OM
(지옥체험에 대해 자세히 서술하였다.)

지옥체험기.

나는 특별한 영적 체험을 하는 경험을 하게 되었다. 그것은 내 인생에 있어서 엄청나게 중요한 일 이었고, 지구상의 종교에게도 그리하리라.

우리 인간이 믿고 싶으나 믿을 수 없었던 사후세계, 그리고 알고 싶으나 알 수 없었던 사후세계에 대한 체험을 나는 하게 되었다.

먼저 나는 하느님 앞에서 맹세를 하려 한다.

내 말에 거짓이 있다면 영원한 천벌을 받겠다고…

나는 진실되게 이 글을 작성할 것이며, 진실을 말할 것이다.

사후세계에 대해 믿고 싶었으나 믿을 수 없었던 사람들, 신의 존재 그리고 천국과 지옥에 대해 믿고 싶었으나 믿을 수 없었던 사람들을 위해 나는 이 글을 남긴다.

내 체험은 진실되고 한 치의 거짓도 없다.

나는 유물론적 교육을 받아왔다. 인간은 뇌고 뇌가 사멸되면 우리도 없어진다는 그런 시대 속에서 교육받아 살아왔다.

중앙대학교에서 생물학을 할 때에도 진화론으로 도배가 되어 있었고, 신의 존재나 종교에 대해서는 체계적인 교육을 받지 못했다.

20대 시절 교회에 나간 적이 있으나, 단지 예수를 믿으면 천국 아니면 지옥이라는 단순한 이분법적 교리는 나를 매료시키지 못했다.

나는 배교하고 기독교를 탈퇴한다.

그러나 신에 대한 호기심이 많아서 성서를 계속해서 읽었다. 사실이 아닌 줄 알게 되었지만, 나는 성서를 계속 읽었다.

나는 이스라엘의 야훼에 대해 반감을 가지게 되었다.

유아까지 학살하라는 제노사이더(여호수아기) 특정민족 편애는 내게 있어서 부정의적 종교였다.

나는 정의의 깃발을 높이 들고 야훼를 탄핵했다.

믿지 않는 자는 무시무시한 지옥에 들어간다는 신약성서가 있었지만, 나는 내가 믿는 정의라는 가치가 더 소중하고 중요하다고 생각했다.

자신을 받아들이지 않는 자는 지옥에 떨어트린다는 예수의 망언은 내게 있어서 많은 반감을 주게 했던 것 같다.

나는 야훼를 받아들이지 않았지만 신을 믿었다.

나는 창조를 믿었고, 과학법칙 내면에 있는 신의 지성을 믿었다.

나는 그렇게 살아갔다.

일종의 무종교 유신론자였는데, 신의 존재를 믿으면서도 기존 종교를 거부했다.

나는 불교서적을 공부했다.

불교에는 창조주가 나오지 않지만 그들은 나름대로의 체계를 확립해 놓고 있었다.

절에도 놀러가보았다.

교회처럼 시끄럽지 않았지만 별 종교적 깨달음을 얻지는 못했다.

나는 인간의 종교들에 대해 파고들었다.

아테나 여신부터 고대의 미트라교까지….

지구상에 있는 종교는 거의 다 공부해 본 것이다.

인도의 베다까지…

그런 나는 지극히 종교적인 인간이었고 신을 믿으면서 진리를 찾는 인간이었다.

하지만 우리 인류의 수준은 낮았고 나를 완전히 매료시킬 종교는 찾지 못했다.

유대인을 선택한 알라 역시도 내게 있어서 많은 매혹을 주지 못했다.

나는 야훼와 계속 다투었다.

야훼란 존재가 있는지 내게 물어본다면 나는 모른다고 답할 것이다.

그러나 부당한 신은 지구를 구속하고 있었고 나는 그 이스라엘의 신의 부당성에 맞서서 홀로 싸웠다.

누군가가 내게 그런 이야기를 했다. (어떤 보이스가 나타나서)

"인간이 어찌 신을 이길 수 있겠는가?"

나 홀로 야훼와 싸우는 것은 어려웠다. 부당한 유대교 기독교에 맞서서 젊은 청년이 할 수 있는 일은 많지 않았다.

나는 성경을 독해하여 '법정에 선 성경'이라는 책을 출판한다. 그때가 30대 초반이었을 것이다.

나는 그 후로 유대기독교의 교리를 완전히 부수었고 그 종교와 절연했다.

하지만 정신적 고통은 계속되었는데, 암송했던 성경 구절들은 마치 악마처럼 내 영혼에 붙어서 떨어지지 않았다.

나는 일부로 지우려 했지만 악마같은 성경 구절들은 지워지지 않았던 것이다.

내가 무엇을 믿었냐고 묻는다면 나는 정의를 믿었다고 답하겠다.

정의야말로 보편적인 이데아적 가치이며, 부당한 힘에 저항할 수 있는 신성한 가치라고 생각한다.

야훼가 이스라엘을 선택해서 유아까지 학살하고

예수가 자신을 믿지 않는 이를 지옥에 처벌한다 하고(요한계시록)

할 때에도 나는 정의를 믿었다.

정의는 바른 가치이기에 종교라고 치부된 거짓된 부정의들을 처단해 줄 것이라 믿었다.

정의보다 높은 것은 없다. 약함은 정의를 통해 극복된다.(인도의 경전에서 발췌)

하지만 세상은 녹록지 않았다.

거의 모든 종교인은 한국에서 기독교인이거나 불교인이었다.

불교의 무색무취한 무신론적 세계관…

그리고 기독교의 야훼는 도저히 나로서는 받아들이기 어려웠다.

결국 어느 종교에도 어느 집단에도 소속되지 못한 나는 혼자서 방황했다.

혼자서 하느님께 기도하며, 어느 종교에도 소속되지 않는 나만의 신앙을 간직했다.

그렇게 시간은 흘렀다.

나는 엄청난 영적체험을 하게 되었다.

그 발단은 그렇다.

나는 아니타무르자니라는 임사체험자의 책을 읽었다. 그곳에서 신이 나타나서 암을 치유해 주고,

만인구원설을 적어놓았다.

홍콩의과대학에서 조사한 결과 아니타 무르자니가 임사체험 후에 3일 만에 암세포가 전부 사멸한 것은 사실이었다.

사랑의 신은 모든 인간을 구원한다고 그녀의 책에 적어놓았다.

나는 엄청난 범죄피해를 당해야 했다.

어린 시절부터 30대까지…

그런 범죄를 당하고서도 '불구대천'(한 하늘을 이고 살 수 없는 원수)들과 죽어서 한 곳에 간다니 도무지 마음에 들지 않았다.

나는 하느님에게 부당함을 호소했고, 나 스스로라도 나의 복수를 하길 원했다.

하느님이 모든 인간을 사랑하시니, 내 복수는 안 해주니… 내가 스스로 해야겠다는 생각이 들었다.

나는 비정한 눈으로 거리를 걸어 다녔다.

모든 것이 사랑이라는 신의 학설은 이 세상에 맞지 않았다.

나는 끔찍한 범죄피해를 겪어야 했고 트라우마도 가지고 있었다.

그런데 모든 인간을 용서하고 한 곳에 보낸다니 그런 궤변이 어디 있는가?

범죄피해자의 한은 누가 풀어주어야 할까?

아직도 하느님께 궁금하다.

그날 저녁 나는 아니타 무르자니의 책을 태웠다.

모든 인간이 사랑이고 모든 인간이 죽어서 똑같은 곳에 간다는 그 책을 태웠다.

그날 밤이었다.

내가 기도를 하고 있는데 어떤 영혼들이 내게 찾아왔다.

그들은 내가 아니라 다른 사람들이었다.

그들은 내게 말을 했다.

흔히 조현병적 환청이 아니라 실제 영혼의 말이었다.

그들은 내게 나타나서 주기도문을 외웠다.

기독교의 주기도문은 괴이했다.

그들이 경건하게 주기도문을 외운 것은 아니다.

수십 명의 되는 사람들이 주기도문을 외우는데 마치 소설 '퇴마록'처럼 괴이스러웠다.

그들은 주기도문을 수십 번 외웠다.

수십 명의 영혼들이 모여서 주기도문을 외우는 장면은 모골이 송연하다.

그리고 그들은 내게서 떠나갔다.

나는 우리네 세상에 있어서 영혼을 부정하는 무지의 시대에 살고 있다고 생각한다.

인간은 육체로만 이루어진 동물이 아니라, 영혼과 정신을 가진 생명체이다.

우리는 서구과학사조로 영혼과 정신을 부정하고 살아가는 무지의 시대에 있다.

그러나 영혼과 정신은 실제이며, 그것은 우리와 때로는 소통 가능하다.

주기도문을 외우고 한 사람의 이름을 말했는데 그 사람의 이름이 아직도 기억난다.

장○○, 이라는 이름이었다.

기독교의 영혼들은 천국에 가지 못한 듯싶다.

그들이 천상의 아름다운 계곡에서 주기도문을 외우고 있지는 않았다.

하계의 낮은 땅, 어두운 땅에서 주기도문을 외우는 것을 보면 기독교인들은 구원을 받지 못했다는 사실을 알 수 있다.

사실 기독교는 로마서의 영향으로 예수만 믿으면 구원을 얻는다는 값싼 신앙을 들이밀었다.

그렇지만 예수를 믿는 영혼들이 모두 구원받았다는 보장은 없다.

오히려 내가 체험한 기독교영혼은 구원받지 못하고 하계를 떠도는 영혼이었다.

고로 로마서의 진술은 틀린 것이다.

그렇게 기독교의 영혼들이 내게 찾아왔고 떠나갔다.

그날 밤은 정말 끔찍했다.

나는 영혼과 소통할 수 있는 네크로멘서 즉 특수한 종이다.

요즘에는 하도 괴이해서 일부러 차단하는데 영혼을 느끼고 이야기한 적이 있다.

서구과학으로 점철된 무지의 시대에 나의 존재는 특수성을 가질 것이다.

아무튼 나는 소설을 쓰는 것이 아니라 사실을 기록하고 있다.

독자들이 이 부분을 알아주었으면 좋겠다.

앞서 밝혔듯 거짓이 있으면 지옥에 갇히겠다는 맹세를 했다.

내게 다가온 기독교의 영혼들의 실체는 사실이었으며 그들은 구원받지 못했다.

사람들이 이것을 알아야 한다.

교회에 다닌다고, 무조건 구원을 받는다는 것이 얼마나 잘못된 교리인지를 알아야 한다.

그러나 세상 사람들은 이를 모른다.

아무튼 나는 씻고 잠을 청했다.

괴이한 기분이었는데 잠을 자기가 어려웠다.

씻고 침대에 누워서 자면 조금 나아지려나…

그렇게 나는 침대에 누워서 잠을 청했다.

그런데 깨어나니 두 명의 영혼이 내게 다가와 있었다.

이 두 명의 영혼은 형제 같았는데, 인간이면서 인간이 아니었다.

즉 데빌이었다.

악마 같은 영혼 둘이 나를 찾아온 것이다.

영매(Medium)만이 느낄 수 있는 감각인 것이다.

육체 안의 인간이 아닌 영혼의 인간.

그런 인간들 두 명이 나를 찾아온 것이다.

나는 그들과 싸웠다.

육체가 없으니 칠 수는 없었고 일종의 정신전에 가까웠다.

나는 정신력을 써서 악마들과 싸웠다.

그러면서 나의 영혼은 한편으로 지하 깊은 곳으로 내려가고 있었다.

한 여자가 느껴졌다.

귀신 같기도 했고 귀신보다 더 끔찍한 여자였다.

그 끔찍함은 이루 말할 나위가 없다.

우리가 공포영화에서 보는 귀신보다 훨씬 더 끔찍하고 더 징그러운 여자였다.

그 여자는 지옥의 영혼이었다.

살아생전에 무엇을 했길래 지옥에 있는 것일까?

아무튼 그 끔찍함에 나는 경도되어 집 밖으로 뛰어나갔다.

집 밖으로 뛰어나갈 때 내 귀에 똑똑히 소리가 들렸다.

'여기가 바로 지옥이잖아!!'

그리고 곧바로 나는 패닉에 빠졌다. 그 엄청난 패닉은 겪지 않으면 모르는데,

단 1초도 견딜 수 없는 고통이었다.

지구상의 교도소 정신병원 전쟁터를 합친다 해도 그 지옥의 1초의 고통에 못 미칠 것이다.

단 1초도 견딜 수 없는 끔찍한 상태… 그것이 바로 지옥이었다.

나는 정신이 나가서 밖으로 나갔다.

당시가 새벽 3시경 정도 되었다.

바깥은 아니 전 우주가 어둠에 싸여있는 것 같았다.

짙은 영혼의 어둠이 내 영혼을 덮었다.

빛이라고는 단 하나도 없는 곳…

완벽한 암흑…

그곳은 불타고 있었다.

거대한 암흑은 불타고 있었다.

지구보다 더 광대한 지옥이라는 현실 앞에 나의 영혼은 놓여 버린 것이다.

그 절망과 공포는 이루 말할 나위가 없다.

나는 최선을 다해 무언가를 했다.

아마 지옥에서 나가기 위한 발버둥이었던 것 같다.

최선을 다해 발버둥치고 있었지만 지옥은 정말 끔찍했다.

엄청난 절망의 어둠은 나갈 수가 없었다.

그리고 그 절망의 어둠에 영원히 있어야 한다는 악몽은 정말로 끔찍했다.

정말 Terrible이라는 단어로밖에 설명을 하지 못하겠다.

지옥을 직접 체험하지 않으면 모를 일이다.

그 끔찍함과 절망은 정말 광대한 어둠으로 내 영혼을 잡았던 것이다.

나는 멀리서 2명의 사람을 보았다.

한 5m 정도 되었는데 예전에 죽은 사람들이라는 것을 알 수 있었다.

한 사람을 밀짚모자를 쓰고 있었다. 기억난다.

구한 말쯤 죽은 조선인이라는 것을 알 수 있었다.

나의 six sense 육감은 그들의 종교를 짐작하게 했는데

그들은 죽은 기독교인이었다.

그들은 이 세상에서 빛을 차단하고 있었고

나는 지옥 속으로 깊숙이 들어갔다.

예수를 믿는다고 구원을 받는다는 공식은 거짓이다.

나의 지옥체험은 죽은 기독교인들이 구원을 받지 못한 채 하계를 떠돌아다닌다는 것을

지옥에 있다는 것을 증언할 것이다.

아무튼 죽은 기독교인들을 보니 절망감은 더 치솟았다.

그 절망은 말로 표현 못 할 절망이었다.

새벽 3시에 죽은 인간 2명을 보았다고 가정해 보라.

그 기괴함과 괴로움은 이루 말할 나위가 없다.

어떻게 나는 집에 돌아왔다.

간신히 정신을 부여잡고 집에 돌아왔는지도 모른다.

집에 돌아오니 강아지가 죽었다.

(하느님 내 아들 잘 부탁합니다.)

그리고 영원의 멸망의 공간을 체험했다.

마치 이슬람교의 게헨나와 같은 지옥을…

영원한 시간이었는데 푸른 불꽃이었다.

그 절망은 경험한 이가 아니면 모를 것이다.

영원히 있어야 하는 고통은 정말 견디기 어려웠다.

우리의 시간은 24시간 주기로 돌아간다.

아침이 오고 밤이 오고

그런데 지옥의 시간은 그런 것이 없었다.

밑도 끝도 없이 이어지는 영원의 시간은 멸망의 저주 그 자체였다.

나는 기도할 힘도 없었다.

죽어버린 나의 강아지(브라운)의 작은 빛만이 나를 비추었다.

지옥에서 희망은 없었다.

정말 완벽한 절망의 세계였다.

이 세상에는 교도소에도 정신병원에도 전쟁터에도 희망은 있다.

그러나 지옥에는 희망이 단 하나도 없다는 점에서 이 세계와 달랐다.

그 끔찍함과 절망은 경험 안 해 본 이는 모를 것이다.

나는 하느님 앞에서 내 증언이 진실임을 맹세한다.

거짓이 있으면 그 지옥에 다시 갇히겠다고 하느님 앞에 말씀드린다.

그리고 다음 날 나는 자살했다.

의식을 잃어버렸는데 3층에서 뛰어내린 것이다.

그런데 신기한 것이 3층에서 뛰어내렸는데 허리만 부서졌다.

깨어나니 단국대병원 중환자실이었다.

허리에 극심한 통증이 밀려왔다.

내가 이제껏 겪은 어떤 고통보다도 강렬했다.

다행히 살아서 지구로 돌아왔지만, 나는 내 체험을 아직도 간직하고 있다.

그 영원한 멸망.

악마들.

그리고 구원받지 못한 기독교인들…

그것은 내게 있어서 지워지지 않는 하나의 영적체험으로 진실로 남아있다.

사람들에게 내 이야기를 알리는 것이 나의 의무이자 소명이라고 생각한다.

누가 지옥에 가는 것일까?

그것은 악한 사람이 가지 않을까?

우리에게 당연한 상식이다.

이곳에서 선하고 양심 있게 살았는데 지옥에 가진 않을 것이다.

지구에서 남을 아프게 하거나 범죄를 저지르는 영혼들이 많고 그들이 가는 곳은 불타는 지옥이다.

특히 기독교를 믿는답시고 구원을 얻었다면서 남을 아프게 한 영혼은 결코 구원받지 못한다.

나는 이 진실을 알리기 위해 다시 지구에 왔는지도 모른다.

보다 많은 사람들이 지옥에 대해 알아야 하고 사후세계가 있다는 것을 알아야 한다.

행운스럽게 천국은 경험하지 못했다.

그러나, 지옥이 있다는 사실. 그리고 구원받지 못한 자들이 있다는 사실은 내게 하나의 자명한 전제사실로 남아있다.

우리가 살면서 하느님을 불신하고 진화론을 믿으며, 교회에 다니며 예수를 믿으면 구원받는다는 단순공식에 매몰된 채 살아서는 안 된다.

우리는 사후세계가 실존함을 알아야 하며, 지옥이 현실임을 알아야 한다.

지옥은 실존하는 장소이고, 죽어서 누군가가 가는 곳이다.

만일 누군가가 그곳에 간다면 아마 말릴 것이다.

나 역시 마찬가지 아니겠는가?

나는 내 지옥 체험이 인류에 각인되어 지옥이 실존하고 있다는 것, 악마들이 존재한다는 것.

그 사실을 알릴 소명이 있는 것이다.

지옥체험은 짧지만 강렬했다.

그 엄청난 절망과 멸망의 땅을 경험해 본 결과 지구에서 선하게 살아야겠다는 생각이 들었다.

누구나 알고 있지만 누구나 모르는 것.

그것이 양심이 아닐까?

양심대로 산다면 그 영혼은 구원을 얻을 수 있을 것이다.

반면 양심을 버리고 산다면 그 영혼이 가는 곳은 지옥이 될 것이다.

선인선과 악인악과 누구나 알고 있는 가치이지만, 누구나 모르는 이 가치를 나는 남겨놓기 위해 이 글을 남긴다.

지옥은 실존하며, 그곳에 가는 지구인들이 있다.

그리고 그곳은 나올 수 없는 곳이다.

다행스러운 하느님의 배려로 나는 조금 먼 곳에서 지옥을 이야기할 수 있다.

나는 살면서 큰 죄를 짓지 않았고 양심 있게 살아왔다.

하느님께서 나를 아시리…

지옥의 존재는 우리가 그동안 궁금해했던 사후세계에 대한 실마리를 제공할 것이다.

사후에 우리는 어떻게 되는가?

없어져 버릴 수 있지 않을까?

인간은 그토록 미물인가?

나의 체험은 영혼은 실존한다는 체험이었고, 영적 체험은 현실이며 다른 차원도 진실이라는 것이다.

사실 너무나 답답한 마음이기도 하다.

인류의 지성이라는 자들은 원숭이 같은 소리를 해대며, 여러 엉터리 학설을 집어넣고 있다.

무지몽매한 민중들은 그들을 따라가며 영혼과 사후세계 신을 부정한다.

그러니 속이 타지 않겠는가?

내가 이 짧은 글을 남기는 것은 하느님께서 존재하고 계시며 지옥도 사실이라는 것. 우리는 피조된 종이라는 것이다.

우리는 가장 중요하게 신앙을 살필 필요가 있다.

꼭 예수를 믿지 않아도 좋다.

꼭 절에 가지 않아도 좋다.

우리를 창조하신 하느님을 찾는 것.

우리를 만들어내신 하느님께 예배하는 것.

그것이 우리의 의무이자 역할인지도 모른다.

또한 우리를 지옥에서 구원하실 이는 하느님뿐인지도 모른다.

우리는 창조주에 대한 신앙을 간직한 채로, 살면서 삶을 살아야 할 것이다.

꼭 거창한 종교적 목적이 없다 해도, 살면서 우리를 창조하신 하느님을 예배하는 것.

그것으로 우리의 역할은 족한 것이다.

우리는 지구 안에 살고 있다. 육신의 껍데기에 쌓여서.

그러나 우리의 본질은 영혼이고 정신이라는 것을 잊어서는 안 된다.

혹자는 섹스나 음식 등 육체에 몰두하지만, 우리의 본질은 영혼이자 정신이라는 것이다.

이것이 내가 지옥 체험을 하면서 '알게 된' 진실이다.

우리 인류는 이제 눈을 떠야 한다.

유물론의 교육에 갇혀 스스로 뇌라고 착각하고 사는 원숭이들에게 스스로 진화했다고 믿고 있는 원숭이들에게 눈을 뜨게 해야 한다.

우리의 본질은 하느님께서 창조하셨고,

우리의 종교는 모두 거짓이며(거의 거짓이며)

우리는 영적인 존재라는 것이다.

그리고 죽어서 끝나는 세상이 아니며,

죽은 뒤에도 삶이 있고, 그것은 천국과 지옥일 수 있다는 자명한 사실을 우리에게 알려준다.

나의 체험은 진실된 체험으로 일체의 거짓이 없다.

나는 중앙대학교에서 수학했고 오랜 시간 종교공부를 했다.

이런 일이 내게 일어난 것이 우연이라고는 생각하지 않는다.

그렇다고 내가 세상을 돌며 사람들에게 지옥이 있으니 하느님을 믿으라고 설파하고 다닐 수는 없다.

나도 나의 삶이 있기 때문이다.

그러나 하느님의 존재와 지옥의 존재를 미리 아는 것. 그리고 우리가 필연적으로 맞이하게 될 죽음이라는 단계에 있어서 우리가 어디로 가야 할지 미리 설계하는 것.

그것은 정말 이 세상에서 가장 중요한 이야기라고 생각한다.

하느님께 기도를 남긴다.

하느님, 이 책이 많이 읽혀질 수 있게 하시고, 진실과 사후세계를 찾는 이들에게 도달하게 하소서.

하느님을 믿고 싶었으나 증거가 없었기에 혹은 무지해서 하느님을 믿지 못한 자들에게 도달하게 하시고,

정말 영혼이 실존하며 하느님께서 계신다는 것을 믿게 하소서.(알게 하소서.)

아무튼 우리 인류는 언제까지 유물론적 과학에 매몰되어야 할지 모르겠다. 간단한 법칙 따위를 나열하며 인류의 눈을 속이는 과학이라는 학문은 그들의 자연탐구로 족하다.

적어도 영혼과 정신의 영역에서 측정 가능한 관찰 가능한 사조는 환영받지 못할 것이다.

우리는 보이지 않는 것을 보아야 하고 들리지 않는 것을 들어야 한다.

우리는 일종의 영지주의적 사조를 가져야 할 수 있다.

영혼의 지도를 그리고 우리가 영혼이라는 것.

영혼을 따라 사는 삶이야말로 우리의 본질을 따르는 것이라는 것을 알아야 한다.

나의 지옥체험은 하느님께서 계신다는 확증된 진실이며, 죽어서 천국과 지옥이 있다는 하나의 확실한 증언이다.

부디 이 글을 읽는 영혼들이 지옥의 존재와 선과 악에 대해 깊이 숙고하길 바란다.

악의 존재와 지옥의 존재는 현실이니까…

죽을 때 후회하지 말고… 살아서 알길 바란다.

그것이 우리의 작은 지적 의무일 것이다.

하느님.

지옥체험기를 마칩니다.

단 하나의 거짓도 없이 서술했습니다.

하느님, 만약 제 진술에 거짓이 있다면 영원한 지옥에 갇히겠습니다.

오 하느님, 저를 지켜주시고, 지옥에서 건지소서.

또한 신성한 힘을 주시고, 저의 삶과 영혼을 보존하소서.

오직 하느님을 사랑하고 오직 하느님을 믿고 오직 하느님을 찾았던

작은 사제를 기억하사 부디 하늘에서 축복을 주시고, 은총으로 갚아주소서.

하느님을 찬송하나이다. 부디 찬송받으시고 많은 것들을 주소서.

감사합니다.

AD 2025 0706 이웅

1013. OM
옴

간절한 염원을 담아

위대하신 창조주의 이름으로 기도함.

부디 사제에게 많은 은혜를 베풀어 주소서.

경제적 자립권도 주시고, 삶에 있어서 좋은 일들이 가득하길 바랍니다.

옴 먼저 떠난 브라운 잘 돌봐주시고,

옴의 이름으로 기도하오니

부디 무한의 은총을 내려주소서.

기도하고 기도하나니 부디 들어주소서.

1014. OM
옴

신보론

우리는 동명성왕의 사례에서 하나의 예시를 들 수 있다.

고주몽 신화에서 어별교를 통해

고주몽은 부여에서 탈출한다.

신적 도움이 있었던 것이다.

보통 사람에게는 일어나지 않는 일이다.

우리는 이 신화를 분석함에 있어서

하늘은 특수성을 가진 인간에게 특정 은혜를 베푸신다는 것을 추론해 볼 수 있다.

모든 사람이 부여에서 탈출할 수 있는 게 아니다.

많은 사람이 죽어나간다.(AD2025)

그렇기에 우리는 평소에 기도를 통해 하느님에게 신보를 구해야 할 것이다.

그런 길만이 하느님의 도움을 얻을 수 있는 길이라고 생각한다.

(OM

위대한 창조주시여

당신의 사제를 지키시고,

스스로 자립할 수 있는 힘을 주소서.

옴 저의 검에 신풍을 담으시고

하늘의 핏빛 바람을 주소서.)

1015. OM
옴

무한의 하느님.

셀 수 없는 신비로 우리를 창조하시고

보이지 않는 곳에 계신 무소부재한 이시여

부디 무한의 은총으로 사제를 대하사 사제가 즐겁고 성장할 수 있게 하소서.

옴 텔라(신성한 보호막 주문)

옴 사제를 지키소서. 결코 다시는.

1016. OM
1000편의 글을 작성하였다. 모두 종교에 국한되었다. 이곳에서 그만둘까 더 나아갈까 하는 생각이 든다.

언제나 기도하고 있고, 시간이 지날수록 나는 더 발전할 것이다.

적지 않은 분량임에도 모두 읽은 이에게 신의 축복이 깃들길 바란다.

AD 2025 0711 이웅.

1017. OM
무한의 우주를 향하여.

옴,

좁은 지구에 국한된 삶을 살게 하지 마시고, 무한의 우주로 나아가게 하소서.

더 발전하게 하시고, 더 신성하게 하소서.

지성과 무력 모두 발전하게 하시고

반드시 대성해서 정의를 이룰 수 있게 하소서.

옴 텔라.

1018. OM
옴 이제 끝나갑니다. 저의 새로운 종교의 시도 '자유의 종교'도 이렇게 마무리 되어 갈 것 같습니다.

시간이 지나면 더 발전하겠지만, 여기까지 서술하는 게 맞다고 봅니다.

부족하다면 다음 저서에서 더 좋은 모습을 남기고 싶습니다.

자유의 종교는 어떤 형식도 교리도 없습니다.

하느님께서 계신다는 것. 그 자명한 전제사실 속에서 출발한 종교입니다.

각 영혼이 자유발현으로 하느님을 숭배하고, 예배하는 종교를 꿈꿉니다.

그것이 저의 종교의 이상입니다.

누가 시켜서, 억지로 혹은 집단적 압력하에서 하느님을 예배하는 것이 아닌

그 영혼 스스로 찾는 예배.

그것이 진정한 자유의 종교라고 말씀드립니다. 감사합니다.

AD 2025 0711 이웅.

1019. OM

옴 모든 예배를 이것으로 마치겠습니다. 훗날 더 좋은 기회가 있을 것입니다.

옴 저의 작은 저서를 하느님께 봉헌하오니 부디 신성한 이름 OM으로 축복하여 주옵소서.

부족하지만 작은 예배를 받아주시고, 신성한 OM의 문장 안에 성스러움이 깃들게 하소서.

옴 목표를 이뤘는지 모르겠습니다.

기독경보다 유대경보다 코란보다 좋은 경전을 남기고 가고 싶었습니다.

비록 성서라 불릴 수 없는 인간의 의식으로 쓴 책이지만, 저는 이 책 집필에 많은 시간을 쏟았고 생각을 많이 했습니다.

옴, 당신, 창조주를 향한 자유의 사제의 예배이오니 하늘에서 받아주소서.

그러면 저는 만족하며 눈을 감을 수 있을 것 같나이다.

모든 글은 하느님의 성호 OM으로 작성했습니다.

부디 신성한 성호 안에 깃든 신성한 힘이 저의 책에 부어지기를 바랍니다.

비록 모든 세상의 논점을 담을 수는 없지만 저는 신학의 핵심명제들을 제시했고 전례를 비판했습니다.

옴 새로운 종교에 새로운 시도에 축복과 사랑을 주시고, 이 책으로 말미암아 당신을 뵈올 때 상을 받게 하소서.

OM 당신을 뵙기를 원합니다.

눈을 감을 때 지구에서 떠날 때 당신을 만나기를 원합니다.

그것이 저의 최종목표이자 새로운 시작의 신호탄이오니, 이번 삶의 마지막에 만나주소서.

그때까지 신성한 보호를 해주시고, 지구적 삶에 있어서도 섭섭지 않은 삶을 살게 해주소서.

OM TELA.

OM 자유의 사제를 창조주의 문장 OM의 이름으로 하늘에 봉헌합니다.

감사합니다.

AD 2025 0711 이웅 올림.